개성공단 거류민의
신변안전
방안

내일을여는지식 법 35

개성공단 거류민의
신변안전 방안

● 채병용 지음

KSI 한국학술정보(주)

머리말

‘국민의 정부’ 이후 시행된 이른바 ‘햇볕정책’으로 인해 남북교류는 가히 폭발적으로 증가하게 되었다. 특히, 개성공업지구와 금강산 관광지구로 대표되는 북한의 특구개발과 관련된 대북 인적·물적 교류의 확대는 한반도의 경제적 통합을 촉진시키고 60년 분단국가의 사회·문화적 이질감마저 좁히고 있는 것처럼 보인다. 그러나 외형적인 남북한 간의 교류확대에도 불구하고 자본주의와 사회주의로 대변되는 정치체제의 통합에 대한 변화는 아직까지도 감지되지 않는다. 이러한 남북한 체제접근과 통합과정은 아직도 상당기간 국제정세의 변화와 맞물려 많은 어려움과 갈등을 야기할 것이다. 그러한 측면에서 볼 때, 개성공업지구 개발과정과 발전은 남북한 경제통합에 있어서 많은 시사점을 던져 주고 있다. 현재 북한은 체제유지를 절대적인 지상과제로 여기고 있지만, 계획경제와 공산당 일당독재로 굳어진 비효율성과 핵개발로 인한 대북 경제봉쇄조치 등으로 인해 낙후된 경제개발에 대한 강한 의욕을 숨기지 않고 있다. 특히 2002년 7월 1일 단행된 ‘경제관리개선조치’ 이후, 북한은 자신의 의지와 관계없이 이미 자본주의 경제체제를 받아들이기 시작하였다는 점을 부인할 수 없다.

개성공업지구는 이러한 북한의 경제체제의 변화에 기인한 북한당국의 경제개발에 대한 의지와 남한 내에서 한계에 도달한 중소

기업의 활로개척이라는 필요에 의해 탄생된 남북한 경제통합의 모델이라고 볼 수 있다. 다시 말해 개성공업지구는 자본주의로 대변되는 자본과 기술, 사회주의체제에 포섭되는 노동력이 결합된 특수한 형태의 경제통합의 실험장인 것이다.

개성공업지구는 2003년 6월 1단계 개발의 첫 삽을 뜬 이후, 어언 6년여가 경과되었다. 2007년 10월 1단계 100만 평에 대한 기반공사가 완료되고, 이미 입주해 있던 시범단지 15개 기업 외에 추가로 183개 기업이 분양을 완료하였다. 또한 정치·군사적 돌발변수가 발생하지 않는다면 향후 수백 개 기업이 입주되어, 개성공단에 상주하는 남측 인원만 수천여 명을 상회하게 되고 각 기업에 근무하는 북한 근로자도 10만여 명을 초과하게 될 것이다.

한편 이러한 시기가 도래하게 되면, 개성공단에 근무하는 남측 주민 및 남북 근로자 간 상호 충돌로 인한 형사사건의 발생이 예상된다. 그런데 개성공업지구는 북한의 형사적 주권이 미치는 북한지역이라는 점에서 형사사건 처리 과정에서 북한 사법기관이 개입하게 됨에 따라, 각종 범죄사건에 개입된 남측 주민 신변안전이 중요한 문제로 대두되게 된다. 이러한 필요에 의해 2004년 1월 29일 남북 당국에 의해 '개성공업지구 및 금강산 관광지구의 출입 및 체류에 관한 합의서'가 채택되어 2005년 8월부터 시행되었다. '신변안전보장' 제하 6개 항으로 구성된 同 합의서 제10조는 개성공업지구에 체류하는 남측 주민의 신변안전 보장에 관한 통합적인 규범이라고 볼 수 있다. 그런데 이 합의서가 나오기까지 북한 지역에 체류하는 남측 인원의 개별적인 신변안전 보장은 북측당국에 의해 정치적 문서나 단편적인 합의서 형태로 이루어진 매우 불안정한 것이었다. 이 책의 제2부에서 남북기본합의서, 금강산 관광사업 등 역대 신변안전 보장법제에서 자세히 밝힌 바와 같이 남측 인원의 신변안전은 정형화된 법규범이 아니라, 주로 정치적 문서나 단편적인 합의서 형태로 신변안전이 이루어져 북한 당국의 자의에 의해 좌우될 수 있는 취약한 것이었다. 이러한 상황인식을 토대로 이 책에서는 크게 세 가지 범주로 나누어 개성공업지구에 체류하는 남측 주민의 신변안전 방안에 관해 논해 보았다.

　첫째, 남측 주민의 신변안전 방안에 있어서, 남북형사법 충돌의 조정방안을 논증하기 위해 남북의 형사관할권 문제를 다루어 보았다. 일반적으로 남북한 간의 관계에 대해 "나라와 나라 사이의 관계가 아닌 통일을 지향하는 과정에서 잠정적으로 형성되는 특수관계"라고 정의한다면, 남북한 일방의 형사관할권을 상대방 지역에 체류하는 주민에게 적용한다는 것은 남북한 관계의 발전을 저해할 것이다. 또한 남북한의 법률이념과 체계가 상이하므로 일방의 형사법을 적용함은 인권 보장적 측면에서도 문제 될 수 있다. 또한 형사관할권에서 문제 될 수 있는 국제형법 적용의 원칙과 분단경험을 겪은 국가들의 구체적 사례를 들어 일방국의 형사법 적용에서 발생하는 경험적 문제점을 살펴본 다음, 개성공업지구에서 발생하는 남측 주민의 범죄행위에 대하여 우리 형법의 국제형법 규정의 유추적용이 가능함을 논증하였다. 이런 과정을 거쳐 개성공업지구에 체류하는 남측 주민에게 직접 적용되는 '개성공업지구와 금강산관광지구의 출입 및 체류에 관한 합의서'상 남측 주재원의 범죄행위 시 북측에 의한 '조사'와 '추방'의 과정에서 제기될 수 있는 신변불안 요인과 대책방안에 관해서도 논증해 보았다.

둘째, 구 동·서독의 형사사법공조 과정과 방법에 관해 살펴보고, 중국과 대만의 형사사법공조의 특이한 방안에 대해서 알아보았다. 구 동·서독은 분단 전 동일한 형사법을 각 지역에 적용하고 있었으므로 당국 간 형사사법공조가 널리 행하여졌다. 물론 政治犯 및 軍事犯罪에 있어서 동독의 형사사법공조 요청은 서독의 法治國家原則에 의해 종종 거부되는 등 서독의 일반적 법원리의 제약으로 인해, 상당히 제한적 범위 내에서 사법공조가 이루어졌다. 통일 전에는 서독과의 형사사법공조를 外國과의 형사사법공조 방식으로 처리하여 왔던 동독이, 통일 후에는 서독과의 형사사법공조를 더 이상 외국과의 형사사법공조 방식으로 처리하지 않는 방향으로 점진적으로 변화하여, 마침내 1990년 2월 동서독 간에 법률전문가 회담이 개최되어 10개 항의 형사사법공조에 관한 합의를 체결함으로써 일단락되었다.

중국은 이른바 '一國兩制' 원칙에 의해 兩岸關係에서 중국과 대만이라는 상호 법역이 다른 지역이 존재한다는 전제하에 대만 지역의 현실적인 刑事管轄權 및 그 사법권능을 인정하여 왔다. 그러나 대만과의 인적 교류가 증가함에 따라 형사사법공조의 필요성이 제기되었는데, 중국과 대만은 당국의 공식적인 형사사법공조 조약을 체결하는 것이 아니라 '半官半民' 단체인 중국의 '해협양안관계협회(해협회)'와 대만의 '해협교류기금회(해기회)'를 통하여 증거물과 문서의 송부, 범죄자료의 제공을 함으로써 사법공조 문제를 해결하였다. 또한 중국과 대만은 상호 협약을 맺어 타방지구에 불법적으로 들어온 주민과 刑事被疑者 및 被告人을 중국과 대만의 적십자회가 약정한 지점에서 상대방에게 인도하였다.

셋째, 위 구 동·서독이나 양안관계에 비추어 개성공업지구에서의 刑事司法共助 방안에 관해 논증하였다. 남·북한의 경우는 위 두 가지 사례와는 많은 차이점이 있다. 우선 개성공업지구에서 일차적으로 적용되는 북한 형사법의 비민주성, 북한 내부의 식량난으로 인한 탈북자의 행렬, 주체사상으로 대변되는 정치와 법률의 모호성 등은 남·북한 간 형사사법공조의 가능성을 토대부터 뒤흔들고 있다. 현재와 같은 상황에서 탈북자를 인도하는 것과 같은, '北韓刑法에는 罪가 되지만, 南韓刑法에는 罪가 되지 않는' 넓은 의미의 형사사법공조는 도저히 생각해 볼 수 없다. 다만, 중국과 대만과의 형사사법공조 사례와 같이 기초적인 증거물과 범죄자료의 제공은 '개성공업지구와 금강산 관광지구의 출입 및 체류에 관한 합의서'의 부속합의서 체결 시 관련규정을 둠으로써 해결할 수 있을 것이다. 그 다음에 남북한 관계의 괄목할 만한 진전이 이루어질 때, 비로소 '犯罪人 引渡' 및 '상대방 지역의 裁判 및 受刑'과 같은 넓은 의미의 형사사법공조가 가능할 것이다.

결국 개성공업지구는 북한의 主權이 미치는 지역이고 북한 형사법에 의해 범죄사건이 처리된다. 다만, 남북한 당국의 합의에 의해 북한의 형사관할권 행사를 자제하고 범죄인을 남한으로 추방하고, 남한 사법기관에서 범죄행위를 저지른 남측 주재원에 대한 搜査 및 起訴 후 그 裁判結果를 다시 북한 당국에 통보하는 방식으로 형사사법공조가 이루어지는 것이다. 물론 아직까지도 북한 당국의 거부로 인해, 북한 사법기관이 작성한 진술서 등 기초적인 범죄자료의 제공도 되지 않아 과연 이러한 방식의 형사사법공조 방식을 '협의의 형사사법공조'라고 정의할 수 있을지는 의문이다. 다만, 남북한 관계의 통합정도에 따라 북한 체제의 민주적 변화와 북한 형사법의 法治國家的 개정이 이루어진다면, 보다 넓은 의미의 형사사법공조도 가능할 것이다. 그러나 현재의 남북한 진전 상황에서는 완전한 형태의 형사사법공조를 논할 수가 없으므로, 이 문제는 남북관계의 발전정도에 따라 학자들의 추가적인 연구를 필요로 한다.

결론적으로 현재의 남북한 관계에서는 개성공업지구에 체류하는 남측 주민의 유일한 신변안전 규범인 '개성공업지구와 금강산 관광지구의 출입 및 체류에 관한 합의서'에 의해 남북한 간 형사사법공조 문제를 해결할 수밖에 없을 것이다. 즉 同 합의서 제12조에 의해 '남북한 상호 간 정보협력의무' 이행 및 '출입·체류 공동위원회'의 구성을 통해 남측 주민의 범죄행위 시 증거물의 송부 및 기초적인 범죄자료의 제공과 같은 협의의 의미의 형사사법공조가 이루어져야 할 것이다.

이를 위해서는 남북한 당국 간 부속합의서 체결을 통해 개성공업지구에 체류하는 대한민국 국민에 대한 상세한 신변안전 및 협의의 의미의 형사사법공조에 대한 합의를 이끌어 내야 할 것이다. 끝으로 향후 남북관계의 발전에 따라, 남북한 정부로부터 공통적으로 법인격을 인정받는 '개성공업지구 관리위원회'를 통한 형사사법공조 방안에 대해서도 연구해 보아야 할 것이다.

2009년 늦은 가을
저자 씀

차 례

들어가는 말

2003년 6월 착공식을 시작으로 총 3단계로 나누어 북한 황해북도 개성시 외곽에서 개발되기 시작한 개성공업지구는 2007년 10월 현재 섬유·봉제·신발 등 주로 노동집약 업종중심의 1단계 공단 3.3㎢(100만 평)의 개발 및 분양을 완료하였다. 1단계 개발은 남한에서 한계에 도달한 중소기업의 활로를 개척하여 남북경협의 기반을 구축한다는 목표하에 건설되었다. 2단계는 공장용지 5㎢(배후도시 3.3㎢) 내에 기계·전기·전자 등 주로 기술집약적 공단을 유치하여 수도권과 연계, 세계적 수출기업 육성 목표하에 개발될 예정이다. 또한, 3단계는 공장용지 11.6㎢(배후도시 6.6㎢)에 IT·바이오 등 첨단산업 분야의 복합산업단지를 조성할 계획으로 해외기업 및 대기업을 유치하여 개성공단을 동북아 거점으로 육성시킬 목표하에 개발될 예정으로 있다. 한편, 1단계 개발지역에 약 450여 개 기업이 입주하고 완전 가동하게 된다면 개성공단에서 일하게 되는 북측 근로자는 10만여 명에 이르게 되고, 이들을 관리하기 위해 공단에 체류하게 되는 남측 인원도 4천여 명을 상회할 것으로 예상된다. 뿐만 아니라 개성공단에 드나드는 일일 왕래 인원 및 각종 행사참가자 및 관광객의 숫자를 합치면 유동인구는 년 수십만 명을 능가하게 될 것이다.

이러한 상황하에서 남측 인원이 개성공단에 체류·거주하는 경우가 늘어남에 따라 교통사고를 비롯한 각종 범죄행위 발생의 빈도가 점차 증가되고 있다.[1] 또한, 남북교류 협력의 확대에 따라 개성공단과 금강산 이외의 북한 지역을 방문하거나 체류하는 남측 인원과 북측 주민 간 또는 남측 주민 간에도 형사상의 여러 가지 문제가 발생할 가능성이 높아지고 있는 실정이다.[2] 그러나 이러한 남북한 교류협력의 확대 과정에서 발생할 수 있는 형사적 문제해결에 대한 실체법적 또는 절차법적 규범은 사실상 전무한 상태에 있다. 특히 남북한의 형사법의 이념과 체계, 절차가 상이하기 때문에 형사사건 처리문제는 그 어려움이 가중된다고 볼 수 있다. 그럼에도 불구하고 형사문제 해결을 위한 법규범이나 실무적인 관점에서의 공조체제를 마련해야 한다는 것은 아무도 부인할 수 없는 현실이 되었다.

개성공단은 일차적으로 북한 일반법의 효력이 미치는 지역이며, 실제로 북한의 범죄수사기관인 국가안전보위부와 인민보안성 등 각종 사법기관 성원들이 수시로 개성공단 지역의 범죄발생 시 주도권을 갖고 개입하고 있는 실정이다. 물론 개성공업지구를 규율하는 일반법인 '개성공업지구법' 제8조에서 "법에 근거하지 않고는 남측 및 해외동포, 외국인을 구속, 체포하거나 몸, 살림집을 수색하

---

1) 개성공업지구 관리위원회에서 작성한 통계자료에 의하면, 개성공단 내 시범단지 15개 기업이 본격적으로 가동되기 시작한 2005년에는 교통사고 7건, 폭행사고 4건, 절도사건 13건이 발생하였다. 2006년에는 교통사고 14건과 폭행사고 1건, 기타사건 4건이 발생하였다. 2007년에는 교통사고 15건, 폭행사고 2건, 절도사건 2건과 기타사건 1건이 발생하였으며, 2008년에는 교통사고 34건과 폭행사고 3건이 발생하였다. 이러한 통계자료를 보면, 개발초기에는 절도사건이 빈번하게 발생하였으나 공단개발이 본격화된 후에는 교통사고 발생이 대폭 증가하였음을 알 수 있다. 이러한 교통사고 발생은 주로 각 기업에서 고용 중인 북측 운전자들의 과실로 인해 발생하고 있는 것으로 파악되고 있다. 한편 기타사건이란 남북교류 협력법 및 북한 형사관련법 위반사건을 의미하며, 사건에 연루된 남측 인원은 대개 추방되었다.

2) 정부의 통계자료에 의하면 2008년 12월 현재, 북한 지역을 방문한 남한 인원은 613,949명이고, 남한 지역을 방문한 북한 인원은 7,489명에 달한다. 1998년 11월에 시작된 금강산 관광객은 2008.7.11. 금강산 관광객 피살사건으로 중단될 때까지 1,934,662명에 달하고 있으며, 2007년 12월에 개시된 개성관광객도 2008년 12월 1일 北韓의 「12.1 조치」로 중단될 때까지 110,549명에 이르고 있다(통일부 홈페이지, 특집, 월간남북교류 협력동향, 2008.12.).

지 않는다."고 하여 일차적인 신변안전 규정을 두고 있다. 또한 同
條 하단의 "신변안전 및 형사사건과 관련하여 북남 사이의 합의
또는 공화국과 다른 나라 사이에 맺은 조약이 있을 경우에는 그에
따른다."는 규정에 의해 체결된 '개성공업지구와 금강산 관광지구
의 출입 및 체류에 관한 합의서' 제10조 제2항은 첫째, 북측은 남
측 인원의 '지구에 적용되는 법질서'를 위반하는 행위에 대하여 이
를 중지시킨 후 조사하고 대상자의 위반내용을 남측에 통보하며,
둘째, 위반정도에 따라 경고 또는 범칙금을 부과하거나 남측 지역
으로 추방하고 다만 북과 남이 합의하는 '엄중한 위반행위'에 대하
여는 쌍방이 별도로 협의하여 처리하는 것으로 구분된다. 이 규정
에 의하면, 북한 당국은 남측 인원에 대해 경고하거나 추방하기 전
에 남측 인원의 불법행위를 중지시킨 후 이를 조사할 수 있다. 그
러나 '엄중한 위반행위'는 합의서의 해석에 따라서는 북한의 일반
법에 의해 구속, 체포 또는 수색 등 강제수사도 가능한 실정이다.
  '개성공업지구와 금강산 관광지구의 출입 및 체류에 관한 합의
서'는 그 성안 과정에서 남측 협상단이 북측과의 수차례 협의를 거
쳐 어렵게 도출해 내었으나, 북한 당국의 의지에 따라 '지구에 적
용되는 법질서'의 자의적 해석이 가능한 실정이어서 남측 인원의
완전한 신변안전 규범으로 작용하기에는 미흡하다. 일반적으로 북
한 법은 김일성 교시와 김정일 말씀 및 주체사상과 노동당 규약이
일차적인 해석기준이 된다. 더구나 개성공업지구법 등 북한의 일반
법에 대한 해석권한은 북한의 입법기관인 '최고인민회의 상임위원
회'에 있기 때문에 위 개성공업지구법과 합의서의 신변안전에 관한
규정도 해석에 따라서는 남측 인원에게 불리하게 작용할 수 있는
것이다. 특히, 2002년 11월 13일 최고인민회의 상임위원회 정령으

로 제정된 '개성공업지구법' 제1조는 "개성공업지구는 공화국의 법에 따라 관리 운영하는 국제적인 공업, 무역, 상업, 금융, 관광지역이다."(제1조)라고 규정하고 있어, 개성공업지구는 북한의 주권이 미치는 지역이므로 형사문제의 처리에 있어서도 북한의 형사법이 일차적으로 적용된다는 해석이 가능하다.

따라서 개성공업지구와 금강산 관광지구에 체류하는 남측 인원의 신변 안전은 북한 보안기관의 恣意的인 법해석 및 적용에 의해 수시로 위협받을 가능성이 상존하고 있어, 이에 대한 대책이 시급한 실정이다. 결국 개성과 금강산, 나아가서 북한 지역에 체류하는 남측 인원에 의해 발생할 수 있는 형사적 문제의 처리는 기존의 '개성공업지구법'과 '개성 및 금강산 관광지구의 출입 및 체류에 관한 합의서'의 신변안전 보장규정에 의해서는 충분히 해결될 수 없는 불완전한 것이다. 더구나, 개성과 금강산 지역에서는 불완전하지만 기존 합의서에 의해 어느 정도 신변안전을 보장받고 있지만 기타 북한 지역에 체류하는 남측 인원의 신변안전 문제는 남측 인원의 법질서 준수를 바탕으로 한 북한의 일방적인 '善意'에 의지하고 있을 정도로 취약한 것이다.

실제로 개성공단 현지에서 남측 인원의 형사적 문제를 처리해 본 실무적 경험에 의하면 남측 주재원의 유일한 신변안전 법규인 위 출입체류합의서의 미비점이 많이 발견되고 있음을 알 수 있다. 그 구체적인 사례를 적시하면, 먼저 우리 주재원의 북한 근로자에 대한 범죄행위 시 우리 형법에는 저촉되지 않지만 북한의 형사관련법 등 일반법에 위반되는 '법질서 위반행위'가 많다는 것이다. 개성공업지구에서 발생한 구체적 사례를 적시하자면, 북한 지역에 있는 이산가족에게 편지를 전달하는 행위, 북한 여성근로자와의 이

성교제, 기독교 포교용 전단지 방치행위, 개성공단 이외의 지역의 사진촬영, 혹은 북한 지도자 및 체제비판 발언[3]이나 그와 같은 내용이 적시된 출판물 반입행위 등이 있다. 이런 행위가 발생하면 개성공업지구 내 북측 보안기관은 출입체류합의서 제10조의 규정에 의해 남측 주재원을 소환 및 조사 후 사안의 경중에 따라 경고, 범칙금 부과, 추방 등 제재를 가하고 있다. 그런데 위 '법질서 위반행위'에 대한 처리를 위해 북측 조사기관과의 접촉 및 조사 과정의 참관 등 남측 인원에 대한 사건 처리 과정의 실무적 경험을 통해 아래와 같은 몇 가지 문제점을 도출할 수 있었다.

ⅰ) '남한 형법에는 죄가 되지 않지만 북한의 형사법을 비롯한 일반법에 위반되는' 이른바 「법질서 위반행위」의 개념이 지나치게 포괄적이어서 북한 형법뿐만 아니라, 공개되지 않은 북한 일반법을 비롯한 일반 행정법규도 포함될 가능성이 많아 罪刑法定主義에 위반될 소지가 다분하다. ⅱ) 북한의 형사법을 포함한 일반법이 남측 인원들에게 잘 알려져 있지 않고, 추방을 할 때에도 북측 사법당국에서 '북한의 어떤 법을 위반하였느냐'에 대한 소명 및 통보절차가 없다. ⅲ) '엄중한 위반행위'를 저지른 남측 주재원에 대한 소환조사 시 신변안전 역할을 담당하는 '개성공업지구 관리위원회'에 조사이유 및 일정을 통보하지 않고 있다. ⅳ) '경고'의 경우는 비교적 경미한 법질서 위반행위 시 행하여지고 있는데, 일반적으로 '사죄문' 작성을 강요하고 있어 우리 헌법상 '양심의 자유'를 침해하고 있다는 점이다. ⅴ) '범칙금 부과'의 대상이 되는 행위유형 및 범칙금 부과액에 대한 뚜렷한 기준이 없다. ⅵ) '엄중한 위반행위'의 경

---

3) 예컨대, 김정일의 찬양문구가 삽입되어 있는 북한 달력을 남측 근로자가 훼손하였다는 이유로 개성공업지구 관리위원회에 범인색출 및 재발방지 대책을 세워 줄 것을 요구한 사실도 있다.

우에는 남측으로 '추방'을 하고 있어 해당 남측 근로자의 생활터전이 상실되는데, 추방사유가 되는 '엄중한 위반행위'의 해석기준이 명확하지 않아, 북한 당국의 恣意的 기준에 의한 추방이 수시로 이루어지고 있다. vii) 북한 주민에 의해 우리 근로자가 범죄를 당하였을 경우에 현실적으로 북한 주민을 우리 법정에 소환하지 못함에 따른 사법처리가 어려운 탓으로 우리 정부가 북한 사법당국에 사건 처리 결과를 통보해 줄 것을 요청하였으나, 북한 당국은 관련규정의 미비를 들어 우리 측의 통보요청을 거부하고 있다.

그 밖에도 남북한 형법에 공통으로 처벌규정이 있는 '폭력과 모욕' 등 개성공단에서의 작업효율을 떨어뜨리는 '自然犯'과 음주 및 과실로 인한 교통사고가 자주 발생하고 있다. 다만, 이러한 전형적인 범죄의 경우에는 북측에서 비교적 통보를 잘해 주는 편이고, 조사 과정에 개성공업지구 관리위원회 직원이 참여하여 남측 인원의 인권보호 역할을 수행하고 있다.

이 책에서는 이러한 문제점을 인식하고 위 출입체류합의서의 부속합의서 채택 시 개성과 금강산지구를 비롯한 북한 지역에 체류하는 남측 인원에 대한 신변안전보장 법규의 내용을 개선해 나갈 필요성을 논증하고자 한다. 아울러, 南北關係의 경색국면이 지속되어 위 출입체류합의서의 부속합의서 채택이 늦어지면 현재의 출입체류합의서 제12조에 따라, 남북한 법률전문가 등 관계자들로 구성된 '(가칭) 개성공업지구 출입체류 공동위원회'를 구성해야 할 것이다. 또한 위 공동위원회를 상설화하여 위에서 언급한 '엄중한 위반행위'의 행위유형에 대한 심사 및 추방결정의 심의, 법질서 위반행위자의 신병과 조사자료 인계절차, 남·북한 사법당국의 자기 측 범죄인에 대한 형사사건 처리 결과 통보규정 등을 마련할 필요성이 있다고 본다. 물론, 궁극적으로 남북한 관계의 획기적인 진전이 이루어질 때에는 북한 주민을 상대로 한 참고인조사 등 증거조사, 증인소환, 북한 조사결과의 인수, 범죄인 인도 등을 규정한 '남북한 사법공조에 관한 합의서'를 성사시키는 것도 장기적인 신변안전 방안으로 검토되어야 할 것이다.

개성공업지구에 체류하는 남측 인원들에 대한 유일한 신변안전 장치인 '개성공업지구 및 금강산 관광지구의 출입 및 체류에 관한 합의서'는 사실 북한 전역에 적용되는 규범이 아니라, 개성공업지구와 금강산 관광지구에만 적용되는 한계를 가지고 있다. 더구나 개성공업지구법은 경제특구에 관한 특별법적 성격을 가지고 있으므로 경제활동에 관해서는 이 법이 우선적으로 적용되지만, 경제외적인 활동에 대해서는 지구법이 배제되고 북한의 전국적 법령이 적용되고 있다. 따라서 개성공업지구에 거주하는 남측 인원의 신변안전이 위협받거나, 그 밖의 복잡한 법률문제를 야기시킬 가능성이 많다. 특히, 개성공업지구법 부칙 제3조에 의해 개성공업지구법에 대한 최종 해석권도 북한의 최고인민회의 상임위원회가 갖고 있기 때문에 민·형사적 및 행정적인 사항과 경제활동 과정에서 규정에 없는 부분도 최고인민회의 상임위원회의 해석에 따라 북한의 전국적 법령이 적용될 소지가 다분한 것이다.

그렇다면 개성공업지구와 금강산 관광지구뿐만 아니라, 기타 북한 지역에 체류하는 남측 인원들이 형사문제를 일으킬 때에는 바로 북한의 형사법이 적용되어 신변안전에 중요한 결함이 야기되는 것이다. 더군다나 개성공업지구법 제1조는 개성공업지구는 '공화국의 법에 따라 관리 운영하는'이라는 文言을 살펴보더라도 형사문제에 있어서는 북한의 형사관할권이 미치는 지역이라는 점은 자명한 것이다. 그런데 여기서 남측 주재원이 장기간 체류하면서 경제활동에 종사하는 개성공업지구를 비롯한 북한 지역에 사업상 또는 관광목적으로 방문·체류하는 남측 인원이 북한의 형사관련법을 비롯한 일반법에 위반되는 범죄를 야기했을 때, 구체적으로 남북한 어떤 법을 적용해야 하는지에 대해서 남북한 간 합의된 사항이 없다. 따라서 이 책에서는 우선적으로 남북한 교류협력의 확대에 따른 형사사건 발생 시 적용될 준거법 문제를 비롯한 刑事管轄權의 여러 가지 문제점을 여타 분단국가 경험이 있는 나라들의 사례와 비교·검토하여 남북한 刑事管轄權 및 準據法의 충돌문제를 살펴본다. 그 후 개성공업지구에서의 실제로 제기되는 형사관할권의 구체적인 경험적 사례를 통해 남북교류 협력의 확대과정에서 필연적으로 일어날 수밖에 없는 형사분쟁을 해결하기 위한 실체법적 또는 절차법적 방안을 제시함을 그 목적으로 하는 것이다.

두 번째로, 1991년 12월 체결된 남북기본합의서 전문은 남북관계에 대해 '나라와 나라 사이의 관계가 아닌 통일을 지향하는 과정에서 잠정적으로 형성되는 특수관계'라고 정의하고 있다.[4] 남북한 형사사건에 대한 법률충돌은 북한이 평화통일을 위한 대화와 협력의 동반자로서 활동하는 규범영역에 포함된다는 사실을 전제로 개성공업지구 등에서는 기본적으로 속지주의 원칙에 의해 북한의 형

---

4) 이것을 '남북한특수관계론'이라고 지칭하면서 남북한관계는 헌법규범학적으로 국내법적 규범영역과 국제법적 규범영역으로 구분하고, 국내법적 규범영역은 다시 소극적 의미와 적극적 의미로 나누어지는데, 소극적인 의미는 남북한 관계가 나라와 나라 사이의 관계가 아니라는 것을 의미한다. 적극적인 의미는 북한의 이중적인 지위를 반영, 북한이 반국가단체로서 활동하는 규범영역은 헌법 제3조와 국가보안법이 적용되는 영역이며, 평화통일을 위한 대화와 협력의 동반자로서 활동하는 규범영역에서는 북한의 실체를 규범적으로 인정하고 있으므로 국제법원칙이 유추 적용되어야 한다는 견해가 있다(이효원, "남북한 특수관계론의 헌법학적 연구", 서울대학교 박사학위논문, 2006, 356－357면).

사관할권을 인정하되, 國際刑法 類推適用說에 의해 보충적으로 남한 형법의 屬人主義가 적용되어야 할 것이다. 그러나 현 상태의 남북한 발전정도와 사회주의 이념과 주체사상에 입각한 북한 형사법의 비민주성으로 인해 남측 인원에 대해 북한 형법을 그대로 적용함은 비현실적이며, 북한 주민에게도 남한 형법을 적용할 수 없는 한계를 인정해야 한다. 따라서 개성과 금강산지구 및 북한 지역에 체류하는 남측 인원의 형사사건에 대해서는 일차적으로 북한의 형사관할권을 인정하되, 북한 형사법과 남한 형사법이 서로 충돌하기 때문에 남북한 형사관할권의 조정이 필요한 것이다. 특히, 남북한은 각각 서로 상이한 체제를 유지하고 있고 분단기간이 길어짐에 따라 남북한 법률이념과 체계도 확연히 달라져 있다. 따라서 우리 형법상으로는 범죄가 아니지만, 북한 형법상으로는 범죄가 되는 경우가 있으며, 그 반대로 북한 형법상 범죄가 아니지만 우리 형법상 범죄가 되는 경우도 있을 수 있다. 그리고 그 당연한 결과로서 범죄가 되는 줄 몰랐다고 주장하는 '법률의 착오'에 해당하는 행위들이 속출할 수 있다. 또한 남북한 형법상 공통적으로 범죄가 되는 행위인데, 그에 대한 형벌이 다르기 때문에 발생하는 문제도 있을수 있다.[5]

결국 이러한 남북한 간 법률충돌 문제는 합의서를 통하여 조정·확정하는 것이 바람직한데, 개성공업지구와 금강산 관광지구가 활성화됨에 따라 현실적인 형사관할권에 대한 조정방안으로 '개성공업지구와 금강산 관광지구의 출입 및 체류에 관한 합의서'가 체결되었음은 주지하는 바와 같다. 그러나 앞서 살펴본 바와 같이 同합의서의 신변안전 보장규정은 개성공업지구에서 일어나는 여러

---

5) 권오걸, 남북한 형사사건의 처리방향, 法學論考 第24輯, 2006, 521면.

유형의 형사 문제를 처리하는 과정에서 규정의 미비로 인한 결함이 많이 발견됨에 따라, 남측 주재원의 신변안전 규범으로 작용하기에는 문제점이 많으므로 同 합의서의 수정 및 보완의 필요성이 제기되고 있다.

따라서 이 책은 일차적으로 위 출입체류합의서의 실제상의 운영과정에서 제기된 문제점들을 보완함과 아울러 위 합의서 제12조의 '(가칭) 남북 출입체류 공동위원회'의 구성의 필요성을 역설하고 그 주체 및 주요임무와 역할 등을 명시한 同 출입체류합의서의 부속합의서의 조속한 체결을 주장한다. 나아가서 남북한 교류협력의 확대에 따른 남북한 형사관련법과 일반법의 충돌에 대비, 비교법적 고찰을 거쳐 형사사법공조의 여러 가지 유형과 개성공업지구에서의 구체적인 형사사법공조의 상황을 살펴봄으로써 합리적인 남북한 형사사법공조 방안을 제시함을 궁극적인 목적으로 하는 것이다.

개성공단은 2003년 6월 착공식 이후, 막 태어난 영아처럼 성장을 위한 지난한 몸부림을 시작한 지 6년여가 지났다. 60여 년간 같은 민족끼리 총부리를 겨누면서 적대적 관계를 형성해 오다가 처음으로 남북한이 서로 손을 맞잡고 시작한 경제협력의 결실체가 개성공단이라고 정의한다면, 서로의 상이한 이념과 법체계에 맞추어 개성공단을 발전시킨다는 것도 많은 노력과 시간을 필요로 할 것이다.

남측 인원의 신변안전 보장도 남북한 교류협력의 역사가 일천한 탓으로 국내의 단행본을 비롯한 논문 등 문헌자료도 부족한 편이다. 그러나 향후 개성공업지구의 확대 및 기타 남북 경제협력의 공간이 늘어난다고 볼 때, 상대방 지역에 체류·거주하는 남북한 인원들의 신변안전 문제는 초미의 관심사로 등장할 것이다. 이 책은 주로 기존에 나와 있는 국내문헌을 참고하여 이론적 뼈대를 구축한 다음 개성공단에서 실제로 각종 범죄사건을 처리한 경험적 요소를 토대로 보다 실증적인 연구를 시도해 보았다.

1부에서는 개성공업지구의 특성과 法的 地位에 관해 살펴본 다음, 개성공업지구를 규율하는 북한 법인 개성공업지구법의 주요내용과 적용범위, 법규정의 여러 가지 문제점에 대해 알아본다. 특히, 개성공업지구의 관리주체인 개성공업지구 관리위원회의 역할과 法的 性格에 대해 고찰하고 대한민국 정부와의 관계에 대해서도 살펴보도록 하겠다.

2부에서는 남북 경제공동체의 신변안전 모델이 될 가능성이 농후한 입법인 개성공업지구법과 출입체류합의서의 신변안전 보장규정의 문제점에 대해 살펴본 후, 역대 남북교류 협력 과정에서 합의된 바 있는 신변안전보장 법제에 대해 알아봄으로써 향후 남북경제 공동체 설립 및 운영 과정에서 보다 확고한 남측 인원의 신변안전 보장방안에 대해 설명하였다.

3부에서는 북한 지역인 개성공단 지역에서 남측 인원에 의한 각종 형사사건 발생 시 제기될 수 있는 남·북한 형사관할권에 대해 선결조건인 헌법 제3조 및 제4와의 관계 및 북한 주민의 헌법적 지위를 논한 다음, 동서독의 사례를 들어 북한 지역에서 북한의 속지주의와 남한의 속인주의에 의해 상호 충돌하는 형사관할권의 조정방안에 대해 살펴보고 출입체류합의서상의 구체적인 형사관할권의 충돌과 조정사례에 대해 설명해 보았다.

4부에서는 남북관계의 평화적 도약 시 문제 될 수 있는 남북한 형사사법공조 방안에 대해 과거 동·서독 및 중국과 대만 등 法域

이 다른 국가의 예를 들어, 단기적으로는 출입체류합의서의 후속합의서 채택과 장기적으로 남북한 형사사법공조 협정을 체결하는 방안으로 나누어 설명하였다.

맺음말에는 출입체류합의서 등 관련법규상 법질서위반행위의 범위, 남측 인원의 추방 시 통보절차, 조사의 의미, 남측 인원이 범죄의 피해자가 되었을 경우의 북한 당국의 사법처리 결과에 대한 통보 등 출입체류합의서의 수정·보완의 필요성에 대해 언급하고, 보다 궁극적인 신변안전 방안으로는 남북한 간 상호 형사사법공조에 관한 협정을 체결하는 방안을 제시하였다.

한편, 이 모든 출입체류합의서의 보완과 개선 및 출입체류공동위원회의 상설화 또는 남북한 형사사법공조 협정 등을 추진하는 데에는 먼저 북한 당국을 설득하여 '대화의 장'으로 이끌어 내야 하지만, 북한이 정치적 목적하에 남북대화의 조건으로 우리 정부의 과도한 양보를 요구하는 경우에는 추가적인 합의서 체결이 이루어질 수 없다는 한계가 있다. 따라서 구체적인 합의서 체결이 될 때까지는 개성공업지구나 금강산 관광지구 등 북한 지역에 체류하는 우리 인원의 신변안전은 늘 불안한 상태로 북한의 '善意'와 '自制'에 의존하는 취약한 것이 될 수밖에 없는 것이다.[6]

---

6) 2008년 7월 11일 일어난 금강산 관광객 박왕자 씨 피살사건과 2009년 3월 30일 발생한 개성공단 직원 유성진 씨 장기억류사건은 이러한 현실을 극명하게 보여 준다.

제1부

개성공업지구법과 관리기관의 법적 성격

개성공단 사업은 1998년 10월 故정주영 현대명예회장이 501마리 소떼와 함께 방북 후 북한 김정일 국방위원장과 「서해안 공단 건설사업」을 추진하기로 합의함으로써 시작되었다. 2000년 6월 역사적인 남북정상회담 개최로 남북경제협력사업은 탄력을 받게 되어, 2000년 8월 故정몽헌 현대아산 회장과 김정일 위원장은 개성에 공업지구를 건설하고 이를 특별경제구역으로 지정·선포하기로 합의하였다. 동시에 '공업지구 건설운영에 관한 합의서'를 체결하면서 개성공단 사업은 남북 공동개발 사업으로서 골격을 갖추게 되었다. 2002년 11월 북한이 개성공업지구법을 발표하면서 개성공단 사업은 본격적으로 추진되기 시작하였다. 2003년 6월에는 개성공단 착공식이 거행되었고, 8월에는 남북 당국 간 4개 경협 합의서(투자보장, 이중과세방지, 청산결제, 상사분쟁합의서)를 발효하였다. 2004년 4월 1단계 100만 평 조성사업에 대한 통일부의 협력사업 승인을 받은 개발사업자는 1단계 부지조성 공사와 시범단지 개발에 착수하였다. 같은 해 6월 시범단지 분양 공고를 통해 136개 신청기업 중 15개 기업을 선정, 계약을 체결하였다. 같은 해 12월 드디어 개성공단에서 북한의 노동력과 우리의 자본·기술이 결합된 최초의 제품이 생산되었다.[7]

개성공단은 서울에서 60km, 평양에서 160km, 북방한계선에서

---

7) 시범단지 1호기업인 (주)리빙아트에서 개성공단 최초제품인 냄비를 생산, 국내 한 백화점에서 판매되었다.

1.5km 떨어진 개성시 일대에 위치하고 있다.[8] 총 2,000만 평의 개발계획이 확정되었으며, 이 중 공단이 800만 평, 생활·상업·관광구역 등 배후도시 1,200만 평으로 구분된다. 2012년을 완공목표로 총 3단계에 걸쳐 진행될 예정이며, 현재 1단계 100만 평의 개발 및 분양사업이 완료되었다.[9] 단계별 개발계획은 아래와 같다.

1단계는 개성시 봉동리 일대 100만 평 규모를 대상으로, 북한으로부터 토지를 50년간 임차하여 공업단지로 개발, 국내외 기업에 분양하는 것이 사업의 핵심이다. 사업기간은 2007년까지로 계획되었으며, 토지공사가 자금·설계·분양을, 현대아산은 시공을 담당하고 있다. 사업비는 2,205억이며 이 중 기반시설 건설비 1,095억은 정부가 무상 지원하고 있다. 1단계 개발방향은 노동집약적 중소기업 공단조성이 목표이며 비용절감 효과가 크고, 설비설치 및 제품 생산소요 기간이 짧은 섬유·가방·신발·조립금속 등 250~300개의 중소기업이 입주할 예정이다.

2단계는 중점개발 단계로서 세계적 수출기지 구축을 목표로 2006년부터 2009년까지 250만 평(공단 150만 평, 생활·상업·관광 구역 100만 평)에 경공업과 조립금속 제품, 기초 첨단관련 산업을 중점적으로 유치할 계획이다.[10]

---

8) 원래 개성은 북한의 '개성직할시'로 운영되었으나, 개성공단 사업계획이 확정되면서 개성시와 장풍·개풍군으로 분리되어 각각 황해북도로 편입되고 판문군이 없어지게 되었다. 그러므로 개성공단은 북한 지명에 따르면 황해북도 개성시(구판문군 일부 지역을 포함한다)에 위치하고 있다(부록: "조선민주주의인민공화국 개성공업지구를 내옴에 대하여" 제2, 3조, 2002.11.13. 참조)

9) 2007년 10월 시범단지 2만 8천 평, 본단지 1차 5만 평이 총 39개 기업에 분양되었고 본단지 2차 53만평은 2.3:1의 경쟁률을 기록하면서 국내외 180여 개 기업에 분양이 완료되었다.

10) 하지만 2단계 사업은 2009년 3월 남측 인원 장기억류사건, 5월의 개성공단에 주어졌던 각종 특혜의 무효화 조치, 6월의 북측 근로자 임금인상 및 토지사용료 인상요구 등 북한의 억지로 인해 착수조차 하지 못하고 있는 실정이다. 이 같은 북한의 무리한 요구는 개성공단 2·3단계 개발사업의 불가피한 차질과 개성공단 자체의 존립마저 위태롭게 하고 있는 실정

3단계는 전면개발 단계로서 350만 평 규모의 공단 완성을 목표로, 2008년부터 550만 평(공단 350만 평, 생활·상업·관광 구역 200만 평)을 개발할 계획으로 중화학공업과 산업설비 분야 유망업종 및 첨단산업 등 대기업과 다국적 기업 유치를 목표로 복합공업단지 및 동북아 경제거점으로서의 역할을 수행하게 할 계획으로 있다.[11)]

개성공단의 종합적인 관리·운영은 2004년 10월 북한의 「개성공업지구법」 제24조에 의거하여 설립된 「개성공업지구 관리위원회(북한 법인)」가 담당하며, 북한의 개성공단 사업 추진기관인 「중앙특구개발 지도총국」과 유기적으로 협력하고 있다. 그리고 범정부 차원(통일부·재경부·산자부 등 8개 부처 참여)의 「개성공단 사업 지원단」도 같은 해 10월부터 구성되어 개발사업 주요계획 수립·조정, 입주기업 지원대책 등의 업무를 수행하고 있다.

제1장 개성공업지구법의 법적 문제점

이른바 '고난의 행군'으로 암시되는 것처럼 오랜 기간 지속된 북한의 경제적 침체 및 식량문제와 대량 탈북사태는 북한 내 사회적 긴장도와 국가위험도를 높게 하는 요인이 되고 있다. 특히 마이너스 성장률의 만성적 지속, 생산시설 미비, 원자재와 에너지 부족, 낙후된 기술과 공장가동률 저하, 농업생산성 하락에 따른 일상적인

이다.

11) 「개성공단 가는 길」(부제: 민족경제의 디딤돌), 남북문제연구소, 2005, 11~13면.

식량위기 등은 단기간의 임기응변식 경제정책만으로는 개선될 수 없는 위기상황에 놓여 있다. 하지만, 북한의 지속적인 핵개발로 인한 국제사회의 대북지원 중단과 경제제재 조치는 북한의 국제적 고립과 함께 마침내 정치적으로는 '2.13 합의'와 핵불능화 조치[12] 라는 가시적 성과를 이끌어 내기도 하였다. 또한 경제적인 측면에서도 북한은 남한의 자본과 기술을 이용하여 개성공업지구를 조성, 발전시키는 등 경제부흥 전략을 본격적으로 전개하기에 이르렀다.

이러한 인식하에서 북한은 2002년 7월 1일 한계점에 도달한 경제문제를 해결하기 위해 '사회주의 계획경제의 개선·완성'을 기치로 실리추구 정책을 추진하기 시작했다. 북한 당국은 이러한 경제관리개선조치를 사회주의 원칙에 기초한 것이라고 주장하면서 '시장경제도입의 징조'로 해석하는 것을 경계하고 있다. 그러나 개성공업지구 지정과 개발 등 북한 당국에 의한 계획경제의 개선조치는 일면 사회주의 경제체제 개혁의 초기단계로서 자본주의 시장경제체제의 도입을 시사하기도 하였다. 또한, 미국의 대이라크 전쟁과 맞물려 대북강경책에 직면한 북한의 대외개방정책으로서의 개성공단의 조성은 미국에 화해메시지를 던짐으로써 체제유지를 도모함과 아울러 핵불능화 조치와 함께 북미관계 개선을 위한 유리한 분위기를 조성하기도 하였다.

그러나 최근 북한은 제2차 핵실험을 강행하여 또 다시 국제사회에서 정치·경제적으로 고립되는 국면을 자초하여 그동안 추구해 왔던 남북화해정책에 기반을 두었던 경제발전 전략을 포기함으로써 개성공단 사업 자체를 벼랑 끝으로 내몰고 있다.

---

12) 그러나 북한은 이 같은 모든 합의를 무시하고 2009년 5월 25일 제2차 핵실험을 강행, 개성공단으로 대변되는 남북경협의 미래마저도 불투명하게 하였다.

I. 개성공업지구의 의의와 내용

2001년 1월 북한 김정일 국방위원장은 중국 상하이 '푸동(浦東)지구'를 방문하여 '천지개벽'을 실감하고 귀국 후 경제개혁의 기본 기조를 정한 '경제관리개선조치'[13]를 발령하고, 연이어 2002년 9월 12일 신의주특별행정구의 지정(2002.9.21. 신의주특별행정구기본법 채택), 2002년 10월 23일 금강산 관광지구의 지정(2002.11.13. 금강산 관광지구법 채택), 2002년 11월 13일 개성공업지구의 지정 (2002.11.20. 개성공업지구법 채택) 등의 후속조치를 취하게 된다. 이로써 북한은 '7.1. 경제관리개선조치'의 단행으로 인해, 북동쪽의 나진 · 선봉 경제특구와 남동쪽의 금강산특구, 남서쪽의 개성공단과 더불어 북서쪽의 신의주특별행정구라는 경제정책의 대대적인 전환을 위한 기본적인 틀을 완성하게 된 것이다.

1. 개성공업지구 조성 동기

2002년 11월 20일 채택한 개성공업지구법은 신의주특별행정구역법, 금강산 관광지구법에 이은 북한의 중요한 경제변화의 단초이다. 왜냐하면 이것은 지난 2002년 7월 1일 경제개선관리조치의 후속조치로서 제시되었기 때문이다. 경제관리조치의 핵심은 가격개혁을 통한 신경제의 기초를 수립하기 위함이다. 이는 가격개혁(price

---

13) 2002.7.1. 북한이 단행한 경제관리개선조치는 분권화, 가격현실화, 화폐임금제 실시에 의한 임금인상, 생산자 위주의 가격조정, 배급제 축소, 농업정책 개선 등을 표방하고 있다. 同 조치에 대해서는 "가까운 앞날에 인민생활에서 획기적인 전환을 이룩하게 하는 가장 현명한 정책", "인민경제의 모든 부문, 모든 단위에서 새로운 비약과 혁신의 폭풍이 일어나고, 근로자들의 혁명적 열의가 끊임없이 높아지고 있는……" 등의 자체 평가를 내리고 있다(로동신문 2002.8.4.).

reform)과 더불어 일련의 경제관리방식을 개선하기 위해서 경제특구를 확대한 것으로 평가되기 때문이다.

가격개혁은 급진적(Big Bang) 방식과 점진적 방식이 있다. 전자는 연료와 통신 및 주거비와 등과 같이 공공서비스 가격이 식량과 같은 생필품의 가격과 동시에 현실화되는 경우에 직면하는 가격개혁의 형태이다. 후자의 가격개혁은 공공서비스의 가격을 민간 서비스 가격의 현실화에 대한 성과를 평가한 후에 상당기간의 시차를 두고서 가격개혁이 시행되는 방식이다.[14)]

물론 북한과 같이 절대적 결핍경제하에서 민간 재화나 공공재화의 서비스에 대한 주민들의 의존도가 절대적으로 높은 계획경제 사회에서 급진적 또는 점진적 방식이든 별다른 차이가 없을 것으로 평가하는 견해도 있을 수 있으나, 북한 당국의 경제관리개선조치의 방식의 선택에 따라 경제개혁 및 내부체제 개혁에 상당한 영향을 끼칠 수 있다. 적어도 양자택일의 선택은 그 정책적 시사점이 매우 상이한 결과를 가져올 수 있다. 종래의 배급제와 고정가격제는 인민들에게 형식적 평등주의와 소득재분배의 기능을 발휘하였다. 예컨대, 원유가격의 국내가격은 고정되어 있지만 국제원유 시장가격은 그보다 비싼 가격으로 수입한다는 점을 생각한다면, 가격개혁은 일시에 모든 관리가격을 인상시킨다는 점에서 경제변화의 시사점을 예고하는 것이다. 이러한 상황에서 개성공업지구법은 경제특구 중에서 비교적 높은 경제성을 보장하고자 독점개발방식을 채택하였다. 일반적으로 중국처럼 북한의 경제특구개발은 다음과 같은 원칙과 특성이 강조된다.

---

14) 정영화, 북한경제특구법의 분석과 전망(북한법연구, 제6호), 북한법연구회, 2003, 142면.

2. 개성공업지구의 특성

첫째, 경제특구는 국유와 사회협동적 공유 및 외국투자자의 사유재산과 결합하여 새로운 경제체제의 초기자본을 형성한다. 즉 경제특구는 외국자본에 의존하여 사회간접자본을 형성하는 데 초점을 둔다.

둘째, 경제특구에서의 경제규제는 시장기능이 작동될 수 있는 새로운 시장경제의 노하우(know - how)와 상당한 인적 및 물적 자원을 확보해야 비로소 경제성과를 기대할 수 있다. 현재 북한경제특구는 사회간접자본과 시장경제의 인적 자원이 부족함으로 인해 향후 외국투자의 속도와 규모에 의해서 시장경제의 인적 및 물적 네트워크 형성이 긴요한 과제로 등장한다.

셋째, 경제특구는 투자자를 우대하고 진입과 퇴출의 장벽을 최대한 낮추는 역할을 해야 한다. 투자자는 투자기대수익을 높이는 데 초점을 두는 한편, 당국은 투자의 효율성을 높게 평가하고자 한다는 점에서 투자자 상호 간의 투자평가방식과 자본회수의 기준에 대해서 합의하여야 한다.

넷째, 경제특구는 다른 지역보다도 중앙정부의 권한위임이나 의사결정조정 과정이 반드시 필요하다. 경제특구는 중앙정부 권한의 분권화에 의하여 투자의 효율성과 진입장벽을 낮출 수 있기 때문이다.

이상과 같이, 대개의 사회주의 국가에서는 경제특구를 설치하는 경우에 투자자에게 인센티브 보장에 중점을 두었다. 더구나 경제특구의 초기단계에는 토지개발과 사회간접자본을 형성하기 위한 사업에 중점을 두고, 그러한 초기단계의 성과를 바탕으로 차츰 생산

공정 및 품질향상에 중점을 두게 된다. 결국 아직은 북한경제특구 법령은 초기단계의 경제사회적 인프라 구축에 초점을 맞추고 있기 때문에 투자자는 향후 10년 이상의 장기적인 안목에서 단계적·계획적·자율적인 투자결정을 통해 북한으로 하여금 기술형성(skill formation) 및 자본소득(capital gain)의 학습구조(learning system)를 체득하게 하는 것이 무엇보다도 필요하다.

Ⅱ. 개성공업지구의 법적 지위

1. 북한의 경제특구[15)]

개성공업지구는 북한 헌법 제37조에 근거한 북한의 특수경제지대의 하나이다. 따라서 개성공업지구법 제1조에서도 규정하고 있듯이 북한의 법이 적용되며 북한의 법에 의해 운영된다. 개성공업지구법 부칙 제3조에 의하면 개성공업지구의 기본법인 '개성공업지구법'에 대한 해석권도 북한의 최고인민회의 상임위원회가 갖고 있다. 그러나 개성공업지구는 북한의 일반 행정구역과는 달리 특구를 위한 특별법 체계가 있는 경우에는 이들 법이 우선적으로 적용됨으로써 특별취급을 받게 되는 것이다. 즉 개성공업지구법 제9조는 "공업지구에서 경제활동은 이 법과 그 시행을 위한 규정에 따라 한다. 법규로 정하지 않은 사항은 중앙공업지구 지도기관과 공업지구 관리기관이 협의하여 처리한다."고 규정하여 원칙적으로 일반적인 북한법의 적용을 배제하게 되는 것이다.

---

15) 윤대규, "개성공단 운영에 따른 법적 문제점", 성균관법학 16 - 2집(성균관대비교법연구소), 2004, 4 - 6면.

일반적으로 경제특구를 창설하는 것은 외국인의 투자유치를 위한 것이지만 개성공업지구법 제3조에는 특별히 남측 투자자들도 투자할 수 있다는 것을 명시해 놓고 있다. 기존의 북한 외국인투자 관련 법규에서는 외국인 해외조선동포, 또는 '공화국령역 밖에 거주하는 조선동포'에 남한 인원이 포함되는지 여부가 불명확하였다. 지금까지 북한은 오히려 남한 투자자들에 대하여 외국인들에게 적용되는 북한 법의 적용을 배제해 온 경향이 있었는데, 개성공업지구는 위치상으로 볼 때도 사실상 남한 투자자들을 위한 특구라는 측면에서 명시적으로 남한 투자자를 포함시킨 것은 당연하다고 할 것이다.

　문제는 개성공업지구에서 '경제활동' 이외에 교통·치안과 같은 경찰·사법업무, 교육·문화·의료·보건 등 사회관련 업무 등 여타분야에 대해서도 일반적인 북한 법이 적용될 것이냐의 문제이다. 물론 '개성공업지구와 금강산 관광지구의 출입 및 체류에 관한 합의서'와 같이 별도로 형사처리절차에 관한 규정을 두고 있는 경우는 별론으로 할 수 있지만, 기타 경우에는 경제활동의 범위를 최대한 넓게 해석하여 여타 북한 법의 적용가능성을 최소화할 수밖에 없을 것이다. 물론 이때에도 전술한 바와 같이, 최종적인 법해석권은 북한 최고인민회의 상임위원회가 갖고 있다고 보아야 할 것이다.

　개성공업지구가 명실상부한 경제특구로서의 역할을 다하기 위해서는 일반적으로 북한 사회에 적용되는 북한 법의 적용을 배제해야 하며, 이를 위해서는 북한 당국과 협의하여 개성공단의 전 분야를 규율할 수 있는 광범위한 입법16)이 이루어져야 할 것이다. 법의

16) 이와 관련하여, 중국의 대표적인 경제특구인 深圳은 1992년 7월부터 전국인민대표대회 및 그 상무위원회의 授權에 따라, 헌법 및 법률과 행정법규의 기본원칙의 범위 내에서는 개개의 법률, 행정법규와 다른 법규의 제정을 할 수 있는 授權立法權을 가지게 되던바, 이는 경

공백 시에는 대부분 중앙공업지구지도기관과 공업지구관리기관이 협의하여 처리하도록 하고 있기 때문에 중앙공업지구지도기관의 성격과 권한이 중요한 의미를 갖게 된다.[17]

2. 개성공업지구의 독자성과 자율성

개성공업지구는 북한의 특구이나 광범위한 독자성과 자율성을 부여받고 있다. 기본법인 공업지구법을 비롯한 그 하위 규정은 모두 원칙적으로 경제활동에 관한 한, 북한의 일반법의 적용을 배제하고 공업지구에만 독자적으로 적용될 수 있는 법체계를 만들어 가고 있다. 공업지구의 행정기관인 '개성공업지구 관리기관'은 공단관리 및 입주기업 활동 전반에 걸쳐 광범위한 권한을 행사하고 있다. 개성공업지구 관리기관은 원칙적으로 북한의 행정기관이면서도 입주기업을 중심으로 하는 남측 주재원들의 권익을 대변해야 하는 기관이기도 하다. 이러한 관리기관의 구성을 공업지구의 개발과 운영의 권한과 책임을 가지고 있는 남한 개발업자에게 위임하고 있음은[18] 공업지구 운영에 자율성을 부여함으로써 입주기업의 불안감을 해소하기 위한 것이다.

관리기관은 북한 법에 의해 설립된 북한의 법인이지만 조직이나

제특구의 실제수요에 부합하는 입법을 적기에 하도록 함으로써 경제특구의 발전을 도모하고 그렇게 함으로써 경제특구의 실험을 성공시키기 위한 것이었다고 할 것이다(張建國·周成新, "深圳經濟特區市場經濟立法的理論與實踐", 群众出版社, 1999, 6−9면).

17) 중앙공업지구지도기관은 북한 정부인 내각 산하의 '중앙특구개발지도총국(줄여서 '총국'이라고 한다)'이라고 지칭하는데, 바로 개성공단사업을 관장한다. 또한 "민족경제협력연합회(줄여서 '민경련'이라 한다)"는 남북교역 사업을 진행하고, 그 위에 2004년 7월 대남 경협기관들을 통합한 내각 산하 장관급 정부기구인 "민족경제협력위원회(줄여서 '민경협'이라 한다)"가 있다. 그러나 북한은 2009.4.9. 최고인민회의 제12기 1차 회의를 열어 김정일 제3기 체제를 출범시키면서 '민경협'을 내각명단에서 제외시켜 경색된 남북관계 국면을 보여 주었다.

18) 개성공업지구법 제2조, 제10조, 제24조, 개성공업지구 관리기관 설립운영규정 제2조.

재정면에서는 독자성을 갖기 때문에[19] 북한의 중앙행정기관에 종속되어 있지는 않다. 그러므로 개성공업지구법 제6조에 의해 북한의 기관이나 기업소, 단체는 개성공업지구의 사업에 관여할 수 없다. 결국 개성공업지구의 성공 여부는 관리기관이 어느 정도 독자성과 자율성을 행사할 수 있느냐에 달려 있으므로 관련법의 해석도 이러한 방향으로 해석되어야 한다.[20]

　관리기관은 사업준칙이나 운영규정의 제정 시에도 이러한 자율성을 최대한 행사하여 입주기업들의 입장이 잘 반영되도록 해야 할 것이다. 그러나 개성공업지구가 폭넓은 자율성과 독자성을 가진다 할지라도 경제활동에만 그 권한이 국한되어, 일반 행정권을 비롯한 입법·사법권마저 행사하는 독립된 행정특구인 신의주행정지구에 비해서는 권한이 약하다고 볼 수 있다. 그러나 북한의 또 다른 특구인 나진·선봉 경제무역지대와 비교해 본다면 훨씬 독자성이 강하다고 볼 수 있다. 남측의 사업자가 북한의 공단을 직접 개발·분양하고 기반시설을 건설하거나, 북한의 법인이며 행정기관이기도 한 관리기관을 설립·운영하는 것은 남북관계에서 그 유례를 찾아볼 수 없는 독특한 유형이라고 볼 수 있다. 결론적으로 그 권한행사 면에서 본다면, 개성공업지구는 신의주행정지구와 나진·선봉 경제무역지대의 중간 성격을 갖고 있다고 볼 수 있다.[21]

---

19) 개성공업지구 관리기관 설립운영규정 제6조 및 제19조, 제20조, 제21조.

20) 2007년 8월 발효된 '개성공업지구 지원에 관한 법률'은 同 관리기관의 남한 법인으로서의 성격을 규정하였다.

21) 윤대규, 앞의 논문, 5-6면.

3. 중앙공업지구 지도기관의 성격

문제는 관리기관을 지도하는 중앙공업지구지도기관(이하 '지도기관'이라고 함)의 성격이다. 개성공업지구법 제5조에 의하면, 지도총국은 북한의 내각 산하 기관으로 공업지구의 사업에 대한 통일적 지도를 하고 있다. 즉 개발업자의 지정, 공업지구관리기관의 사업에 대한 지도, 공업지구 개발사업에 대한 지도, 공업지구 법규의 시행세칙 작성 등 광범위한 권한을 가지고 있다. 북한의 기관이나 기업소 등이 공업지구의 사업에 관여할 경우에도 지도기관과 합의하여야 한다(공업지구법 제6조). 그러나 지도기관은 사업을 지도할 경우에는 관리기관을 통하여 하도록 규정하고 있으며(공업지구법 제5조), 법에 정하지 않은 사항은 지도기관과 관리기관이 협의하여 처리하도록 규정한다(공업지구법 제9조). 그리하여 입법의 공백을 메우기 위한 광범위한 시행세칙의 제정이 불가피한 점을 고려한다면, 시행세칙 제정권을 가지는 지도기관의 권한행사 여부에 의해 개성공업지구의 독자성과 자율성의 범위가 달라질 수밖에 없다.

그렇다면 여기서 지도기관의 '지도'란 과연 무엇을 의미하며 또 그 범위의 확정 문제가 발생한다. 그러나 개성공업지구법의 해석권한도 북한이 가지고 있으므로 결국 그 의미와 범위도 북한 당국에 의해 결정될 수밖에 없다. 이런 관점에서 본다면 관리기관의 자율권의 범위는 북한 당국의 의지에 따라 결정될 수밖에 없는 매우 불안정한 것이라고 볼 수 있다. 따라서 북한 지도기관이 '관리기관의 업무에 대한 지도'라는 명분하에 관리기관에 대한 자의적인 개입과 간섭을 막기 위한 제도적 장치를 마련해야 할 것이다.[22]

---

22) 예컨대, 일방적인 상하관계에서 사용하는 용어인 '지도'라는 용어를 '협력' 등과 같은 수평적

향후 남북관계의 개선 여부에 따라 개성공업지구의 2단계 개발이 가시화되거나, 해주공단 등 비슷한 유형의 공단이 들어선다고 본다면 법규만으로는 해결이 되지 않거나 관련법규의 공백이 많아질 것이므로 기존의 개성공업지구법과 관련 하위 규정도 이러한 방향으로 개정하여 관리기관의 자율성과 독립성을 강화해야 할 것이다.

Ⅲ. 개성공업지구법의 주요내용

1. 입법목적

이 법[23]은 최고인민회의상임위원회에서 개성공업지구를 국제적인 공업, 무역, 상업, 금융, 관광지역으로 개발하고 민족경제를 발전시키는 데 기여하는 경제특구로 결정하고, 제1조에서 "개성공업지구가 공화국의 법에 따라 관리·운영된다."고 함으로써 원칙적으로 개성공업지구에 적용되는 법령은 북한 법률이라는 것을 천명하였다.

한편, 개발업자는 공업지구의 토지를 임대받아 부지정리와 하부구조(사회간접자본)를 건설하고 투자를 유치한다(제2조). 세부적으로 공업지구는 공장구역, 상업구역, 생활구역, 관광구역 등의 상세구역을 적용하고 있다. 특히 경제특구에서 개발업자는 독점적인 사업권을 갖는다. 개발사업자는 중앙지도기관이 정하고, 지구개발은 정해진 개발업자가 행하는 것으로 명시하고 있다(제10조). 따라서 개발

인 용어로 바꾸거나 삭제해야 한다. 또한 지도기관과 관리기관의 '협의'도 당사자 간의 의견 차이가 합의에 도달할 수 없는 경우를 고려한다면 관리기관의 지도기관에 대한 '통보' 등이 적합할 것이다(윤대규, 위의 논문, 註 15번).

23) 개성공업지구법은 개성공업지구의 기본법으로서, 개성공업지구의 개발과 관리, 기업창설·운영, 분쟁해결 등에 관한 내용을 포함하고 있으며, 총5장 46조로 구성되어 있다.

사업자의 선정기준과 요건을 명시하지 않고 있는데, 이는 독점개발 사업자를 북한의 중앙지도기관이 선정하도록 하고 있다. 다시 말해, 공업지구에 투자 가능한 사업영역은 하부구조의 건설부문, 경공업부문, 첨단과학기술부문의 투자를 특별히 장려하는 한편, 사회안전과 민족경제의 건전한 발전 및 주민의 건강과 환경보호에 역행하거나 기술적으로 낙후된 부문의 투자와 영업활동은 제한하고 있다.

2. 정책조정 및 결정방식

중앙공업지구지도기관(이하 '중앙지도기관'이라 칭함)은 지구사업에 대하여 통일적인 지도를 하고, 공업지구관리기관(이하 '지구관리기관'이라 함)을 통하여 사업을 지도한다. 이는 경제특구의 운영방식에 있어서 효율적인 조직체계를 전제하여 중앙지도기관이 직접 지구관리기관과 긴밀한 협력관계를 유지하고 있다.[24] 이러한 협력관계의 구체화는 개성공업지구법 제9조에서 "공업지구에서 경제활동은 이 법과 그 시행을 위한 규정에 따르되, 법규로 정하지 않은 사항은 중앙지도기관과 지구관리기관이 협의하여 처리한다."고 규정하고 있다. 그리하여 개발사업자와 중앙정부기관과의 합의방식이 당사자 계약원칙을 수용한 점에서 탄력적인 법제운용과 정책운용을 기대할 수 있다.[25]

개성공업지구법은 전체 5장 총 46조 및 부칙 3조로 구성되어 있다. 즉 제1장의 기본사항, 제2장의 개성공업지구개발, 제3장의 개성

---

24) 이러한 취지하에 2005년 11월경부터 개성공업지구 관리기관 내에 북측 중앙특구지도개발 총국 성원들이 '협력부'라는 관리기관 내 조직을 창설, 관리기관과 원활한 협조체계를 구축하고 있다.

25) 정영화, 앞의 논문, 144면.

공업지구관리, 제4장의 개성공업지구의 기업창설운영, 제5장 분쟁해결을 정하고 있다. 여기서 개성공업지구법은 중앙의 관할에 의하여 투자자들에 대한 우대조치로 상당한 권한과 수익을 보장하고 있다.

3. 개발의 주체 및 특혜조건

개발업자는 지구의 토지를 임대받아 부지정리와 하부구조건설을 하고, 공업지구는 공장·상업·생활·관광 구역으로 구분한다. 투자의 주체는 남측·해외동포·다른 나라의 법인 및 개인·경제조직들이다. 공업지구에서의 사회간접자본건설은 개발업자가 하고, 개발업자는 필요에 따라 전력·통신·용수보장시설과 같은 간접자본을 다른 투자자와 공동으로 건설하거나 양도·위탁으로 건설할 수 있다(제17조). 개발업자는 건설이 완료된 경우에 공업지구의 토지이용권과 건물을 양도 및 재임대할 수 있고, 공업지구에서 주택건설업·관광오락업·광고업 등과 같은 영업활동을 할 수 있다(제19조).

그러나 여기서의 주택건설이나 관광오락 및 광고업의 수요자는 투자기업이 대상이므로 북한 주민을 실수요자로 하는 주택건설업이나 관광오락 등의 활성화는 기대할 수 없을 것이다. 투자가는 공업지구에서 경제활동을 자유롭게 할 수 있으며, 인력고용·토지이용·세금납부 등의 특혜가 보장된다(제3조). 특히, 공업지구에는 사회간접자본건설부문·경공업부문·첨단과학기술부문의 투자를 각별히 장려하고 있는데, 이는 북한 기업의 기술 및 자본 이전에 중요한 역할이 예상되기 때문에 투자자의 각종 특혜조건을 부여하고 있는 것이다.

4. 공업지구 관리기관

공업지구에는 중앙지도기관만이 단일한 지도를 할 수 있으므로, 북측 기관·기업소·단체는 공업지구사업에 관여할 수는 없다. 중앙공업지구 지도기관은 개발공사에 지장이 없도록 건물과 부착물을 제때에 철거·이설하고, 주민을 이주시켜야 한다. 이에 수반하는 비용은 개발업자가 부담하도록 규정하고 있다(제15조). 이는 중국이 개발지역의 주민의 이주에 수반된 제반 비용과 문제를 포괄적으로 처리하는 경우와는 상당한 차이가 있는 법제이다.

특히, 북한은 개발사업의 독점권을 개발사업자에게 부여하였기 때문에, 개발업자에게 주민이주비용을 부담시키는 입법례는 '생산수단의 사회공유와 통제'라는 사회주의 제도에도 모순된다고 볼 수 있다. 왜냐하면 이러한 주민이주비용을 개발업자에게 부담시킬 경우에는 개발지역 토지의 소유권 및 용익권 설정 등 포괄적인 처분권한이 전제되어야 하기 때문이다.

여하튼, 북한은 자본주의 사회구조에 익숙한 남한 기업의 투자활성화를 기대하기 위해, 중앙지도기관 관리하에 공업지구관리기관을 두어, 개발업자가 추천하는 구성원들과 중앙지도기관이 추천하는 성원들로 구성하도록 규정한다(제24조). 위에서 살펴보았듯이, 공업지구 관리기관은 투자조건의 조성과 투자유치, 기업의 창설 승인·등록·영업허가·건설허가·준공검사·토지이용권·건물·운전기재등록·기업경영활동지원·하부구조시설관리·공업지구환경보호·소방대책과 남측에서 공업지구로 출입하는 인원과 수송수단의 출입증명서 발급, 공업지구관리기관의 사업준칙 작성 등을 의결한다(제25조). 특히, 공업지구관리기관의 책임자를 이사장으로 선임하여 사업전반을 조직·지도하도록 한다. 관리기관은 수수료 같은 수입금으로 운영자금을 가진다.

5. 투자자의 권리보호

(1) 사유재산보장

개성공업지구에서는 투자가의 권익을 보호하며, 투자재산에 대한 상속권을 보장한다. 사유재산은 국유화하지 아니하며, 북측이 사회 공동의 이익과 관련하여 수용할 경우에는 사전 협의를 통한 보상을 조건으로 할 수 있다. 공업지구에서 광고는 장소, 내용, 방법, 기간 등의 제한을 받지 아니한다. 물자의 반·출입은 신고제에 따르되, 그 물자에 대한 관세는 부과하지 아니한다.

(2) 신변보장

남한 주민·해외동포·외국인은 법률에 근거하지 않고는 구속·체포·수색당하지 아니한다. 신변안전 및 형사사건과 관련하여 남북한 당국 간의 합의와 조약에 의거한다(제8조). 이 당국 간 합의는 앞서 설명하였듯이, '개성공업지구와 금강산 관광지구의 출입·체류합의서'로 1차 규정되었으나 북한 지역 거주 남측 주재원들의 확고한 신변안전 보장을 위해서는 동 합의서의 부속합의서 체결과 형사사건 등의 처리를 위한 '출입·체류 공동위원회' 구성이 선행되어야 하고 앞으로 살펴볼 '남·북한 사법공조합의서' 채택도 남북관계의 장기적·안정적 발전을 위해서 적극 고려되어야 할 것이다

(3) 개발사업

공업지구개발은 중앙공업지구지도기관이 정한 개발업자가 행한

다. 중앙공업지구지도기관은 개발업자와 토지임대차계약을 체결하여, 그에게 토지이용증을 발급하여야 한다. 토지임대기간은 발급일로부터 50년으로 정하고, 기간이 종료된 경우에도 해당 기업의 신청에 의해서 임대토지를 계속 사용할 수 있다. 개발업자는 공업지구 총개발계획을 작성하여 제출하여야 한다.

  (4) 기업창설운영절차

  기업을 창설할 경우에는 공업지구관리기관에 신청서를 제출하고, 그 접수일로부터 10일 안에 기업창설 승인 여부를 결정하여야 한다. 기업창설에 정해진 출자를 하고 기업등록을 한 후, 20일 안에 해당 기관에 세관등록 · 세무등록을 하여야 한다(제37조). 기업은 종업원을 북한의 노동력으로 채용하고, 관리인원과 특수직종의 기능공을 남측 혹은 다른 나라의 인력으로 채용할 경우에 중앙지도기관과 협의를 거쳐야 한다.

  또한 기업은 승인받은 범위 안에서 경영활동을 하여야 하고, 또 공업지구에서 상품의 가격과 봉사요금은 국제시장가격에 준하여 당사자의 합의로 결정하도록 규정한다. 공업지구에서 통용되는 유통화폐는 전환성 외화로 하고, 신용카드 등을 사용할 수 있다. 기업은 회계업무를 정확히 하여 기업소득세 · 거래세 · 영업세 · 지방세 등 세금을 납부하여야 한다. 기업소의 특세율은 결산이윤의 14%로 하며, 간접자본건설부문과 경공업부문, 첨단과학기술부문은 10%로 정한다(제43조). 이러한 것으로 보아, 북한이 사회인프라, 경공업, 첨단과학기술에 대해 우대하는 취지를 세율인하로 반영하고 있음을 알 수 있다.

  (5) 분쟁해결

  공업지구의 개발과 관리운영, 기업활동과 관련한 의견 차이는 당

사자의 합의로 해결한다. 특히, 당사자 협의로 해결이 어려운 경우
는 남북한 상사분쟁해결절차 또는 중재·재판절차로 해결한다(제
46조). 그러나 개발사업자에게 북한의 재판관할권을 적용하는 것은
우리의 법원리 및 법적용과 상반되기 때문에 불가할 것이다. 왜냐
하면, 공업지구가 북측 주권이 미치는 지역이라고 본다면, 최고인
민회의상임위원회가 법해석을 행한다는 것은 경제특구법령의 공통
규정이기 때문이다. 또한 개성공단에서의 상사 분쟁해결은 간단한
방식으로 채택되어야 법집행에 따른 거래비용을 절감할 것이므로
2000년 12월에 체결된 '남북사이의 상사분쟁 해결절차에 관한 합
의서'와 2003년 10월에 체결된 '남북상사 중재위원회 구성·운영
에 관한 합의서'에 의해 해결되어야 할것이다.

Ⅳ. 개성공업지구법의 문제점[26)]

1. 개별법 제정형식의 문제

북한은 1999년 2월 26일 '나진 – 선봉경제무역지대법'을 제정하
면서 경제특구에 관한 일반법이라 할 수 있는 '자유경제무역지대
법'을 폐지하였다. 따라서 이후의 특구지정에 관하여는 특구별 개
별법을 채택하여 특구의 제반 경제활동을 규율할 수밖에 없는 입
법구조를 가지고 있다. 이러한 법령체계는 당해 특구의 탄력적 운
영을 위해 지리적·목적 지향성에 적합하다는 측면에서 일면 타당
성을 갖고 있지만, 개성공업지구법과 부속합의서 등 제반법령은 개

---

26) 김병기, "북한 개성공업지구법의 법적 문제점", 한국공법학회(공법연구 제34집 제1호),
   2005.11. 322면 이하 참조.

성공업지구와 금강산 관광지구는 경제특구로서의 기본적 성격을 공유한다는 점에서 통합하여 규정할 필요가 있다.[27] 또한 향후 남북교류의 활성화에 따라 해주공단 등 성격이 다른 특구제정 시 일일이 새로운 입법과정을 거쳐야 한다는 점에서 볼 때도 비합리적이다. 그러므로 개성공업지구법상 지구 내 투자주체로서 남한이 명시적으로 규정된 점, 남북한은 경제특구 운영을 통해 북한 경제의 체질개선이 한반도 통일의 초석으로 작용하여야 한다는 당위성을 고려할 때 우리 정부는 향후 북한과의 당국 간 회담 시 이러한 경제특구법의 일반적 모순점에 대한 개선방안을 제시하여야 할 것이다.

2. 입법의 불완전성

지구 내 경제활동은 이 법과 그 시행을 위한 규정에 따라 하되, 법규로 정하지 않은 사항은 '중앙공업지구지도기관'과 '지구관리기관'이 협의하여 처리하도록 하고 있다(개성공업지구법 제9조). 여기서 '그 시행을 위한 규정'에 공업지구법 제22조 제3호의 시행세칙의 포함 여부가 문제 되는바, 이를 긍정함이 타당하다고 본다.[28] 나아가서 지구법의 적용지역과 대상이 한정되어 있어, 지구 밖에서의 활동이나 직접적인 경제활동은 아니지만 이와 필연적으로 연관되어 있는 경제외적인 활동에 대해서는 지구법이 배제되고 극단적으로는 북한의 전국적 법령이 적용되어 신변안전 등 복잡한 법률

---

27) 개성과 금강산지역은 양 지역을 규율하는 개성공업지구법과 금강산 관광지구법이 규율내용을 달리하거나, 규율상 실질적인 차이를 보이는 것은 북한 당국의 입법과정에서의 오류는 별론으로 하고 투자유인 및 법적 안정성 등 법·제도적 인프라 구축을 통해 경제특구의 지속적 발전을 도모한다는 남북경제특구 창설의 취지에도 맞지 않는 것이다.

28) 김병기, 앞의 논문, 323면: 신의주특별행정구의 경우에는 법의 구체화 기능을 하는 시행세칙이 전혀 마련되지 못한 점은 투자의 장애요소로 작용하고 있다.

문제를 야기시킬 가능성도 있는 것이다. 물론 同法 부칙 제2조에서 지구관련 체결합의서는 지구법과 동일한 효력을 가진다고 함으로 써 개성공업지구법의 흠결을 보완할 수 있지만, 이 합의서도 후술하는 것처럼 남북한 상호 간의 법률충돌을 일으킬 수 있다는 점에서 그 법규적 효력이 배제될 수 있는 것이다.

또한, 공업지구법 제1조에서는 민족경제를 발전시킴에 있어서 개성지구 내 관광사업의 진흥을 또 하나의 목표로 제시하고 있다. 그러나 법에서는 관광주체 및 관광지에 관한 규정이 있을 뿐, 관광방법과 휴대금지품목 및 준수사항에 관한 규정이 흠결되어 있어 분쟁의 소지가 있으므로 이에 대한 보완이 시급한 실정이다.

3. 지구법의 실효성 문제

신의주특별행정구의 경우 원칙적으로 신의주특구법과 그 법에 의해 행정구입법회의가 제정하는 법이 적용됨이 원칙이다. 그러나 同法 부칙 제2조에 따라 북한의 국가안전 등에 관하여는 북한의 전국적 법령이 적용됨을 규정하고 있다. 따라서 국가안전에 관한 기본법이라 할 수 있는 북한 형법 제3장의 여러 규정들에 의해 북한의 사회주의경제의 근간을 뒤흔드는 비상사태 발생 시에는 자유로운 경제활동을 보장하고 있는 신의주특구법의 적용이 배제된다는 이론적 문제점을 갖고 있다.

이러한 문제점은 개성공업지구의 경우에도 마찬가지로 심각한 문제점을 야기시키고 있다. 개성공업지구법 제9조는 지구법이 지구 내 경제활동에 관하여는 우선적 효력을 보유하지만, 규정되지 않은 사항은 중앙지도기관과 지구관리기관이 협의하여 처리하도록 규정하고 있다. 여기서의 중앙지도기관은 북한의 행정조직상 내각 산하기관이 된다고 본다면, 중앙정부의 정책변화에 의해서 지구 내 경제활동의 범위가 전적으로 좌우될 위험성을 갖고 있다고 볼 수 있다. 물론 지구법 제6조에 의해 중앙기관의 지구 내 경제활동 관여는 원칙적으로 금지되어 있지만, 제9조의 규정에 따라 얼마든지 하부조직인 중앙지도기관을 통해 개성공업지구의 경제활동에 관여할 수 있는 것이다.[29]

가장 문제 되는 것은 신의주특구에서와 마찬가지로 지구법의 최종적 해석권을 최고인민회의 상임위원회가 보유함에 따라 지구법의 해석을 통해서 북한의 전국적 법령을 적용할 수 있으며, 극단적으로는 북한의 자의적 판단으로 지구법을 개정할 수도 있는 것이다. 따라서 신의주특구법에서와 같이 "개성공업지구 내 법률제도를 50년간 변화시키지 않는다."는 등의 최소한의 법적 안전장치를 확보하는 것이 절실하다고 할 것이다.[30]

또한, 지구에서의 경제활동은 원칙적으로 지구법과 '그 시행을 위한 규정'에 의해 규율될 것인데(지구법 제9조), 후자의 구체적 의미에 대해서는 논란의 여지가 있다. '시행을 위한 규정'에 북한의 내각에서 제정하는 '규정' 이외에 중앙지도기관이 제정하는 '시행세칙(지구법 제22조 제5호)'도 포함된다고 볼 것이다.[31]

---

29) 실제로 개성공업지구 내 경제활동의 북측 총괄기관인 중앙지도기관(개성공업지구에서는 일반적으로 '중앙특구개발총국'이라 지칭한다)은 실무적 일만 진행할 뿐이고, 개성공단 내 중요한 정책결정은 항상 중앙정부인 '평양'의 지시를 따르고 있는 실정이다. 이러한 사실은 북한 군부를 포함한 중앙정부의 자의적 판단에 의해 발생한 개성공단에서의 남한 정부 당국자 추방(2008년 3월 27일), 금강산 관광객 피살사건(2008년 7월 11일), 개성공단 남한 기업 근로자 억류사건(2009년 3월 30일) 등에서 볼 수 있듯이 개성공단 사업의 장기적 안정성이 흔들리는 상황과 일치하고 있다.

30) 김병기, 앞의 논문, 324면.

31) 북한의 법체계상 '규정'은 우리의 시행령(대통령령), '시행세칙'은 '시행규칙(부령)'에 상응하는 것으로 파악된다(김병기, 앞의 논문, 324면, 註 6).

제2장 개성공업지구 관리위원회의 法的 性格

I. 개성공단의 사업주체

운영체제에서 잠깐 언급하였듯이, 개성공단 사업의 주요 주체는 개발업자인 (주)현대아산과 한국토지공사, 그리고 통일부 개성공단 사업지원단을 들 수 있다. 현대아산과 토공은 공단개발과 사업운영을 담당하고, 정부는 사업전반에 대한 정책적·제도적 지원을 담당한다. 한편, 북한의 사업운영 및 추진 핵심주체는 중앙특구개발지도총국과 개성공업지구 관리위원회이다. 중앙특구개발지도총국은 북한에서 개성공단 사업을 총괄하는 내각 내 기관이고, 개성공업지구 관리위원회는 북한이 2002년 발표한 개성공업지구법에 의해 만들어진 북한 내 특수법인이다. 그러나 인력과 예산을 남한이 전적으로 부담하면서 내용적으로는 남한의 기관화한 상태라고 볼 수 있으며, 2007년 8월 발효된 '개성공업지구 지원에 관한 법률' 제18조는 관리기관의 남측 법인성도 인정하고 있어 관리위원회는 남북한 공히 법인격을 인정받은 매우 특수한 지위에 놓여 있다고 볼 수 있다.

II. 개성공단 사업상 남한 정부의 역할

1. 남한 정부 개입과정

개성공단은 남측의 개발사업자(현대아산)에게 공단의 조성, 운영,

관리에 대해 거의 모든 권한을 위임한 특성을 갖고 있다.[32] 따라서 원래대로라면 남측의 사업자(현대아산)가 막강한 권한을 보유해야 하지만, 현대아산의 자금난으로 2000년 11월에 한국토지공사의 참여라는 형태로 남측 정부 자금지원의 길이 열리게 되었다.[33] 하지만 개발업자의 자금난이 아니더라도 개성공단 사업이 남북관계에서 가지는 의미와 중요성으로 인해 정부의 개입이 자연스러우며, 남한 내 공단조성의 예에 비추어 볼 때 기반시설 조성 등에 대한 정부지원은 불가피하다고 볼 수 있다.

한편, 북한 당국은 개성공업지구법을 통해 관리기관의 구성을 개발업자에게 백지위임하였다.[34] 이것은 남한 정부가 개발업자에게 개성공단 개발, 운영에 대한 대부분의 권한을 위임한 것과 동일한 맥락이고, 남한 정부는 이를 통해 개성공단 사업에 대한 개입이 가능하게 되었을 뿐만 아니라 관리기관(이하, '관리위원회'라고 한다)의 강력한 후견인으로 등장하게 되었던 것이다.

---

32) 북한법령인 개성공업지구법은
　제2조: 공업지구 개발은 지구의 토지를 개발업자가 임대받아 부지정리와 하부구조 건설을 하고 투자를 유치하는 방법으로 한다.
　제10조: 공업지구의 개발은 정해진 개발업자가 한다. 개발업자를 정하는 사업은 중앙공업지구지도기관이 한다.
　제17조: 공업지구의 하부구조 건설은 개발업자가 한다. 개발업자는 필요에 따라 전력, 통신, 용수보장 시설 같은 하부구조 대상을 다른 투자가와 공동으로 건설하거나, 양도, 위탁의 방법으로 건설할 수도 있다.
　제19조: 개발업자는 공업지구에서 살림집 건설업, 관광오락업, 광고업 같은 영업활동을 할 수 있다.
　라고 규정하는 등 개발업자에게 상당한 권한을 부여하고 있다.
33) 결국, 현대와 토공은 2002년 12월 개성공단 1단계 3.3㎢(100만 평) 개발사업에 대해 토공은 자금조달·설계·분양업무를, 현대아산은 시공업무를 분담하는 내용의 남북사업자 간 공장구역 개발업자 지정합의서를 체결하였다. 따라서 현대아산의 공단개발에 대한 권한축소와 정부의 개성공단에 대한 합법적인 개입이 가능하게 된 것이다.
34) 同法 제24조는 "공업지구 관리기관은 개발업자가 추천하는 성원들로 구성한다. 공업지구관리기관의 요구에 따라 중앙공업지구지도기관이 파견하는 성원들도 공업지구관리기관의 성원으로 될 수 있다."고 규정한다.

2. 관리위원회의 역할강화

이러한 과정을 통해 2003년 12월부터 개성공단에 상주, 북측과의 협의를 사실상 전담하고 있었던 현대와의 권한 조정 과정을 거쳐 관리위원회의 권한이 강화되게 되었다. 그 주요내용으로는 첫째, 개성공단 출입경을 위한 초청장 신청 및 발급업무가 초기에는 현대·토공·관리위의 삼원체제로 유지되다가 2005년 4월부터 관리위로 업무체계가 단일화되었다. 둘째, 초기 개발업자(현대)를 통해 노력신청·알선이 이루어졌으나 2005년 4월부터 노동규정의 취지[35]에 따라 관리위원회가 노력알선 및 신청기능을 수행하게 되었다. 2005년 3월부터 회계관련 3대 규정(회계규정, 기업재정규정, 회계검증규정)을 시작으로 관리위원회는 대북협의 창구로서의 역할을 담당하기 시작하였고 개성공단이 개성공업지구법의 체제에 맞추어 운영되기 시작하였다.

결국 관리위원회의 위상강화는 개성공업지구의 제도화 과정과 밀접한 관련을 맺고 있으며 최근 발표되는 규정과 세칙(북측에서 제정)을 보더라도, 북측에서 남측에 위임한 업무 대부분은 관리위원회에 위임되고 있어, 관리위원회의 위상역할 증대는 불가피해 보이며 실제로 북측에 대한 협상창구 및 입주기업에 대한 보호자 역할을 수행하고 있다.

3. 남한 정부와 관리위원회와의 관계

관리위원회는 규정상 북한 내 특수법인의 형태지만, 인력과 예산

---

35) 개성공업지구법 제7조는 "공업지구에서 기업의 로력채용과 관리사업에 대한 감독통제사업은 공업지구관리기관이 한다."고 규정되어 있다.

을 남측이 전적으로 부담하게 되면서 사실상 남한의 기관화하였다고 하여도 과언이 아닐 것이다. 앞서 언급하였듯이 개성공단의 민족경제적 측면에서 볼 때도 남측 정부가 자연스럽게 개입하지 않을 수 없다. 이런 측면에서 2004년 10월 통일부, 산자부, 건교부, 재경부 등 총 8개 부처가 연합하여 출범한 「개성공단사업지원단」[36]은 관리위원회의 각종 사업을 승인하거나 개발사업자의 협력사업을 승인하는 형태로 개성공단에 개입하고 있음을 알 수 있다. 즉 개성공단 사업의 지원정책 및 법·제도 수립, 협력사업자 및 협력승인, 대북협상과 개성공단 운영 및 지원, 도로 및 상하수도, 용수, 폐수처리시설, 폐기물 처리장, 전기·통신 등 공단 인프라 건설을 유무상으로 지원하는 역할을 담당하고 있다.

4. '개성공업지구 지원에 관한 법률' 제정

2007년 4월 개성공업지구의 개발·운영의 지원 및 개성공업지구에 투자하거나 출입·체류하는 남한 주민(법인포함)의 보호·지원을 위해 '개성공업지구 지원에 관한 법률'이 국회 본회의를 통과하였다. 이 법률이 통과됨으로써 개성공업지구는 정부의 법적·제도적인 지원을 법률적으로 보장받게 되었다. 同法 제3조 제5항은 "통일부 장관은 개성공업지구를 개발하기 위하여 필요한 경우에 관계 중앙행정기관의 장, 지방자치단체의 장 및 관계기관·단체의 장에게 필요한 지원을 요청할 수 있다."고 규정함으로써 광범위한

---

36) 개성공단사업지원단은 2009. 10. 5부로 남북협력지구지원단으로 새롭게 출범하였다. 同 남북협력지구지원단은 기존의 개성공단사업지원단의 업무는 물론 앞으로 남북한이 합의하는 남북협력지구에 대한 사업도 담당하게 된다(통일부 홈페이지/개성공단사업지원단 조직개편안내/2009. 9. 28).

정부의 지원을 등에 업게 되었다.

이 법 제18조(개성공업지구 관리기관)는 제1항에서 "개성공업지구 관리기관은 개성공업 지구의 관리·운영을 위하여 필요한 범위 내에서 법인으로서의 능력이 있다." 제2항에서 "정부는 개성공업지구의 관리·운영을 위하여 필요한 경우에 개성공업지구 관리기관에 자금, 인력, 물품 등의 지원을 할 수 있다."고 규정한다. 또한 제19조의 개성공업지구 지원재단의 설립 및 역할규정, 제20조의 공무원 파견규정을 둠으로써 개성공업지구 관리위원회의 남한 정부 내부 기관화를 사실상 확정하였다.

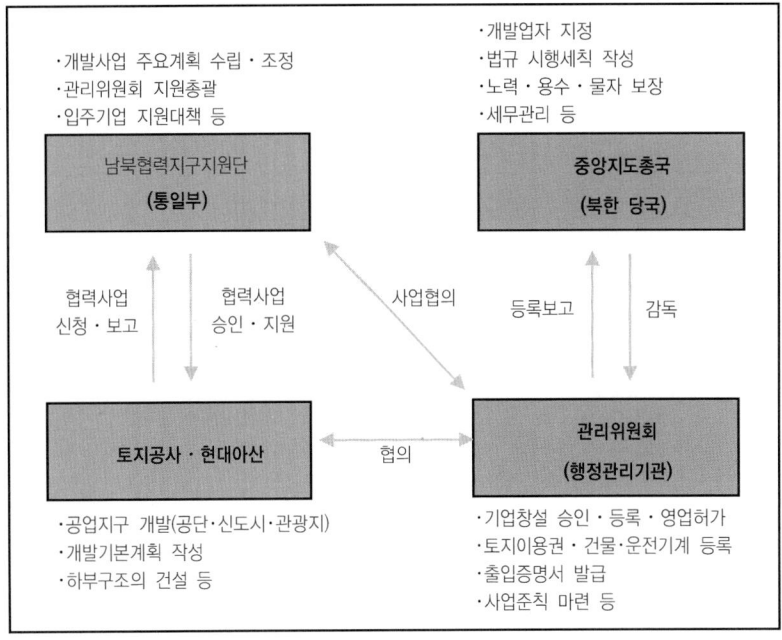

〈그림-1〉 개성공업지구 추진체계도

Ⅲ. 관리기관의 法的 性格

1. 개성공업지구 관리체계

개성공업지구는 중앙공업지구 지도기관(이하 '지도기관'이라 함)의 통일적 지도하에 공업지구 관리기관(개성공업지구 관리위원회를 지칭, 이하 '관리기관'이라 함)이 중심이 되어 관리·운영한다(개성공업지구법 제5조). 북측의 다른 기관, 기업소, 단체가 공업지구의 사업에 관여하려 할 경우에는 지도기관과 합의하여야 한다고 규정한다(같은 법 제6조).[37] 먼저 지도기관은 북측 내각 산하 「중앙특구개발지도총국」을 지칭하는 것으로서 개발업자의 지정, 공업지구 내의 세무, 시행세칙의 작성, 국가로부터 위임받은 사업 등의 업무를 관장하며(같은 법 제22조), 그중 세무에 관한 사항은 지도기관의 지도하에 공업지구세무소가 관장한다.

관리기관은 공업지구 내의 각종 하부구조 시설의 관리, 기업활동에 관한 인·허가, 토지리용권·건물· 운전기재의 등록, 공업지구 내의 환경보호 및 소방대책, 지도기관이 위임하는 사업 등 제반 업무를 관장한다(같은 법 제25조).

2. 관리기관의 성격

개성공업지구법 제24조는 "공업지구관리기관은 개발업자가 추천하는 성원들로 구성한다."고 규정하고, 개성공업지구 관리기관 규정 제2조는 "관리기관의 설립은 개발업자가 한다."고 규정하여 구

---

37) 공업지구에는 지도기관 및 관리기관 이외에도 개성시 인민위원회, 공업지구 세무서, 공업지구 출입사업기관 등 다양한 기관이 행정업무를 담당한다.

성의 독자성과 자율권을 부여하고 있다.[38] 앞서 언급하였듯이, 개성공업지구법은 개발업자에게 공업지구 개발의 권한과 책임을 부여하는 등 광범위한 사업권을 인정하고 있다.

그러나 실제 관리기관의 구성은 개발업자에 의하여 이루어졌다고 보기 어려우며 남한 정부의 주도하에 개발업자들의 의사를 일부 반영하여 이루어졌다.[39] 이처럼 개성공업지구법이 예정하고 있는 것과 달리 남한 정부가 관리기관 구성에 깊이 개입하게 된 것은 개성공단이 남북관계에서 가지는 정치적 중요성을 들 수 있다. 즉 개성공단은 단순한 민간의 경제협력 사업의 범위를 넘어서서 정치적으로 중대한 의미를 가지고 있기 때문에 남한 정부 입장에서 관리기관의 구성을 개발업자에게 전적으로 맡길 수 없는 측면이 있는 것이다.

또 다른 이유로는 남한 정부가 기반시설 조성비용과 관리기관 운영비용을 전적으로 부담하는 점을 들 수 있다. 원래 개성공업지구법은 개발업자가 기반시설을 조성하도록 규정하고 있으나, 원래 개발업자였던 현대아산의 재정적인 문제로 인하여 남한 정부가 공단 기반시설 조성비용 및 관리기관 운영비용을 부담하게 된 것이다.[40] 이처럼 기반시설 조성비용과 관리기관 운영비용을 남한 정부

---

38) 관련법규에서 개성공업지구의 행정기관인 관리기관의 구성을 개발업자에게 백지위임하고 있는 것은 북측 행정기관의 개입을 자제하고 민간 개발업자가 행정을 담당하도록 함으로써 개성공업지구 행정을 입주기업들에 친화적인 것으로 만들어 공단개발 및 운영이 성공적으로 이루어지도록 하는 데 그 목적이 있는 것이다.

39) 단적인 예가 현대아산이 초대 이사장을 임명했다가 남한 정부의 승인을 받지 못하여 결국 철회하고, 남한 정부가 지정한 인사를 이사장으로 선임한 것이며 현재 조직 구성은 대부분이 남한 정부주도하에 이루어진 것이다.

40) 통일부, 2006 국정감사보고자료(개성사업지원단)에 따르면, 기반시설 조성비용으로 1,095억 원이 토지공사에 지원되어 용수시설, 폐수처리시설, 폐기물처리시설 및 단지 내 도로 등 건설이 진행되고 있다. 관리위원회 운영자금으로 남한 정부는 관리위원회에 2004년부터 2006년까지 총 261억 원을 대출하였다(대출조건 5년 거치 10년 분할상환).

가 부담하다 보니 관리기관 구성에 실질적인 권한을 갖게 되었다. 물론 형식적으로는 개발업자가 이사장을 선임하고 직원들을 임명하는 절차를 취했으나, 그 실질은 남한 정부가 관리기관 구성의 권한을 행사하는 것이 되었는바, 이러한 점은 당초 개성공업지구법이 예정하였던 것과는 현격하게 다르다고 할 것이다.

이와 같이 남한 정부가 관리기관 구성에 주도적인 역할을 하게 됨에 따라, 관리기관은 재정적인 안정성을 확보하고 북측과의 협의 과정에서도 협상력을 가질 수 있게 되었으며 입주기업들의 권익을 보호하는 역할을 수행하게 되었던 것이다. 반면, 최종적인 의사결정을 남한 정부에 의지하게 됨에 따라 의사결정이 정치적인 영향을 받을 가능성이 크고 개성공단 자체의 필요에 따른 탄력적인 의사결정이 이루어지기 힘든 단점이 있다는 측면도 부인할 수 없다.

3. 행정기관의 성격

개성공업지구법에 의하면 관리기관은 공업지구 내의 기업의 창설 승인 및 등록업무, 건설허가 및 준공검사업무, 토지이용권·건물·차량의 등록업무, 남측 인원 및 수송수단의 출입증명서 발급업무, 공업지구의 환경보호 및 소방대책에 관한 업무 등 실질적으로 공업지구 내의 제반 행정업무(세무와 치안업무는 제외)를 수행하게 되었다(개성공업지구법 제3장 이하). 비록 개성공업지구관리기관 설립운영규정 제2조는 "관리기관은 투자 및 경영활동과 관련한 사업을 직접 맡아 하는 법인으로 한다."고 다소 애매하게 규정하고 있으나, 행정기관의 성격[41]을 가지고 있다는 것은 분명해 보인다.

---

41) 법무부도 관리기관을 북측 행정기구의 일부로 파악하고 있다(법무부, 개성공업지구법 분석,

따라서 관리기관은 공업지구 내의 행정기관으로서 공업지구에 입주한 기업들과 인원들에 대하여 필요한 행정업무를 공정하고 예측 가능하며 합리적으로 수행하여야 한다. 공업지구의 성패는 관리기관에 의한 제반행정이 예측 가능한 제도에 의해 공정하고 합리적으로 이루어질 것인지 여부에 상당부분 좌우될 것이므로,[42] 관리기관은 공정하고 객관적으로 업무를 수행할 수 있는 의지와 능력을 갖춘 성원들로 구성되어야 할 것이다.

4. 관리기관의 독립성

공업지구법상 관리기관은 구성·조직과 재정의 독자성과 자율성이 보장되므로, 관리기관을 북한의 정부조직에 속하는 일반적인 하위행정기관과 동일시하기는 어렵다. 개성공업지구법 제24조는 "관리기관은 개발업자가 추천하는 성원들로 구성한다."고 하면서 '중앙공업지구지도기관이 추천하는 성원들'의 경우 '관리기관이 요구할 경우'에 한하여 관리기관의 성원이 될 수 있다고 하여 구성의 독자성과 자율성을 규정하고 있다. 또한 관리기관 설립운영 규정은 제2조에서 "관리기관의 설립은 개발업자가 한다."고 규정하고, 제6조는 "관리기관의 기구와 정원수는 이사장이 정한다."고 하며, 제8조에서 "관리기관 성원의 임명과 해임은 이사장이 한다."고 규정, 조직의 독자성과 자율성을 분명히 하고 있다. 또한 개성공업지구법 제27조는 "관리기관은 운영자금을 가진다."고 규정하고, 관리기관

20면), 개성공업지구 법규 및 제도해설, 법무법인 태평양, 2005년, 17면.

42) 개성공업지구법 및 시행규정들은 향후 북측의 변화과정에서 북측의 다른 지역에도 적용될 법과 제도 중 일부가 될 수 있으므로, 범정부적인 차원에서 공업지구의 법질서를 정비할 수 있도록 지원할 필요가 있을 것이다(법무법인 태평양, 위의 책, 17면 참조).

운영규정도 "관리기관의 운영자금은 수수료 같은 수입으로 한다. 수수료를 정하는 사업은 공업지구 관리기관이 한다(同 규정 제19조)."거나 "관리기관은 예산을 자체로 편성하고 집행한다(同 규정 제21조)."고 규정함으로써 재정의 독자성과 자율성을 규정하고 있다. 한편, 북측 기관 및 기업소와 단체는 오로지 지도기관을 통해서만 공업지구 사업에 관여할 수 있으며 지도기관은 관리기관을 통하여 공업지구 사업을 지도하여야 하고, 지도기관이 관리기관을 배제하고 공업지구 사업을 주도하거나 관여하는 것은 결국 지구법의 취지에 반한다고 볼 수 있다. 결론적으로 관리기관이 실질적인 공업지구 내의 행정기관인 것이다.

그러나 위와 같이 구성, 조직과 재정상 자율성이 보장된다고 하여도 관리기관을 신의주특별행정구의 행정기관인 '행정부' 정도의 독립성과 자율성을 가진 기관에 해당한다고 보기는 어렵다. 신의주특별행정구는 국가(북한)가 입법, 행정, 사법권을 부여하여(신의주특별행정구법 제2조) 북한 내각이나 위원회, 중앙기관은 신의주특별행정구사업에 관여하지 못하도록 되어 있다(신의주특별행정구법 제6조). 반면, 개성공단의 경우 공업지구에 대한 통일적 지도는 지도기관이 하며, 지도기관은 관리기관을 통하여 공업지구의 사업을 관장하도록 되어 있다(공업지구법 제5조).

이와 관련, 개성공업지구법 제21조 등에서 명시하고 있는 '지도기관에 의한 관리기관의 지도'가 가지는 의미와 문제점에 대하여 살펴볼 필요가 있다. 사전적 의미에서 '지도'란 통상 상급자나 상급기관이 방침 등을 결정하고 그 목적을 달성하기 위하여 하급자나 하위기관을 통솔하고 인도하는 것을 의미한다. 이는 남측 행정법상 상급관청의 하급관청에 대한 감시·감독 및 명령의 의미를 포함하는 것으로 이해된다. 북한 법에서는 '지도'라는 용어가 상당히 광범위하게 사용되는 용어로 보이는바,[43] 구체적인 의미는 사용된 전후 문맥과 하위 규정 등을 통하여 해석될 수밖에 없으나, 기본적으로 대단히 넓게 해석될 소지가 있다. 특히, 공업지구법의 해석에 관한 권한은 북한 최고인민회의 상임위원회가 가지고 있으므로(공업지구법 부칙 제3조) 지도기관이 공업지구법상 '지도'라는 문구에 대한 북한 최고인민회의 상임위원회의 유권해석을 근거로 관리기관의 업무에 광범위하게 개입할 여지도 배제하기 어렵다. 그러나 개성공업지구법 제9조에서 법규로 정하지 않은 사항에 대해서는 지도기관과 관리기관이 협의하여 정하도록 규정하고 있는 취지는 지도기관의 일방적이고 자의적인 개입을 방지하기 위한 데 있으므로 향후 북측의 개성공업지구법의 개정을 유도하여 '지도'란 불확정 개념을 삭제하도록 할 것이다.

Ⅳ. 관리기관의 역할과 임무[44]

1. 개설

관리기관은 투자조건의 조성과 투자유치, 기업의 창설 승인 등록, 건설허가와 준공검사, 토지이용권·건물·윤전기재의 등록, 기업의 경영활동에 대한 지원, 하부구조시설의 관리, 공업지구의 환경보호와 소방대책, 남측 지역으로 출입하는 인원과 수송수단에 대

---

43) 예컨대, 북한 헌법 제119조 제3호는 내각의 권한으로 "내각의 위원회, 성, 내각직속기관, 지방인민위원회의 사업을 지도한다."고 규정한다.
44) 법무법인 태평양, 앞의 책, 28면~38면 참조.

한 증명서 발급, 관리기관의 사업준칙 작성, 기타 '지도기관이 위임하는 사업' 등을 수행한다(공업지구법 제25조, 관리기관 설립운영규정 제13조). 또한 관리기관은 공업지구 내의 광고물에 대한 관리 및 야외광고물을 포함한 광고물의 설치 승인에 관한 사항을 관할한다(공업지구법 제31조, 광고규정 제4조 및 제5조). 아울러 관리기관은 시행규정에 근거하여 공업지구에서의 외화관리, 직원(이하에서는 로동규정에서 사용하는 '로력'이라는 용어사용)채용 감독 등여러 가지 업무를 수행한다.

2. 지도기관이 위임하는 사업

관리기관의 임무 중에 지도기관이 위임하는 사업이 포함되어 있는 점이 특이하다. 공업지구법에는 지도기관의 임무 중 '이 밖에 국가로부터 위임받은 사업'이 포함되어 있고(제22조 제8항), 기관·기업소·단체는 지도기관과 합의하여야만 공업지구의 사업에 관여할 수 있다(동법 제6조). 공업지구의 경제활동은 지구법과 그 시행규정에 따르되 법규로 정하지 않은 사항은 지도기관과 관리기관이 협의하여 처리한다(제9조). 그리하여 개성공업 지구법 등 하위법령에 명시하지 않은 사항은 지도기관이 북측 내각의 위임을 받은 후, 공업지구법 제22조(제1항~제7항) 및 제8항에 근거하여 북측 내각으로부터 위임받은 사항의 일부를 관리기관에 위임할 수 있는 것으로 해석된다. 이는 남한 행정법상 '행정관청의 권한의 위임'에 해당한다. 이것은 행정관청이 권한의 일부를 다른 행정기관에 위임하고, 수임관청은 위임의 범위 내에서 자기 책임하에 그 권한을 행사한다. 그리고 상급 행정관청은 하급 행정관청의 행정사무를 지

휘 · 감독할 수 있다.[45)

공업지구의 경우, 관리기관은 북측 행정기관(법인)의 성격을 가지
고 있으므로 단체위임이 이루어져야 관리기관의 독립성을 보장받
을 수 있을 것이다. 또한 권한의 위임에 따라 관리기관이 행정사무
를 처리할 경우, 지도기관은 관리기관에 소요 예산을 지급해야 한
다. 그러나 현재 관리기관은 재정적으로 남한 정부에 전적으로 의
존하고 있어, 북한 당국의 어떠한 지원도 받지 못하고 있다. 그러
므로 관리기관은 권한위임에 따른 사무처리 과정에서 발생하는 비
용을 지급받을 수 있는 근거규정 마련이 절실한 입장이다. 이를 위
해 세금규정 중 지방세에 해당하는 것은 공업지구세무소가 징수한
후 이를 관리기관에 교부하거나, 관리기관이 직접 징수하는 방향으
로 세금규정을 개정하는 방안이 필요하다고 할 것이다.

3. 연간지구개발계획의 작성

공업지구의 개발은 개발업자가 작성하고 지도기관이 승인한 공
업지구개발총계획에 따라 한다(공업지구법 제13조, 제14조). 그리고
관리기관은 공업지구개발총계획과 단계별 계획에 기초하여 연간지
구개발총계획을 자체로 작성하고 실행하여야 한다(관리기관규정 제
14조). 따라서 관리기관의 연간지구개발계획은 지도기관과 개발업
자가 확정한 공업지구개발총계획의 제한을 받는다.

---

45) 국가가 지방자치단체에 위임하는 형태는, ⅰ) 지자체 자체에 대한 권한을 위임하는 단체위임
    의 경우, 지자체는 고유사무와 같이 자율적으로 행정업무를 처리하며 국가는 그에 대한 최소
    한도의 사후적 감독만을 행하지만, ⅱ) 지자체의 기관(즉 단체장)에 대한 권한을 위임하는 기
    관위임의 경우, 단체장은 위임사무를 처리하는 범위 내에서 국가기관의 지위에 서게 되며 상
    급 국가기관의 지휘감독을 받게 된다.

4. 하부구조의 건설 및 관리, 기타 인허가 사업

도로, 전기, 가스, 용수 같은 하부구조가 상업적 목적으로 건설된 경우에는 해당 기업이 하부구조를 관리하여야 하지만, 특정 하부구조에 관한 권리가 관리기관에 유·무상으로 이전되는 경우에는 관리기관이 하부구조를 직접 관리하여야 한다. 또한 관리기관은 공업지구 내에 있는 제반 하부구조의 유지 및 관리기준을 제정, 해당 하부구조의 소유자로 하여금 이를 준수하도록 하여야 한다. 공업지구에서 대상건설을 하려는 자는 관리기관에 대상건설 설계문건을 내고 건설허가를 받아야 하며(개발규정 제14조), 관리기관은 건설허가를 한 대상의 과제설계문건 사본을 지도기관에 내야 한다(개발규정 제15조). 이와 관련, 관리기관은 건설허가와 준공검사의 기준이 포함된 사업준칙을 직접 제정하거나 지도기관과 협의하여 시행세칙을 제정하여야 한다.

5. 기업창설, 영업에 대한 승인·등록 등

관리기관은 ⅰ) 기업의 창설 승인, 등록(기업규정 제7조), ⅱ) 기업의 업종변경 등 승인(공업지구법 제38조, 기업규정 제16조), ⅲ) 장려, 제한, 금지하는 업종의 공포(기업규정 제3조), ⅳ) 광고업의 승인(광고규정 제5조), ⅴ) 야외광고물의 설치, 변경의 승인(광고규정 제13조 내지 제17조), ⅵ) 공업지구에 설립된 은행에 둔 계좌(돈자리) 개설신고 접수(공업지구법 제42조 제2문), ⅶ) 공업지구 내 지사, 영업소, 사무소 설치 승인(공업지구법 제45조 제2문, 기업규정 제32조), ⅷ) 공업지구 내 지사, 영업소, 개인의 영업등록(공업지구법 제45조 제2문, 기업규정 제32조), ⅸ) 기업해산신고 접수(기업

규정 제25조), 기업 청산위원회 성원명단의 승인(기업규정 제26조), ⅹ) 청산사업의 결속내용 접수(기업규정 제31조) 등의 사무를 관장한다. 이러한 사무처리와 관련하여, 관리기관은 기업의 창설 승인 등과 관련한 사업준칙을 작성하여야 한다. 또한 도로, 전기, 가스, 용수 같은 하부구조건설부문의 투자가는 그 사용료를 관리기관과 협의하여 정하여야 하고(개발규정 제11조), 개발업자가 위탁한 경우 관리기관은 기업의 배치, 토지이용권과 건물양도, 임대 같은 사업을 할 수 있다(개발규정 제13조).

6. 로력채용과 관리사업에 대한 통제

공업지구에서 기업의 노력채용과 관리사업에 대한 감독통제사업을 수행한다(로동규정 제7조). 특히, 관리기관은 로력알선기업과 로력알선료에 대해 협의하고(로동규정 제11조), 남측 및 해외동포, 외국인을 채용한 기업으로부터 로력채용 문건을 접수하며(로동규정 제12조), 지도기관과 기업의 종업원의 월 최저 로임을 높이는 것에 대해 합의하고(로동규정 제25조), 기업의 작업과정에서 발생한 종업원의 사망·부상·중독 사고에 관한 사항을 기업으로부터 통지받아 이를 지도기관에 보고하며(로동규정 제38조), 로동규정을 어긴 기업에 대해서 벌금을 물리거나 영업을 중지시킬 수 있다(로동규정 제46조).

7. 외화관리

공업지구에서의 외화관리는 관리기관이 담당하되, 공화국의 외화 수입금에 대한 관리는 지도기관이 한다(외화규정 제3조). 구체적으로 관리기관은 지도기관과 협의하여 공업지구 내의 유통화폐의 종류와 기준화폐를 정하고, 유통화폐의 환율은 관리기관이 지도기관과 협의하여 선정한 국제금융시장의 환자시세에 따른다(외화규정 제3조, 제5조 및 제6조). 관리기관이 기업에 의한 외화흐름을 파악할 수 있도록 하기 위해, 기업은 공업지구에 설립된 은행에 돈자리(이하 '계좌')를 두어야 하며(공업지구법 제42조 제1문, 외화규정 제7조), 남측 또는 다른 나라 은행에 계좌를 두고자 하는 기업은 이를 관리기관에 신고하여야 한다(공업지구법 제42조 제2문, 외화규정 제12조). 그리고 공업지구 밖의 은행에 계좌를 둔 기업은 반년마다 외화수입 지출문건을 작성하여 관리기관에 제출하여야 한다(외화규정 제13조). 공업지구에 설립된 투자은행도 반년마다 계좌별로 외화입출금 변동보고서를 작성하여 관리기관에 제출하여야 한다(외화규정 제8조).

8. 토지이용권, 건물, 윤전기재의 등록

관리기관은 토지이용권, 건물 및 윤전기재의 등록업무를 관할한다(공업지구법 제25조 제4항). 이와 관련 부동산 규정은 토지이용권 및 건물의 등록, 양도, 임대, 저당에 관한 사항을 비교적 상세히 규정하고 있다. 그러나 이와 같은 부동산규정이 제대로 기능하기 위해서는 등기제도, 채권법 질서 등 사법질서가 구축되어야 할 것이다. 한편 세금규정 제78조는 자동차의 소유자로 하여금 관리기관에 자동차를 등록하도록 하고 있으나, 자동차 등록절차 규정도 지방세인 자동차이용세 부과에 필요한 자료수집을 위한 것이므로 자동차의 권리변동에 관한 사항이 포함되어 있지 않다. 따라서 자동차를 포함한 윤전기재의 등록규정도 조속히 마련되어야 한다.

9. 출입·체류·거주 및 물자의 반출입관리, 검역·우편 및 전기통신

(1) 출입·체류·거주의 관리

남측 및 해외동포, 외국인(이하 '인원'[46])과 수송수단이 남측과 공업지구 사이를 출입하는 경우에는 공업지구법, 출입체류규정 및 출입체류합의서가 적용되는데,[47] 인원 및 차량의 출입·체류·거주에 관한 사항은 관리기관과 공업지구출입사업기관이 관장한다(출입체류규정 제3조). 먼저 관리기관은 출입사업을 수행하기 위해 필요한 부서를 설치하여야 한다(출입체류규정 제3조 제2문). 관리기관은 출입하고자 하는 인원 및 차량에 대하여 출입증, 사업자증, 관광증과 자동차통행증을 발급하며, 이를 위해 해당 증명서 발급준칙을 작성하여야 하고(출입체류규정 제8조), 해당 증명서 발급정형을 공업지구출입사업기관에 제때에 통보하여야 하며(출입체류규정 제9조), 출입·체류·거주 수속을 하여야 하는 당사자의 요구에 따라 공업지구 출입사업기관에 출입·체류·거주 수속을 할 수 있다(출입체류규정 제4조). 관리기관은 공업지구 출입사업기관과 ⅰ) 정해진 출입통로의 변경에 관한 사항(출입체류규정 제6조), ⅱ) 공업지구출입사업기관이 부과하는 수수료(출입체류규정 제25조),[48] ⅲ) 기타 출입·체류·거주와 관련하여 출입체류과정에서 정하지 아니한 사항 등을 협의한다(출입체류규정 제30조).

---

46) 출입체류합의서 제1조 제1항에서는 '인원이란 남측 지역에서 공업지구에 출입 및 체류하는 남측의 주민과 해외동포, 외국인을 의미한다.'고 규정하고 있다.

47) 공업지구에서 공업지구 밖의 북측 지역으로 출입하는 경우에는 북측이 별도로 정한 절차에 따른다(출입체류합의서 제11조).

48) 최근 남측 인원의 출입·체류 및 거주에 관한 대북협의 과정에서 북측 공업지구출입사업기관이 부과하는 수수료가 국제적 기준보다 월등하게 높게 책정되어 논란을 빚고 있다. 수수료는 국제적 기준에 적합하게 부과되어야 할 것이다.

(2) 물자의 반출입관리

물자의 반출입에 관한 사항은 기본적으로 공업지구 세관이 관장한다. 다만, 관리기관은 기업의 업종변경을 승인한 경우, 이를 공업지구 세관에 통지하여야 하고(세관규정 제14조), 공업지구세관에 대하여 개인휴대품에 대한 세관검사를 하지 않도록 요구할 수 있으며(세관규정 제28조), 세관요금 및 기타 세관규정에서 정하지 아니한 사항에 대해서도 공업지구세관과 협의한다(세관규정 제8조, 제40조).

(3) 우편 및 전기통신

공업지구 내부 및 공업지구와 남측 지역 사이의 자유로운 우편과 전기통신은 보장된다(통신합의서 제2조 제2항). 그리고 남과 북은 공업지구의 우편업무를 수행하기 위한 관리기구의 설치 및 우편물 교환에 대한 질서를 별도로 협의하여 정하기로 하였다(통신합의서 제2조 제2항). 따라서 관리기관은 지도기관과 협의하여 공업지구 내의 우편업무를 관리하는 기구를 설치할 필요가 있다. 또한 남과 북은 공업지구의 전기통신교류가 원활히 이루어질 수 있도록 지정된 사업자가 필요한 시설을 설치 및 운용하도록 하여야 하며, 그 사업자는 남북이 합의한 장소를 통하여 전기통신망을 직접 연결한다(통신합의서 제4조 제1항, 제2항).

(4) 검역관리

공업지구 내에 반출입하는 물자에 대한 검역(위생검역 및 동식물검역)에 관한 사항은 공업지구검역소가 관장한다(검역합의서 제4조). 관리기관은 공업지구검역소에 필요한 인원을 파견하여 검역을 협조할 수 있고(검역합의서 제5조 제1항), 검역요금의 기준에 대해 공업지구검역소와 협의한다.

(5) 관광관리

공업지구에 출입·체류·거주하는 남측 및 해외동포, 외국인은
정해진 데에 따라 개성시 혁명사적지와 역사유적·유물, 명승지,
천연기념물 등지를 관광할 수 있는데(공업지구법 제30조 제1문),
개성시가지에 있는 관광대상과 시설에 대한 보존·관리는 개성시
인민위원회가 담당한다. 따라서 개성시 인민위원회가 보존·관리하
는 관광구역에 대해서는 관리기관의 권한이 제한된다(공업지구법
제2조 및 제30조, 지구지정정령 제5조). 그러나 공업지구 개발총계
획의 대상에는 관광구역도 포함되므로, 개발업자에 의한 공업지구
개발과정에서 관리기관과 개성시 인민위원회 간의 권한분쟁이 발
생할 여지가 있으며, 관리기관으로서는 이 점에 대해 미리 대비할
필요가 있다.

(6) 기업책임자회의 및 민원처리

관리기관은 기업의 대표들로 기업책임자회의를 조직·운영할 수
있으며, 기업책임자회의에서는 지구의 개발 및 관리운영에 관련하
여 제기되는 중요문제를 토의하고 대책한다(관리기관규정 제16조).
이러한 기업책임자회의는 관리기관이 조직 운영하는 임의단체로서
행정자문기구와 같은 역할을 할 것으로 보인다. 다만, 향후 공업지
구가 발전되면 관리기관을 견제할 지방의회와 같은 기능을 할 여
지도 있다. 관리기관은 기업책임자회의의 구성 및 운영에 관한 사
항이 포함된 사업준칙을 마련하여야 할 것으로 본다. 또한 관리기
관은 공업지구의 개발 및 관리운영과 관련하여 제기되는 의견을
제때에 처리하여야 한다(관리기관규정 제17조). 여기서 제기되는
의견이란 공업지구에 있는 투자자 및 근로자들의 각종 민원사항을

포괄적으로 지칭하는 것으로 이해되며, 관리기관은 합리적인 기준에 따라 투명하게 민원을 처리하여야 한다.

V. 소결

　관리기관은 개발업자에 의해 설립되지만 사업준칙에 따라 조직되고 운영되는 개성공단의 특수행정기관이다. 남측 기업과 외국인 투자가의 투자유치를 위해서는 안정적인 법과 제도에 의해 공업지구가 운영되도록 함으로써 투자의 예측가능성이 보장되어야 한다. 이를 위해서는 관리기관은 개발업자나 북측 지도기관과 유기적으로 협조하되 별도로 공업지구에 대한 법과 제도를 지속적으로 정비하도록 해야 한다. 특히, 중장기적으로는 신의주특별행정구 기본법이나 홍콩특별행정구 기본법과 유사한 수준으로 공업지구 행정의 독립성이 보장될 수 있도록 공업지구법 내지 시행규정이 개정되어야 할 것이다.[49] 이를 위해서는 중국의 사례에서 볼 수 있듯이, 개성공업지구에 대한 중앙정부의 지나친 규제와 간섭을 줄이고, 북한 헌법 및 법률과 법규의 기본원칙의 범위 내에서 개성공업지구의 구체적 상황과 필요에 따라 법규를 제정할 수 있는 권한인 授權立法權을 개성시 인민위원회 및 중앙특구지도개발총국 등 북

---

49) 2009년 6월 현재, 개성공업지구에는 1개법(개성공업지구법), 16개 규정, 4개 합의서가 이미 시행되고 있다. 한편, 16개 규정의 시행령에 해당하는 시행세칙은 원칙적으로 중앙공업지구 지도기관에서 작성한다(개성공업지구법 제22조 제3호). 현재 자동차관리규정시행세칙, 노동규정시행세칙, 광고규정시행세칙, 환경보호규정시행세칙, 화약세칙, 소방시행세칙, 기업재정규정시행세칙, 출입체류규정시행세칙 등 8개의 시행세칙이 사실상 북측 중앙정부의 지시하에 제정되어 시행되고 있다. 한편, 개성공업지구법 제25조에 의해, 관리위원회에 제정권한이 있는 사업준칙은 개성공업지구 기업창설·운영준칙 등 43개가 제·개정되어 시행중에 있다 (www.kidmac.com/열린마당/자료실/개성공업지구 관련법규).

측 현지기관에 부여하는 방안이 적극 고려되어야 할 것이다.

그런데 여기서 授權立法이란 의미는 어떤 입법기구가 그 권한범위 내에서 일정한 법규제정 권한을 다른 국가기구에 수여하여, 授權을 받은 국가기구가 그 수권범위 내에서 행하는 입법활동을 가리키는 것이다.[50] 앞서 언급한 深圳을 비롯한 중국경제특구의 입법체계는 중앙입법과 수권된 지방입법이 결합된 양급다층제(兩級多層制)의 입법체제로 구성되어 있다.[51] 법률은 중국 헌법 규정에 따라 전국인민대표대회에서 제·개정하는 법률, 전국인민대표대회 상무위원회에서 제·개정하는 법률, 국무원이 헌법과 법률을 근거로 제정하는 행정법규로 나뉜다. 그러므로 경제특구와 관련된 기본법률과 행정법규의 제정권은 전국인민대표대회 및 그 상무위원회와 국무원에 있다.

한편, 지방법규는 중국헌법 제100조와 '지방 각급 인민대표대회와 지방 각급 인민정부 조직법' 제7조, '중국 입법법' 제63조에서 규정하는 것처럼 省, 自治區, 直轄市[52]의 인민대표대회가 해당 행정구역의 구체적 상황과 필요에 의해－헌법과 법률, 행정법규에 저촉되지 않는다는 전제하에－제정·공포하고, 전국 인민대표대회 상무위원회와 국무원에 제출하도록 되어 있다. 그러므로 중국의 경제특구인 深圳·珠海·汕頭(이상 광동성), 厦門(복건성), 海南(해남성)은 그 소속성이 해당 경제특구에 대한 지방법규 제정권을 보유하는데, 이를 법정입법권이라 한다.[53]

---

50) 법무부, "중국 경제특구법제 연구(법무자료 제265집)", (주)문중인쇄, 2005, 45면.

51) 朱奇武 主編, 「中國涉外經濟法理論與實務」, 中國法律出版社, 1993, 417面.

52) 중국은 대만을 포함한 23개의 省과 5개의 自治區, 4개의 直轄市, 2개의 特別行政區(홍콩, 마카오)가 있다.

53) 법무부, 앞의 책, 43－44면 이하.

이러한 법정입법권을 기초로 하여, 중국은 경제특구의 授權立法을 추진하여 1981년 11월 전국인민대표대회 상무위원회는 「광동성·복건성 인민대표대회 및 그 상무위원회에 소속 경제특구의 각종 단행 경제법규를 제정하는 권한을 수여하는 것에 관한 결의」를 통과시켰으며, 1988년 4월에는 「해남 경제특구 건립에 관한 결의」를 각각 통과시켰다. 이러한 授權立法權을 토대로 1992년 7월 전국인민대표대회 상무위원회는 「심천시 인민대표대회 및 그 상무위원회와 심천시 인민정부에 각각 법규와 규장을 제정하여 심천경제특구에 실시하는 권한을 수여하는 것에 관한 결정」을 통과시켰던 것이다.[54)

물론 개발역사가 일천한 개성공업지구에 중국 경제특구와 같이, 북한 중앙정부에서 수권입법권을 부여할 수 있을지는 불확실하다. 또한, 인구와 경제규모가 중국보다 훨씬 적은 북한에서 수권입법권을 개성시 인민위원회 등에 부여한다 할지라도 체제유지와 경제개방이라는 두 가지 목표를 동시에 추구하는 북한의 성격상 중앙정부의 직·간접적인 간섭을 배제할 수 없기 때문이다. 그러나 북한 유일한 경제특구인 개성공업지구가 보다 활성화되기 위해서는 중국 경제특구의 법적 인프라를 받아들여 개성공업지구의 성격에 부합하는 授權立法의 바람직한 모양새를 갖출 필요는 있을 것이다. 하지만 이러한 수권입법이 가능하다 할지라도 경제질서에만 국한될 뿐, 북한 당국이 이른바 '主權' 질서에 포섭되는 형사관할권을 개성시 인민위원회 및 개성공업지구에 授權하기는 어렵다고 보인다.

---

54) 1994년 3월에 厦門, 1996년 3월에는 汕頭·珠海에도 차례로 授權立法權을 부여하였다.

제2부

남북한 교류협력 과정의 신변안전보장
관련법제 분석

1998년 김대중 정부가 들어선 이후 남북한 인적·물적 교류가 확대됨에 따라 대북사업 종사자 및 경제·종교·문화·사회 단체 관계자를 비롯해 개성공업지구와 금강산 관광지구에 체류 및 거주하는 우리 측 주민이 늘어나고 있다. 특히, 개성공단에는 800여 명에 달하는 남측 기업관계자 및 관리기관 직원 등이 상주[55]하면서 북측 근로자들과 공동생활체를 형성하고 있어 남·북한 주민 간 교통사고를 비롯한 각종 형사사건이 발생할 개연성이 높다.

그러나 현재까지 남북합의서는 물론 국내법률에도 이를 규율할 수 있는 법제도적 장치가 미흡한 실정이다. 이러한 법제도적 미비는 우리 국민의 신변안전 문제와 결부되어 개성공단 등 주요 남북경협의 성패와도 연관되는 매우 중요한 문제로 대두되고 있다. 물론 앞서 설명한 바와 같이 개성공업지구와 금강산 관광지구에서의 남측 주재원 신변안전 문제를 보장하기 위해 2004년 1월 29일 '개성공업지구와 금강산 관광지구의 출입 및 체류에 관한 합의서'(이하 '출입·체류합의서'라고 지칭한다)를 체결하여 남한 주민 등이 개성·금강산 지구에 출입·체류하는 절차와 함께 신변안전보장에 관한 기본원칙에 합의하였다.

---

55) 이명박 정부가 들어선 이래 남북관계가 경색됨에 따라, 북한은 2008년 12월 1일 남북 간의 육로통행 차단과 개성공단 상주 남측 인원을 대폭 축소하는 이른바 '12.1 조치'를 단행하여 개성공단에 상주하는 남측 근로자를 886명으로 제한하였다. 이후 개성공단 입주기업 관계자들은 필요시 일주일 단위의 단기출입증을 이용하여 왕래하고 있는데, 2009년 6월 현재 일일 상주인원은 총 1,100명~1,200여 명에 달하고 있다.

남한은 위 합의서의 규정에 따라 법적효력을 부여하는 절차로서 2004년 9월 23일 국회의 동의절차를 거쳤으며, 위 합의서는 2005년 8월 5일 남북한이 문건을 교환함으로써 발효되었다. 따라서 그 내용과 체결과정 등에 비추어 본 합의서는 법률적 효력을 가진 조약의 성격을 가진다고 볼 수 있다.

그러나 본 합의서는 '지구에 적용되는 법질서'라는 포괄적인 文言의 해석을 통해 북한의 일반적인 법률이 준거법이 될 가능성이 높다는 점에서 태생적인 한계를 가지고 있다고 할 것이다. 남북한 간의 적절한 형사문제 처리방안을 도출하기 위해서는 남북분단 이래 최근까지 주요 남북합의서에서 드러난 남측 인원에 대한 신변안전관련 규정을 검토한 후 현재의 개성공업지구의 신변안전 보장법규를 비교하고 개성공업지구에 체류하는 남측 인원에 대한 신변안전 보장법규의 미비점을 살펴보아야 한다. 그 후 개성공업지구에 적용되는 신변안전 법규의 미비점을 보완한다면 보다 정교한 형태의 신변안전 보장방안과 남북한 주민 간 형사문제 처리에 관한 적정한 모델을 이끌어 낼 수 있을 것이다.

제1장 남북기본합의서의 신변안전보장 규정

Ⅰ. 문제의 제기

남북한의 인적 교류는 한국전쟁 이후 사실상 봉쇄되어 있다가 1991년 독일통일 및 동구권 사회주의 국가와 구소련이 붕괴된 이후에야 남북한의 인적 격리상태가 다소 완화되기 시작했다. 1991년 남북기본합의서가 체결되고 이에 따른 후속회담이 이루어진 1992년 연말까지는 남북회담이 활발하였고, 이 시기에 처음으로 同 회담에 참가하는 정부당국자 및 기자 등 취재단이 대거 방북하면서부터 본격적인 인적 교류의 시초가 되었던 것이다. 이러한 남북회담의 활성화는 한반도 비핵화 공동선언이나 남북기본합의서의 체결이라는 역사적 성과를 내기도 하였으나, 同 회담과 병행하여 진행되던 핵협상에서 북한이 국제원자력기구(IAEA)의 특별사찰을 거부하여 국제사회에 핵무기 개발의혹을 불식시키지 못하고 있던 와중에서 북한은 한·미 통합 군사훈련인 팀스피리트 훈련재개를 핑계 삼아 일방적으로 대화와 교류를 중단하였다.[56]

그러나 핵문제는 1994년 10월 북·미 간 제네바 기본합의가 체결되어, 북한이 핵무기의 원료인 플루토늄의 생산이 가능한 영변소재 흑연감속로를 북한이 해체하는 대신 한·미·일 삼국이 북한에 도합 200만kw의 전력을 공급할 수 있는 경수로발전소 2기를 건설하여 인도해 주기로 함에 따라 관련협상과 同 건설사업을 위한 많은 인원의 방북과 체류가 시작되었다.[57] 이러한 경수로 공급사업을

---

56) 북한은 1993년 1월 29일 남북 당국 간 대화중단을 선언하였다. 이후 북한은 남북기본합의서와 부속합의서들의 규범력을 무시하고 남북관계에서 벌어지는 사안별로 남측으로부터 새로운 양보를 얻어내면서 합의를 다시 하려는 입장을 보이고 있다. 그러나 남북기본합의서는 우리 측이 남한을 비핵화하는 양보를 하여 가면서 북측으로부터 얻어 낸 남북화해의 귀중한 결과물이어서 남북화해의 기본적 틀로서의 그 법적 의미를 결코 과소평가할 수 없다. 구동·서독 기본조약의 내용보다 오히려 더 구체성을 가지고 있는 이 남북기본합의서와 그 부속합의서들의 규범력을 과소평가하여서는 안 되며, 이에 대한 정당한 법적 분석을 행하고 북한에 대하여도 그 이행과 준수를 지속적으로 요구하여야 한다고 생각한다. 북한도 남북기본합의서의 효력과 정신을 준수할 것을 확인하여 동 합의서의 존재를 완전히 무시하지는 않고 있다. 예컨대, 1998년 7월 6일 맺어진 금강산 관광을 위한 부속계약서 제10조(신변안전보장) 제1항은 남북기본합의서에 따라 금강산 관광객 등의 신변안전 등을 보장한다고 하여 남북기본합의서를 신변안전보장의 직접적 근거로 명시하고 있다(김승대, "상대방 지역체류의 법률문제 — 신변안전의 법적보장을 중심으로 —", 남북교류와 관련된 법적문제점[3], 법원행정처, 통일사법 정책자료 2004-1, 144면, 註 1번).

통한 남북한 인적 교류는 1994년 7월 김일성 사망 이후 문민정부가 김일성 조문을 거부한 이래 남북관계가 극도로 악화된 상황에서도 꾸준히 진행되었다. 한편, 1998년 2월 집권한 국민의 정부는 현대그룹을 통하여 북한과 금강산 관광사업을 실현시켜 또 다른 형태의 대규모 방북교류가 실현되었다.

이와 같이 1990년대 이후 남북한 관계에서는 남북기본합의서의 체결과 그 후속회담, 북미 제네바기본합의에 따른 한반도에너지개발기구의 설립과 북한에 대한 경수로발전소 공급사업의 진행, 금강산 관광사업의 시행으로 상당한 규모의 인적 교류를 경험하게 되었다. 그 이후에도 이산가족의 재회와 문화체육행사관련 인원의 방문 등이 지속적으로 확대되고 있으며, 2000년 6·15 공동선언 이후에는 평양·묘향산 등 타 관광지를 남측 인원들에게 개방하기 시작함과 아울러 신의주·개성지구를 특별구로 설정하여 불균형 경제발전을 도모하는 정책을 추진함에 따라 남북한 양측의 인원의 인적 교류가 더욱 활발해지고 있으며, 특히 남측 경제인과 관광객 등이 북한 지역을 방문하여 장기간 체류하는 사례가 증가하고 있다. 그런데 남북한 간 인적 교류와 상대방 지역체류가 안정적으로 실행되기 위해서는 가장 기초적으로 해결되어야 할 것이 바로 방문·체류기간 중 신변안전 및 무사귀환 문제이다. 남북관계가 국제관계라면 타 국가의 관할지역으로 들어가는 이상 당연히 그 지역의 법질서에 복종하여야 할 것이겠지만, 남한과 북한은 상호 간 외

---

57) 1995년에 북한 함경남도 신포시 금호지구 부지조사단과 의정서 협상을 위한 대표단이 방북한 이래 경수로건설사업의 진전에 따라 관련 인원의 북한 방문이 꾸준히 계속되고 있다. 1997년 8월에 부지정리 등을 위한 초기 현장공사가 착공되고 1998년에는 공사가 본격적으로 추진되면서 공사관계자 등의 북한 방문이 크게 증가되었다. 또한, 한반도 에너지 개발기구(KEDO) 금호사무소 인원, 한전 및 합동시공단의 건설인력 등 700여 명의 공사관계자들이 장기체류하였던 적이 있다(통일부, 통일백서, 2003, 193면).

국으로 인정하지 않는 잠정적 특수관계에 있으므로 남북관계에 국
제법적 기본원칙들의 적용 여부는 불명확한 것이다. 또한, 북한 지
역에 통용되는 형사법을 비롯한 법령들이 완전히 공개되어 있지
않고 법치주의 원칙에 의한 법운용도 이루어지지 않고 있는 실정
이어서 북한 지역에 체류하는 우리 국민의 신변안전 문제는 남북
관계 발전에 있어서 초미의 관심사가 되고 있다.[58]

그러므로 법제도의 명확성과 투명성이 보장되지 않는 북한 지역
에 체류하는 남한 주민들에게 일방적인 북한 법령의 적용을 강요
하는 것은 남북관계의 순조로운 발전을 저해하는 중대한 장애요인
이 될 것이다. 결국 이 점에 관하여 남북쌍방이 명확한 법적 해결
을 보지 않는 한, 북한을 방문하는 남측 인원들은 항상 신변불안을
안고 북측의 선의와 자제를 기대하면서 방문·체류하는 불안정한
위치에 놓이게 되는 것이다.[59]

II. 신변안전보장의 유형 및 방식

1. 신변안전보장의 유형

남북한 인원의 교류는 남측 인원이 북측을 방문하는 경우, 북측
인원이 남측 지역을 방문하는 경우로 크게 분류된다. 그런데 북측
인원의 남측 방문과 체류는 남측 인원의 북측 방문과 체류에 비해
수적으로 많지 아니하고, 북측 당국에 의하여 선발된 인원들이 남

---

58) 이미 언급하였듯이 2008년 7월에 발생한 금강산 관광객 피살사건과 2009년 3월에 발생한
개성공단 남측 근로자의 장기억류 사건은 이러한 사실을 잘 나타내 주고 있다.
59) 김승대, 앞의 논문, 146면.

한 방문의 기회를 가지는 것이기 때문에 이들에 의한 남측 일반인들과의 접촉가능성은 사실상 희박하다.[60] 여기에서 법적으로 문제가 될 만한 것은 북측 인원이 계획적으로 남한의 국가보안법을 위반하는 행위를 하거나 돌발적으로 체류지를 탈출하여 망명을 요구하는 것 정도인데, 이러한 사건은 아직 발생하지 않고 있다.

반면, 최근 금강산 관광지구와 개성공업지구에서 남측 인원의 방문과 체류가 증가하고 있어 이들과 북한 주민 간 또는 남측 인원 상호 간 각종 사건·사고가 빈번하게 발생할 가능성이 있다. 그렇다면 이들 남측 주재원들이 북측 지역에 체류하는 과정에서 북한 형사법에 저촉되는 범죄를 저질렀을 경우에 어떻게 처벌하느냐에 대한 의문이 생길 수 있을 것이다. 구체적으로는 ⅰ) 북한 형사법 적용 가능성, ⅱ) 북한 형사법 적용의 경우, 북한 재판소의 재판가능 여부, ⅲ) 유죄판결의 경우에 구금시설 수용 및 수형 여부 등 복잡한 형사절차적 문제가 야기될 수 있다.

2. 신변안전보장의 방식[61]

(1) 비밀방북 시기

7·4 남북공동성명 체결 당시 중앙정보부장 이후락의 비밀방북 이래 남측 인원이 주로 정치적 목적으로 방북 시, 일반적으로 북측의 보안책임자 명의로 발행하는 신변안전 보장각서를 받아, 이를

---

60) 1990년 이후 2009년 8월까지 북한 주민의 남한 방문은 신청 293건(7,773명), 승인 292건(7,763명), 불허 1건(10명)이고, 이 중 성사된 것은 289건(7,605명)이었다. 한편, 최근인 2005년에는 30건(1,313명), 2006년에는 41건(870명), 2007년에는 69건(1,044명)이 성사되었으나, 이명박 정부가 들어선 2008년에는 48건(332명), 2009년에는 8월까지 36건(116명)이 성사되었다(통일부홈페이지, 월간남북교류 협력동향, 2009년 8월).

61) 김승대, 앞의 논문, 147면 이하 참조.

통일부에 제시하고 방북 승인을 받아 방북하는 것이 일반화되었다. 그리고 이러한 신변안전보장 각서는 "방북 중 귀하의 신변안전과 무사귀환을 보장한다."는 간단한 문구로 북측의 의지를 표시하였다. 그러나 이러한 개별적 신변안전보장 각서는 북측이 행하는 정치적 약속에 불과하고 법적 구속력을 가진 문서라고는 하기 어려운 것이다. 만약 남측 체류인원이 어떤 사고로 북한 수사기관의 조사를 받거나 재판을 받을 경우, 과연 그 신변안전보장 각서의 효용성을 주장할 수 있는지가 의문시되기 때문이다. 이는 다만 방문자가 체류지의 법질서를 어기지 않도록 행동을 자제하는 것을 전제로 한 정치적 보장에 불과한 것이다.

(2) 남북기본합의서 체결 시기

1991년 12월 13일 남북기본합의서가 체결되고 同 기본합의서의 취지에 따라 1992년 9월 17일 '남북교류 협력의 이행과 준수를 위한 부속합의서'(이하에서 이를 '남북교류 협력부속합의서'라고만 한다)가 체결되었다. 同 부속합의서 제10조는 남과 북은 민족구성원의 자유로운 왕래와 접촉을 실현한다고 선언하면서 상대측 지역에 체류하는 인원의 신변안전보장에 대해 보다 세부적으로 다음과 같이 합의하였다. 즉 "① 남과 북은 모든 민족구성원들이 자기 의사에 따라 자유롭게 상대측 지역을 왕래하도록 하기 위한 조치를 공동으로 취한다. ② 민족구성원들의 왕래는 남북 사이에 개설된 육로, 해로, 항로를 편리한 대로 이용하도록 하며, 경우에 따라 국제항로도 이용할 수 있다. ③ 남과 북은 민족구성원들이 방문지역에서 자유로운 활동을 하도록 하며, 신변안전 및 무사귀환을 보장한다. ④ 남과 북은 민족구성원들이 상대측의 법과 질서를 위반함이 없이 왕래하고 접촉하도록 하기 위한 조치를 취한다. ⑤ 남과 북을 왕래하는 인원들은 필요한 증명서를 소지하여야 하며, 쌍방이 합의한 범위 내에서 물품을 휴대할 수 있다. ⑥ 남과 북은 자기 측 지역에 들어온 상대측 인원에 대하여 왕래와 방문목적 수행에 필요한 편의를 제공한다. ⑦ 남과 북은 자기 측 지역에 들어온 상대측 왕래자에게 불의의 사고가 발생할 경우 긴급 구제조치를 취한다. ⑧ 남과 북은 민족구성원들의 자유로운 왕래와 접촉을 실현하는 데 필요한 절차와 실무적 문제들을 사회문화교류·협력공동위원회에서 협의하여 정한다."고 규정하고 있다. 이와 같이 남북합의서 체결시기에서는 처음으로 어느 정도 구체성을 가지면서 민족구성원의 상대지역 방문 시의 신변안전과 무사귀환을 원칙적으로 보장하고 있다. 따라서 同 합의서는 비밀방북 시기와는 다른 법적 규범력을 부여할 수 있을 것이라고 본다.

그렇다면 과연 이 조항이 법적 구속력을 가진 조항인지 여부를 판단하여야 하는데, 대부분의 학자들은 남북기본합의서와 그 부속합의서들이 우리 헌법 제60조 제1항에서 말하는 조약에는 해당하지 아니하나, 그 법적 구속력을 부인할 수 없다고 보고 있다. 따라서 이 조항은 단순히 정치적 의미를 가진 것에 불과한 것은 아니고 남북한 양측은 모두 이에 구속되며 이를 위반할 경우에는 그 법적 책임을 부담한다고 보는 것이 타당하다고 주장한다.[62]

---

62) 이와 같은 입장은 남북기본합의서와 부속합의서가 체결될 당시 우리 정부가 취한 입장이기도 하다. 당시의 지배적인 견해에 의하면, 남북공동성명은 정치적인 강령에 불과하지만 남북합의서는 법적 구속력을 가진 법적 합의로 이해하였다(김승대, 앞의 책, 149면, 김명기, "남북합의서의 법적성격", 국제문제(1992.4.), 13면이하, 이장희, "남북합의서의 국제법적 성격", 민족통일(1992.1월-2월호), 4면 이하, 통일원, 남북기본합의서 해설, 1992, 22면 이하).

III. 남북기본합의서상 신변안전보장의 법적 의미

1. 문제제기

남북기본합의서에서 보장되는 '신변안전보장'의 法的 意味가 과연 무엇인지가 문제 될 수 있다. 남북기본합의서의 실효적 효력을 떠나서 향후 남북관계에서 남측 주재원의 신변안전문제가 제기될 때마다, 同 조항의 신변안전보장의 법적의미와 규범력이 항상 인용될 수 있기 때문이다. 여기서 '신변안전보장'은 주로 북한 형사법의 적용범위와 재판관할권과 관계되는 문제가 핵심이 될 것인데, 재판관할권은 우리 헌법 제3조 영토조항 및 북한의 헌법적 지위등 법리적 문제와 관련하여 복잡한 논쟁을 야기할 수 있다. 북한의 재판관할권에 관한 문제는 추후 상설하기로 하고 여기서는 일단 남북기본합의서 체결당시의 남북관계와 同 합의서상의 신변안전보장규정에 대한 북한 재판관할권의 적용가능성에 대해 살펴보고자 한다. 북한 재판관할권의 적용 여부에 따라 同 합의서상 신변안전의 개념은 다음의 4가지 단계로 나눌 수 있을 것이다.[63]

2. 北韓 재판관할권의 적용단계

일반적으로 북한 재판관할권의 적용범위에 따라, "(1) 북한의 민사, 형사, 행정재판권 등 모든 재판관할권의 배제, (2) 북한의 재판관할권을 원칙적으로 인정하나, 체포·구금되지 아니하며 외교관의 면제(immunity)에 준한 형사재판권의 배제, (3) 북한의 특수한 관습

---

63) 김승대, 앞의 논문, 149면 – 150면.

이나 형사특별법은 배제되고 일반적인 형사범의 경우에만 북한 형사재판권의 일부적용,[64] (4) 북한의 형사재판권의 전면 적용 단, 방북자가 스스로 행동을 조심하는 한 북한은 그 형사재판권 행사를 자제한다." 등으로 나눌 수 있다.

그런데 남북교류 협력부속합의서상의 신분보장은 일반적으로 남북한 주민의 상시적 교류를 대상으로 한 것이 아니라, 남북 양측 당국이 합의하여 양측 당국의 통제하에 실행되는 사회문화사업의 교류인원들이 상대측 지역에서 교류의 목적을 달성하기 위하여 활동하는 데 있어서 편의를 보장하고 신변안전상 위험을 제거할 것을 보장한다는 의미로 범위를 한정함이 타당하다. 다시 말해, 이 내용은 남북한 간의 모든 인적 왕래, 교류 및 체류에 있어서 일반적으로 적용될 형사법적 해결원칙을 정하는 의도를 가진 것이 아니라고 하는 것이 同 합의서의 취지에도 부합한다는 것이다.[65]

3. 남측 인원에 대한 北韓 재판권 적용 여부

남북교류 협력부속합의서상의 신변안전보장 규정은 특별범위의 한정된 교류인원들에 대하여 적용되는 것으로서 同 조항은 단순한 정치적 보장만을 정하고 있는 것이 아니라, 어느 정도 구속력을 갖는 법적 보장으로 해석하는 것이 남북기본합의서의 법적 규범력을 인정한다는 관점에서 볼 때도 타당하다고 본다. 그러나 위 (1)이나

---

64) 북한형법(2004.4.29. 최고인민회의 상임위원회 정령 제432호로 결정)중 제3장 반국가 및 반민족범죄(제3장 제59조 내지 제72조)의 제반범죄들은 모두 배제되어야 할 것이다.

65) 남북교류 협력부속합의서는 남북기본합의서 '제3장 남북교류 협력'의 이행과 준수를 위한 구체적 대책으로서 합의된 것이고 이는 제1장 경제교류·협력, 제2장 사회문화교류·협력, 제3장 인도적 문제의 해결, 제4장 수정·발효로 구성되었다. 그런데 同 부속합의서상의 신변안전보장조항(제10조)은 총론적으로 위치하는 것이 아니고, 위 제2장 사회문화교류협력 부분에 편제되어 있다.

(2)와 같이 남측 인원의 북한 지역 내 범죄에 대하여 북한의 관할권을 완전히 배제하거나 외교관에 준하는 면제특권을 부여하는 것은 북한에서 절대 받아들이지 않을 것이다.

또한 (4)와 같이 남측 인원이 자제할 것을 전제로 함은 신변안전을 보장한 규정의 법적 의미가 없어질 것이다. 그러므로 양 견해의 중간적 입장인 (3)의 견해에 따라, 남북교류 목적을 위해 방북·체류하고 있는 남측 인원에 대해서는 북한에게만 독특하게 유지되고 있는 반국가 및 반민족범죄 등과 같은 범죄에는 북한 관할권이 적용되지 않고 살인·절도 및 교통사범 등 보편적 범죄에 한하여만 북한 관할권의 적용을 받는다고 보는 것이 합당하다. 이렇게 보는 것이 서로 상이한 체제하에서 쌍방 인원의 신변안전을 보장받고자 하는 남북기본합의서 정신에도 부합할 것이다.

반면에 남북기본합의서가 아무리 법적 효력을 가진 문서라 할지라도 이를 강제할 수 있는 남북 상호 간의 집행기관이 존재하지 않으므로, 同 조항을 해석함에 있어서 남북한 양당국 간에 견해 차이가 있을 경우에는 해결할 수 없는 분쟁상태에 빠질 수 있게 된다.

가령, 남북한은 각각 상대측 지역에 자기 측 인원이 방문할 경우에는 (2) 내지는 (3)의 입장을 취할 것이고 상대측의 인원이 자기 지역을 방문할 경우에는 (4)의 견해를 취하는 등 모순된 입장을 보일 가능성이 많다. 이러한 해석상의 혼란은 남북한 간의 관계가 '나라와 나라 간의 관계가 아닌 잠정적 특수관계'이기 때문에 일어나는 법체계상의 혼란이기도 하다. 이 문제는 최근 개성공업지구와 금강산 관광지구에 체류·거주하는 남측 인원에 대한 신변안전보장 규정을 둠으로써 남북 당국 간 상호 합의에 도달하였으나,[66) 同

66) 2004년 1월에 체결된 '개성공업지구와 금강산 관광지구의 출입·체류합의서' 제10조의

신변안전 보장규정이 과연 위 (3)의 입장에 서 있는지 여부는 문맥상 분명하지는 않다.[67]

4. 북측 인원에 대한 南韓 재판권 적용 여부

남북한의 인적 교류가 활발해짐에 따라, 북한 인원의 남한 방문도 증가하고 있다. 물론 남측처럼 체류목적이 아니고 일시적인 사회·문화 교류 차원에서 극히 소수의 인원이 방문하고 있으나, 우리 헌법을 비롯한 국가보안법이 남측을 방문하는 북측 성원들에게 적용될 가능성은 있다. 왜냐하면, 우리에게 북한은 평화통일을 이루기 위한 불가피한 대화의 대상이 됨과 아울러 다른 한편으로는 대남혁명전략을 포기하지 않는 반국가단체로서 형사법 규제의 대상이 되기도 하는 이중적 기준에 의한 법체계를 갖고 있기 때문이다.

즉 평화통일을 이루기 위한 인적·물적 기반 조성을 다지는 의미를 갖고 있는 사회·문화 교류 분야에서 '국가보안법'같은 적용함은 위 부속합의서 조항의 존재와 함께 특별한 해석기준이 필요하다고 본다.[68]

'신변안전보장' 규정에 의하면 남측 인원에 의한 범죄행위 시 북측의 1차적 조사 후 범칙금 부과 및 경고, 또는 남측추방을 규정하여 북측의 일방적인 재판권 행사를 자제하고 있는 것처럼 보인다.

67) 개성현지에서는 남측 인원의 북한 일반법 위반 시 북한 고유의 형사범 및 남북공통의 범죄위반 여부와 관계없이, 북한 보안기관의 1차적 조사 후 정상에 따라 경고·범칙금부과·추방 순으로 행정적 제재를 가하고 있다.

68) 예컨대, 2002년 부산 아시안게임 당시 북한 주민이 체육경기의 응원단으로 남한을 방문하여 인공기를 흔들며 응원을 하거나 북한 응원단이 남한의 거리에 걸려 있는 김정일의 사진을 담고 있는 현수막이 비에 젖는 것을 보고 걷어 가 버린 행위는 국가보안법 위반혐의가 있는 것을 사실이지만, 위 남북기본합의서 부속합의서 제10조의 신변안전보장에 비추어 형사소추가 불가하다고 보아야 할 것이다.

제2장 對北 경수로 사업의 신변안전보장 규정

1995년 3월 9일 북한의 핵개발 포기의 대가로 한·미·일 삼국은 대북한 경수로핵발전소 공급 사업을 전담할 국제기구 성격의 '한반도에너지개발기구(Korean Peninsula Energy Development Organization)'를 설립하고 3국이 집행 이사국으로 참여하였다. 이 대북한 경수로 공급사업은 1997년 8월 15일 공사가 시작된 이래 남북한 인원의 상대지역 입경과 체류를 대규모적으로 실현한 최초의 사례라고 할 수 있다.

이 사업으로 인해 북한의 기술인원이 관련시설이 있는 남측의 울진, 고리지구를 방문한 적도 있으나 전체적으로 우리의 협상 및 기술인원, 특히 공사인원들이 대규모로 북한을 방문하였다.[69] 한편, 남측 공사인력은 경수로건설공사가 다년간 진행되는 사업인 관계로 장기간 북한 지역에 체류하게 되었던바, 이들은 정치적 성향이 없는 일반생활인으로서의 북한 건설인력과 뒤섞여 공동작업을 벌여야 하므로 이들의 접촉으로 인한 양측의 법률적인 문제가 복잡한 양상을 띨 가능성이 농후하였다.

I. 논의의 배경[68]

한반도에너지개발기구는 1995년 12월 15일 북한과 경수로공급협

---

69) 경수로 사업과 관련하여 남한을 방문·체류한 북측 관계인원은 핵안전규제 요원훈련 25명 (2002.7.2. - 7.27.), 항공관계자 시찰 10명(2002.5.19. - 5.24.), 원전 고위 정책과정 참여 19명(2001.12.17. - 12.29.)으로서 모두 54명에 지나지 않았다.

정[69]을 체결한 바 있다. 경수로사업의 공급 및 재원조달에 관한 합의사항을 규정한 이 협정은 총 18개조와 4개의 부속서로 구성되어 있으며, 국제법적으로 조약의 성격을 갖고 있다.[72] 또한 同 협정에 따른 세부사항을 이행하기 위한 분야별 후속의정서의 하나로「KEDO 소속 인원에 대한 북한 지역에서의 신변안전을 보장한 특권·면제 및 영사보호에 관한 의정서(이하에서는 '특권·면제의정서'라 한다)」가 체결되어, 1996년 7월 11일 공식 서명·발효되었다.[73] 한반도에너지개발기구(KEDO)와 북한 간에 체결·시행되었던 위 신변안전보장 사례는 남한 주민을 포함한 북한 지역 내에 체류·거주하는 KEDO소속 인원에 대한 신변안전보장을 위하여 북한 형법의 인적 적용범위에 대한 특례를 인정하는 것이기에 개성공업지구와 금강산 관광지구에서 발생하는 남북 간 형사사건의 처리방안을 모색함에 있어 참고될 부분이 많을 것이다. 개성과 금강산지구에 적용될 형사사건 처리방안이 사실상 형사재판관할권 행사에 관한 북한의 일정한 양보를 전제하고 있다는 점에서 공통되기 때문이다.

---

70) 이동희, "남북 간 형사사건 처리방안(개성공업지구와 금강산 관광지구의 형사사건 처리방안을 중심으로)", 남북교류 협력법제연구(II), 법무부 법무실 특수법령과(2007.1.), 487면 이하.

71) 정식명칭은 '조선민주주의인민공화국에 대한 경수로사업의 공급에 관한 한반도에너지개발기구와 조선민주주의 인민공화국 정부 간의 협정'이다

72) 同 협정은 제18조 [발효]에서 협정의 효력과 관련하여 "이 협정은 KEDO와 북한 간의 국제적 합의로서 국제법에 따라 양 당사자를 귀속한다."고 규정되어 있다.

73) 同 의정서의 협상과정에서 남측은 꾸준하고 완강하게 북한 형사재판권의 관할 배제를 주장하였고, 북한은 결국 이를 수용하였다.

II. KEDO 인원에 대한 신변안전보장의 내용

1. 일반적인 신변안전보장 규정

同 의정서에 앞서 체결된 경수로공급협정의 경우, 제4조 제6항에 "북한은 KEDO의 법적 지위를 인정하고 KEDO 및 그 직원에게 KEDO에 위임된 기능의 수행에 필요한 북한 영역 내에서의 특권 및 면제를 부여한다. KEDO의 법적 지위와 특권 및 면제는 이 협정에 따른 KEDO와 북한 간의 별도 의정서에서 정한다."라고 규정하여 특권·면제의 부여에 관한 기본원칙을 명시하였다. 또한, 동조 제7항에서는 "북한은 KEDO, 계약자 및 하청계약자가 북한에 파견한 모든 인원에 대하여 확립된 국제관행에 따른 적절한 영사보호가 허용된다. 필요한 형사보호 조치는 이 협정에 따른 KEDO와 북한 간의 별도 의정서에서 정한다."라고 규정하여 KEDO 인원의 신변안전보장과 영사보호에 관한 원칙도 명시되어 있다. 위 협정에 의거하여 체결된 후속의정서의 하나인 특권·면제 의정서는 총 5개장 23개조[74]로 구성되어 있다.

同 의정서 제5조는 케도직원 및 케도대표단 구성원의 특권면제를 규정하고 있는바, 주요내용을 살펴보면 다음과 같다. 같은 條 제1항은, a) 체포·구금 및 개인수하물의 압수로부터 면제, b) 형사, 민사 및 행정재판권과 증언으로부터 면제(단, 공적 기능 이외에 상업적 활동에 관련된 행위에 대해서는 민사 및 행정재판권으로부터 면제되지 않는다), c) 개인주거와 서류 및 문서를 포함한 자산의 불

---

74) 구체적으로는 제1장(제1조~제5조) 법적 지위 및 특권·면제, 제2장(제6조~제16조) 영사보호, 제3장(제17조) 안전보호, 제4장(제18조~제21조) 협조조치, 제5장(제22조·제23조) 일반조항으로 구성되어 있다.

가침, d) 모든 세금 및 관세, KEDO와 북한이 합의하는 부과금 및 수수료 면제, e) 암호를 사용하고 신서나 봉인행낭으로 서류, 문서 및 서신을 수발할 수 있는 권리, f) 행정동원 및 군사적 의무를 포함한 북한의 국가적 역무로부터 면제, g) 출입국 제한 및 외국인 등록으로부터 면제, h) 국제법 및 국제관례에 따라 그 직위에 상응하는 외교관에게 부여되는 것과 같은 통화 또는 환전제한에 관한 특권, i) 북한 세관법상 금지되거나 검역규정상 통제되는 반출입 품목을 포함하고 있다는 상당한 근거가 없는 한, 국제법이나 국제관례에 따라 그 직위에 상응하는 외교관에게 부여되는 것과 같은 개인수하물에 대한 면제 및 편의(이러한 검열은 KEDO 직원이나 권한이 부여된 대표자의 입회하에서만 행하여져야 한다), j) 국제적인 위기 시 외교관과 동등한 귀환편의 등을 규정하고 있다.

또한, 이러한 특권·면제는 KEDO의 비전문직 직원(즉 사무직원 및 여타 지원요원)은 공무수행 이외의 행위에 대하여는 민사 및 행정재판권으로부터의 면제가 적용되지 않는 것을 제외하고는 1항에 규정된 특권 및 면제를 향유한다. 가족구성원의 경우에도 거의 유사하게 특권 및 면제가 향유되지만, 개인적인 이익을 위해 부여되는 것은 아니다(같은 條 제3 - 4항). 특히, KEDO 인원의 신변안전 보장에 관한 구체적인 사항은 제3장 제17조(KEDO 계약자 인원의 안전 및 그 재산의 보호)에서 KEDO 계약자와 하청계약자가 파견한 모든 인원, KEDO 관할하에 북한에 체류하는 여타 인원 및 그 가족구성원(이하 'KEDO 계약자 인원'이라 한다)의 안전과 재산의 보호를 위해 ① 체포, 구금의 금지, ② 북한의 여하한 형태의 관할권이나 북한 내 집행처분으로부터의 불예속, ③ 경수로사업부지·관련지역 및 연계지역 내에서 업무나 개인생활에의 불간섭, ④ 북한의 관습의 강요나 정치·사회적 의무의 부과 불가, ⑤ 행정동원, 군사적 의무를 포함한 북한의 국가적 역무에의 불예속, ⑥ 비상사태 시 KEDO 계약자 인원에 대한 모든 귀국편의의 제공, ⑦ 모든 경우 및 여하한 상황하에서도 본 의정서 제2장상의 영사보호를 향유할 권리, ⑧ 개인수하물, 서류, 문서를 포함한 개인재산 또는 주거를 압수·수색 또는 침해의 금지, ⑨ 모든 세금과 관세 및 북한과 KEDO가 합의하는 부과금과 수수료 면제 등의 조치를 북한이 취하도록 의무를 부과하고 있다. 한편 ⑩ 위 제3장상의 보호가 KEDO의 목적과 기능 수행에 직·간접으로 관계되지 아니한 행위를 위하여 남용되었다고 북한이 판단하는 경우, KEDO와 북한은 적절한 조치를 결정하기 위해 서로 협의하도록 되어 있다.

2. 영사보호에 관한 규정

특권·면제의정서 제2장에는 영사보호에 관한 규정을 마련하여 KEDO가 북한 내에서 영사보호 기능을 수행할 수 있는 권한을 부여하고 있다(제6조). 이에 따라 KEDO는 영사기능을 수행하는 KEDO 직원(KEDO 영사직원)을 통해 KEDO, 계약자 및 하청계약자, KEDO 인원, 그리고 경수로사업 이행을 위해 북한 내에 체류하는 선박이나 항공기의 승무원을 위하여 모든 영사보호 기능을 수행하도록 하고 있다(제7조). 구체적인 영사보호 내용으로는 영사보호 기능의 범위(제9조), 영사통신(제10조), 영사접근(제11조), 체포·구금된 인원에 대한 접촉·방문권 및 필수품 제공(제12조·제13조) 등을 열거하고 있으며, 이는 영사관계에 관한 비엔나협약 및 북·미 연락사무소 설치 양해각서에 규정된 영사보호 내용 중 관련내용을 망

라한 것이다.

이 중 형사절차와 관련한 주요한 사항으로는 구금·유치·구속 중인 KEDO 인원에 대한 면회·서신교환 및 법적 대리주선을 위한 방문(제9조), KEDO 인원이 체포·구금·유치·구속된 경우에 북한 관할 당국이 늦어도 2일 이내에 그 사실을 KEDO 사무소에 통보할 의무와 권리사항을 고지할 의무, KEDO 영사직원에 의해 체포·구금·유치·구속된 KEDO 인원에 대한 접견교통권과 법적 변호 및 통역을 받을 수 있도록 조력할 권한(제12조), 피체포·구금자에 대한 음식·의류·의약품 및 기타 필수품의 제공(제13조) 등이 있다.

이 영사보호에 관한 규정들은 북한의 자의적 조치에 대한 이중적 보호규정으로서 의의를 가지며, 또한 국제기구가 영사보호를 수행한 최초의 사례에 해당하는 것으로 평가되고 있다.[75]

Ⅲ. KEDO지구 내 질서유지권의 법적 성격

1. 北韓 재판관할권의 제한

경수로발전소의 공사지구는 두 가지 측면에서 북한 당국의 통치권이 제한된다. 첫째, 인적 제한으로 同 지구에 출입하는 케도공사 인원은 북한의 재판관할권에 복종하지 않는다고 함으로써 이들에 대한 북한 당국의 통치권이 제한된다. 둘째, 영토적 제한으로 同 공사지구에 북한 당국의 인원이 출입하기 위해서는 케도 측의 허

---

75) 이동희, 앞의 논문 (법무부, 남북교류협력법제연구Ⅱ), 491 – 492면.

락을 받도록 하여 북한 측 인원의 출입이 제한된다. 따라서 이 지역에 대한 북한의 통치권의 행사는 同 공사가 완료될 때까지 잠정적으로 중지되어 있다고 볼 수 있다.

2. KEDO 내에서의 질서유지권

그렇다면 국제기구인 케도는 공사지역에 출입하고 체류하는 인원에 대하여 강제성이 있는 조치 등 고권적 권한을 행사할 수 있는지 여부가 문제 된다. 일반적으로 국제기구는 국가가 아니므로 일정한 지역에 대한 통치권이나 고권적 권한을 가지는 것은 원칙적으로 인정되지 않는다. 그러나 경우에 따라서는 국제기구가 영토적 관할권을 가지고 강제적 권한을 행사하는 것은 인정된다. 즉 국제기구는 관할 영토상에 거주하는 주민에 대한 예외적인 인적 관할권을 가질 수 있다.[76] 이처럼 국가가 아닌 국제기구라고 해서 통치적 관할권이 전적으로 배제되는 것은 아니다.

이와 같은 점을 고려할 때, 북한의 통치권이 실질적으로 배제되어 있는 공사현장에서 케도는 그곳에 체류하는 공사인원들의 질서를 유지하기 위하여 필요 최소한도의 강제조치를 시행할 권한과 책임이 있다고 볼 것이고, 이는 국제적인 관례를 가진 것이라고 하겠다. 물론 케도의 설립목적과 구성, 조직의 성격을 감안하건대 국가처럼 스스로의 형사법체계를 만들고 재판기구를 구성하여 이를 심판한 다음 구금시설을 통하여 이를 집행할 정도의 완전한 통치

---

76) 역사적으로 국제연맹이 자아르와 단치히를 관할한 적이 있으며, 1947년 2월 10일 연합군과 이태리의 평화조약은 트리에스테를 유엔안보리에 맡겼었다. 또한 국제민간항공기구(International Civil Aviation Organization)도 1960년에서 1964년간 벨기에 정부의 위임에 따라 콩고항 공기지를 관할하였다(김승대, 앞의 논문, 157면, 유병화, "국제기구의 구조와 권한", 법률행정논집 제19집, 고려대 법률행정연구소, 1981.12. 239면).

적 권한을 행사할 수는 없다. 그러나 부지 내에서 범죄행위가 발생한 경우에 동 인원에 대한 기초적 조사를 실시하고 신병을 확보하며 재판관할권을 갖는 국가를 선정하거나, 同 인원을 송치하는 데 필요한 최소한도의 강제조치는 필요하며, 이는 케도가 행사할 수 있는 권한의 범위에 속한다고 한다.[77]

Ⅵ. KEDO지구 내 질서유지관련 구체적 쟁점검토

1. KEDO지구 내 기초적 행동규범의 제정

앞서 본 바와 같이, 케도는 북한 간 합의에 의하여 부지 내 질서유지권을 부여받았으므로 부지 내 인원을 대상으로 하는 소위 행동규범(Code of Conduct)을 마련하여 시행하였다. 이것은 부지 내의 통치권 행사를 보완하는 기초적 규범체계라고 할 수 있다. 그러나 여기서 케도는 모든 형법적 금지행위를 일일이 규정하는 이른바 '케도형법전'을 제정하여 罪刑法定主義를 완결할 필요는 없었다. 어차피 케도는 그 설립이사국들이 세운 국제기구로서 그 통치적 관할권도 설립이사국들의 관할권에 의존한다고 볼 것이기 때문이다. 그리하여 실제로 이 행동규범은 일반적으로 공사인원들이 현지에서 빈번하게 범할 개연성이 높은 행위들인 도박, 음주운전, 모욕, 폭행 등 공사작업의 효율성을 떨어뜨리는 전형적 행위모델만을 선정하였다. 또한 이러한 행위가 발생한 경우 케도는 이러한 행위자에 대한 경위조사, 격리, 추방에 대하여 언급하고 있을 뿐이다. 그

---

77) 김승대. 앞의 논문. 157 – 158면.

런데 이러한 행동규범에 살인, 사기, 통화위조 등의 '중대한 범죄행위'가 포함되어 있지 않다고 해서 同 중대 범죄행위자가 면책된다는 의미는 아닐 것이다. 즉 케도에서의 행동규범의 내용은 하나의 예시적 성격의 불완전한 금지행위 규범체계일 뿐이라고 보아야 할 것이다.

2. KEDO지구 내 사고의 구체적 처리사례

그렇다면 부지 내에서 일어나는 각종 사고에 대한 제재는 실제로 어떤 방식으로 처리되었는지가 문제 된다. 2003년 7월에 작성된 통일부 경수로사업 주요 통계에 따르면, 부지 내에는 남측 인원 581명, 우즈베키스탄 인원 280명과 북측 인원 98명이 함께 체류하면서 공사작업을 진행하고 있다. 또한 케도 집행이사국인 한국, 미국, 일본, EU 등 관련국가들의 소속 인원이 방문·체류하고 있어 국적이 다른 인원 간 형사관련 사고가 발생할 소지가 많았다. 종래이 지역 안에서 체류한 남측 인원이 개입된 사고를 제시하면, 중기운행 중 업무상 과실치사사고를 낸 경우, 운동을 하다가 갑작스런 심장마비로 사망하여 변사 처리된 경우, 김정일의 사진이 게재된 북한 신문을 찢고 구겼다는 이유로 모욕과 명예훼손 등이 문제 된 경우, 음주운전으로 초소를 경비하던 북한의 공안을 치어 다치게 하는 교통사고를 낸 경우 등 사건의 형태도 다양하였다.[78]

---

78) 이와 같은 유형의 사고들은 모두 1997년 말경 경수로공사가 시작되자, 공사현장에서 실제로 발생하였다. 이 중 과실치상의 경우는 북측 피해자와 합의하여 종결되었으나, 음주운전사고는 케도와 북한 양측이 현장조사를 실시하고 관련 기록을 우리 정부로 송부하여 우리 측 수사기관이 이를 받아 음주운전사고의 일반적 사고절차에 따라 처리하였다. 변사의 경우에는 시체를 즉시 남한으로 이송받아, 우리 측 형사소송절차에 따라 검시를 마치고 유족에게 인도되었다. 김정일의 사진이 든 신문 훼손사건은 결국 아무런 법적 조치가 없이 종료되었다. 이와 같이 북측 형사재판권 관할배제의 원칙은 케도 공사현장에서 일어난 제반사건들에 실제로

부지 내에서 체류하는 공사인원의 국적은 2003년 현재 남북 양측과 우즈베키스탄인으로 나누어지는데, 같은 국적인들 간의 분쟁이라면 부지 내의 케도영사의 지휘하에 사건에 대한 기초조사를 실시하고 사건자료를 사건당사자의 본국으로 송부하고 귀국 후 당사자들을 법에 따라 처리하면 되었다. 그러나 가해자와 피해자가 서로 국적을 달리 한다면 가해자 및 피해자 소속국 간에 관할권의 경합이 발생하였는데, 각국의 형법은 속지주의와 속인주의 원칙 외에 자국민을 피해자로 하는 범죄에 있어서도 재판관할권을 가지는 보호주의 원칙을 가미하고 있기 때문이다. 이 경우에는 부지에 파견된 각 소속국의 케도영사들이 본국과의 협의를 거쳐 어느 나라가 형사재판권을 행사할 것인지 합의한 후 케도가 그 관련자료와 신병을 인도하는 방법으로 처리되었다.

제3장 금강산 관광사업의 신변안전보장

I. 관광개시기의 초기 약정

1. 합의의 경과와 내용

금강산 관광사업은 1998년 6월 22일 현대그룹 측과 북한의 아세아태평양평화위원회 간에 체결된 '금강산 관광을 위한 계약서'에 의하여 본격적으로 시작되었다. 금강산 관광사업도 경수로공급사업

충실히 반영되었다(김승대, 앞의 논문, 159면 註 24).

의 경우와 같이 남측 인원이 북측 지역에 대규모로 방문 또는 체류하는 것을 전제로 하기 때문에 신변안전에 대한 북측의 보장이 특히 중요시되었다. 이 점이 해결되기 전에는 어떠한 형태의 사업도 시작하기 어려웠으므로, 남북 양측은 위 금강산 관광을 위한 합의서를 체결함에 있어서 同 합의서에 신변안전에 관한 합의조항을 넣는 방법으로 해결하였다. 즉 同 합의서 제4조 제1항은 "아태 측은 북측 관할구역 안에 들어오는 관광객, 현대 측 실무대표단의 신변안전과 편의를 보장한다."고 하였으며, 나아가 귀환하지 아니하려는 관광객이나 관광선으로 잠입하여 남측으로 망명하려는 북측 인원이 발생할 것을 우려하여 同條 제3항은 "관광단으로 왔던 성원이 떨어질 수도 없으며 관광객과 인연이 없는 다른 사람들은 태우거나 내리울 수 없다."고 약정하였던 것이다. 그리고 위 합의서에 의거하여 금강산 관광 및 관련 부수사업을 보다 효율적으로 시행하기 위한 세부 계약조건을 마련하기 위하여 체결된 부속합의서에서는 이러한 신변안전보장의 내용을 보다 구체화하여 약정하였다. 즉 동시에 체결된 '금강산 관광을 위한 부속계약서' 제10조 제1항은 "조선아세아태평양평화위원회는 1992년 2월 19일 발효된 남북기본합의서 및 같은 해 9월 17일 발효된 남북교류 협력부속합의서에 따라 북측 관할구역 안에 들어오는 관광객, 현대그룹측이 파견하는 실무대표단 및 합영회사의 직원, 공사인원, 유람선 승무원의 신변안전과 편의 및 무사귀환을 보장하고, 이를 담보하기 위하여 사회안전부장 명의의 포괄적인 신변안전보장 및 무사귀환 보장각서를 제공키로 한다."고 하였으며, 제2항은 "관광객의 신변안전보장을 위하여 관광객은 단체를 이탈해서는 안 되며, 갑은 관광객 등이 북측의 관습에 따르지 않거나 사회적·도덕적 의무를 따르지

않는다는 이유로 관광객을 북측 내에 억류하지 않을 것을 보장한
다."고 약정하였다. 그리고 관광객 중 이탈자 처리와 망명자 처리
등의 문제는 상호 간의 이견이 큰 분야였으므로 당장의 합의가 곤
란하여 추후 별도의 부속합의서 체결을 하기로 함으로써 우선 관
광을 개시하기로 하였던 것이다.[79]

2. 합의의 法的 性格

금강산 관광사업에서의 위와 같은 신변안전보장의 약정은 이전
의 방식과도 차별화되는 특징이 있다. 무엇보다도 먼저 금강산 관
광사업의 경우 남측 인원의 신변안전은 북측과 남측의 정부당국
간의 합의에 의하여 이루어진 것이 아니라, 사업을 추진하는 개별
기업 혹은 단체들 사이의 사적 약속에 지나지 않는다는 것이다.[80]

신변안전보장의 문제는 상대지역 관할구역에 들어간 인원에 대
하여 그 지역의 공권력이나 형사재판권 등의 관할을 행사하는지
여부의 문제로서 공권력적 작용에 속한다. 따라서 이러한 공적 성
격을 가지는 합의서에 개별기업이 직접적인 권한과 책임을 가지고
인신의 구속력에 관한 중요한 합의에 도달할 수는 없는 것이다. 더
구나 합의의 주체인 북측 '조선아세아태평양평화위원회'는 북한 노
동당 통일전선부 외곽조직이지만 북한 당국이라고는 말할 수 없으
므로 두 사업주체 간 신변안전에 대한 합의서는 인신에 관한 구속
력을 가지는 법적인 문서라고는 할 수는 없을 것이다. 왜냐 하면,

---

79) 결국, 이 문제에 관해서는 남북 간에 아무런 합의 없이 관광이 계속 시행되던중, 2008년 7
   월에 발생한 금강산관광객 피살사건으로 인해 금강산관광이 아예 중단되고 말았다.
80) 물론 이들 기업이나 단체는 관련 정부부서와 긴밀한 협의 후 협상을 하여 이와 같은 결론에
   도달하였던 것이다.

비록 북측 아태평화위가 노동당 산하조직이라 할지라도 북한 당국에 의해 同 조직이 국가의 공적 조직이 아니라 사적 단체(결사)라고 해석한다면, 위 신변안전보장 합의서는 단순히 정치적인 성격을 가지는 선언서에 지나지 않기 때문이다. 다만, 부속계약서의 관련 조항은 신변안전보장을 합의함에 있어서 남북기본합의서를 원용하고 있으므로 同 기본합의서를 구체화한 남북교류 협력부속합의서가 규정하고 있는 신변안전보장의 법적 내용이 금강산 관광에서 다시 확인되고 있다고 할 것이어서, 북한 당국은 기존의 남북기본합의서의 법적인 성격을 미온적이나마 인정하고 있다는 자료가 될 수 있다.

3. 포괄적 신변안전보장 각서방식

북한은 경수로 공급사업에서는 남측 인원 등 외부 인원들에게 자신의 재판관할권을 완전히 포기함으로써 상당히 불리한 합의를 하였다고 인식하고, 이러한 전철을 밟지 않기로 각오하면서 금강산 관광사업의 협상에 임하였던 것으로 보인다.[81] 그래서 북한은 법률적으로 신변안전보장을 합의하였던 케도방식에서 벗어나 금강산 관광사업에서는 다시 이전의 정치적·개별적 신변안전 보장방식으로 선회하였던 것으로 보인다. 이에 따라 과거 밀사파견 시절 행하였던 신변안전 보장각서의 교부에 의한 방문을 여기서도 실현시키고자 하였으나, 금강산 관광사업은 수십만 또는 수백만의 인원이 대규모로 방문할 사업이므로 이전의 개별적인 보장각서를 교부하는 것은 기술적으로 불가능한 일이라는 실정을 고려하였다.

---

81) 김승대, 앞의 논문, 162면.

따라서 이러한 정치적 방식에 의한 신변안전 보장형식은 유지하되, 현실적인 번잡함을 피하기 위하여 북한 당국의 최고 치안책임자인 사회안전부장의 명의로 금강산 관광객들에 대한 신변안전 보장각서를 포괄적으로 교부하는 방식을 채택하기로 합의하였던 것이다. 이에 따라 1998년 7월 9일 앞서 본 합의서와 부속계약서상의 선언적 보장 이외에 별도로 사회안전부장 백학림 명의의 포괄적 신변안전 보장각서가 현대 측에 전달되었다. 이러한 과정에 의하여 남북 양측은 신변안전보장의 문제를 해결하였다고 보고 1998년 9월 7일 통일부는 현대 측의 금강산 관광사업을 승인하였으며, 이에 따라 같은 해 11월 18일 관광선 금강호가 첫 출항을 하게 되었다.

이상의 과정을 살펴볼 때, 금강산 관광에 있어서 신변안전보장의 문제는 ① 공권력 행사와 형사관할권을 가질 권한이 없는 개별기업과 개별단체 간 체결된 합의서는 도저히 법적 구속력을 부여할 수 없는 사적 약정에 지나지 않는다. ② 다만, 북한의 계약당사자가 북한의 정부책임자의 보장각서를 받아 전달함으로써 정치적 의미의 신뢰를 강화한 정도의 것이라고 할 수 있다.

Ⅱ. 금강산 관광객 억류사건 이후의 약정

1. 합의의 경과와 내용

위와 같은 내용의 금강산 관광에 있어서의 신변안전 보장장치는 매우 불안정하고 법적으로도 구속력이 없는 정치적인 선언에 지나지 않았다. 이와 같은 문제점은 군사적 대치상황이 지속되고 있는 남북한 관계에서 북한에 의한 의도적 도발로 가끔 발생하던 군사충돌이 일어나자, 즉각 현실화되었다. 즉 북한은 1999년 5월 제1차 연평해전이[82] 발생하자, 같은 해 6월 20일 금강산 관광객 1명을 억류하고 금강산 관광을 중단시켜 버렸다.

이러한 금강산 관광객의 억류사태는 불합리한 신변안전 보장에 대한 불확실성과 금강산 관광 자체에 대한 심각한 장애요인이 될 수 있었고, 同 사건에 대한 해결 과정에서 금강산 관광객에 대한 보다 확실한 정도의 신변안전 보장방안이 강구되었다.[83] 즉 같은 해 7월 30일 서명된 '금강산 관광 시 준수사항에 관한 합의서'에서 는 금강산 관광객의 신변안전보장의 내용을 보다 구체화하는 내용을 담은 것이 아니라, 남측 관광객이 금강산 관광 시 준수하여야 할 행동준칙을 행위별로 구체화하는 방법으로 약정이 이루어졌다. 위 합의서의 <부록1>에서는 관광객이 특정하게 열거된 물품들을 소지할 수 없도록 금지하였고, <부록2>에서는 자연환경보호를 위하여 행하지 말아야 할 금지행위들을 정하였다. <부록3>에서는 同 금지행위를 위반할 경우에는 일정한 금액의 환경보전비(상한이 미화 10달러 내지 50달러)를 물릴 수 있도록 하였다.[84]

---

82) 이 책에서는 2차례 발생한 서해교전을 1999년 5월에 발생한 제1차 연평해전(우리 국방부는 1차 교전을 '연평해전'이라고 명명한 바 있다)과 2002년 6월에 발생한 제2차 연평해전으로 구분한다.

83) 북한은 1999년 6월 20일 금강산 관광객 민 모(당시 38세, 여) 씨가 북측 환경감시원을 상대로 "남한이 북한보다 잘산다. 북한이 남한보다 못사는 것은 김일성, 김정일이 잘못했기 때문이다. 남한에 가면 알게 된다."는 등 북한 체제를 비판했다는 이유로 억류하여 억류 5일 만에 "북측 환경감시원에게 귀순공작을 했다."는 내용의 북측이 제시한 사죄문 초안을 베껴서 제출한 후 6월 25일 신병이 남한으로 인계되었다. 이 사건 이후 북한은 금강산 관광을 중단시켰다가, 같은 해 7월 30일 금강산 '관광세칙' 및 '신변안전보장관련 합의서'에 합의하면서 관광을 재개하였다.

84) 이 책의 〈부록8〉 참조.

2. 합의의 法的 性格

이와 같은 약정은 남측 관광객에게 일견 불리한 것으로 보이지만 오히려 이전에 비하여 신변안전이 보다 확실하게 보장되는 효과를 가져온 측면도 있다. 북측은 이러한 약정이 있기 전에도 소위 '관광세칙'을 일방적으로 만들어 남측 관광객들에게 적용한다고 주장한 바가 있었다.[85] 이에 대하여 현대를 비롯한 남측은 이는 미합의된 사항으로서 금강산 관광객들에게 적용될 수 없다고 거부하여 이 시행세칙의 시행은 미해결 상태로 남아 있다가, 위 관광객 억류 사태로 표면화되었던 것이다. 그런데 여기서 위반 시 내는 금액의 성격이 당초 북한 측이 주장하였던 '벌금'이 아닌 '환경보전금'으로 바뀌었는데, 이는 금강산 관광객 등 남측 인원이 북한 형사법체제의 적용을 받을 수 없다는 남측의 주장이 관철된 것이라고 평가될 수 있다. 또한 환경보전비의 상한도 미화 50달러 정도로 제한되어 애초 주장하였던 과다한 액수의 벌금보다 상당히 완화되어 남측이 받아들일 수 있는 정도는 되었다. 하여간 이와 같은 비교적 합리적인 약정내용이 관광객의 신변에 대한 북측의 돌발적인 개입을 방지하는 데 있어서도 상당한 효과를 거둘 수 있었을 것으로 평가되었다.

---

85) 금강산 관광이 최초로 실현되기 직전 북측당국은 관광객들에게 적용될 '관광세칙'을 일방적으로 만들어 현대 측에게 전달하였다. 이 관광세칙에서 북한은 담뱃불로 인한 실화 등 남측 인원의 각종 위반행위에 대하여 미화 수만 달러에 달하는 벌금을 부과할 수 있도록 규정하고, 북측의 관습과 법질서에 어긋나는 행위에 대하여 북한의 형사법에 따라 처벌한다는 취지의 조항을 두어 이를 금강산 관광객들에게 적용하는 것으로 하였다. 이에 대하여 남측은 同 관광세칙의 적용을 반대하였고 이 점에 대하여 양측의 합의가 이루어지지 못한 채 관광이 개시되었던 것이다.

3. 합의에 대한 평가

그러나 이러한 모든 합의에도 불구하고 금강산 관광사업에서 북한의 형사관할권은 배제되어 있지 않아 관광객의 신변에는 여전히 불안요인을 갖고 있는 실정이었다. 따라서 신변에 관한 분쟁이 실제로 발생할 경우에는 어떻게 처리할 것인가 하는 것이 다시 중요한 법적 문제로 등장하게 되었던 것이다.

금강산 관광객 억류사태 후인 1999년 7월 30일 체결된 합의는 신변안전문제가 제기되었을 경우에 양측 각 3~4명으로 구성되는 '금강산관광사업조정위원회'에서 협의 및 처리하기로 하였다. 즉 ① 당면하여 문제 되는 발언을 한 관광객은 즉시 관광중지 및 추방을 원칙으로 하며, ② 강력한 형사사건 등 엄중한 사건일 경우에는 위 조정위원회에서 협의, 처리하되, ③ 원만히 처리되지 아니할 때에는 위 조정위원회와 해당 기관이 협의하여 처리한다고 정하였다.

이 새로운 합의에 의하면, 금강산 관광객의 신변문제에 관하여 북한의 사법당국의 직접 개입하에 중요한 형사사건 및 엄중한 사건이라고 보는 사건의 경우에는, 관광중지와 추방의 정도에 그치지 아니하고 북한의 사법기관에 의한 그 이상의 사법처리가 가능하다는 사실을 남측 당국이 용인하였다는 것이다.

III. 금강산 관광객 피격사건과 신변안전의 취약점

1. 금강산 관광객 피격사건 발생

2008년 7월 11일 발생한 금강산 관광객 박왕자 씨 피격사건은 전 국민들에게 엄청난 충격을 가져다주었다. 그렇지 않아도 이명박 정부가 들어선 이후 개성공단 내 남측 당국자 추방 및 북한의 서해안 미사일 발사 등으로 남북관계가 극도로 경색되어 오던 차에 발생한 관광객 피살사건으로 인해 금강산 관광 자체가 완전히 중단되고 말았다. 이 사건은 남북관계의 추이에 따라 대북관광 사업이 얼마든지 불투명해질 수 있다는 현실과 돌발상황 발생으로 인한 북한의 정치적 이해득실에 의해 금강산 관광의 여러 가지 신변안전 조치와 합의서의 효력이 유명무실해질 수 있다는 사실을 극명하게 드러낸 사건이었다.

피격사건을 제3자의 입장에서 객관적으로 볼 때, 금강산 관광객이 관광구역을 벗어나 북한군 경계구역으로 진입했다고 하더라도 우리 정부 합동조사단이 발표(8월 12일)한 것처럼 피격시간(05:15경)은 일출이 4분 정도 지났기 때문에 북한군 경비병의 육안으로도 비무장 민간인임을 충분히 인식하였을 가능성이 크다.[86] 그럼에도 북한은 금강산지구 군부대 대변인 특별담화(8월 3일)를 통해 새벽의 시계상 제한으로 침입대상을 식별할 수 없는 조건에서 북한 경비병이 여러 번 제지하였음에도 불구하고 침입자가 달아나기 시작하여 부득이하게 총탄을 발사하였다고 밝혔다. 또한, 북측은 명승지종합개발지도국 대변인의 담화(7월 12일)를 통해 관광객이 관광구역을 벗어나 비법적으로 울타리 밖 군사통제 구역 안까지 들어온 데 그 원인이 있다면서 우리 측의 현장조사 요청을 거부하였다.

---

86) 통일부홈페이지(www.unikorea.go.kr/정책과제/금강산 관광/금강산 관광객피격사건).

2. 同 피격사건과 기존 합의서의 문제점

금강산 관광객 피격사건은 이전에 있었던 억류사건과는 달리 순수한 관광객이 북한 군인에 의해 총격을 받아 사망하였다는 점에서 금강산뿐만 아니라 향후 북한 지역에 체류하는 우리 국민의 신변안전이 북한의 정치적 입장변화에 따라 얼마든지 위협받을 수 있다는 사실을 잘 나타내고 있다. 더군다나, 단순한 남북합의서 위반이 아닌 북한의 자의적 판단에 의해 남측 인원의 생명과 신체가 중대한 위해를 입을 수 있다는 점에서 기존의 합의서의 성안과정과 내용의 부실함을 드러내고 있는 것이다.

애초에 민간 측인 현대아산과 북측 조선아세아태평양평화위원회 간에 체결된 금강산 관광 신변안전 보장장치가 정치적 성격을 띠고 있는 가운데 구체적 신변안전 방안이 결여되어 있었다는 점은 이미 비판이 제기되어 왔던 것이다. 또한 관광객 억류사건 이후 1999년 7월 30일 체결된 '금강산 관광객 신변안전에 관한 합의서'에도 관광객의 신변안전에 관한 문제는 금강산 관광사업조정위원회에서 처리한다고 규정되어 있었을 뿐, 실제로는 단 한 번도 구성된 적이 없다는 것은 관광객의 신변안전 보장장치가 사실상 유명무실하다는 것을 나타내고 있다.

이러한 상황에서 발생한 관광객 피격사건은 민영미 억류사건과 마찬가지로 남북관계의 변화에 따른 북한의 자의적 대남정책에 의해 남측 관광객의 신변안전에 관한 합의서도 그 규범력이 여지없이 무시될 수 있다는 사실을 잘 드러내고 있다.

3. 금강산 관광객 신변안전 대책방안 검토

위에서 언급한 것처럼 북한의 법규범은 철저히 정치적 입장에 종속되고 있으므로 남북한 간 체결된 신변안전 합의서를 무조건 신뢰할 수 없는 실정이다. 물론 장기적으로는 후술하는 것처럼 북한 정치체제의 민주화와 법치국가적 법제도 개정이 이루어지면, 남북한 간 체결된 합의서의 구속력을 쉽게 도출해 낼 수 있을 것이다. 그러나 그에 앞서, 우리 정부와 국민을 기존의 대남전략이라는 정치적 틀 속에서 굴종적으로만 다루려고 하는 북한 당국의 태도변화를 이끌어 내야 할 것이다. 다시 말해, 남북관계에 있어서도 합의와 토론을 거쳐 형성된 합의서를 비롯한 모든 규범과 약속을 준수하여야 한다는 북한의 입장변화가 선행되어야 한다는 것이다.

그러기 위해서는 우리 정부가 먼저 과거처럼 북한의 태도변화에 '一喜一悲'하는 굴종적인 태도와 同族이므로 '무조건 도와주어야 한다'는 式의 선한 사마리아 사람의 무비판적인 동정심에서 탈피해야 한다. 이러한 전제하에서 북한의 긍정적인 태도변화가 이루어질 때, 비로소 기존의 신변안전 합의서가 그 실효성을 발휘할 수 있을 것이다.

따라서 同 피격사건에 대한 북한의 철저한 진상규명과 신변안전 보장 대책의 수립과 아울러 유사사고 재발방지에 관한 북한 당국의 확실한 입장표명이 선행되어야 한다. 그 이후, 보다 확실한 신변안전 보장을 위해 남북 당국의 협의를 거쳐 준당국의 성격을 가진 금강산 관광지구 관리위원회를 설치하여 금강산 관광객에 대한 체계적인 신변안전대책을 마련하여야 할 것이다. 더불어 금강산 관광객 신변안전에 관한 보다 구체적인 합의서의 체결이 이루어져야

함은 물론이다. 남북한 간 체결된 기존의 신변안전 합의서의 문제
점과 그 해결방안은 후술하도록 하겠다.

제4장 개성공업지구의 신변안전 관련법규

개성공업지구에서의 형사사법에 관한 업무 또는 소송에 관한 업
무를 관장할 기관에 대한 규정이나 제도는 발견할 수 없다. 다만,
출입체류합의서 제12조 제1항은 "남과 북은 출입 및 체류와 관련
하여 발생하는 전반적인 문제를 협의·해결하기 위해 공동위원회
를 구성·운영하며 그 구성운영에 필요한 사항은 남과 북이 별도
로 합의하여 정한다."고 규정하고 있다. 이러한 공동위원회는 공업
지구 및 관광지구에서 남측 및 해외동포의 출입 및 체류와 관련한
사항을 협의·해결하기 위한 목적으로 구성되는 것이므로, 수사실
무 및 형사사법적인 문제에 정통한 인사들이 남측 대표로 참여할
필요가 있다. 또한 공업지구의 입주기업이 증가하고 남측 주재인원
이 많아짐에 따른 다종·다양한 형태의 사건, 사고가 빈발할 가능
성이 많으므로 출입체류공동위원회는 상설적인 조직이 되어야 할
것이다.[87]

다만, 관리기관의 사법기능 보유 문제는 「개성공업지구와 금강산
관광지구의 출입 및 체류에 관한 합의서」 제10조(신변안전보장)와
관련하여 해석상 많은 문제점이 제기된다. 同條 제2항의 '지구에
적용되는 법질서'의 해석상 북한 법령이 적용될 가능성이 농후하기

---

87) 법무법인 태평양, 앞의 책, 52면.

때문이다. 아울러 북한은 북측기관의 자의적 법적용에 의해, 공업지구의 치안질서를 유지해 나가려고 시도할 것이다. 따라서 개성공업지구법상 관리기관인 '개성공업지구 관리위원회'가 사법기능을 갖고 있다고는 할 수 없다.

I. 北韓 형사법 등 일반법의 적용 여부

개성공업지구법은, "개성공업지구는 공화국의 법에 따라 관리 운영하는 국제적인 공업, 무역, 상업, 금융, 관광지역이다."(제1조)라고 규정하고, "공업지구에서 경제활동은 이 법과 그 시행을 위한 규정에 따라서 하고, 법규로 정하지 아니한 사항은 중앙공업지구지도기관과 공업지구관리기관이 협의하여 처리한다."(제9조)고 규정함으로써, 원칙적으로 개성공업지구에는 북한의 주권과 법이 우선적으로 적용됨을 선언하면서도 경제활동과 관련하여서는 기존의 북한법이 아닌 공업지구법을 비롯한 새로운 법규가 적용되도록 하고 있다.[88]

또한, 금강산 관광지구법(2002년 11월 13일, 최고인민회의 상임위원회 정령 제3413호로 채택) 제1조도 "금강산 관광지구는 공화국의 법에 따라 관리, 운용하는 국제적인 관광지역이다."라고 규정함으로써 북한의 주권과 법률이 우선함을 명시하고 있다. 이에 반

---

88) 中國 深圳經濟特區의 경우에는 전국인민대표대회 상무위원회에서 심천시 인민대표대회 상무위원회에 입법권한을 부여하였던바, 이를 '지방인대 및 상무위원회 입법'(이하 '심천인대입법'이라고 함)이라고 지칭한다. 그런데 중국문헌에 의하면 이 '심천인대입법'은 중국헌법 및 일반법과 행정법규는 '기본원칙'으로 이해하고 준수하여야 하나, 법률과 행정법규의 모든 구체적인 조항을 준수할 필요는 없다. 단, 그 적용범위를 심천경제특구 내로 제한하고 있다(張建國·周成新, 深圳市社會科學 '八五' 規劃研究課題≪深圳經濟特區市場經濟立法的理論与實踐≫,群衆出版社,1999年, 33面).

하여, 「조선민주주의인민공화국 신의주특별행정구기본법(2002년 9월 12일, 상임위원회 정령 제3303호로 채택)」에 의하면, "신의주특별행정구는 조선민주주의 인민공화국의 주권이 미치는 특수행정단위로서 입법·행정·사법권을 부여한다."(제1, 2조)고 규정하였다. 한편, 「조선민주주의인민공화국 라선경제무역지대법(1993년 1월 31일, 최고인민회의 상설회의 결정 제28호로 채택)」은 국가가 특별히 세운 제도와 질서에 따라 경제무역활동을 하며(제2조), 대외경제무역 활동은 이 법과 지대관련법규에 따라 한다고 규정하고(제6조), 관리운영기관을 중앙무역지도기관 및 해당 중앙기관과 라선시인민위원회로 한정하고 있다(제8조). 위와 같은 점에 비추어 보면, 개성공업지구는 신의주특별행정구처럼 입법·사법의 권한은 없으나, 경제활동에 있어서는 북한의 일반법을 배제하고 관리위원회 및 남측에 위임하고 있어서 라선경제무역지대보다는 진전된 중간 형태의 법적 지위를 갖고 있다고 볼 수 있다. 다음은 공업지구법규에 규정된 남측 주재원들의 출입·체류와 관련한 거주자 신변안전 및 형사책임 문제에 대해 살펴보도록 하겠다.

II. 개성공업지구 출입·체류 및 신변안전문제

개성공업지구 등 대북사업이 성공하려면 무엇보다도 입주하는 기업들의 자유로운 경제활동이 보장되어야 할 것이다. 또한 그 보장의 주된 내용은 인원 및 물자의 자유로운 통행, 이동과 자유로운 우편교환 및 통신의 보장이 되어야 한다. 과거 금강산 관광사업과 관련, 1999년 발생한 남측 관광객 억류사건은 한동안 금강산 관광사업 전체에 중대한 지장을 초래하였으며 2008년 7월에 발생한 관광객 피살사건으로 결국 금강산 관광 자체가 중단되었다. 이러한 경험에 비추어 볼 때 향후 개성공단에서 유사한 사례가 발생할 경우, 남측 입주기업의 활동이 위축되거나 지장을 받게 됨은 물론 장래 개성공단에 입주하려는 기업들의 진출의사에도 부정적인 영향을 미쳐 공업지구의 전체적인 성공에 중대한 악영향을 미칠 것이 분명하다. 2009년 3월 30일에 발생한 개성공단 직원의 장기 억류사건은 개성공단에 거주하는 남측 주재원의 신변안전이 공단전체의 사활과 관련되어 있는 매우 절박한 문제임을 보여주었다. 이러한 문제점을 염두에 두고 아래에서는 개성공업지구의 출입·체류관련 규정을 살펴본 후 그 문제점을 적시하고자 한다. 또한 도출된 문제점을 토대로 남북한 당국의 합의를 거쳐, 보다 확고한 신변안전 대책을 세워 개성공단에 거주하는 남측 주재원의 신변불안을 해소함으로써 남측 입주기업의 자유로운 경제활동과 개성공업지구 전체의 질서유지와 안정을 도모할 수 있을 것이다.

1. 개성공업지구 출입규정 개관

(1) 남측 지역에서 공업지구로의 출입절차

「남북교류 협력에 관한 법률」에 의하면 남한 주민이 북한을 왕래할 때에는 통일부장관이 발급한 북한 방문증명서를 소지하여야 하고(제9조 제1항), 북한 방문증명서는 1회 방문 증명서와 수시방문증명서로 구분된다(제9조 제2항). 한편, 북한 방문증명서를 발급받고자 하는 남한 주민은 방문 10일 전까지 방문증명서 발급신청서를 제출하여야 하고(같은 법 시행령 제10조 제1항), 수시방문증명서를 발급받고자 하는 자는 방문 3일 전까지 수시북한방문신고서를 제출하여야 한다(同 시행령 제12조의3). 그러나 위의 규정은 일반적인 북한 방문의 경우를 그 적용대상으로 한 규정이고, 개성공업지구의 경우에는 대량의 인원이 수시로 출입한다는 점을 고려하여 출입절차가 간소화되어 있다.[89]

북한법인 개성공업지구법 제20조는 "지도기관과 해당 기관은 공업지구 개발에 지장이 없도록 인원[90]의 출입을 보장하여야 한다."고 규정하고 있다.[91] 여기서 해당 기관이란 공업지구에서의 인원의 출입 및 물자의 반출입에 관련된 업무를 관장하는 북측 기관으로서 공업지구출입사업기관, 관리기관 내의 출입부서, 공업지구세관 등을 지칭하는 것으로 해석된다. 공업지구 출입사업기관은 ⅰ) 출입통로의 지정 및 공포(개성공업지구 출입, 체류, 거주규정 제5조), 관리기관과의 협의하에 출입통로의 변경(同 규정 제6조) ⅱ) 공업지구 출입통로에서 출입심사(同 규정 제12조, 개성공업지구와 금강산 관광지구의 출입 및 체류에 관한 합의서 제6조) ⅲ) 체류기일 연장승인(同 규정 제14조) ⅳ) 체류등록증, 거주등록증의 발급(同 규정 제19조) ⅴ) 체류등록증, 거주등록증의 유효기간 연장(同 규정

---

89) 통일부고시인 「개성공업지구방문 및 협력사업승인절차에 대한 특례」에 의하면, 개성공업지구 방문을 주된 목적으로 하여 북한 방문증명서를 발급받고자 하는 남한 주민은 방문 5일 전까지 방문증명서발급신청서를 제출하여야 하고(고시 제3조 제1항), 수시방문증명서를 발급받은 경우에는 매 방문 시마다 통일부장관에게 출입계획을 제출하는 것으로 북한 방문신고를 갈음할 수 있다(고시 제3조 제2항).

90) '인원'이란 남측 지역에서 지구에 출입 및 체류하는 남측의 주민과 해외동포, 외국인을 의미한다(출입체류합의서 제1조 제1호).

91) 라진선봉무역지대법에는 별도의 출입·체류, 거주 조항은 없으나, 라진선봉무역지대 안에 있는 무역항에는 무역선과 선원들이 국적에 관계없이 항출입질서에 따라 자유롭게 드나들 수 있다고 규정한다(라진선봉경제무역지대법 제23조). 라선지역의 경우 "라선경제무역지대 외국인 출입 및 체류규정"이 있다.

제21조) vi) 거주지변경등록, 출생·사망·결혼 등록(同 규정 제22조, 제23조) vii) 공업지구 밖의 북한 지역으로 가려는 자에 대한 사증발급(同 규정 제25조) 등의 업무를 관장한다. 한편, 관리기관의 출입사업부서는, ⅰ) 출입증, 사업자증, 관광증과 자동차통행증의 발급(同 규정 제8조) ⅱ) 공업지구출입사업기관에 출입관련 증명서의 발급정형 통보(同 규정 제9조) 등의 업무를 담당한다. 출입·체류·거주와 관련, 출입체류 규정에서 정하지 아니한 사항은 관리기관과 공업지구출입사업기관이 상호 협의하여 처리한다(同 규정 제30조).

(2) 공업지구에서 북한의 다른 지역에로의 출입절차

개성공업지구법 제28조는 "공화국의 다른 지역에서 공업지구로 출입하는 질서, 공업지구에서 공화국의 다른 지역으로 출입하는 질서는 따로 정한다."고 규정한다. 출입체류합의서 제11조도 "인원과 통행차량 등이 공업지구에서 공업지구 밖의 북측 지역을 출입하거나 공업지구 밖의 북측 지역에서 공업지구에 출입하는 경우에는 북측이 별도로 정한 절차에 따라야 한다."고 규정하고 있다. 또한, 출입체류규정 제25조는 "공업지구에서 공업지구 밖의 공화국 영역으로 가려는 자는 사증을 발급받아야 하며, 사증의 발급신청은 관리기관을 통하여 공업지구출입사업기관에 하여야 한다."고 규정한다. 현재 남북 간의 인적 왕래는 거의 대부분 중국 북경과 심양에서 항공편으로 평양에 들어가는 방식이고, 화물은 부산 – 원산, 인천 – 남포 등 해운을 이용하는 관계로 많은 시간과 비용 등 물류비용이 소요된다. 이 문제는 결국 육로를 통한 물류가 이루어져야 하고, 육로 물류를 위한 전제조건으로는 북측 도로와 철도의 정비 및 군사적·정책적인 고려가 필요하다.[92] 그러나 이러한 물류문제를 근본적으로 해결하기 위해서는 향후 경의선 도로 및 철도를 통해 개성공업지구뿐만 아니라 북한 전역으로 인적·물적 왕래가 가능하도록 하기 위한 철도·도로 등 인프라 구축과 출입관리시스템의 체계적 정비가 필요할 것이다.

하지만 위 규정들에서 공업지구 밖으로 출입하는 경우에는 별도의 사증을 발급받아야 하나, 공업지구 밖의 북측 지역에서 공업지구에 출입하는 경우는 어떤 절차를 밟아야 하는지에 대한 명확한 규정이 존재하지 아니하고, '북측이 별도로 정한 절차'에 의한다고만 되어 있다.

2. 체류 및 거주규정 개관

(1) 체류기간 및 체류등록

공업지구에 도착한 자는 48시간 안으로 공업지구 출입사업기관에 체류등록을 하고 해당 증명서에 체류등록 확인을 받아야 한다(개성공업지구 출입, 체류, 거주규정 제15조). 그러나 ⅰ) 공업지구에 도착한 날로부터 7일 안으로 돌아가는 자 ⅱ) 남측에 주재하는 국제기구, 다른 나라 대표기관의 성원 ⅲ) 관광객 ⅵ) 체류등록을 하지 아니하기로 합의한 인원은 체류등록을 하지 않아도 된다(同규정 제16조).

공업지구 체류 중 단기체류는 공업지구에 도착한 날로부터 90일,

---

92) 2007년 10월 4일 故노무현 대통령과 김정일 국방위원장 간 「10.4 남북정상선언」 제5항에 명기된 "문산－봉동 간 철도화물수송". 11월 29일 개최된 「제2차 남북국방장관회담합의서」 제5조 제3항. 12월 13일 군사실무회담에서 합의한 「동·서해지구 남북관리구역 통행·통신·통관의 군사적 보장을 위한 합의서」제1조 제7항에 규정된 바와 같이, 2007년 12월 11일 운행이 중단된 지 56년 만에 경의선 화물철도가 연결되어 개성공단에서 생산된 제품을 싣고 개성시 판문역을 출발, 남측 도라산역에 도착하였다.

장기체류는 90일 이상으로 하고(同 규정 제13조),[93] 체류기일을 연장하고자 하는 경우 체류기일이 끝나기 3일 전에 공업지구출입사업기관에 신청하여 체류기일 연장 승인을 받아야 한다(同 규정 제14조).

(2) 거주등록

공업지구에 1년 이상 체류하고자 하는 자는 공업지구출입사업기관에 거주등록을 하여야 한다(출입체류규정 제17조). 또한 공업지구에 거주한 자는 필요에 따라 거주지를 옮길 수 있고, 그 경우 거주지를 옮긴 날로부터 14일 안에 공업지구 출입사업기관에 거주지변경등록을 하여야 한다(同 규정 제22조). 공업지구에서 출생, 사망, 결혼 같은 사유가 생겼을 경우 당사자는 해당 사유가 생긴 날로부터 14일 안에 공업지구출입사업기관에 등록신청서와 등록사유를 증명하는 문건을 내고 해당한 등록을 하여야 한다(同 규정 제23조).[94]

(3) 체류등록증과 거주등록증

장기간 체류·거주하려는 자는 체류등록을 한 날로부터 30일 안으로 공업지구출입사업기관에 체류등록증, 거주등록증의 발급신청서를 내야 하고, 공업지구출입사업기관은 체류등록증, 거주등록증을 해당 신청 문건을 접수한 날로부터 7일 안으로 발급하여야 한다(출입체류규정 제18조, 제19조). 그런데 체류등록규정에 의하면 장기체류 또는 거주하려는 자는 먼저 관리기관으로부터 출입증을 받아 공업지구에 들어온 다음 도착시간으로부터 48시간 이내에 체

---

93) 출입체류합의서 제7조 제6항에서도 "공업지구에 90일을 초과하여 체류하거나 1년 이상 거주하려는 경우 제정된 질서에 따라 장기체류등록 또는 거주등록을 하여야 한다."고 규정되어 있다.

94) 공업지구법의 취지가 관리기관을 중심으로 공업지구 내의 제반행정업무가 수행되도록 하는 것이라면, 관리기관이 거주등록 및 출생·사망·결혼 같은 사유의 등록업무를 관장하는 방향으로 출입체류규정의 개정이 필요하다(법무법인 태평양, 앞의 책, 115면 註 83번).

류등록을 하고 해당 증명서에 체류등록 확인을 하여야 하며, 체류등록을 한 날로부터 30일 안으로 체류등록증, 거주등록증의 발급신청을 내야 한다.[95]

체류등록증의 유효기간은 1년, 거주등록증의 유효기간은 3년으로 하며, 체류등록증 또는 거주등록증의 유효기간을 연장받으려는 자는 유효기간이 끝나기 7일 전에 관리기관의 확인을 받은 유효기간 연장신청서를 공업지구출입사업기관에 내야 하며 공업지구출입사업기관은 신청서를 접수한 날로부터 3일 안으로 유효기간을 연장하여 주어야 한다(同 규정 제20조 및 제21조). 아울러 공업지구에서 체류·거주하는 자는 신분을 확인할 수 있는 증명서를 늘 가지고 있어야 한다(同 규정 제27조).

Ⅲ. 출입 · 체류 · 거주 규정의 문제점

1. 규정 체계상 문제점

개성공단이 매력적인 투자지역으로서의 역할을 다하기 위해서는 무엇보다도 공단에서의 자유로운 경제활동이 보장되어야 함은 물론이다. 이를 위한 기본적인 전제가 개성공단을 출입하는 인원 및 물자의 자유로운 왕래와 통행이다. 이와 관련한 주요법규는 '개성공업지구 출입 · 체류 · 거주 규정'(이하에서는 '출입체류거주규정'

---

95) 즉 출입증→체류등록→장기체류등록/거주등록이라는 세 단계를 거치도록 되어 있다. 만일 체류등록을 한 다음 장기체류 또는 거주의 필요가 발생한 경우는 위와 같은 단계가 필요할 것이지만, 처음부터 장기체류 또는 거주의사가 있는 경우에는 출입증→장기체류등록/거주등록 절차의 두 단계로 진행하거나 출입증 발급 단계에 장기체류/거주등록 신청을 일괄 처리하는 방안을 강구하는 것이 편리할 것이다.

이라고 함)과 '개성공업지구와 금강산 관광지구의 출입 및 체류에 관한 합의서'(이하에서는 '출입체류합의서'라고 함)이다. 여기서 특히 문제 되는 것은 각 입주기업과 관리위원회 남측 직원, 개발업자 구성원 등으로 구성되는 남측 주재원의 개성공업지구에로의 자유로운 출입의 보장 여부와 신변안전보장에 관한 것이다.

한편, 개성공업지구법 제28조는 "남측 지역에서 공업지구로 출입하는 남측 및 해외동포, 외국인과 수송수단은 공업지구관리기관이 발급한 출입증명서를 가지고 지정된 통로로 사증 없이 출입할 수 있다."고 규정하고 있고, 출입체류규정 제10조는 "인원은 공업지구 관리기관이 발급한 해당 증명서를 가지고 공업지구에 출입할 수 있다."고 규정하면서 동시에 "장기체류자, 거주자는 체류등록증, 거주등록증을 가지고 출입할 수 있다."고 한다. 그런데 출입·체류·거주 증명서와 관련하여 모법인 개성공업지구법은 개성공업지구에 '출입증'을 가지고 출입하도록 규정하고 있음에도 불구하고, 그 하위 규정인 '출입체류거주규정'에서 장기체류자와 거주자의 경우에는 '체류 및 거주등록증'을 가지고 출입할 수 있다고 규정하고 있어, 이러한 규정이 모법에 위반하는 것이 아닌지 여부가 문제 된다.

이에 대해서는 '출입체류합의서'는 원활한 개성·금강산지구 출입 및 체류의 보장을 기본취지로 하고(同 합의서 서문), 남한 인원은 체류 또는 거주를 확인하는 해당 증명서의 유효기간 내에 여러 번 출입할 수 있다고 규정(합의서 제4조 제2항)하고 있는 점, 개성공업지구법에는 '출입증' 제도만 규정하고 있을 뿐이고 '체류 및 거주등록증'에 대해서는 규정하고 있지 않은 점 등을 고려하면, 개성공업지구법 제28조는 반드시 '출입증'이 있어야만 출입이 가능하다는 취지를 규정한 것이라고 해석하기보다는 원활한 출입·체류를 위하여 '사증' 없이도 '출입증'만으로 출입할 수 있음을 강조한 규정이라고 해석함이 타당하다는 견해[96]가 있다.

또한, 출입체류합의서 제14조는 "인원과 통행차량 등의 출입 및 체류와 관련한 문제는 이 합의서가 우선적으로 적용된다."고 규정 하면서 제13조는 "이 합의서의 해석 및 적용과 관련하여 발생하는 문제는 남북경제협력추진위원회(이하 '경추위'라고 한다) 또는 그가 위임하는 기관에서 협의하여 처리한다."고 규정하고 있다. 그런데 개성공업지구에 근무하는 남측 주재원들의 출입·체류 등 신변안 전에 관한 문제를 경협을 논의하는 '경추위'에서 협의하여 처리함 은 모순이라고 볼 수 있다. 그러므로 이러한 문제는 '위임하는 기 관'을 개성공업지구 관리위원회라고 해석하거나,[97] 출입체류합의서 제12조 제2항에 따라, '남북 출입체류 공동위원회'를 구성하여 처 리하여야 할 것이다.

2. 북측의 恣意에 의한 출입의 제한

출입체류합의서 제4조 1항에 의하면, "인원은 남측의 권한 있는 당국이 발급한 해당 증명서와 지구관리기관이 발급한 해당 증명서 를 소지하고 통행차량 등을 이용하여 출입하며, 북측은 해당 증명 서를 소지한 인원에 대하여 특별한 이유가 없는 한 출입을 보장한 다."고 규정하고 있다. 동 합의서 제4조 제1항의 '남측의 권한 있는

---

96) 장기석, "개성공단 출입·체류관련 법제정비 방안", 개성공단 법제 인프라 구축방안(2006 북한법 및 남북관계법 학술회의 발표논문집), 2006.12., 149면.

97) 개성공업지구 제9조는 "법규로 정하지 않은 사항은 중앙공업지구지도기관과 공업지구 관리 기관이 협의하여 처리한다."고 규정하고 있고, 출입체류규정 제30조는 "출입, 체류, 거주와 관련하여 이 규정에서 정하지 않은 사항은 공업지구 출입사업기관과 공업지구 관리기관이 협 의하여 처리한다."고 각각 규정되어 있으므로, 이 경우의 '위임하는 기관'은 공업지구 관리기 관인「개성공업지구 관리위원회」라고 함이 타당할 것이다.

당국이 발급한 해당 증명서'란 통일부장관이 발급한 북한 방문증명서이며(남북교류 협력에 관한 법률 제9조 제1항), 지구관리기관이 발급한 해당 증명서란 출입증을 말한다(출입체류거주규정 제8조). 이와 같은 규정을 두고 있는 것은 공업지구 밖의 지역에 출입할 때에는 별도로 간편한 절차를 도모하기 위함이다. 여기서 관리기관은 남한의 개발업자에 의하여 설립되기 때문에 출입증 발급에 큰 문제가 없을 것으로 보인다.[98] 그러나 위에서 본 바와 같이 북측 기관인 공업지구출입사업기관이 '특별한 이유'가 있는 경우에는 출입을 통제할 수 있기 때문에, 출입증을 가지고 있다고 할지라도 자유로운 출입이 제한될 수 있다.[99] 그러므로 이러한 가능성을 사전에 방지하기 위해 출입체류거주규정 제7조가 출입·체류·거주할 수 없는 자로 열거하고 있는 6가지 이외에는 출입을 제한할 수 없는 것으로 해석해야 할 것이다.[100] 또한 북측의 자의적인 출입제한 조치를 방지하기 위해 '특별한 이유'가 무엇인지에 대한 명문규정을 두어야 할 것이다. 더욱더 바람직한 것은 북한 당국에 의한 자의적인 출입제한 가능성을 배제하기 위해 북한 당국이 발급하는 출입

---

98) 개성공단에 출입할 수 있는 방법은 크게 나누어 두 가지가 있다. 우선 출입체류거주규정에 따라 출입증을 발급받고 올 수가 있는데, 이 경우에는 수시로 출입해야 하는 관리위 임직원, 개발업자, 입주기업 관계자 등 개성공단 사업에 직·간접적으로 관련이 있는 경우에 국한된다. 두 번째는 투자자 등 개성공단 내 일회성 행사를 위해 방문할 경우에는 따로 북한 당국에서 발급하는 초청장을 받아야 한다.

99) 실제로 2008년 4월 현재, 동 규정에 따라 공단개발 초기부터 통계상 30건의 출입제한 사례가 있었다. 구체적 사례를 보면, 남측 주재원의 음주운전, 폭행, 출경시간 미준수, 도자기 밀반입, 이산가족 서신전달, 지도자 및 체제비판 발언, 북측 근로자 비하발언, 이성 관계 등 다양한 사유로—사실상 북측의 자의적 판단에 의한—출입제한조치가 이루어졌다.

100) 그러나 북측에서 2008년 1월 제시한 '출입체류규정 시행세칙' 제6조(출입, 체류, 거주할 수 없는 자) 6항은 "공업지구 출입사업부가 출입, 체류, 거주금지 대상이라고 통보한 자"라고 규정, 북측의 자의에 의한 출입금지 조치가 가능하도록 되어 있다. 한편, 이 규정은 시행세칙에 대한 상위규정인 「출입체류규정」 제7조(출입, 체류, 거주할 수 없는 자) 6항은 "출입, 체류, 거주를 금지시키기로 합의한 자"로 되어 있어, 상위규정과 모순된다는 법리적 결함을 가지고 있다.

증 없이 남한 당국이 발행한 북한 방문증명서만으로도 자유로운 출입이 보장되어야 할 것이다. 왜냐 하면, 북한의 자의적 판단에 의한 출입증 발급지연이나 거부 등으로 생활터전이라고 할 수 있는 개성공단을 출입하는 문제 자체가 부담이 되어서는 안 될 것이기 때문이다.[101]

3. 체류 및 거주등록 절차의 번잡성

한편, 공업지구에 도착한 자는 48시간 안으로 공업지구 출입사업기관에 체류등록을 하고 해당 증명서에 체류등록 확인을 받아야 한다(출입체류거주규정 제15조). 그런데 공업지구에서 장기간 체류·거주하려는 자[102]는 체류등록을 한 날로부터 30일 안으로 공업지구출입사업기관에 체류등록증, 거주등록증의 발급신청서를 내야 하고, 공업지구출입사업기관은 체류등록증, 거주등록증을 해당 신청 문건을 접수한 날로부터 7일 안으로 발급하여야 한다(同 규정 제18조, 제19조). 즉 체류·거주등록은 출입증을 발급받고 개성공단에 들어온 후 체류등록을 마친 다음, 90일 이상의 장기 체류 및 거주가 필요하면 다시 장기체류 및 거주등록이라는 세 단계를 거치도록 되어 있다. 만일 체류등록을 한 다음 장기체류 또는 거주의 필요가 발생한 경우는 위와 같은 단계가 필요할 것이지만, 처음부터 장기체류 또는 거주의사가 있는 경우에는 출입증을 발급받아

---

101) 북한은 이미 나진선봉경제무역지대에서 사증 없이 출입할 수 있는 규정을 두고 있다(나진선봉경제무역지대 외국인출입 및 체류규정 제7조). 개성공단은 물류적인 측면에서도 남측의 수도권과 지리적인 근접성 속에서 운영되어야 한다는 측면을 고려한다면 개성공업지구의 통행·통관은 훨씬 더 자유로워져야 할 것이다.

102) 단기체류는 공업지구에 도착한 날로부터 90일 이내, 장기체류는 90일 이상으로 한다(출입체류거주규정 제13조).

개성공단에 들어온 후, 곧 바로 장기체류 및 거주등록 절차의 두 단계로 진행하거나 출입증 발급 단계에서 장기체류 및 거주등록 신청을 일괄 처리하는 방안을 강구해야 할 것이다.

4. 『개성공업지구 출입체류규정』 시행세칙 문제

북한의 법률체계는 헌법과 법률에 이어, 우리의 대통령령에 해당하는 규정이 있으며 그 '규정'을 세부적으로 집행하기 위한 우리의 부령에 해당하는 '시행세칙'이 있다. 현재 개성공업지구에는 주로 경제질서를 규율하는 일반법이라고 할 수 있는 '개성공업지구법'과 16개의 하위 규정[103]이 시행되고 있다. 각 규정의 '시행세칙'은 2008년 7월 31일 「중앙특구개발지도총국 지시 제4호」로 '자동차관리규정시행세칙'이 확정되었으며, 나머지 출입체류규정 시행세칙 등이 북측과 협의 중에 있다.

2006년 11월 29일 북측은 개성공업지구 지도기관인 '중앙특구개발지도총국'의 지시[104] 제1호로 승인된 '개성공업지구 출입, 체류, 거주규정' 시행세칙을 2007년 3월 12일부터 일방적으로 시행하겠다는 통지문을 개성공업지구 관리위원회에 전달하였다. 그러나 同 시행세칙에 의하면 출입증 발급권한 및 출입 횟수, 북측의 일방적인 통보에 의한 출입금지, 체류등록 수수료, 현행범의 체포·구속

---

103) 2009년 6월 현재, 개성공업지구 개발규정, 기업창설·운영규정, 세금규정, 로동규정, 개성공업지구관리기관설립운영규정, 출입·체류·거주규정, 세관규정, 외화관리규정, 광고규정, 부동산규정, 보험규정, 회계규정, 기업재정규정, 회계검증규정, 자동차관리규정, 환경보호규정 등 16개 규정이 시행되고 있다.

104) 개성공업지구법 제22조 3항에 의해 시행세칙 제정권은 북측에 있으나 앞서 언급한 바와 같이, 개성공업지구 내 출입·체류에 관한 문제는 출입체류합의서가 우선적으로 적용되므로(출입체류합의서 제14조), 同 합의서에 없는 조항은 '경추위' 및 '경추위'의 위임기관이라고 할 수 있는 '개성공업지구 관리위원회'와 협의해야 한다는 것이다.

후 조사가능 조항 등이 문제 되었다.

따라서 2007년 2월 15일 우리 측 수정안을 관리위를 통해 북측에 전달하였으며, 이후 개성공업지구 관리위원회와 북측 간 수차례 실무협의를 개최하였다. 2007년 3월 15일에는 '경추위' 위원급 접촉 시 우리 측 입장을 전달하였으나 북측은 기존입장의 변화 없이 추가적인 협의를 회피하다가, 2008년 1월 7일 다소 수정된 '개성공업지구 출입체류규정 시행세칙'을 관리위에 전달하면서 2월 8일부터 시행하겠다고 통보하였다.

그러나 새로 통보된 '시행세칙'도 2007년 남북정상회담과 연이어 이어진 남북총리회담 및 남북장성급군사회담의 합의서 정신에 의해, 기존의 '낮시간대 출입 및 일요일과 북측 명절일 출입금지' 조항을 "공업지구의 출입은 정해진 날자와 시간에 한다."로 개정하고, 부칙 5조의 "공업지구에서 국제테러범, 현행범은 즉시 체포하거나 구속하여 조사한다."를 "공업지구에서 국제테러범, 현행범은 즉시 단속하여 조사한다."로 일부 개정한 정도에 불과하였다. 새로 통보된 시행세칙의 문제점은 다음과 같다.

첫째, 북측은 同 시행세칙 제6조(출입, 체류, 거주할 수 없는 자)의 범위에 '공업지구 출입사업부가 출입, 체류, 금지대상이라고 통보한 자'라고 규정하여, 사실상 북측의 자의적 판단에 의해 남측 주재원의 출입제한이 가능하도록 하였다. 그러나 이 조항은 출입체류합의서뿐만 아니라, 출입체류규정[105] 등 상위규정에 어긋나므로 삭제하거나 상위규정에 맞게 수정해야 할 것이다.

둘째, 시행세칙 제8조(출입관련증명서의 유효기간)에서 "공업지

---

105) 출입체류합의서 제8조 제5항 및 출입·체류·거주규정 제7조(출입, 체류, 거주할 수 없는 자) 제6호는 '출입, 체류, 거주를 금지시키기로 합의한 자'로 규정하고 있으므로, 시행세칙도 동일하게 규정할 필요가 있다.

구에 출입하는 인원에게 발급하는 출입증, 관광증의 유효기간은 7일간이다. 출입증, 관광증은 1회 출입에만 리용할 수 있다."고 하여, 실제 체류자가 아니라고 하더라도 빈번히 개성공단을 오갈 수밖에 없는 기업주 등에게 사실상 체류등록을 유도하고 있다.[106] 이에 대해, 남측은 출입증을 단·복수로 구분하여 복수출입증은 90일의 유효기간 내에 횟수 제한 없이 출입해야 한다고 주장하고 있다.

셋째, 시행세칙 제24조(수수료)는 "체류, 거주관련증명서, 신분등록관련증명서의 발급과 재발급, 유효기간을 연장받으려는 자는 수수료를 내야 한다. 수수료는 부록 11에 따른다."고 규정하고 있다. 관련부록에 따르면, 단기체류(90일 이내)는 35달러, 장기체류(1년 이내)는 100달러, 거주(3년 이내)는 300달러의 수수료를 요구하여 국제기준에 비하여 과도하게 높게 책정하고 있다.[107]

넷째, 시행세칙 제12조의 '인원의 신분과 출입승인을 증명할 수 있는 문건' 종류에 기존의 출입증, 관광증, 장기체류등록증, 거주등록증 외에 "공업지구 출입사업부가 발급한 단기체류등록증"(同條 제3항)을 신설하면서 체류·거주등록증을 주된 출입증명서로 활용

---

106) 개성공업지구를 방문하기 위해서는 방문일 2주 전에, 출입/체류증 발급신청(개성공업지구 관리위원회)→방문증명서 발급신청 및 방북교육(통일부 개성공단사업지원단)→출입계획수립(통일부, 관리위원회)→개성공단 입·출경 순으로 이루어진다. 이때, 출입계획수립 단계에서 민원인은 통일부 '통통시스템(교류협력시스템)'에 출입 2일 전 09:00까지 출입계획을 작성 및 제출하여야 하며, 동시에 개성공업지구 지원재단에도 출입 3일 전 14:00까지 출입계획을 제출하여야 한다. 또한 개성공업지구 관리위원회는 북측 출입국사업부에 출입경 48시간 전까지 출입계획을 제출하여 승인을 받아야 하는 등 매우 번거로운 절차를 거친다.

107) 중국은 제증명서 발급 및 등록 수수료가 북측제시 금액에 비해 현저하게 저렴하다. 또한 중국은 체류등록만 하면 중국 전역을 왕래할 수 있는 데 비해, 북한은 개성공업지구에만 한정하고 있다. 우리 측은 수수료 부분에 대한 북측의 요구를 수용, 2008년 4월 1일부터 '개성공업지구 출입, 체류, 거주규정'에 의한 위 수수료가 남측 주재원에게 부과되고 있다(90일 이상의 장기체류의 경우에 100달러의 수수료를 받고 있다). 그러나 이러한 조치가 북측의 '개성공업지구 출입체류거주규정'의 시행세칙의 이행합의를 뜻하는 것은 아니다.

하자고 주장하고 있다. 그런데 북측이 제시한 체류등록증은 16면으로 구성된 수첩형태로 되어 있어 출입 시 북측 통행검사소에서 일일이 확인·날인하여야 하며, 남측 주재원은 개성공단에 출입할 때마다 통일부와 관리위에서 발급하는 출입증(또는 방북증명서)과 북측이 발급하는 장·단기 체류등록증을 이중으로 소지하고 다녀야 하는 불편이 있다.[108] 더구나 이 부분은 상위규정인 '출입체류규정' 제18조에는 장기체류·거주자만 등록증을 발급받도록 되어 있으므로 규정에도 없는 단기체류등록증(1주일 이상 90일 이내)을 발급받을 것이 아니라, 90일짜리 수시출입증을 발급받아 개성공단을 출입할 수 있도록 해야 할 것이다.

다섯째, 시행세칙 제6조(출입, 체류, 거주할 수 없는 자) 제4항의 '위조하였거나 심히 오손되어 확인할 수 없게 된 증명서를 가진 자'는 북측 출입담당자의 자의적 적용과 휴대의무 부과로 인한 과도한 통제가능성이 있으므로 보다 상세하게 규정할 필요가 있다. 또한 同 시행세칙 부칙 제5조(현행법의 처리와 제재에 대한 통지)에서 "법질서를 위반한 자의 단속 및 처리에 대한 통보는 공업지구 출입사업부가 한다."는 조항은 해석에 따라서는 북측의 '법질서 위반행위'에 대한 자의적 판단에 의해 남측 주재원에 대한 일방적인 조사 및 처리가 가능하다. 그러므로 이 조항은 '법질서 위반행위자'에 대한 해석, 조사, 처리를 출입체류합의서 제12조 제2항에 의해, (가칭)'출입체류에 관한 남북공동위원회'를 구성하여 상호 합의하에 통보해 주거나 공동조사가 가능하도록 규정할 필요가 있다.

---

108) 뿐만 아니라, 북측의 이러한 조치는 향후 남한에서 개성공단에 도입할 예정인 「RFID(Radio Frequency Identification)기반 출입관리시스템」과도 역행하는 것이라고 볼 수 있다(2007년 5월경 북측은 남측의 同 시스템 도입 및 운영제안을 거부하고, 출입체류규정 시행세칙 발효 시 同 시스템을 도입하기로 합의하였다).

여섯째, 시행세칙 부칙 제2조(벌금액)에서 제4항 '공화국의 비밀을 수집, 제공하였을 경우'를 보다 상세하게 규정할 필요가 있으며, 제8항 '승인되지 않은 장소에서 사진촬영 또는 그림그리기를 하였을 경우'에 500달러까지 벌금을 부과하는 것은 지나치게 과도하므로 50달러 정도까지 감액할 필요가 있으며, 제11조에서 "해당 증명서를 제때에 바치지 않았을 경우 100 - 500달러까지 부과할 수 있는 부분도 20달러 정도로 감액해야 한다. 그 밖에 시행세칙 제3조(벌금부과 당사자)에 규정된 '벌금을 당사자에게 물릴 수 없을 경우에는 그 소속단위 또는 초청단위에도 물릴 수 있다'는 조항도 남한의 법감정에 맞지 않으므로 삭제되어야 할 것이다.

5. 기타 출입 및 통행의 문제점

원래 개성공단 사업은 북한의 김정일이 악화일로를 치닫고 있는 국내·외 정치 및 경제적 상황을 타개하기 위해 군부의 강력한 반대를 무릅쓰고 중요한 군사적 거점인 개성의 군부대를 후방으로 물리고 시작한 매우 중요한 결단이었다. 개성공업지구 1단계 기반공사가 완료된 이 시점에도 1단계 100만 평 외곽지역에는 경계펜스가 설치되어 있으며, 북한 군부대가 CCTV까지 설치해 놓고 철저히 경비하고 있는 실정이다. 특히, 남측 인원은 경기도 파주시 장단면 소재 도라산지역에 위치한 경의선 남북출입사무소에서 출발하여 출입통로인 비무장지대(DMZ)에 개설된 도로[109]를 차량을 이용하여 개성공단으로 출입하고 있다. 휴전선 북방한계선을 조금 지나면 북

---

109) 개성공단으로의 남측 인원의 출입을 위해 군사분계선(Military Demarcation Line) 남북으로 약 5km 구간에 걸쳐 비무장지대의 지뢰를 걷어 내고 도로를 개설하였다.

측 통행검사소에 도착하게 되는데, 여기에서 북측 통행검사원 및 세관원에 의해 소지품 검사를 비롯한 통관절차를 밟게 된다. 그런데 양측군부의 합의에 의해 남측 통행 차량은 항상 차량 앞에 황색 깃발을 부착하고 번호판을 가린 다음 남방한계선에서 군사분계선까지는 남한 군의 선도차량에 의한 인도를 받으며, 다시 군사분계선에서 북방한계선까지는 북한군 선도차량의 인도를 받으면서 통행하도록 되어 있다. 이러한 규칙을 어기면, 여지없이 북측 군부에 의해 제지당해 장시간 억류되는 등 출입을 제한받고 있는 실정이다.

그런데 이러한 통행방식의 규제는 출입체류합의서 및 출입체류거주규정 등 개성공업지구법규에는 존재하지 않으며 단지, 남·북군의 합의에 근거한 것이어서 과도하게 남측 인원의 자유로운 통행을 규제하는 것이 아닌가 하는 여론이 야기되고 있다. 현재 그러한 불합리한 규제사항을 없애기 위해 수차례 실무적인 대북협의가 이루어지고 있으나, 양측의 견해 차이가 커서 해결되지 않고 있는 실정이다. 또한 앞서 본 바와 같이, 개성공단에 출입하기 위해서는 관리기관 출입부서에서 3일 전에 북측 기관인 공업지구출입사업기관에 출입계획을 사전 통보하여 정해진 시간 및 인원만 출입이 가능하다. 그런데 불가피한 사유가 있어 출입인원 및 시간을 변경하려면, 역시 3일 전에 미리 인원 및 시간을 통보해야 하므로 긴급한 경우의 출입이 사실상 불가한 실정이다.

2007년 10월 4일 열린 「2007 남북정상회담」에서 합의된 '10.4 남북정상선언' 제5항에서 남북경제 공동번영을 위해 개성공업지구의 이른바 3통(통행·통신·통관) 문제를 비롯한 제반 제도적 보장을 완비해 나가기로 하였으며, 이어진 남북총리회담과 장성급군사회담, 개성공단협력분과위원회에서도 출입시간 확대(매일 7시부터

22시까지 상시적 출입) 및 인원과 차량의 군사분계선 통과 날짜의 24시간 전 통보와 휴일통행 보장 등에 합의하였으므로 남북한 상호 합의하에 출입체류규정 시행세칙이 원만히 타결되어, 개성공단에 상시적으로 출입·체류하는 남측 주재원들의 신변안전이 공고화됨과 아울러 개성공단 입주기업의 생산성 확대 등을 통해 개성공단의 발전이 지속되기를 기대한다.

Ⅳ. 남측 주재원 신변안전 보장규정

1. 개성공업지구법의 신변안전 보장규정

공업지구법 제8조는 "공업지구에 출입하거나 거주하는 남측 및 해외동포 등의 신변안전에 관하여 법[110]에 근거하지 않고는 남측 및 해외동포, 외국인을 구속, 체포하거나 몸, 살림집을 수색하지 않는다. 신변안전 및 형사사건과 관련하여 북남 사이의 합의 또는 공화국과 다른 나라 사이에 맺은 조약이 있을 경우에는 이에 따른다."고 규정하고 제29조는 "공업지구에서 남측 및 해외동포, 외국인은 문화, 보건, 체육, 교육 분야의 생활상 편의를 보장받으며 우편, 전화, 팩스 같은 통신수단을 자유롭게 이용할 수 있다."라고 규정하고 있다. 출입체류규정 제28조도 "공업지구에 체류, 거주하는 자는 인신과 주택의 불가침권, 서신의 비밀을 보장받는다. 법에 근

---

[110] 북한 최고인민회의 상임위원회에서 의결한 공업지구 정령 제4조 및 공업지구법 제1조는 공업지구에 북한의 주권과 법체계가 전면적으로 적용되는 것으로 규정하고 있다. 따라서 여기서 '법'이라 함은 북한법을 의미한다고 보아야 할 것이다. 다만, 이 점에 대하여는 입법론의 관점에서 북한의 일반형법 및 형사소송법이 아니라 특구에만 적용되는 특별형사규정을 제정할 필요가 있다는 견해가 있다(법무법인 태평양, 앞의 책, 117면).

거하지 않고서는 체류자, 거주자를 구속, 체포할 수 없으며 몸이나 살림집을 수색할 수 없다."라고 규정하고 있다.

2. 출입체류합의서의 신변안전 보장규정

출입체류합의서는 공업지구법 제8조에서 규정하고 있는 '신변안전 및 형사사건과 관련한 북남 사이의 합의'에 해당되며 남측 주재원의 신변안전 문제에는 同 합의서가 우선적으로 적용된다. 同 합의서 제10조는 공업지구법의 원칙규정을 보완하여 공업지구에 출입하거나 체류, 거주하는 남측 및 해외동포 등의 신변안전을 위한 사항을 아래와 같이 규정하고 있다.[111]

출입체류 합의서 제10조 제2항은 첫째, 북측은 남측 인원의 '지구에 적용되는 법질서'를 위반하는 행위에 대하여 이를 중지시킨 후 조사하고 대상자의 위반내용을 남측에 통보하며, 둘째, 위반 정도에 따라 경고 또는 범칙금을 부과하거나 남측 지역으로 추방하고 다만 북과 남이 합의하는 엄중한 위반행위에 대하여는 쌍방이 별도로 협의하여 처리하는 것으로 구분된다. 이 규정에 의하면, 북한 당국은 남측 인원에 대해 경고하거나 추방하기 전에 남측 인원의 불법행위를 중지시킨 후 이를 조사할 수 있다. 이 경우 북한법

---

111) 제1항 북측은 인원의 신체, 주거, 개인재산의 불가침권을 보장한다.
제2항 북측은 인원이 (공업)지구에 적용되는 법질서를 위반하였을 경우 이를 중지시킨 후 조사하고 대상자의 위반내용을 남측에 통보하며 위반정도에 따라 경고 또는 범칙금을 부과하거나 남측 지역으로 추방한다. 다만 북과 남이 합의하는 엄중한 위반행위에 대하여는 쌍방이 별도로 협의하여 처벌한다.
제3항 북측은 인원이 조사를 받는 동안 그의 기본적인 권리를 보장한다.
제4항 남측은 법질서를 위반하고 남측 지역으로 추방된 인원에 대하여 북측의 의견을 고려하여 조사, 처리하고 그 결과에 대하여 북측에 통보하며, 법질서위반행위의 재발방지에 필요한 대책을 세운다.
제5항 남과 북은 인원의 불법행위로 인하여 발생한 인적 및 물질적 피해의 보상문제에 대하여 적극 협력하여 해결한다.

률에 따라 피의자에 대한 구속, 체포 또는 수색 등 강제수사가 가능한 실정이다. 반면 KEDO의 경우에는 체포, 구금, 압수 및 수색 등 강제수사는 허용되지 않았다.[112)

위에서 살펴보았듯이, KEDO지역에서는 남측 주재원에 대해 거의 치외법권적인 신변보장을 받고 있었음을 알 수 있다. 물론 KEDO는 제한된 인원이 제한적인 공간에서 특정한 목적을 위한 것이기 때문에 남측 물자와 인원이 갈수록 확대될 개성공업지구에 KEDO와 비슷한 정도의 신변안전 보장규정을 적용하기는 어려울 것으로 보인다. 그러나 공업지구 관리기관장 및 그 성원, 나아가 남측 기업 주재원에 대해서도 외교관에 준하는 신변보장이 필요하다고 할 것이다.[113)

출입체류합의서 제10조 제3항은 "인원이 조사를 받는 동안 그 기본적 권리를 보장한다."고 규정하고 있다. 여기서 「기본적 권리」라 함은 남측 헌법상 형사사법 분야의 기본권을 의미한다고 할 것이다. 즉 북측의 고문 · 폭행 등 강압에 의한 조사와 자백강요 등 인권 침해적인 조사는 절대로 허용되어서는 안 된다.[114) 이를 방지

---

112) 참고로 한반도에너지개발기구(KEDO)와 북한 정부 간의 북한 내에서의 한반도 에너지개발 기구의 법적 지위, 특권, 면제 및 영사보호에 관한 의정서(1996.7.11. 발효) 제17조는 아래와 같이 규정했다.
 1. 북한은 여하한 KEDO 계약자 인원도 체포 또는 구금하여서는 안 된다.
 2. KEDO 계약자 인원은 북한의 여하한 형태의 관할권이나 북한 내 집행처분에 예속되지 아니한다.
 3. 북한은 경수로 부지, 관련지역 및 연계지역 내에서 KEDO 계약자 인원의 업무나 개인생활에 간섭하여서는 아니 된다. KEDO는 경수로부지 내의 질서유지에 책임을 지며, 북한은 KEDO의 질서유지에 대해 간섭하지 아니한다.
 4. 북한은 KEDO 계약자 인원에게 북한의 관습을 따르도록 요구하거나 정치사회적 의무를 부과하여서는 아니 된다.
 5. 북한은 KEDO 계약자 인원의 개인수하물, 서류, 문서를 포함한 개인재산 또는 주거를 압수, 수색 또는 침해하여서는 아니 된다.
113) 同旨: 법무법인 태평양, 앞의 책, 120면.
114) 2009년 3월 30일 북한은 '북한 여성근로자를 타락시켰다'는 애매한 명분으로 개성공단

하기 위해 관리기관 내에서 형사적 문제에 전문성이 있는 인원으로 하여금 조사에 참여하게 하여, 남측 주재원들의 기본적 인권을 옹호하거나 조사 과정에서의 법률적 조언 등을 통해 형사피의자의 권리가 실질적으로 보장되는 방안을 수립하여야 할 것이다.[115]

다음으로 북한 당국은 지구에 적용되는 법질서를 위반한 남측 인원에 대하여 ⅰ) 일방적으로 경고, 범칙금 부과, 남측 지역으로의 추방조치를 취하거나, ⅱ) 남과 북이 합의하는 엄중한 위반행위에 대해서는 쌍방이 별도로 합의하여 처리한다. 그런데 여기에서 경고, 범칙금 부과 등의 처분을 할 수 있는 행위 및 '엄중한 위반행위'에 대한 뚜렷한 기준이 결여되어 있어 자칫 북한 당국의 자의적인 해석에 의해 남측 인원의 기본적 권리가 침해될 소지가 있으므로 남북 측의 상호협의를 통해 「위반행위」에 대한 명확한 규정마련과 해석기준이 필요하다. 나아가서 범칙금 액수 및 상·하한과 범죄행위별 범칙금액 등에 관한 세부적 규정도 마련되어야 할 것이다.

한편, 출입체류합의서상 공업지구 내에서 발생한 북한 근로자에 의한 남측 인원에 대한 범죄행위 및 처리방안, 남측 당국에 의한 법질서 위반행위의 재발방지책과 피해보상 문제에 대한 상세한 규정이 생략되어 있는바, 그 부분에 대한 당국 간의 합의가 필요하며, 궁극적으로 남측 인원이 북한 형법에만 존재하는 범죄[116]를 저지른

내 남측 근로자 유 모 씨를 장기간 억류하고, 변호인 참관권을 일체 허용하지 않음으로써 이 합의서 조항을 정면으로 위반하고 있다.

115) 개성공업지구에서는 현재 남북 측의 실무접촉을 통해 교통사고를 비롯한 남·북측 인원이 관련된 형사사건의 경우, 관리기관 내 담당관이 조사에 참관할 수 있으나 진술서 등 조사자료는 북측의 거부로 관리기관에서 확보할 수가 없다. 북측은 그 이유로 출입체류합의서에 근거규정이 없다는 것을 들고 있으므로, 향후 출입체류합의서의 부속합의서 체결 시 관련조항을 명기하여 남측 주재원들의 신변안전을 공고히 하여야 할 것이다.

116) 예를 들어, 북한형법 제258조(불량자행위죄)에, "파렴치한 불량자행위를 한 자는 2년이하

경우에도 그 처리방법에 대한 당국 간의 합의도 필요하다.

3. 남북공동위원회의 구성

출입체류규정 제30조는 "공업지구에서의 출입 · 체류 · 거주와 관련하여 동 규정에서 정하지 않은 사항은 공업지구출입사업기관과 관리기관이 협의하여 처리한다."고 규정하고 있다. 또한 출입체류 합의서 제12조 제2항에 의하면, "남과 북은 출입 및 체류와 관련하여 발생하는 전반적인 문제들을 협의 · 해결하기 위하여 공동위원회를 구성 · 운영하며, 그 구성 · 운영에 필요한 사항은 남과 북이 별도로 협의하여 정한다."고 규정한다.[117]

이 규정에 의하면, 공업지구에서 남측 인원의 출입 · 체류 · 거주와 관련하여 각종 사건 · 사고 발생 시 그 처리문제를 둘러싸고 공업지구출입사업기관과 관리기관 사이에 의견대립이 발생할 가능성을 배제할 수 없으므로 관련기관 상호 간의 업무처리 기준과 역할 분담을 분명히 할 필요가 있다.

의 로동단련형에 처한다."고 규정, 구성요건이 추상적이고 불명확하여 죄형법정주의 원칙에 반하는 조항이 다수 존재한다.

117) 금강산 관광과 관련, 1999년 관광객 억류사건을 계기로 북측 금강산 관광총회사와 현대아산 간 신변안전보장 합의서를 채택하여 관광 시 남측관광객의 신변문제 발생 시 각 3~4인으로 구성하는 '금강산 관광사업조정위원회'에서 협의 및 처리키로 합의하였다. 그러나 이는 당국 간 협의체가 아닌 사기업 현대아산과 북측 회사 간의 협의기구에 불과한 한계가 있으므로 출입체류합의서 제12조에 의해 공동위원회를 구성하여 남북 당국 간 공식적인 합의를 이끌어 내야 할 것이다.

V. 신변안전보장 규정의 문제점

1. 출입 · 체류합의서의 法的 性格

2004년 1월 29일 남북 당국은 개성공업지구와 금강산 관광지구의 출입 및 체류를 원활하게 보장하기 위하여 '개성공업지구와 금강산 관광지구의 출입 및 체류에 관한 합의서'를 체결하였고, 우리 측은 2004년 9월 23일 국회의 동의절차를 거쳤다. 또한 同 합의서 제16조의 "이 합의서는 남과 북이 서명하고 각기 효력발생에 필요한 절차를 거쳐 그 문본을 교환한 날로부터 효력을 가진다."라는 규정에 의해, 2005년 8월 5일 남북 당국의 문본 교환으로 발효되었던 것이다. 그리고 同 합의서는 개성공업지구법 제8조에 의해 '신변안전 및 형사사건과 관련하여 맺은 북남 사이의 합의'에 해당하며, 그 내용이 단순한 신사협정의 수준을 넘어 국민의 권리 · 의무와 직접 관련되는 사항을 포함하고 있어 헌법 제6조 제1항에 따라 국회의 동의를 거쳐 체결, 공포되어 비로소 국내법적 효력을 갖게 되었다. 결국 개성 및 금강산 지역에서 발생하는 남측 주재원의 형사사건을 비롯한 신변안전 문제에는 항상 위 합의서가 우선하여 적용되는 것이다. 그런데 위 합의서 제10조 제2항은 신변안전 보장에 대한 일정한 기준만 제시하고 있으므로 그 세부절차나 내용에 대하여는 추가적인 조치가 필요하다고 할 것이다. 위 합의서의 구체적인 문제점을 제기하면 아래와 같다.

2. 개성공업지구법과 출입·체류 합의서의 상충문제

앞에서 살펴보았듯이, 개성공업지구의 일반법이라고 할 수 있는 '개성공업지구법' 제8조는 "법에 근거하지 않고는 남측 및 해외동포, 외국인을 구속, 체포하거나 몸, 살림집을 수색하지 않는다고 규정하고 있으나, 합의서 제10조 제1항은 북측은 인원의 신체, 주거, 개인재산의 불가침권을 보장한다."고 규정하고 있다. 개성공업지구법 제8조 후문의 규정에 의하여 위 합의서 제10조 제1항이 위 법에 우선하여 적용된다고 할 것이지만, 여기서 말하는 '불가침권'이 무엇을 의미하는 것인지 명확히 해야 할 필요가 있다.

만일 위 불가침권을 어떠한 경우에도 남측 주재원의 신체나 주거, 개인재산에 대한 체포, 구금, 압수, 수색 등이 허용되지 않는다는 의미로 해석된다면 우리로서는 최대한도의 신변안전보장을 받을 수 있는 것처럼 보이기도 한다. 반면 남측 주재원의 주거지에서 인질 또는 살인사건과 같은 강력사건이 발생한 경우에도 북측이 그 주거지에 들어가 범죄를 진압하는 등의 아무런 강제적 조치를 취할 수 없게 되는 현실적인 문제가 발생할 수도 있는 것이다.[118]

3. 신변안전 보장규정의 '조사'의 해석

위 합의서 제10조 제2항에 따라, 남측 주재원이 범죄를 저지른다면 1차적으로 북측이 이(범죄행위)를 중지시키고 조사를 하게 된다. 그런데 여기서 말하는 '조사'라는 것이 과연 북한 형사소송법상의 '수사'와 어떻게 구별되는지 의문이 생긴다. 이 점에 관하여 위 조

---

118) 한명섭, "형사사건 처리관련 남북 협력체제 구축방안", 남북교류 협력 법제연구(Ⅱ), 법무부, 2007, 28면.

사의 개념을 수사와 구별하지 않는 견해[119]도 있으나, 이를 수사와는 다른 개념으로 보는 견해[120]도 있다. 그러나 남북 공히 '수사'[121]라는 법적 용어를 사용하고 있음에도 불구하고 '조사'라는 용어를 사용한 것으로 보아, 수사와 조사의 개념을 구별해야 된다고 본다.[122] 그러나 조사와 수사가 다른 개념이라면 북측이 개성공업지구와 금강산 관광지구 내에서는 북측의 형사관할권을 자제하겠다는 것인지에 대한 의문이 생긴다. 반면 조사와 수사가 같은 개념이라면 결국 북측의 형사사법 절차에 따라 조사가 진행되게 되므로 남측 인원에 대한 신체와 주거 등에 대한 보장의 정도와 조사에 따른 체포, 감금, 압수·수색 등의 강제수사가 가능하다면 조사대상이 되는 남측 인원에 대한 인권침해 여부도 문제 될 것이다.

---

119) 윤대규, "개성공업지구 관련 법규의 문제점과 개선방향", 개성공단 성공을 위한 법적 과제 (북한 법 학술대회), 2004, 50면: "이때 조사는 피의자에 대한 체포, 구속, 수색 등 강제처분을 포함하게 된다. 말하자면 공업지구에 있는 인원에 대하여는 외교관에게 허용되는 불체포특권이 허용되지 않는다. 따라서 이때 북한의 형사절차법에 따라 강제수사가 이루어지게 된다.", 법무법인 태평양, 개성공업지구 법규 및 제도해설, 2005, 119면: "이에 따라 북한 당국은 남측 인원에 대해 경고하거나 추방하기 전에 남측 인원의 불법행위를 중지시킨 후 이를 조사할 수 있다. 이 경우 북한 법에 따라 피의자에 대한 구속, 체포 또는 수색 등 강제수사가 이루어지게 된다."라고 하여 조사와 수사를 같은 개념으로 보고 있다.

120) 이효원, 남북교류 협력 법제연구, 법무부, 287면: 위 '조사'란 형사사법권의 행사가 아니라 진상확인, 질서유지, 범행진압이라는 차원에서의 권한인 것으로 파악하고 있다.

121) 북한의 형사절차는 범죄발생 시 수사기관에 의한 수사, 예심원의 예심, 검사의 기소, 재판소에 의한 재판과 판결의 집행순으로 이루어져, 수사기관의 수사와 검사의 기소 사이에 예심이라는 절차가 있다. 북한에서 수사란 법에 따라 범죄자를 적발하여 예심에 넘기는 것만을 그 임무로 하기 때문에 그 활동범위가 제기된 형사사건의 범죄자를 찾아내고 사건해결의 기초가 될 증거로서 그 수집을 뒤로 미룰 수 없는 것을 제때 수집·보전하는 데에 한정된다. 또한 예심은 수사 일꾼으로부터 사건을 넘겨받아 본격적인 수사활동과 강제처분을 통하여 피심자에 대한 범죄성립 유무 및 책임의 정도에 영향을 주는 모든 사실을 밝혀내 기소 또는 사건기각의 결정에 이르도록 하는 절차로서 사실상 수사의 핵심부분에 해당한다(북한 형사소송법 제134조, 제141조).

122) 장기석, 앞의 논문, 159면, 한명섭, 앞의 논문, 29면.

4. 처벌조항의 불명확성

북한은 조사결과, 그 위반정도에 따라 경고 또는 범칙금을 부과하거나 남측 지역으로 추방하되 남과 북이 합의하는 엄중한 위반행위에 대하여는 쌍방이 별도로 합의하여 처리하도록 하고 있다. 따라서 경고, 범칙금 부과, 추방은 북측이 일방적으로 결정할 수 있고, 이에 대한 이의제기 가능 여부에 대하여는 아무런 규정이 없으므로 향후 피조사자인 남측 주재원의 이의제기가 있을 경우에는 위 합의서 제12조에 규정된 공동위원회의 협의를 통해 재조사가 가능하도록 하여야 할 것이다. 개성공업지구 현지에서 남측 주재원이 추방의 정도에 이르지 않을 정도의 '법질서 위반행위'를 하였을 경우에는 사죄문을 작성하게 하는바, 이 사죄문 작성이 경고에 포함되는지 여부도 명확히 하여야 할 것이다. 또한 개성공업지구에서 북한의 법질서를 위반하였을 경우에 적정한 기준도 없이 북한 출입국사업부의 일방적인 판단에 의해 벌금을 부과하고 있으므로,123) 향후 벌금 부과기준과 구체적 액수도 남북 당국 간 협의를 거쳐 합리적으로 결정해야 한다.

---

123) 2008년 1월 북측에 의해 제시된 '출입체류규정 시행세칙' 부칙 제1조는 '벌금을 부과하는 경우'를 14가지로 나눈 다음, 부칙 제2조에서 벌금액을 각각 달리하여 부과하고 있다. 즉 국제테러범(2,000달러), 무기·마약류 소지(1,000달러), 추방된 자의 출입(1,000달러), 공화국 비밀수집 및 제공(500~1,000달러), 불순이색출판선전물 반입(100~1,000달러), 출입사업 방해(50~500달러), 공화국 공민매수(100~1,000달러), 군사지역 사진촬영 및 그림그리기(500달러), 타인의 출입증명서 리용(300~1,000달러), 출입증명서 위·변조(100~1,000달러) 등으로 북측의 자의에 의해 벌금액의 액수조정이 가능한 실정이다. 그러나 이 시행세칙은 우리 측의 강한 반발로 시행되지 않고 있다.

제2부의 소결

위에서 설명한 바와 같이, 개성공업지구법령에서는 그 어디에도 관리기관의 사법적 권한을 규정한 것은 없다. 또한 남측 주재원의 신변안전 문제와 관련해서도 북측의 주권과 형사질서가 개성공업지구에도 적용된다는 해석이 가능하고, 또 실제 개성공단에서 일어나는 여러 사건·사고 처리 과정에서도 출입체류합의서 규정에 의해 북측의 1차적 조사와 관리기관 담당자의 조사참관, 남측 범죄인의 남측 추방 및 남측 사법기관 처리 결과의 북측 기관에의 통보 순으로 사건 처리가 이루어지고 있다. 그러나 형사사건의 처리절차가 반드시 위의 순서에 따라 이루어지지는 않고 사안에 따라 북측의 일방적인 조사가 이루어진 후에 조사결과[124]와 범죄인의 추방만을 남측에 통보하는 경우도 빈번하게 발생하고 있다.

관리기관 자체가 북측의 중앙특구지도개발총국으로 대표되는 북한 행정기관과 남측 통일부 산하 사업지원단이라는 남한 행정기관의 중간적 영역에 위치하고 있어 개성공단에서 발생하는 형사적 사법처리 절차 또한 항상 양쪽에 그 결과를 통보해야 하는 의무가 있다. 이것은 관리기관 자체가 북측의 개성공업지구법에 의해 북측 법인으로 규정되어 있어 독자적인 사법기능을 갖출 수 없는 한계가 있기 때문이다. 그러나 최근 통과된 '개성공업지구 지원에 관한 법률'은 관리기관의 남한 법인격을 분명히 인정하고 있다. 그러므

---

124) 특히, '우리 형법에는 위반되지 않으나, 북한형법 등 일반법에 위반되는 경우'에 이러한 경우가 많다. 이러한 유형의 법질서 위반행위에 대한 북측 조사결과는 구두로 관리기관에 통보되는 경우가 많고, 진술서 등 조사서류를 직접 관리기관에 제출하는 경우는 없다. 다만, 북측은 교통사고의 경우, '개성공업지구 인민보안소' 명의의 사고확인서를 관리위원회에 제출하고 있다.

로 최소한 남측에서도 법인격으로 인정받음으로써 개성공단에서의 행정기관의 성격, 나아가서 특수한 지방자치단체의 역할을 수행할 수 있는 합법적인 지위를 가지게 된 것이다.

결국 개성공업지구는 북측의 법질서가 적용되는 지역임에 틀림 없고, 출입체류합의서 제10조 제2항의 「지구에 적용되는 법질서」는 북한의 형사관련법을 지칭한다고 해석한다고 해도 무리가 없을 것이다. 실제로, 남북한 주민이 서로 개입된 형사문제가 발생할 때에는 반드시 북측 보안기관에서 조사를 실시한 후 사안의 경중에 따라 경고, 범칙금 부과, 추방의 행정적 제재가 가해지고 있다.

한편, 앞에서 살펴본 바와 같이 케도사업의 경우에는 남측 인원에 대한 신변안전 보장 및 북측 형사재판권의 배제 등의 측면에서 매우 안정적이고 강력한 보장적 장치를 가지고 있다. 이는 북한이 1994년 미국과의 사이에 핵문제 타결을 위한 제네바 기본합의를 체결한 후 경수로핵발전소를 조속히 건설하고자 하는 의도하에 형사관할권 문제를 소홀히 생각하고 국제기구인 케도 측의 주장을 무조건 수용한 결과, 이와 같은 강력한 법적 신변안전보장이 이루어지게 되었던 것이다. 그러나 이와 같은 북측의 주권적 형사관할권을 배제한 케도방식은 이후 금강산 관광사업과 개성공단개발과 같은 대북사업의 남측 인원에 대한 신변안전보장에는 부정적으로 작용하여 법·제도적 신변보장장치로 매우 미흡한 것이 되었다. 결국 이러한 미흡한 신변보장 장치는 남북한 정치적 상황의 변화에 따라 1999년 6월의 금강산 관광객 억류사건, 2008년 7월의 금강산 관광객 피살사건, 2009년 3월의 개성공단 근로자의 장기적 억류사태를 불러오게 되었던 것이다.[125]

---

125) 남북교류 협력이 활성화되면서 사안별로 남북한 간 개별적인 합의서 형식으로 북한 지역을

결론적으로 북한 지역에 체류하는 남측 인원의 신변안전 문제를 논의할 때, 남측 인원은 헌법 제3조와 달리 현실적으로 확립되어 있는 북한의 통치권하에 들어가는 것이므로 북측의 형사재판관할권을 배제할 수는 없다고 보인다. 그러므로 남북경제교류협력 부속합의서의 관련조항의 해석에서 살펴본 바와 같이, ① 원칙적으로는 북측의 재판관할권을 배제할 수 없으나, ② 북한에 특수한 관습형법이나 '반국가사범'과 같은 특별형사법의 적용은 배제하고, ③ 일반적 형사범의 경우에만 북한 형사법이 적용되도록 하되, 죄형법정주의가 미약한 북한 형사법체계를 고려하여 남측 형법에 공통 처벌조항이 있는 경우로 그 적용을 제한하는 것이 좋다. 또한 북한의 형사재판권을 인정하더라도 중국과 대만의 경우와 같이, 경미한 범죄에 대한 형사재판권 행사를 자제하고 벌금 등 경제적 제재를 가하는 것이 옳다고 생각한다.

　　또한 이른바 '엄중한 행위'와 같은 중대한 범죄의 경우에도 북한의 1차적 조사 후 남한 당국과의 협의를 거쳐 남측으로 추방하는 등 '개성공업지구와 금강산 관광지구의 출입 및 체류에 관한 합의서'의 신변안전보장 규정에 따르는 방식이 합리적이라고 할 것이다.

　　한편, 2005년 8월 발효된 '개성공업지구와 금강산 관광지구의 출입 및 체류에 관한 합의서' 제10조 신변안전보장 규정 제2항 단서에는 "남과 북이 합의하는 엄중한 위반행위에 대하여는 쌍방이 별도로 합의하여 처리한다."는 규정에 의해 북한 형사법의 재판관할

방문하는 남측 인원의 신변안전이 보장되었으나, 신변안전 보장내용이 구체적이지 못하고 각 합의서상 사업목적을 위한 일시적인 합의에 불과하다는 한계가 있었다. 특히, 북한 지역에서 범죄를 저지른 남측 인원에 대해 북한 형사법의 적용배제를 주장할 수도 없을 뿐만 아니라 위 합의서를 이행하지 않는다 하더라도 이를 제재할 방법이 없고 다만 정치적인 협상을 통해 북측의 양보를 받아 해결할 수밖에 없다는 한계가 있었던 것이다(한명섭, 앞의 논문, 26면).

권이 적용될 가능성이 있다. 이와 관련하여 '엄중한 위반행위'는 살인, 강도, 상해, 중교통사고 등이 될 가능성이 많고[126] 이들 범죄에 관여된 남측 인사에 대한 북한 사법기관의 재판가능성을 배제할 수 없으나,[127] 후술하는 것처럼 개성공업지구와 금강산 관광지구에서 발생한 중대범죄에 대해서는 위 '출입체류합의서' 제12조 제2항에 규정한 「(가칭)개성공업지구의 출입·체류에 관한 공동위원회」를 구성하거나, 「남북한 형사사법공조에 관한 합의서」를 체결하여 재판관할권 문제를 확정하는 것이 궁극적 해결방안이 될 것이다.

---

126) 한편, 1966년 대한민국에 주둔하는 주한미군에 대한 형사재판권의 행사 등에 관한 형사상 특례를 규정하기 위해 제정된 '한미행정협정'은 이후 증가하는 미군범죄에 대해 우리 형사 재판권 행사가 효과적으로 행사되지 못한다는 국내여론이 비등하여 1991 및 2001년 두 차례에 걸쳐 개정되었는데, 2차 개정시 12개의 중대범죄의 경우에는 기소 시에 미군신병이 한국정부에 인도되도록 강화되었다. 이 12개 중대범죄의 구체적 유형은 ① 살인, ② 강간, ③ 석방대금 갈취목적의 유인, ④ 마약거래, ⑤ 마약생산, ⑥ 방화, ⑦ 흉기를 휴대한 강도, ⑧ 상기 7개 범죄에 대한 미수, ⑨ 폭행·상해치사, ⑩ 음주운전으로 인한 치사, ⑪ 교통사고 치사 후 도주, ⑫ 상기 11개 범죄를 포함하는 다른 죄명의 범죄이다. 따라서 위 '엄중한 위반행위'의 기준을 정하는 데에 한미행정협정상 12개 중대범죄의 종류를 참고할 수 있을 것이다.

127) 2007년 한 해 동안 개성공단에서 발생한 각종 사건·사고 중 남북 측 인원이 관련된 형사 사건은 두 건이 있었는데, 북측에서 인지 후 관련자 조사 후 모두 남측으로 추방하여 남측 에서 사법 처리된 것으로 보아, 북측은 외견적으로는 재판관할권을 자제하는 것으로 보인 다. 그러나 2008년 이후 발생한 금강산 관광객 피살사건과 개성공단 직원 억류사태에서 보듯이 남북한 정치적 상황이 악화되면 북한의 자의적 기준에 의해 재판관할권 행사를 강 행할 가능성이 높다고 보여진다.

제3부

남북한 刑事司法共助를 위한
형사관할권 조정방안

2000년 6월 15일 이후 남북한의 인적, 물적 교류·협력이 다방면에서 폭발적으로 확대, 증가하고 있다. 교류내용도 양적으로나 질적으로 6·15 남북공동선언 이전보다 고무적으로 발전되고 있다. 양적 교류협력은 접촉빈도 수의 증가와 함께 공간적으로도 북한 지역에서 더 많은 교류협력이 이루어지고 있다. 특히 남북경협을 통해 접촉의 빈도가 북한 지역에서 장기간 이루어지는 사업[128])이 많아지고 있는 현상은 남북관계의 긍정적 발전에 획기적인 기여를 하고 있다.

그러나 이러한 남북교류 협력의 확대가 순조롭고 차질 없이 이루어지기 위해서는 모든 교류협력이 법치주의적 법제도에 근거하여야만, 항구적이고 평화적인 남북교류 협력의 장을 펼칠 수 있을 것이다. 다시 말해, 남한 주민이 북한 지역을 방문하였을 경우에 생길 수 있는 민·형사사건의 법적 처리문제에 치밀하게 준비해야 한다는 것이다. 1998년 11월 18일 금강산 해로관광 개시 이후 남한 관광객 민영미 씨 억류사건으로 인해 금강산 관광이 거의 45일(1999.6.21. – 8.4.)간 중단된 사례가 있다. 당시 금강산 관광재개를 둘러싼 협상과정은 남한의 신변 안전보장에 대한 법적 안정성 확보와 정치적 안정성 확보(체제안정)라는 북한의 이해관계가 엇갈린 것이었다.[129])

---

128) 가령, 개성공업지구와 평양에서의 합영기업의 수가 점차 증가하고 있는 것은 이러한 추세를 반영하고 있다고 할 것이다.

129) 이장희, "금강산 관광합의서의 공법적 점검과 대책", 서울국제법연구, 제6권 2호(1999), 서울국제법연구원, 239 – 240면.

하지만, 당시만 해도 금강산 관광객이 북한 관광지에서 형사문제를 야기했을 때, 어떤 법을 적용해야 하는지에 대한 확실한 정보가 없었다. 최근에 와서야 '개성공업지구와 금강산 관광지구의 출입 및 체류에 관한 합의서'가 체결되어 남한 주민이 북한 지역에서 형사사건을 저질렀을 때, 위 합의서에 의해 북한 당국에 의해 경고, 범칙금 부과, 추방 등의 형사사건 처리가 이루어지고 있다. 그러므로 개성이나 금강산지역 또는 그 밖의 북한 지역에서 남한 주민에 의해 발생한 범죄에는 북한의 일반법이 적용된다고 볼 수밖에 없을 것이다. 그러나 북한은 위 합의서 정신에 의해 북한 법을 적용하되, 강제수사를 비롯한 기소, 재판, 형집행 등 일련의 형사재판권 행사를 자제하고 있는 듯이 보인다. 그러나 남측 인원이 북한 당국의 1차적 조사를 받고 추방되는 경우에도 남한 당국의 형사관할권이 없어진다고는 볼 수 없으므로 다시 남한 사법당국의 조사과 기소, 재판을 받게 된다. 그런데 출입체류합의서 제10조 제4항에 의하면 "남측은 법질서를 위반하고 남측 지역으로 추방된 인원에 대하여 북측의 의견을 고려하여 조사, 처리하고 그 결과에 대하여 북측에 통보한다."고 규정되어 있다. 따라서 위 합의서에 의한다면, 남측 사법당국은 해당 형사사건에 대한 처리 결과를 북측에 통보해야 하는 법적인 의무를 지는 것이 된다. 결국 이 조항은 남북한 형사사법공조에 대한 '유일한' 근거조항이 될 수 있으며, 남북교류 활성화에 따라 남북한 인원 간 일어날 개연성이 많은 형사사건의 형사사법공조를 위한 시발점이 될 수도 있는 것이다.

하지만 그에 앞서 남북한 형사사법공조 문제를 다루기 위한 선결조건으로 남북 간 교류협력 확대에 따른 형사사건 발생 시 적용될 준거법 문제를 비롯해 형사관할권의 제 문제를 검토해 볼 필요성이 제기된다. 아래에서는 형사관할권에 대한 남북한 형법 관련규정과 국제법상 형사관할권 기본원칙 및 분단국이었던 독일의 사례를 검토해 보고자 한다. 여기에서 국제법상 형사관할권 문제를 함께 검토하는 것은 남북한의 법적 관계가 순수한 국내법적 관계나 국제법적 관계가 아닌 「잠정적 특수관계」라는 이중성, 잠정성, 특수성을 깊이 고려한 것이다.130)

제1장 형사관할권의 개념

통상 국가의 관할권(Jurisdiction)이라 함은 한 국가가 그의 국민, 재산, 그리고 여러 가지 상황에 영향을 끼칠 수 있는 권한을 말한다. 이는 국가주권의 결정적이고 핵심적인 요소로서 국내문제 불간섭원칙 등을 반영한 국가주권 개념의 기본원칙이다. 특히 국가관할권이란 원칙적으로 해당국의 영토적 공간 내에서 입법, 행정, 사법적 조치로 그 효력을 발생시킨다. 그러나 타국의 배타적 효력이 적용되는 지역에서도 관할권의 적용문제가 빈번하게 발생할 수 있다. 그러므로 관할권의 문제는 당해국의 기본법, 국제법, 섭외사법 등과 관련된 복잡한 문제를 야기하는 것이다.

결국, 국가관할권이란 국제법상 한 국가가 자기의 국내법 및 국내법원을 통하여 자국의 국민과 자산을 통치할 수 있는 데 있어, 필요한 법률을 제정할 수 있는 권한(입법권: Prescriptive Jurisdiction)

---

130) 이장희, "남북교류 협력확대에 따른 형사관할권의 제문제", 남북교류와 관련한 법적 문제점 4(특수사법제도연구위원회 제13, 14, 15차 회의결과보고), 법원행정처, 351면.

과 이러한 법률을 집행, 강제할 수 있는 권한(집행권: Enforcement Jurisdiction)으로 분류할 수 있다. 그리고 이 집행권은 행정권(Executive Action)과 사법권(Judicial Action)이 있고, 사법권에는 다시 민사관할권(Civil Jurisdiction)과 형사관할권(Criminal Jurisdiction)이 있다. 형사관할권이란 외국인, 재산 혹은 사건을 포함하는 형사사건에 대한 국내법원의 권한의 행사 및 당해 국가의 법규의 적용을 의미한다고 볼 수 있다.131)

그런데 개성공업지구는 북한의 영역에 포함된다. 이와 관련하여 남한 헌법 제3조의 영토조항에 의하면 개성공업지구는 또한 남한 영토에 포함되므로 고권적인 헌법적 효력이 미친다고 할 수 있다. 그렇다면 개성공업지구에서 남·북 측 어느 쪽 주민 간 범죄가 발생하더라도 남한 형사법이 적용된다고 볼 수 있다. 그러나 현실은 그렇지 않아서, 북한의 형사법을 비롯한 일반법이 개성공업지구법 제1조의 "개성공업지구는 공화국의 법에 따라 관리 운영되는" 文言과 출입체류합의서 제10조 제2항의 "지구에 적용되는 법질서를 위반하였을 경우"라는 文言의 탄력적 해석을 통해 적용될 가능성이 많은 것이다.

따라서 개성공업지구에서 남측 주민 간 또는 남북 측 주민 간

---

131) 국내법에서는 재판권과 관할권이라는 개념이 엄격하게 구별되는 동시에 전자가 후자보다 상위의 개념으로 사용되고 있다. 따라서 관할권은 재판권이 인정되는 기초위에서 인적·사항적·장소적 측면을 고려하여 구체적으로 결정되고 있다. 이에 비해 국제법에서는 재판권이라는 용어는 거의 사용되지 않으며, 그 대신 재판관할권이라는 용어를 사용하는 것이 통례로 되어 있다. 이 책에서는 재판관할권중 공소권 및 형벌권 등 집행관할권과 형사재판관할권 등 사법관할권을 포함하는 '형사관할권'이라는 용어를 주로 사용하기로 한다(여기에 대해서는 Michael Akehurst, "Jurisdiction in International Law", British Yearbook of International Law, Vol.46, 1972-1973, pp.170-177; Sami Shubber, "Aircraft Hijacking under the Hague Convention 1970: A New Regime", International and Comparative Law Quarterly, Vol.22, 1972, p.726; 이장희, 앞의 논문, 351-352면, 제성호, "남북한 인적 교류 시 형사문제 처리방안", 법조 통권 449호, 1994.2, 49면 등 참조).

형사사건이 발생하였을 경우에 과연 남북의 어떤 형사실체법 및 절차법이 적용되는가, 또는 최종적으로 어느 측이 형사관할권을 행사하는가의 문제가 제기된다. 이것은 결국 남한이 북한 지역과 주민을 법적으로 어떻게 보느냐에 의해 좌우된다. 아래에서는 우리 헌법 제3조 영토조항과 제4조 평화통일조항의 해석을 통해서 북한 지역 및 주민, 특히 개성공업지구의 법적 지위를 검토해 보고자 한다.

제2장 헌법 제3조와 제4조의 해석문제

남북교류 협력이 확대됨에 따라 북한 지역에서 남북한 인원 간에 교통사고를 비롯한 형사사건 발생 시 과연 남북의 어느 측의 형사실체법 및 형사절차법이 적용되는지가 문제 된다. 이 문제는 결국 어느 측이 최종적인 형사관할권을 행사하느냐와 직결되어 있다. 또한 이것은 남한이 북한 지역과 북한 주민을 법적으로 어떻게 보느냐 하는 근본적인 문제와 연계되어 있는 것이다. 이하에서 헌법 제3조의 영토조항의 해석과 관련하여 이 문제를 살펴보도록 한다.

Ⅰ. 헌법 제4조를 중시하는 입장

1. 국제법적 영역이론

국가영역 이론은 객체설(국제법적 소유설)과 공간설(권한설)의 대립이 있다. 먼저 객체설은 국가가 그 영역을 양도, 매매, 교환, 대여, 담보의 객체로 하는 현상을 적절하게 설명한다. 그러나 영역에 대한 국가의 배타적 통치라는 점을 설명하지 못하는 난점이 있다. 왜냐하면 국가는 영역 및 영역상의 物을 소유의 객체로 할 수 있으나, 통치의 대상으로 할 수는 없기 때문이다.

반면 공간설은 국가가 영역 내에 있는 사람을 통치의 대상으로 하는 현상을 적절히 설명하고 있으나, 영역상의 물을 배타적으로 사용 및 처분하는 현상을 설명하지 못한다. 왜냐 하면 통치란 人에 대한 관념이지, 物에 대한 관념은 아니기 때문이다.[132]

공간설에 의하면, 대한민국 헌법 제3조의 해석상 남한이 설령 북한 영역에 대해서 영유권을 갖는다고 하더라도 북한 영역 위에 있는 북한 주민에 대해서는 북한 당국의 통치권이 미친다고 보아야 할 것이다. 결국 북한 주민은 북한의 법질서(통치권)에 복종해야 하며, 북한 주민을 대한민국 주민으로 볼 수 없는 것이다.[133]

2. 국내법적 견해

1991년 12월 체결된 남북기본합의서 전문은 남북의 관계에 대해 "나라와 나라 사이의 관계가 아닌 통일을 지향하는 과정에서 잠정적으로 형성되는 특수관계"라고 정의하고 있다. 따라서 同 합의서에 의하면, 상호 실체 존중(제1조)과 내정 불간섭(제2조)을 명시하고 있다. 결국 기본합의서는 남북한의 법적 관계를 잠정성, 특수성, 이중성을 가지는 특수관계라는 전제하에 雙方을 정치적 실체로 인

---

132) 결국 영역권이란 영역 및 영역상의 物을 사용 또는 처분할 수 있다는 dominium(영유)의 개념과 영역상의 人을 통치할 수 있는 imperium(통치)의 혼합개념으로서 국가권한 행사에 관한 장소적 한계를 설정한 것이라고 할 수 있다(이장희, 앞의 논문, 354면 이하).

133) 그러므로 이 설에 의하면, 統治와 領有는 구별되어야 한다. 소속 주민에 대한 統治는 남북 각 당국이 하되, 領有는 남북 당국 공동의 영유라고 볼 수 있다는 것이다.

정하고 있다고 볼 수 있다. 따라서 남북기본합의서는 적어도 남북한 간에 구속력이 있는 준조약이라고 할 수 있다는 것이다.[134] 2000년 6월의 「6·15 남북공동선언」 및 2007월 10월 체결된 「10·4 남북정상선언」 역시 법적 성격을 떠나서 남한의 대통령이 북한 인민군의 사열을 받았다는 점에서 북한에서도 남한의 정치적 실체를 확실히 인정하였다는 증거가 된다.

그러므로 북한의 정치적 실체를 인정하는 입장에서는 우선, 헌법 제3조를 통해 북한 지역을 대한민국의 영토로 보고, 북한 주민을 대한민국 주민으로 보는 것은 남북기본합의서 제1조(체제인정) 및 제2조(내정불간섭)에 비추어 신중해야 한다고 주장한다. 아울러 헌법 전문 및 헌법 제4조의 평화통일 조항, 남북기본합의서와 6·15 공동선언의 정신 등을 종합적으로 판단해 볼 때, 평화통일 조항이 영토조항에 의한 흡수통일보다는 우월한 이 시대의 헌법정신이므로 헌법 제4조(평화통일조항)가 헌법 제3조(영토조항)보다는 상위규범으로 해석되어야 한다고 주장한다. 결국 이 학설에 의하면 대한민국은 북한의 정치적 실체를 인정하고, 북한 주민을 형사법을 비롯한 북한 일반법의 적용을 받는 통치대상으로 보아야 한다고 주장한다.[135]

---

134) 이장희, "남북기본합의서의 법적 성격과 실천방안", 국제법학회논총(1998.6) 제43권 1호, 230~233면.
135) 이장희, 앞의 논문(남북교류 협력 확대에 따른 형사관할권의 제문제), 355~356면.

Ⅱ. 헌법 제3조와 제4조의 규범조화적 해석

1. 헌법 제3조의 규범력 인정문제

이 견해도 북한의 정치적 실체를 인정하고 북한 주민을 북한 법질서하의 통치대상으로 보는 것은 위의 견해와 동일하다. 그러나 그렇다고 해서 일률적으로 헌법 제3조의 규범력이 상실되었다거나 헌법 제4조보다도 하위의 규범력을 가지고 있다고 보지는 않는다. 대신에 이 견해는 헌법이란 다양한 이해관계의 갈등과 대립을 바탕으로 상호 공존을 위한 타협으로 성립되었으므로 완전무결한 것이 아니라 미완성성, 개방성, 헌법규범 간 부조화 현상을 태생적으로 예정하고 있으므로 헌법체계는 헌법전문을 비롯해서 각 개별조항 사이에 상호 밀접한 관련성을 가지는 전체적·통일적인 가치체계로 이해해야 한다고 주장한다. 따라서 헌법해석도 각 개별조항의 고유한 의미와 효과를 살릴 수 있는 방향으로 해석해야 한다는 것이다. 이를 위해서 해석방법에 있어서도 일차적으로 문리해석과 논리해석에 충실하되, 헌법규범 사이에 모순이 있을 경우에도 개별적이고 독자적인 것으로 해석할 것이 아니라 규범조화적인 헌법해석을 통해서 통일적이며 실천적으로 이해해야 한다는 주장이다.136)

이러한 헌법해석의 원칙에 따라 헌법 제3조는 ⅰ) 직접적으로는 대한민국 주권이 미치는 영토고권의 영역과 한계를 선언한 규정으로서 한반도에서 대한민국이 유일한 합법정부로서 정통성과 법통성을 가지며 휴전선 이북 지역은 북한이 불법적으로 점령한 미수

---

136) 이효원, "남북교류 협력확대에 따른 형사관할권의 제 문제", 남북교류와 관련한 법적 문제점4(특수사법제도연구위원회 제13, 14, 15차 회의결과보고), 법원행정처, 373면.

복지역이라는 것을 선언한 것이며, ⅱ) 간접적으로는 대한민국 영토가 현실적으로 분단되어 있으나 법률적으로는 여전히 대한민국 영토의 일부인 북한 지역을 회복함으로써 통일을 달성한다는 규범적 책임을 부여하고 이를 확인하는 규정이라고 해석하는 것이다.

2. 北韓의 이중적 지위 인정문제

그러나 위의 견해와 같이 헌법 제3조의 규범력을 인정한다는 것이 냉전시대의 사고로서 북한의 실체를 부인하고 일방적 흡수통일만을 지향하는 것은 아니며, 헌법 제4조와의 규범조화적 해석과 남북한 특수관계의 가변성에 따라 북한의 실체와 북한 체제 및 법질서를 인정할 필요가 있다는 것이다. 대법원과 헌법재판소는 헌법 제3조와 제4조의 규범적 효력, 북한의 지위에 관하여 법리적 접근 방식을 달리 하고 있으나 기본적으로는 헌법 제3조의 규범력을 인정한다는 전제하에 헌법 제4조와의 규범조화적 해석을 통해 북한의 이중적 지위를 인정하고 있는 것으로 보인다. 그러나 대법원은 "우리 정부가 북한 당국자의 명칭을 사용하고, 남북 동포에 자유로운 왕래와 상호 교류를 제의하였으며, 남북 국회회담 등과 같은 회담을 병행하고, 나아가 UN에 동시 가입하였다거나 남북 기본합의서에 서명하였다는 등의 사유가 있다고 하여 북한이 국가보안법상의 반국가단체가 아니라고 할 수 없다."라거나,[137] "북한이 여전히 적화통일의 목표를 버리지 않고 자유민주주의 체제를 전복할 것을 완전히 포기하였다는 명백한 징후를 보이지 않고 있는 엄연한 현실"[138]이라는 논지를 들어 북한의 반국가단체성으로서의 지위를 확

---

137) 大判 1992.7.24. 92도1148.

인하고 있다. 또한 헌법재판소도 "현 단계에 있어서의 북한은 조국의 평화적 통일을 위한 대화와 협력의 동반자임과 동시에 대남적화노선을 고수하면서 우리 자유민주체제의 전복을 획책하고 있는 반국가단체가 아니라고 할 수 없다."고 판시하였다.[139] 반면 이러한 현실은 남북관계의 진전에 따라 북한이 적화통일의 목표를 버리고 자유민주주의 체제를 전복할 목표를 완전히 포기하였다는 명백한 징후가 나타나면 북한은 더 이상 반국가단체가 아니라는 반대해석이 가능하다.[140]

그렇다면 이는 헌법 제3조로부터 북한의 반국가단체성이 바로 도출되는 것은 아니라는 것을 의미하며, 헌법재판소가 헌법 제3조의 규범력에 대하여 직접적으로 언급하지 않고 있지만 제4조와의 관계에 관한 한, 제3조의 규범력은 상대적이고 가변적인 성격을 가진다는 것을 고려한 것으로 보인다. 다시 말해, 헌법 제3조와 제4조는 상호 모순·충돌되거나 상·하위의 규범체계를 가지는 것이 아니라 남북관계의 특수성이 반영되는 규범영역에 따라서 유동적이고 가변적인 것이 될 수 있다는 해석이 가능한 것이다.

3. 小結

생각건대, 헌법 제3조와 제4조는 한반도의 분단현실을 고려한 헌법제정권자의 깊은 고뇌의 산물이라고 본다. 그러나 헌법 제3조는 북한의 갑작스러운 체제붕괴와 같은 '한반도의 급변사태' 발생 시

---

138) 大判 2003.5.13. 2003도604.

139) 憲裁 1993.7.29. 92헌바48.

140) 대법원은 이와 관련, "남북관계가 더욱 진전되어 남북사이의 화해와 평화적 공존의 구도가 정착됨으로써 앞으로 북한의 반국가단체성이 소멸되는 것은 별론으로 하고"라고 판시하고 있다(大判 2003.5.13. 2003도604).

북한 영역에 대한 우리의 주권행사를 가능하게 하는 상징적인 규정이라는 점에서, 북한의 정치적 실체인정 문제와 헌법 제3조의 규범력 인정문제는 별개의 것이라고 보인다. 앞서 언급하였듯이, 헌법 제3조 규정자체가 바로 흡수통일을 예상하고 있다고는 보이지는 않는다. 왜냐하면 흡수통일을 염두에 두었다면 제6공화국 헌법에서 또다시 제4조의 평화통일 조항을 두지는 않았을 것이기 때문이다.

따라서 헌법 제3조와 제4조는 남북관계의 변화에 따라 그 구체적인 규범력이 상이하게 적용된다는 남북한 특수관계이론의 헌법상의 근거규정이 된다고 보아, 헌법규정 간의 효력을 따로 정할 것이 아니라 규범조화적 해석에 따라 상호 관련적인 규범력이 있다고 해석하는 것이 헌법규범의 효력을 가급적 유지한다는 '실효성의 원칙(Principle of Effectiveness)'에 적합하다고 생각한다.

III. 북한 주민의 법적 지위

1. 문제제기

헌법 제3조의 규범력을 사실상 부정하는 입장에서는 북한 지역에서 북한 주민에 대한 북한의 통치권이 미친다고 인정한다. 그러므로 이 견해에 의하면, 북한 주민을 대한민국 주민으로 볼 수 없다는 전제하에 북한 주민에 대해서는 북한 형사법이 적용되고 남한 형사법의 적용은 배제된다는 입장이다.

반면, 헌법 제3조와 제4조의 규범조화적 효력을 인정하는 견해는 이분설적 입장을 취한다. 즉 북한 주민의 법적 지위는 남북관계가 구체적으로 적용되는 규범영역을 중심으로 국내법적 규범영역과 국제법적 규범영역으로 크게 구분된다는 조건하에 국내법적 규범영역에서의 북한 주민의 법적 지위는 다시 북한의 법적 지위를 바탕으로 반국가단체 또는 불법단체로서의 북한을 구성하는 주민과 평화통일을 위한 화해와 협력의 동반자로서의 북한을 구성하는 주민으로 구별할 수 있다는 것이다.[141]

2. 남북한 특수관계론과 북한 주민의 이중적 지위

한편, 남북한 특수관계론을 북한 주민의 법적 지위에 적용할 경우에는, 먼저 국내법적 규범영역에서는 소극적인 의미에서 남북한은 국가와 국가와의 관계가 아니므로 북한 주민을 외국인으로 인정할 수 없다는 전제하에 북한 주민의 이중적 지위를 부여하고 있다. 첫째, 적극적인 의미에서 북한의 이중적 성격을 인정하여 북한 주민을 반국가단체 또는 불법단체로서의 북한을 구성하는 주민으로 인식하였을 경우에는 모두 법규범적으로 남한의 주민이라고 할 것이다.[142] 둘째, 평화통일을 위한 화해와 협력의 동반자로서의 북한을 구성하는 주민으로 인식할 경우에는 남한과 동등한 정치적 실체를 가지는 북한의 주민이므로 외국인은 아니지만 현실적으로는 남한 주민으로서의 법적 지위를 누리지도 않는 특수한 지위인 '북한적'을 가진 주민이라고 한다.[143]

---

141) 이효원, 앞의 논문, 376면.

142) 대법원은 북한 국적자가 중국으로 건너가 중국주재 북한 대사관으로부터 해외공민증과 외국인 거류증을 발급받고, 그 후 중국 정부로부터도 여권을 발급받아 우리나라에 입국했더라도 북한 지역은 우리 대한민국 영토에 속하므로 북한 국적 주민은 대한민국 국적을 취득, 유지함에 아무런 영향이 없다고 판시하고 있다(大判 1996.11.22. 96누1221).

3. 국적의 이중성 문제

북한 주민의 '북한적'을 인정할 때, 북한의 국적법상 제 규정 중 이중국적 허용 여부이다. 그러나 북한의 국적법상 이중국적을 방지하는 적극적인 규정을 두고 있지 않고 있다. 이것은 북한의 국적법은 애초부터 북한 국적의 이탈 또는 상실을 예상하거나 기대하지 않고 있다는 것을 추정할 수 있을 것이다. 1963년에 제정되고 1999년 개정된 북한 국적법 제2조의 해석과 북한에서도 인정하고 있는 국적단일주의[144]로 미루어 볼 때, 북한은 남한 주민들마저 북한 국적에 편입된다고 보고 있음을 어렵지 않게 짐작할 수 있다.[145] 이러한 해석에 의하면 해외동포를 비롯한 최근 급증하고 있는 '탈북자'도 국적을 포기하지 않는 한, 북한 국적법상 여전히 '북한 공민'으로서의 지위를 가진다고 할 수 있다.[146]

이와 같은 상황에서 '자유민주주의 체제를 전복할 위치에 있지도 않고 징후도 보이지 않는' 북한 주민(탈북자)에 대한 남한 국적을

---

143) 이효원, 앞의 논문, 376면.

144) 북한의 국제법 사전은 '국적의 단일화원칙'에 관하여 "한 사람이 오직 하나의 국적만을 가지도록 하는 원칙, 한 사람이 둘 또는 그 이상의 국적을 가지지 못하게 할 뿐만 아니라 어느 한 나라의 국적도 가지지 못하게 할 수도 없다는 것을 그 본질적 내용으로 하고 있다. 국적은 사람의 인권보장에서 매우 중요한 의의를 가진다. 만약 어떤 사람에게 국적이 없다면 그의 인권과 리익을 보호해 줄 국가가 없는 것으로 되며, 따라서 그에게 부당한 취급이 가해질 수 있다. 한 사람이 둘 이상의 국적을 가진다면 그의 국적문제로 하여 국가들 간의 분쟁이 생길 수 있으며, 본인들의 생활도 안정될 수 없다. 그러므로 2중국적자, 무국적자의 발생을 막고 한 사람이 하나의 국적을 가지도록 모든 국가들은 국적문제를 단일화원칙에서 처리하여야 한다."고 정의하고 있다(북한 사회과학원 출판사, 국제법 사전, 2002, 43면 참조).

145) 1999년 개정된 북한 국적법 제2조 제1항은 국적자의 범위를 "공화국창건 이전에 조선의 국적을 소유하였던 조선사람과 그의 자녀로서 그 국적을 포기하지 않은 자"고 규정한다.

146) 북한 헌법 제82조는 "공민은 국가의 법과 사회주의적 생활규범을 지키며 조선민주주의인민공화국의 공민 된 영예와 존엄을 고수하여야 한다."고 규정함으로써 이른바 '충성의무'를 부과해 두고 있다. 또한, 북한 국적으로부터 이탈하는 행위는 소위 '조국과 인민을 배반하는 행위'로 간주될 수 있으므로 탈북자들이 재북가족의 안위를 생각해서 북한 국적을 포기하거나 이탈하는 것은 쉽지 않을 것이다.

인정한다면, 결국 남·북한의 국적을 동시에 가지게 된다. 그렇다면 이와 같은 경우에 과연 어느 국적을 우선시킬 것인가에 대한 법논리적인 문제가 발생하는 것이다. 또한 이는 탈북자의 경우에만 국한되는 것이 아니라, 남한 주민과 북한 주민 모두에게 적용되는 것으로 남북한의 헌법 등 법률체제의 관점에서는 각각 남북한 주민 모두가 각각의 국적을 가진다고 평가되므로 남북한 국적법 상호 간의 저촉과 충돌이 발생하게 된다.[147]

4. 소결

위의 문제에 대한 종국적인 해결은 통일협상 과정에서 남북한 당국이 협의하여 헌법 및 법률적 효력을 가지는 조약을 체결하거나 남·북한 법률 통합작업을 거쳐 해결하는 것이 될 것이다. 하지만 현단계에서는 다른 법률상 저촉이나 충돌과 마찬가지로 남북한 특수관계 이론에 따라 북한의 이중적 지위를 인정하고, 남북관계의 변화추이를 보아 가며 사안별로 국내법 또는 국제법에 따라 이원적으로 대처해 나갈 수밖에 없을 것이다.

즉 남북한 주민의 국적에 대한 문제는 분단국의 특수성이 반영된 탓으로 국제법 영역과 국내법 영역에서 다르게 적용될 수밖에 없는데, 국제법상으로는 남북한이 각각 독립된 주권국가로서 인정되고 있다. 따라서 남북한 주민은 이른바, '진정하고도 유효한 연관성'[148]에 의해 제3국에 의해 각각 독립된 주권국가로 인정되고 있으므로 제3국이 북한 주민 또는 탈북자를 북한 국민으로 인정할

---

147) 이효원, "북한의 국적법과 그 과제", 남북교류와 관련한 법적 문제점4(특수사법제도연구위원회 제13, 14, 15차 회의결과보고), 법원행정처, 57면.
148) 이효원, 앞의 논문, 57면.

경우에는 그 의사에 반하여 북한 주민 또는 탈북자를 대한민국 국민으로 인정하도록 요구하거나 이들에 대한 외교적 보호권을 행사할 수는 없을 것이다.[149]

한편, 우리 국내법상으로는 탈북자는 물론 북한 지역에서 거주하는 북한 주민은 남한 국적법상 대한민국 국민으로 인정된다고 볼 것이다. 실제로 남북한 국적법의 저촉과 충돌로 인하여 발생하는 문제는, 남한의 국적법과 "북한이탈주민의 보호 및 정착지원에 관한 법률(이하 '탈북자지원법'이라 한다)"을 적용함에 따른 북한 국적법과의 충돌문제라고 할 수 있다. 이에 대해 '탈북자지원법'은 제1조(목적)에서 "이 법은 군사분계선이북지역(이하 '북한'이라 한다)에서 벗어나 대한민국의 보호를 받고자 하는 북한 주민이 정치·경제·사회·문화 등 모든 생활영역에 있어서 신속히 적응·정착하는 데 필요한 보호 및 지원에 관한 사항을 규정함을 목적으로 한다."고 규정하고, 제2조(정의) 제1호에서 "북한 이탈주민이라 함은 북한에 주소·직계가족·배우자·직장 등을 두고 있는 자로서 북한을 벗어난 후 외국의 국적을 취득하지 아니한 자를 말한다."고 규정한 점, 제2호에서 "보호대상자라 함은 이 법에 의하여 보호 및 지원을 받는 북한 이탈주민을 말한다."고 규정하거나, 제3조(적용범위)는 "이 법은 대한민국의 보호를 받고자 하는 의사를 표시한 북한 이탈주민에 대하여 적용한다."고, 제4조(기본원칙) 제1항은 "대한민국은 보호대상자에 대하여 인도주의에 입각하여 특별한 보호를 행한다."고 각각 규정되어 있다.

---

149) 이와 관련하여 2004년 3월 미국 양원에 제출된 '북한인권법안(North Korean Human Right Act)'은 북한 주민에 대하여 난민지위 및 망명자격 취득을 위해서는 대한민국 국민으로 간주되지 않는다는 내용을 포함하고 있는바, 이는 명백히 우리 헌법 등 법률체계와 모순되는 내용이다.

결국 현 단계에서 국적문제에 있어서 국내법 적용을 원칙으로 하는 한, 탈북자지원법은 대한민국 국민을 전제로 하고 있으므로 남한 국적법상 대한민국 국민으로 인정되는 북한 주민에게만 적용된다고 하여야 할 것이다.[150]

제3장 개성공업지구의 형사관할권에 대한 검토

Ⅰ. 문제제기

앞에서 설명하였듯이, 개성공업지구 내에서 관리기관의 사법기능은 지극히 제한되어 있다. 교통사고를 비롯한 각종 사건 · 사고 발생시 1차적 조사권은 북측에 일임되어 있는 실정이고, 다만 출입체류합의서 제10조(신변안전보장) 제3호에 의해 조사 과정에 참여할 수 있을 뿐이다. 앞에서 설명한 헌법 제3조의 영토조항의 실효적 규범력에도 불구하고, 사실상 북한 영역인 개성공업지구의 형사관할권은 북한 사법기관에 있는 것처럼 보인다. 그러므로 개성공업지구는 남북한이 상호 번영을 추구하는 경제적 공동체란 점에서 북한 주민의 이중적 지위이론에 의해 북한 주민들도 사실상 북한의 통치대상에 포함되는바, 형사법을 비롯한 북한의 법질서가 당연히 적용됨은 별론으로 하고 개성공업지구에 거주하는 남측 인원에 대해서도 과연 북한의 형사법질서를 비롯한 형사관할권의 적용대상이 되는가의 문제가 제기되는 것이다. 이러한 문제는 개성공업지구

---

150) 이효원, 앞의 논문, 59면 참조.

뿐만 아니라 금강산 관광지구 등 향후 남북 경제공동체의 건설시
마다 반드시 제기되는 것이므로 남북 당국 간 협의를 통해 슬기롭
게 풀어 나가야 할 것이다.

Ⅱ. 형사관할권에 대한 남북한 형법규정

1. 남한 형법의 국제형사법 관련규정

남한 형법의 국제형사법 관련규정은 제3조에서 제7조에 걸쳐 나
열되어 있다. 그 구체적 내용을 보면, 먼저 제3조에서 "본법은 대
한민국영역 외에서 죄를 범한 內國人에게 적용된다."고 함으로써
속인주의 원칙을 천명하고 있다. 이 규정에 따르면 개성공업지구에
거주하는 남측 주민에게도 당연히 우리 형사관할권이 미친다고 볼
것이다. 제4조는 "본법은 대한민국영역 외에 있는 대한민국의 선박
또는 항공기 내에서 죄를 범한 외국인에게 적용한다."고 함으로써
旗國主義를 취하고 있다. 제5조는 "본법은 대한민국의 영역 외에
서 다음에 기재한 罪를 범한 外國人에게 적용된다."고 규정하고
있는데,[151] 이것을 '外國人의 國外犯'이라고 한다. 제6조는 "본법
은 대한민국 영역 외에서 대한민국 또는 대한민국 국민에 대하여
前條에 기재한 이외의 죄를 범한 外國人에게 적용한다. 단, 행위지
의 법률에 의하여 犯罪를 구성하지 아니하거나 訴追 또는 刑의 執
行을 免除할 경우에는 例外로 한다."고 함으로써 '대한민국과 대

---

151) 해당 죄목으로는, ⅰ) 內亂의 罪, ⅱ) 外患의 罪, ⅲ) 國旗에 관한 罪, ⅵ) 通貨에 관한
罪, ⅴ) 有價證券, 郵票와 印紙에 관한 罪, ⅵ) 文書에 관한 罪중 제225조 내지 제230
조, ⅶ) 印章에 관한 罪중 제238조를 규정하고 있다.

한민국 국민에 대한 國外犯'을 규정하고 있다. 한편, 제7조는 "犯罪에 의하여 외국에서 刑의 전부 또는 일부의 執行을 받은 자에 대하여는 刑을 減輕 또는 免除할 수 있다."고 규정하는 등 국제형사 관할권에 대한 세부규정을 두고 있다.

2. 북한 형법의 형사관할권에 관한 규정

(1) 북한 형법의 변천과정

북한 형법은 1950년 4월 1일부터 처음 시행하였으며, 1974년에 제1차 개정(1974.12.19. 최고인민회의 상설회의 결정)을 한데 이어 1987년에 제2차 개정(1987.2.5. 최고인민회의 상설회의 결정 제2호), 제3차 개정(1995.3.15. 최고인민회의 결정 제54호 수정보충), 제4차 개정(1999.8.11. 최고인민회의 상임위원회 정령 953호 수정)에 이어 제5차 개정(2004.4.29. 최고인민회의 정령 제432호로 수정보충)을 하였다.

1950년 형법은 맑스 레닌주의에 기반을 둔 소련의 영향을 받았고, 1974년 형법은 주체사상의 영향으로 반혁명세력 진압의 수단으로 형량이 매우 높고 반인권적 요소가 짙다. 일례로 1974년 반혁명범죄는 몇몇 조문을 제외하고는 법정형이 사형 및 전 재산몰수형으로 되었다. 남한의 국가보안법과 유사한 기능을 갖는 '반혁명범죄'라는 조항을 두어, 반동선전선동죄(제56조), 부르조아문화반입·유포죄(제111조) 등은 국가보안법상의 찬양·고무 죄와 비슷하다. 또한, "다른 나라 또는 원쑤의 편으로 도주하거나 적에게 투항, 변절하는 ……행위"를 금지하는 법은 국가보안법상 잠입·탈출 죄(제6조)와 비교될 수 있다.

1987년 형법은 '정치적 독점의 완성의 상황'[152]을 보여 주듯이 이전 형법보다 다소 완화된 모습을 보이기 시작한다. 이때부터 개정방향은 국제인권 기준에 부합하는 방향으로 바뀌기 시작한다. 다시 말해 반혁명범죄는 반국가범죄로 명칭이 바뀌며, 반국가범죄의 조문수도 줄어들었고 법정형도 다소 완화되었다. 그러나 아직도 반국가범죄(제44조～제55조) 안에 제2절 '민족해방투쟁을 반대하는 범죄'(제2조～제53조)를 규정하여 자의적인 법해석으로 인한 인권침해 소지가 여전하며, 남북자유왕래에 걸림돌이 되고 있다는 비판이 가능하다. 따라서 1987년 형법에서도 북한 형법 특유의 계급적 본질은 변함이 없다고 볼 수 있다.

1995년 형법은 입수를 하지 못해 상세조문을 파악할 수 없으나, 대체적 개정내용은 로동교화형의 상한이 20년에서 15년으로 단축되었고, 최저형은 1년에서 6월로 단축되었다. 사형범죄의 조문도 33개에서 5개로 대폭 줄어들어 현대형법상 형벌축소 현상을 어느 정도 반영하였다. 1999년 형법의 특징은 환경범죄 및 환경오염에 대한 인식을 새롭게 하였다는 점에 있다.[153]

2004년 북한 형법의 특징은 다음과 같다. ⅰ) 조문의 대폭증가(8장 161개 조문에서 9장 303개 조문으로 확대, ⅱ) 유추해석의 완전 삭제 및 죄형법정주의 채택, ⅲ) 시장경제체제의 폐해 및 이로 인한 사회체제의 이완으로부터 사회주의 질서와 문화를 보호하기 위한 풍속범죄 신설, ⅵ) 형벌분야에서 로동교화형으로 단일화된 자유형을 무기로동교화형과 유기로동교화형, 로동단련형으로 구분하

---

152) 이장희, 앞의 논문(남북교류 협력 확대에 따른 형사관할권의 제 문제), 357면.

153) 한인섭, "북한 형법의 동향과 전망(6·15 이후 북한 법의 변화와 전망)", 「아시아사회과학 연구원 학술포럼시리즈」 2003 - 4(2003.12.), 아시아사회과학연구원, 57 - 60면 참조.

였다. ⅴ) 외국기업의 투자장려와 지적재산권 보호를 위해 상표권 침해죄를 신설하였다.[154]

(2) 북한 형법상 형사관할권 규정

북한 형법의 형사관할권 규정으로는 제8조(형법의 대인적 공간적 효력원칙)에서 "이 법은 범죄를 저지른 공화국 공민에게 적용된다. 공화국 령역 밖에서 범죄를 저지른 공화국 공민에게도 이 법을 적용한다. 공화국 령역 밖에서 범죄를 저지른 다른 나라사람에게도 이 법을 적용한다. 그러나 외교특권을 가진 다른 나라사람에 대한 형사책임은 그때마다 외교적 절차에 따라 해결한다. 다른 나라에서 공화국을 반대하였거나 공화국 공민을 침해한 다른 나라 사람에게도 이 법을 적용한다."고 규정하고 있다. 이것은 속지주의와 속인주의를 동시에 규정한 것으로 보인다. "공화국 령역 밖에서 범죄를 저지른 다른 나라 사람"은 '外國人의 國外犯'을 가리키는 것으로 보인다. 그러나 어떤 범죄를 저질러야 북한 형법에 의해 처벌받는지에 대한 규정이 없어 자의적인 해석이 가능하다고 하겠다. 또한 "다른 나라에서 공화국을 반대"하였다고 해서 북한 형법을 적용한다는 조문은 지나치게 추상적이어서 현대형법의 법치국가적 모델에 역행한다는 비판이 가능하다.

제68조(조선민족 적대죄)는 "다른 나라 사람이 조선민족을 적대시할 목적으로 해외에 상주하거나 체류하는 조선민족의 인신, 재산을 침해하였거나 민족적 불화를 일으킨 경우에는 5년 이상 10년 이하의 로동교화형에 처한다. 정상이 무거운 경우에는 10년 이상의 로동교화형에 처한다."고 규정하고 있다. 그러나 이 조항 역시 '적

---

154) 이장희, 앞의 논문, 358면, 윤대규, 북한 형법 개정의 배경과 의미, 제94회 북한법연구 월례발표회(2005.1.27.)자료집 참조.

대시할 목적'과 '민족적 불화' 등의 용어가 多義的이어서 자의적 해석이 가능하고 현대형법의 대원칙인 속지주의 원칙에 따라, '다른 나라 형법'이 1차적으로 적용됨에도 불구하고 또다시 북한 형법에 의해 외국인을 처벌함은 二重處罰이라는 비판이 가능할 뿐만 아니라, 무엇보다도 실효성이 없다는 측면에서 잘못된 입법이라고 할 것이다. 제232조(영공, 영해침입죄)는 "다른 나라 사람이 비행기 또는 배를 몰고 허가 없이 공화국 영공, 영해에 들어왔거나, 영공, 영해 밖으로 나갔거나 지정된 항로, 비행고도를 어긴 경우에 3년 이하의 로동교화형에 처한다."고 규정하고 있는바, 이것은 旗國主義를 선언한 규정이라고 할 것이다.

Ⅲ. 형사관할권에 대한 국제적 기본원칙

1. 속지주의(Territorial Principle)

우리 형법 제2조는 "본 법은 大韓民國 영역 내에서 罪를 범한 內國人과 外國人에 적용된다."고 규정함으로써 속지주의를 채택하고 있다. 즉 범죄행위의 발생지를 근거로 관할권의 존재를 인정하는 것으로서 관할권 설정의 가장 근본적인 요소로 고려되어 왔다. 다시 말해, 자국의 영역에서 문제의 범죄행위가 발생할 경우에 형사관할권이 발생한다는 것이다. 또한 이 원칙은 당해국의 영토, 영해, 영공을 비롯한 인근 접속 영해·영공의 자국 항공기와 선박[155] 에도 적용되어야 할 것이다. 이 원칙에 의하면, 犯法者의 국적여하

---

155) 항공기에 우주선이 포함될 수 있는지에 대한 논란이 있을 수 있으므로 형법개정 시 우주선을 포함시켜야 할 것이다(오영근, 형법총론, 박영사, 2005, 78면).

를 불문하고 자국의 영역 내에서 발생한 위법행위에 대하여 그 범인에 대하여 체포·처벌할 권리를 갖는다. 이 원칙은 위법행위의 일부만이 해당 국가의 영역 내에서 행하여졌을 경우에도 적용된다. 즉 범죄행위의 시발지 국가와 완성지 국가 모두가 관할권을 가질 수 있으나, 통상적으로 그 범죄행위자가 있는 국가에 실질적인 관할권이 있다고 할 것이다. 속지주의는 주권평등 원칙상 모든 국가에서 채택하고 있는 원칙이다, 속지주의에 의하면 강대국의 국민이 약소국에서 죄를 범한 경우에도 약소국이 자국의 형법을 적용하여 처벌할 수 있게 된다. 그러나 국가관할권은 당해범죄의 행위지가 당해국의 영역에서 일어나야만 관할권을 행사할 수 있다는 유일한 근거는 아니다.

한편, 속지주의가 형법적용의 기본원칙으로 되는 것은 범죄는 일반적으로 범죄지국의 법질서를 침해하는 것이므로 범죄지국에서 처벌하는 것이 소송절차와 관련해서도 합목적적이기 때문이다. 속지주의에 의하면 북한 주민도 남한 지역에서 죄를 범하면 현행형법이 적용된다. 그런데 헌법 제3조에 따라 북한 지역도 대한민국 영토로 본다면, 북한 지역에서 발생하는 모든 범죄도 형법 제2조의 국내범으로 보아 현행형법에 의해 처벌할 수 있는가의 문제가 발생한다. 그러나 북한 지역은 우리 주권의 실효적 효력이 미치지 못하는 영역이므로 대한민국의 관할권이 행사되지 못한다고 보아야 한다. 따라서 형법상 내국개념도 현실적으로 대한민국의 형벌권과 재판권이 미치는 남한 지역으로 축소되는 것으로 해석되어야 한다.[156]

속지주의에 있어서는 犯罪地의 결정이 중요한 의의를 가진다.

---

156) 이러한 해석은 남북기본합의서 제11조가 "남과 북의 불가침 경계선과 구역은 1953년 7월 27일자 군사정전협정상 군사분계선과 지금까지 쌍방이 관할하여 온 구역으로 한다."에도 일치한다.

따라서 먼저 범죄지가 먼저 결정되어야 하는데, 범죄지의 결정과 관련하여 주로 문제 되는 것은 行爲地와 結果發生地가 다른 이유로 형사관할권의 경합이 생기는 경우이다. 이 경우에는 당연히 어느 국가의 형사관할권을 행사할 것인가 하는 문제가 제기된다. 대략 범죄의 발현형태에 따라, 다음의 네 가지로 분류할 수 있을 것이다. 첫째, 實行의 着手는 국내에서 이루어졌으나, 犯罪의 結果는 국외에서 나타나는 경우가 있다. 예컨대, 국경을 맞대고 있는 두 나라에서 한쪽에서 총을 쏴서 상대방 쪽 국민이 사망한 경우에 두 국가가 모두 당해 범죄에 대하여 속지주의에 입각한 형사관할권을 행사할 수 있다. 이때, 범죄의 착수지국이 행사하는 형사관할권의 근거를 主觀的 屬地主義(Subjective Territorial Principle)라 하고, 결과 발생지국이 행사하는 형사관할권의 근거를 客觀的 屬地主義 (Objective Territorial Principle)라고 한다.157)

둘째, 속지주의에 의하면 행위의 中間的 結果가 국내에서 일어난 경우에는 그것을 구성요건적인 결과의 일부로 볼 수 있기 때문에 국내범으로 본다. 예컨대 살인죄에 있어서 상해의 결과만이 국내에서 일어난 경우, 살해의 목적으로 국외에서 우송한 독물을 국내에서 섭취한 자가 국외로 출발한 후 그 독극물로 인한 사망의 결과가 발생한 경우에도 國內犯으로 처벌이 가능하다. 셋째, 부작위범의 경우에는 행위를 행하였어야 할 장소가 범죄지로 취급되므로 부작위범이 '작위의무를 행하였어야 할 장소'를 기준으로 국내범 여부를 판단하여야 할 것이다. 넷째, 未遂犯은 결과가 발생하지 못한 경우이므로 實行의 着手를 행한 장소를 범죄지로 볼 수 있으나,

---

157) Michael Akehurst, "A Modern Introduction to International Law", 6th ed., (Sydney: George Allen and Unwin), 1987, p.105.

행위자가 의도하였던 결과발생의 예정지를 범죄지로 볼 수 있을 것이다.

한편, 속지주의 적용을 위한 선결과제인 구체적인 犯罪地의 결정이 중요한 의미를 갖는 것은 남북관계에서도 마찬가지이다. 남북한 간에는 行爲地와 結果發生地가 다름으로써 형사관할권이 경합하는 경우가 문제 될 수 있다. 범죄행위는 남한에서 이루어졌으나 범죄결과는 북한에서 발생하였을 경우, 또는 그 반대의 경우에 남북한 어느 형법이 적용되느냐의 문제가 일어날 수 있는데, 이 경우에는 모두 남한 형법에 의한 처벌이 가능할 것이다.

2. 속인주의(Nationality Principle)

범죄자의 國籍을 중심으로 형사관할권의 존재 여부를 결정하는 것을 흔히 속인주의라고 한다. 국적은 해당 국민에게 부여하는 권리와 의무의 기초가 되는 것으로서 국내법은 물론 국제법에서도 중요한 위치를 차지하고 있다. 그런데 속인주의를 채택하게 되면 외국형법과 우리 형법의 경합이 있게 된다. 예를 들어 한국인이 독일에서 미국인에게 폭행을 가한 경우에 속인주의에 의하면 한국형법, 속지주의에 의하면 독일 형법, 보호주의에 의하면 미국형법이 적용되어 관할의 경합이 생긴다. 이 경우 현실적으로는 범죄인이 소재하는 국가에서 처벌하겠지만, 국가 간의 조약이나 범죄인인도조약(犯罪人引渡條約)에 의해 어느 국가가 처벌할 것인가가 결정된다.

自國民의 犯罪에 대하여 범죄지 여하를 불문하고 自國刑法을 적용하는 것을 원칙으로 하는 속인주의에는 積極的 屬人主義와

消極的 屬人主義가 있다. 前者는 自國民의 國外犯罪에 대하여 국내형법의 적용을 인정하는 것이고, 後者158)는 국외에 거주하는 자국민의 보호를 위하여 自國民이 被害를 입은 특정한 범죄에 대해 국내형법의 적용을 인정하자는 원칙이다. 積極的 屬人主義는 자국민이라는 점을 연결요소로 하여 國外犯에 관할권을 인정하므로 國籍主義라고도 한다. 그러나 아무리 자국민이라 할지라도 외국에 체류하고 있는 한, 현실적으로 관할권을 행사할 수 없으며, 범인이 자발적으로 입국하거나 범죄인인도절차에 따라 인도되는 경우에 한하여 형사관할권을 행사할 수 있다.159) 이 積極的 屬人主義에 의하면 각국 형법의 상호 저촉 문제가 야기된다는 측면에서 '國際刑法'의 관할권 충돌문제가 생길 수 있으나, 범죄방지에 관한 국가 간의 연대를 구축할 수 있다는 점에서 큰 의의를 부여할 수 있다. 왜냐하면 犯罪地國의 屬地主義, 被害者 本國(국적법)의 消極的 屬人主義 原則에 의해 범죄지국이나 피해자 본국이 그 범죄인을 소추하지 아니한 경우에 발생할 수도 있는 '犯罪人 不罰'의 결과를 방지하기 위해서는 犯罪人(加害者)의 本國이 나서서 당해 범죄인을 처벌하지 않으면 안 되기 때문이다. 이처럼 적극적 속인주의에 기하여 행하여지는 재판은 代理處罰의 성격을 갖는다.160) 그러

---

158) 미국은 과거 이 견해에 대해 반대 입장을 취하다가, 최근 테러리즘 혹은 국제적 범죄행위가 빈발하자, 점차 입장을 바꿔 이 원칙에 의한 관할권 행사의 적법성을 인정하는 경향에 있다 (이장희, 앞의 논문, 361면).

159) 제성호, "남북한 간 인적 교류시 형사문제 처리방안", 법조 통권 449호, 1994.2. 51면, J. G. Starke, "Introduction to International Law", 9th ed. (London: Butterworths), 1984, p.224.

160) 이것은 본래는 범죄지국에서 영토주권에 기하여 범인을 처벌하여야 하나, 국적을 매개로 하여 犯人의 本國이 자국민인 당해 犯人에 대하여 犯罪地國을 대리하여 처벌한다는 점에서 그러하다. 국제형사법상 대리처벌주의에 관해서는, 森下 忠, 「國際刑法の潮流」(東京: 成文堂), 1984, 224~225頁 參照.

므로 범죄지법이 국내법보다 가벼운 경우에는 犯罪地法을 적용하는 이른바, '輕法優先의 原則'이 타당하게 된다.[161]

消極的 屬人主義는 犯罪地國이 범인을 처벌하지 않는 경우, 國外에 있는 자국민의 보호를 위하여 自國民이 被害者가 된 일정한 범죄에 대하여 피해자 本國 刑法의 적용을 인정하는 것이다. 이 원칙이 인정되는 근거는 범죄지국 등에서 범인을 처벌하는 규정이 없을 경우에 범죄의 진압을 위해 피해자의 본국이 이를 처벌해야 한다는 데 있으며, 더욱이 해외에 거주하는 자국민 보호를 위해서도 유용하다는 데 있다.[162] 따라서 이 주의는 被害者의 本國이 代理刑事司法의 차원에서 國外의 犯人을 처벌하는 원칙이라고 할 수 있다. 소극적 속인주의는 犯罪地國에서 可罰的인 行爲에 대해서만 적용되며, 범죄지국이 범인을 불법상태로 방치하고 있다는 사실을 전제로 한다는 특징을 갖고 있다. 이러한 원칙은 國外에서의 內國人 보호를 목적으로 한 것으로서 행위자의 국적이나 주소 여하를 불문한다는 점에서 保護主義와 공통점을 갖는다. 따라서 소극적 속인주의는 보호주의의 특수한 형태라고도 할 수 있으나, 保護主義는 범인의 처벌과 관련하여 犯罪地國의 刑法이 우선적으로 적용된다는 점에서 차이가 있다고 하겠다.[163]

행위지에서 可罰的이라는 의미에는 형사처벌 또는 그와 동등한 제도가 포함되며, 단순한 질서위반에 대한 秩序罰은 포함되지 않는다. 가별성을 판단할 때에는 행위지에서 유효한 禁止·要求規範뿐만 아니라 正當化事由 또는 免責事由가 포함된다. 그러나 세계

---

161) 김주덕, 국제형법, 문영사, 1993, 36면.

162) 大野恒太郎, "犯罪人引渡の現況と實務上の諸問題", 「法律のひろは」, 1984(7月号), 32頁.

163) 김주덕, "국제범죄 수사구조론", 법조 통권 제409호(1990.10), 45면.

적으로 널리 인정된 법원칙에 모순되는 정당화사유나 면책사유는 가벌성을 확정하는 데 그 적용이 배제된다. 동서독의 경우, 동독 피난민에 대한 동독 수비병의 발포행위가 自由移住權을 규정한 1968년 市民的·政治的 權利에 관한 國際規約(일명 國際人權規約) 제12조 제2항 및 제3항[164]에 위반되기 때문에 위법성이 조각될 수 없다고 보았다.[165] 다수의 국가들은 피해자 본국에 의한 가혹한 처벌이 국가 간 인적 교류 및 국제교통의 활성화에 역기능을 할 것으로 우려하여, 消極的 屬人主義의 적용에 반대하는 입장을 보이고 있다. 일반국제법상으로도 소극적 속인주의는 예외적으로 적용되고 있는 실정이다.[166]

우리 형법은 제3조에서 "本法은 대한민국 영역 외에서 罪를 범한 內國人에게 적용한다."라고 하여 속인주의를 채택하고 있다. 그렇다면 여기서 북한 주민이 현행형법 제3조에 규정한 내국인에 포함되는가의 문제가 제기될 수 있다. 그러나 현행 국적법이나 남북기본합의서에는 북한 주민의 대한민국 국적 여부에 대한 명문규정이 없다. 반면 현행 헌법 제3조(영토조항)에 의하면 북한 지역은 대

---

164) 동 규약 제12조 2항은 "모든 사람은 자국을 포함하여 어떠한 나라로부터도 자유로이 퇴거할 수 있다."고 규정하고 제3항은 "상기 권리는 法律에 의하여 규정되고, 국가안보, 공공질서, 공중보건 또는 도덕 또는 타인의 권리와 자유를 보호하기 위하여 필요하고, 또한 이 규약에서 인정되는 기타 권리와 양립되는 것을 제외하고는 어떠한 제한도 받지 아니한다."고 규정하고 있다(법무부, 국제인권규약보고서, 법무자료 제142집, 1991, 538면).

165) Zeiger/Schroeder (Hrsg.), Die Strafrechtliche Entwickelung in Deutschland, 1988, S. 199, 225.

166) 1935년경 피해자의 본국에 형사관할권을 인정하는—즉 소극적 속인주의를 채택한—국가는 약 25개국이 있었는데, 오늘날에 와서 刑法에 이 주의를 규정하고 있는 나라는 거의 없다고 한다(廣部和也, "犯罪의 國際化とその對應", 「ジリスト」, 제681号, 1979, 64頁, 註 17). 한편 소극적 속인주의를 채택한 대표적인 예는 프랑스의 1975년 7월 11일 형법(Law No. 75-624) 및 미국의 1986년 「綜合的 外交安全 및 反테러法(Omnibus Diplomatic Security and Antiterrorism Art of 1986)」이 있다(諸成鎬, "海上테러의 法的 規制", 「國際法學會論叢」, 제35권 2호, 1990, 252면).

한민국의 영토의 일부분이고 현행 국적법 제2조에 의하면, 북한 주민은 모두 대한민국 국적을 보유하는 것이 된다. 북한의 국적법도 제1조 제1호에서 "조선인민민주주의공화국 창건 이전에 조선의 국적을 소유하였던 조선인과 그 자녀로서 본법 공포일(1963.10.9.)까지 그 국적을 포기하지 않은 자"를 북한의 공민으로 규정하고 있다. 그렇다면 이 규정에 의해서라면 대한민국 국민도 또한 모두 북한의 공민이 될 수 있다는 해석이 가능한 실정이다.

  그러나 남북기본합의서 제2조의 내정불간섭 원칙과 '6·15 공동선언' 및 '10·4 남북정상선언' 등에서 북한의 정치적 실체를 인정하고 있다는 사실을 볼 때, 북한 주민에 대한 북한 국적 부여는 합리적이라 할 것이다. 결국 北韓住民은 형법상 內國人이 아니므로 外國人에 準하여 처리되어야 할 것이다. 그렇다면 대한민국 국민의 북한 내 범죄에 대해서는 현행형법 제3조의 '內國人의 國外犯' 규정이 적용되어야 할 것이나 北韓 刑法上 屬地主義 原則에 의해 우리 관할권이 우선 행사될 가능성은 사실상 희박하다.

  또한, 消極的 屬人主義에 의해 우리 국민이 북한 지역에서 피해를 당한 경우에 당연히 犯罪地法(북한 법)이 우선하게 될 것이다. 다만, 범죄지에서 범죄자를 처벌하는 규정이 없을 경우에는 우리 형법이 보충적으로 적용되게 될 것이다. 이는 앞서 언급한 것처럼 국외에서 내국인의 보호를 목적으로 한 것으로서 保護主義의 특수한 형태라고도 볼 수 있으나, 犯罪地法이 우선한다는 측면에서 보호주의와는 다르다고 할 것이다. 한편, 屬人主義도 法域마다 조금씩 다른 양상을 보이고 있는데, Common-Law 국가인 미국이나 영국은 국적 설정의 기준을 出生地主義에 의하므로 외국에서 범법행위를 저지른 自國人에 대해서는(반역죄나 살인죄 등의 중대범죄는 제외) 재판관할권을 행사하지 않는 것이 일반적 관행이다. 반면, 독일·프랑스·스위스 등 대륙법계 국가들은 국적 설정의 기준을 血統主義에 따르고, 자국민이 어디에서 범법행위를 행했던 간에 自國人에 대한 관할권을 갖는다.

3. 보호주의(Protective Principle)

保護主義란 외국인이 외국에서 죄를 범했더라도 그것이 자국의 안전보장 또는 중대이익 등 國家的 法益을 침해하는 범죄에 대하여 그 犯罪地, 犯人의 국적여하를 불문하고 自國刑法의 적용을 인정하는 원칙이다.

보호주의가 인정되는 근거는 국가의 정치적·경제적 중대이익이 관련되는 범죄인데도 범죄의 정치적 성격으로 인하여 인도가 거부될 수 있고, 그렇다고 해서 범죄지법에 의해 반드시 처벌되는 것도 아닌 경우에 생기는 처벌상 공백을 메우기 위하여 인정된 원칙이다. 이러한 보호주의의 대상이 되는 범죄의 범위는 각국의 입법례에 따라 상이하지만, 內亂罪·外患罪 또는 政府顚覆의 豫備·陰謀, 通貨僞造에 관한 罪 등은 공통적으로 보호주의의 대상이 되고 있으며, 그 범위는 점차 확대되어 가는 추세에 있다.[167]

예컨대, 독일 형법 제5조 제7호의 기업비밀침해죄, 스위스형법 제4조의 제조업무상의 비밀탐지누설죄, 오스트리아형법 제64조 제1항의 자국의 공무원에 대한 공무집행방해죄 등은 보호주의의 확대

---

167) 다만, 보호주의에 의해 보호되어야 할 법익의 범위에 대한 객관적 기준이 없다는 것이 보호주의의 가장 큰 문제점으로 지적되고 있다. 가령 일국의 언론이 타국에 비판적인 입장을 취했을 때, 타국에 들어간 그 언론의 책임자를 보호주의에 의하여 처벌하는 것은 불합리하다는 비판이 있다(諸成鎬, 앞의 논문, 註 22번)

경향을 보여 주는 사례이다.[168] 보호주의는 刑事管轄權(특히 國內裁判權)의 행사에 있어서 屬地主義와 같이 우선적으로 행사되는 것이며, 속인주의나 세계주의처럼 보충적 성질을 갖는 것이 아니다. 따라서 행위가 犯罪地에서 범죄가 되는지 여부를 불문하여, '輕法優先의 原則'도 적용되지 않는다. 또한 외국에서의 確定判決의 존재나 救免을 받았을지라도 국내에서의 소추를 방해하지 않는다.

앞서 언급한 것처럼 우리 형법 제5조는 "本法은 大韓民國 領域外에서 다음에 기재한 罪를 犯한 外國人에게 적용한다."고 규정한다. 또한 제6조 본문은 "本法은 대한민국 영역 외에서 대한민국 또는 대한민국 국민에 대하여 前條에 기재한 이외의 罪를 범한 外國人에게 적용한다."고 함으로써 보호주의를 규정하고 있다.

保護主義에 의하면, 外國人이 외국에서 범한 죄에 대해서도 우리 형법을 적용하므로 우리나라에서는 범죄가 되지만 외국에서는 범죄가 되지 않음에도 불구하고 그 외국인에게 우리 형법을 적용할 수 있다. 그러나 이는 외국인에게 불합리할 수 있으므로 제6조 단서는 "단, 行爲地의 法律에 의하여 犯罪를 구성하지 아니하거나, 訴追 또는 刑의 執行을 免除할 경우에는 예외로 한다."고 하여 우리 형법의 적용을 배제하고 있다.[169] 이 원칙은 주로 自國의

---

168) 미국에서는 이민신청서에 대한 부실기재를 처벌대상으로 하고 있다. 역시 미국에서 戰時僞裝結婚 仲介業(war brides racket)이라는 것이 문제 되고 있다. 이것은 외국에서 외국인과 미국시민 간의 위장결혼을 알선하고 이득을 취하는 행위이다. 이때의 依賴者는 優先的 移民順位를 확보하려는 외국인이다. 근래에 와서는 이러한 범죄행위가 전시는 물론 평시에도 횡행하여 미국사회의 큰 고질병이 되고 있는데, 미국에서는 이러한 것도 처벌대상으로 하고 있다(J. S. Starke, supra note 14, p.225 note 10 참조).

169) 예를 들어, 일본인 甲이 독일에서 배우자가 있는 한국인과 간통을 한 경우, 그 행위가 우리나라에서는 범죄가 되지만 행위지인 독일에서는 범죄가 되지 않는다. 이 경우 제6조 단서에 의해 甲에게 우리 형법을 적용할 수 없다.

國家安保에 해를 끼칠 수 있는 범법행위를 해외에서 저지르는 외
국인에 대한 관할권을 행사할 수 있다는 원칙이다. 이 원칙은 그
실제적 범위 및 내용에서 다소 불확실성은 있지만 일반적으로 확
립된 원칙이다. 또한, 이 원칙은 국가의 결정적 이익을 보호하는
기초 위에서 그 정당성이 주어진다.[170]

4. 세계주의(Universal Jurisdiction)

세계주의(世界主義)라 함은 각국이 모두 중요성을 인정하는 공통
의 기본적인 法益을 보호하기 위하여 犯罪地, 犯罪人, 被害者의
국적 여하를 불문하고 범죄인이 소재하는 국가가 형사관할권을 행
사할 수 있도록 하는 원칙으로서 普遍主義라고도 한다. 이 주의에
의하면, 어떤 犯法行爲는 국제사회 혹은 인류 전체에 대한 위법행
위로서 어떠한 犯法者에 대해서는 모든 국가가 관할권을 가진다는
이론에 근거를 두고 있다. 이 원칙에 의하여 모든 국가의 관할권에
속하는 대표적인 범죄행위는 해적행위(Piracy)와 전쟁범죄(War
Crimes)이다. 즉 세계주의는 범인의 不罰狀態를 방지하기 위하여
고안된 형사관할권 행사원칙으로서, 형사관할권의 확장현상을 단적
으로 보여 주는 것이라고 할 수 있다.

5. 他國과의 協定에 의한 管轄權

국가들은 상호 간의 합의를 통하여 특정한 행위에 대하여 관할
권을 행사할 수 있다. 때로는 전 세계 모든 국가들이 보편적으로

---

170) 이장희, 앞의 논문, 361면.

그런 권리를 갖는 경우가 있고, 또 두서너 개 국가들만이 상호적으로 인정하는 경우가 있다. 전자는 보편적 관할권의 원칙에 속하고, 후자는 국가 간의 합의에 의하여 관할권을 행사할 권리를 갖게 되는데, 이 경우에는 당해문제를 규정한 조약의 당사국들은 그 조약과 국제법상 적법성이 인정되는 범위 내에서 관할권을 행사할 수 있다. 즉 기존의 해적행위, 전쟁범죄와 같은 보편적 관할의 대상은 아니지만, 국제공동체가 공동으로 진압해야 할 해저전선 파괴행위, 마약거래, 노예행위 등은 '준 보편적' 관할권 범죄로 본다. 1948년 대량살상협약도 좋은 예라고 할 수 있다.171)

북한과 우리 당국 간 체결된 '개성공업지구와 금강산 관광지구의 출입 및 체류에 관한 합의서'도 북한 당국의 남측 인원에 대한 형사법적 제재를 포함할 수 있다는 측면에서 타국과의 협정에 의한 관할권을 준용할 수도 있을 것이다.

Ⅵ. 국제 형사관할권의 남북관계 적용 여부

1. 구 東·西獨 간 형사문제 처리모델172)

남북한의 관계가 국가 대 국가의 관계라면 남북한 인적 교류 확대에 따른 형사문제는 위 한국형법 제3조 - 제7조의 이른바 '국제형법'의 직접 적용을 받게 될 것이다. 그러나 남북기본합의서 전문은 '남북한의 관계는 나라와 나라 사이의 관계가 아닌 잠정적 특수

---

171) 이장희, 앞의 논문, 362면.

172) 장영민, "남북한 인적왕래에 따른 형사문제 처리방안", 형사정책연구 제4권 제2호, 1993, 168면.

관계'라고 규정하였으므로, 남북 간의 형사처리문제는 통독 전의 동·서독의 사례[173]를 참고할 수 있을 것이다. 통일 독일 전에 동·서 독에는 형사처리문제를 위해 ⅰ) 西獨刑法 適用說, ⅱ) 域間刑法適用說(Interlokales Strafrecht),[174] ⅲ) 國際刑法 適用說[175] 등 크게 나누어 3가지 모델이 있었다.

(1) 구서독 형법 적용설

이 설도 그 적용정도에 따라 대략 3가지 견해로 구분되는데, 첫 번째 견해에 의하면, 서독 형법은 동독인을 포함한 모든 독일 국적자에게 적용된다고 한다.[176] 즉 이 견해는 속인주의를 규정한 서독 구형법 제3조 제1항의 '독일 형법'을 서독 형법으로 보고, 동독인도 '독일국적자'에 포함된다고 보았다. 따라서 서독 법원은 서독법에 의해 동독인의 모든 범죄를 판단할 수 있다고 보았다.

두 번째로, 1950년 1월 23일 영국점령지역 최고법원(OGH BZ; Oberster Gericht für die Britische Zone)의 판결[177]은 서독 형법의

---

173) 통독 전의 동·서독도 그들 간의 관계를 우리처럼 특수관계(Besondere Beziehungen)로 보았기에 그 모델을 참고할 수 있다(이장희, "남북한의 특수관계와 그 운용방안", 외법논집 제7집, 1999, 142~145면).

174) 독일 기본조약체결 전부터 서독에서 판례법적으로 발전해 온 지역 간 형법이론은 통독 전 동·서독 간 형법적용의 문제에 있어서 행위지법주의를 원칙적으로 하되, 공공질서(order public)의 제한하에 이를 적용하는 것을 그 기본 내용으로 하였다. 즉 이 학설의 주요골자는 상이한 법역 간에 '행위지법'의 적용을 원칙으로 하되, 다만 재판시법에 비추어 행위지법이 현저하게 공공의 질서를 해친다고 판단되는 경우에 그 적용을 배제하였다는 점에 있다. 한편 이러한 역간형법 적용설에는 법정지법 적용설, 행위지법 적용설, 거주지법 적용설, 공공질서유보 등이 있다(이장희, 앞의 논문, 363면, 김승대, "상대방 지역체류의 법률문제 ― 신변안전의 법적 보장을 중심으로 ―", 남북교류와 관련된 법적 문제점[3], 법원행정처, 2004-1, 168면 註 300번).

175) 장영민, 앞의 논문, 72~73면 참조.

176) Walter Schwerdtner, "In Welchem Umfang gilt die Ostzone als Inland im Sinne des in der Bundesrepublik geltenden Recht?", (Ungedruckte Kölner Dissertation, 1956), S. 49; Volker Krey, "Zum innerdeutschen Strafanwendungsrecht", 1969, S. 5.

177) 장영민, 위의 논문, 169면, OGH St 2, 337(339).

무제한적 적용을 부인하고 서독 구형법 제3조 제1항의 '독일 형법'은 '서독 형법과 동독 형법'을 의미한다고 보았다. 여기서 동독과 인적 또는 장소적 관련을 가진 범죄에 대하여 어떤 형법을 적용할 것인가가 문제 되는데, 이 법원은 '법정지법(lex fori)'의 적용을 주장하였다.[178] 이와 같은 법정지법의 적용은 서독 법원이 동독인에 의한 동독 내에서의 범죄를 서독 법에 따라 판단할 수 있음을 의미하는 것이다. 특히 동독 피난민에 대한 동독 국경수비병의 발포행위에 대하여 서독 형법이 적용된다는 점에서 첫 번째 견해와 동일한 결론에 도달한다.

세 번째 견해는 서독 구형법 제3조 이하의 '독일국적자'에 동독인이 포함되는 것으로 보고 동독 지역이 '내국(Inland)'에 포함되는 것으로 해석하였다.[179] 따라서 서독의 형사관할권은 서독 내의 서독인뿐만 아니라 소련점령지역(SBZ: Sowjetische Besatzungszone) 내의 주민들에게도 미친다고 본 것이다. 그러나 이 견해는 첫 번째 견해와 달리 서독 구형법 제3조 이하의 '독일 형법'을 서독 형법과 동일시하지 않고, 지역형법으로서 동독 형법의 효력을 인정하였기 때문에 동독 관련 범죄에 어떤 형법이 적용되어야 하는가의 문제가 제기되었다. 이 견해에 의하면 이러한 '지역 간 형법문제'는 동서독 법의 독자적 발전을 고려하여 오직 법정지법인 서독 법이 적용되어야 한다고 주장하였다.[180] 결국 이 견해에 의해서도 동독 내에서 동독인에 의한 모든 범죄에 대해 서독 형법이 무제한적으로 적용된다는 동일한 결론에 도달한다.[181]

---

178) 장영민, 앞의 논문, 169면. OGH St 2, 337(339); Krey, a. a. D., S. 6.
179) Rudolf Kabel, Das Problem des interzonalen Strafrecht bei Gewaltdelikten an der Demarkationslinie, (Hamburger Dissertation, 1967), S. 18.
180) Ebenda., S. 63 ff.; D. Schultz, JR 1968, S. 41(46f.), 127 ff.

(2) 域間刑法(Interlokales Strafrecht) 적용설

域間刑法 適用說이란 한 국가 내에 상이한 2개 이상의 형법질서가 존재하여 행위지와 재판지, 거주지 등이 다른 경우 어떤 형법을 적용할 것인가의 문제로 東·西獨 간에는 이러한 역간형법이 적용되어야 한다는 견해이다. 역간형법은 1860년대 이후 프로이센을 중심으로 한 독일제국이 영토를 확장하는 과정에서 상이한 형법질서를 가진 개별국가를 편입하였는데, 편입된 지역에서 통용되던 형법과 기존 프로이센 지역의 형법이 다른 경우에 이를 해결하기 위해 불문법적으로 발전해 온 형법적용론이었다. 특히 1938년 독일(제3제국)과 오스트리아의 합방 시 오스트리아 형법의 효력을 계속 유지시켰기 때문에 '지역적 한계를 가진 제국형법'으로서 域間刑法의 문제가 본격적으로 제기되었다.[182]

서독 구형법 제3조 이하의 이른바 '국제형법'은 행위자나 행위지가 외국인이거나 외국일 때 그 범죄에 대한 '독일 형법'의 효력범위를 규정한 것인데, 동독은 서독과의 관계에서 외국이 아니라 '內國'이므로 同法 제3조 이하의 국제형법 규정은 동독 관련범죄에 적용되지 않는다고 한다.[183] 이 견해에 의하면 독일 영토에 2개의 독립한 법영역인 서독과 동독이 존재하고, 두 개의 독일에 각각 적

---

181) 위 Kabel에 따르면, 행위지법인 동독 법에 따른 이러한 범죄의 불가벌은 단지 책임의 영역에서 고려될 뿐이라고 한다(S. 68); D. Schultz, a.a.O., S. 130.

182) Hans – Heinrich Jescheck, "Lehrbuch des Strafrechts Allgemeiner Teil", 3.Aufl., (Berlin: Duncker and Humblot, 1978), S. 170.

183) 장영민, 앞의 논문, 170면. 이 견해에 의하면 구서독 형법 제3조 이하의 '내국'의 개념은 국제법과 국내법에 의해서 규정된다고 하는바, 이 경우 독일의 영토는 1937년 12월 31일 현재의 구 독일제국의 영토가 기준이 되어야 한다는 주장(Kohlrausch – Lange, Strafgesetzbuch, 38.Aufl.,(1944), Vorbem IV zu § § 3 – 7; Hans Welzel, LB 10.Aufl.,(1967), S.26; Lackner – Massen, 4.Aufl.,(1967), Vorbem. 4 zu § § 3 – 7)을 기초로 동독도 이 경계 안에 있기 때문에 서독형법 제3조 이하의 내국에 속하게 된다는 것이다(Jescheck, "Zur Reform des politischen Strafrechts", JZ 67, 6; BGH St 2,300(308)).

용되는 상이한 실체법인 서독·동독 형법이 있는 것이다. 그러므로 이러한 특수지역에서 발생하는 범죄를 규율할 목적으로 관습적으로 형성되어 온 域間刑法[184]을 고려해야 한다고 한다.

이때 역간형법의 구체적 적용기준이 무엇인가가 문제 된다. 여기에 準據가 되는 것은 독오합방조약에 따라 독일 제3제국(Hitler's Nazis) 내에 제국형법과 오스트리아형법이 공존했던 1938 - 1945년 사이에 발전된 판례와 학설이다. 이 기간에 집적된 판례와 학설은 독일 - 오스트리아 간에는 국제형법[185]이 적용될 수 없다는 것이 기본적인 입장이었다.[186] 그 대신 관습법적으로 굳어져 온 域間刑法을 적용하였는데, 그 구체적인 적용원칙으로서는 법정지법(lex fori) 적용설, 행위지법 적용설로 나눌 수 있고, 內國人의 國外犯罪에 관해서는 행위자 거주지법 적용설이 주장되었다.

1) 법정지법 적용설

법정지법이 역간형법 적용의 기준이 된다는 견해이다. 즉 오스트리아 법원은 독오합방 이후에도 오스트리아 형법만 적용되고, 독일 제국 법원은 제국형법만 적용이 가능하다는 것이다.[187] 그러나 법

---

184) 독오관계에서 '역간형법'(Interlokales Strafrecht)이라는 용어는 Schäfer(DJ 40,891)와 v. Weber(DStR 40, 182)가 처음으로 사용했다. 이에 비해 Kümmerlein(DStR 38, 280)은 "Interritoriales Strafrecht"란 용어를 사용했다.

185) 독일과 오스트리아는 각각의 형법에서 서로 다른 국제형법규정─독일 형법은 국제형법 규정을 3조 이하에 두고 있었고, 오스트리아형법은 제36조 이하와 제234조에 두고 있었다 ─을 가지고 있었기 때문에 1940년 5월 6일자 형법의 효력범위에 대한 규칙 (GeltungsbereichsVO)을 통해서 비로소 2개의 형법전을 위한 하나의 통일된 지역 간 형법이 창설되었다. Krey, a.a.O., S. 10).

186) 따라서 국제형법규정의 직접적용은 일반적으로 거부되었다. 효력범위규칙(Geltung - sbereichsVO) 시행 전의 법상황에 대해서는 Kümmerlein, S. 282ff., 그 이후 상황에 대해서는 RGSt 74, 219(221 f.) 참조.

187) Theodor Rittler, Die Abgrenzung der Geltungsgebiete des gemeindeutschen und des partikular - österreichischen Strafrechts, ZStW 62, S. 74, 79, 83.

정지법을 적용할 경우 동일한 범죄에 대하여 소재법원에 따라 다른 판결을 내리게 될 가능성이 있고, 이는 통일국가에서는 허용될 수 없는 것이기 때문에 판례와 학설은 역간형법에서 법정지법의 적용을 거부하였다.[188]

2) 행위지법 적용설

행위지법이 역간형법의 기준이 된다는 견해이다. 이 학설이 나온 이유는 독오 합방조약 제2조가 "합방 이후에도 합방 시 효력을 가졌던 오스트리아의 법률은 계속 유효하다."고 규정하였기 때문이다. 각 형법의 효력범위를 과거 자국지역으로 제한하였으므로, 역간형법을 규율할 원칙으로 "모든 내국범죄는 어느 법원에 의하더라도 그 행위지법이 적용되어야 한다"는 원칙이 정립된 것이다. 독일과 오스트리아와의 특수관계에서 발전된 이 학설은 戰後 동서독 사이의 형법적용 원칙으로 판례[189]와 학설[190]에서 받아들여졌고, 동독 내의 범죄를 서독 법원이 심판할 때에도 이 행위지법주의를 원칙으로 하였다.

3) 거주지법 적용설

속인주의를 취했던 서독 구형법 제3조 제1호에 따르면 독일국적

---

188) 장영민, 앞의 논문, 171면, RGSt 74, 219; v. Weber, Kohlrausch - FS(1944), S. 129.

189) 장영민, 위의 논문, 172면. 판례로는 BGH St 2,300(308); BGH Urt. vom 12.8.52, NJW 52,1146; BGH Urt. vom 14.10.54; GA 1955,178; BGH St 7,53; BGH Urt. vom 3.11.59, NJW 60,395 BGH Urt. vom 9.8.60, GA 61,24; BayOLG St 3(1953), 181; OLG Stuttgart, Beschluß vom 31.7.53, JZ 54,577; KG Urt. vom 5. 1. 56,151.

190) 장영민, 위의 논문, 172면, 학설로는 Schönke, StGB(4.Aufl.), S.4; Baumann, LB(5.Aufl.), 1968, S.66; Maurach, AT(3.Aufl.), 1965, S. 108; v. Weber, JZ 54, 578; Niese, JZ 57, 658.

자의 국외범죄에 대해서도 독일 형법이 적용된다. 그런데 독오합방 당시의 독일 형법에는 오스트리아 형법도 포함되므로,191) 독일인 내지 오스트리아인의 국외범죄에 대하여 어느 형법을 적용할 것인가가 문제 되었다. 독일 형법과 오스트리아형법의 지역적 관할구분은 내국에서 발생한 범죄에 대해서만 유효하기 때문에, 독일 및 오스트리아 국민의 국외범죄에 대해서는 행위자의 인적 연결소인 거주지법192)을 적용하는 것이 가장 간명하다는 것이었다.193)

4) 공공질서유보설(Order Public - Vorbehalt)

역간형법적용설을 취하고 행위지법을 기준으로 할 때, 법원은 타지역에 통용되는 법을 적용하는 결과가 된다. 이 경우에 타 지역에 통용되는 법이 법정지의 公共秩序(공서양속)에 반할 때에는 이를 유보하고 적용하지 않는 원칙이 바로 '공공질서유보'이다. 예컨대 동독 주민의 동독 지역 탈출행위는 行爲地가 東獨이므로, 西獨法院이 행위지법인 동독 형법에 따라 행위자를 東獨刑法의 월경죄나 탈출죄로 처벌하게 될 것인데, 이렇게 되면 서독의 公序良俗에 반한다. 그렇게 하여 域間刑法의 行爲地法 適用說은 중대한 제한을 받게 되는데, 이는 "行爲地法은 法治國家 原則에 반하지 않을 때에만 적용할 수 있다."는 제한이다.194) 서독 연방헌법재판소는 이

---

191) 장영민, 앞의 논문, 172면, Bruns, ZAkDR, 1940, 205.

192) Horst Schröder, Der Geltungsbereich der Teilstrafrechte im Deutschen Reich, DR 1942, S. 1115.

193) 행위지법과 거주지법이 경합하는 때에는 행위자가 가벼운 처벌을 받기 위해 형이 가벼운 곳으로 도망가는 것을 막기 위해, 거주지법이 중한 형을 규정하고 있으면 거주지법을 우선적으로 적용해야 한다는 견해(Schröder, 17.Aufl., 26 vor § 3)가 있었으나, 거주지법의 장소적 적용범위가 법정지에 미칠 수 없기 때문에 이러한 견해는 지지받지 못했다(Baumann / Weber 81 f., Blei Ⅰ 49, Jakobs 100, Samson SK § 3 Rn 17).

194) BGH, GA 1955, 178; BGHSt 7, 53(55).

밖에도 행위지법의 적용이 '법률적 모순'을 가져오거나 '윤리적 원칙'에 저촉되는 것일 때에는 행위지법의 적용을 거부한 바 있다.[195) 또 법치국가원칙에 반하는 행위지의 구성요건뿐만 아니라 서독의 공서양속에 반하는 허용규범, 즉 위법성조각사유나 책임조각사유도 그 적용이 유보된다.[196)

(3) 국제형법 적용설
1) 국제형법 전면적 유추적용설

한편, 위에서 언급한 역간형법의 적용을 반대하는 견해가 제기되었는데, 이에 따르면[197) 東·西獨이 분단되어 있고 양측은 상호 간 정치적 실체를 가진 정부이기 때문에 서로의 입법에 간여할 수 없다는 측면에서 역간형법의 적용은 타당하지 않다는 것이다. 이러한 입장에 의하면, 동독 관련 범죄는 국제형법규정인 西獨 舊 刑法 第3條 이하에 의해 규율할 수 있다는 것이다. 즉 東獨과 東獨人을 外國과 外國人처럼 취급하고, '獨逸刑法'은 西獨의 刑法만을 의미하는 것으로 해석한다는 것이다.[198) 대체로 비슷한 견해이면서 행위지법을 고려하는 견해가 주장되었는데, 예컨대, Lackner는 Dreher와 마찬가지로 동서독 간의 형법적용에서 역간형법 중 행위지법의 적용을 부당하다고 보면서, 서독 법원이 동독 관련 범죄를

---

195) BGH, NJW 52, 1146; BGH, GA 1961, 24(25).
196) 장영민, 앞의 논문, 173면, LG Stuttgart(HANKE – Urteil), JZ 64, 101; Rosenthal, Zur Strafbarkeit des Schuβ waffengebrauchs an der Zonengrenze, ROW 1967, S. 9f.; Niewerth, Zur Rechtsnatur des mitteldeutschen Regimes, NJW 67,768; Müzelburg, Zur Strafbarkeit des Schieβ ens an der Demakationslinie und an der Mauer, Recht und Politik, 1967, S. 109(112f.).
197) 장영민, 위의 논문, 173면, Schwarz – Dreher, 29.Aufl., 1967, Vorbem. 5 vor § 3.
198) Grünwald, Ist der Schuβ waffengebrauch an der Zonengrenze strafbar?, JZ 1966, S. 634.

재판할 때에는 서독 형법이 적용되어야 하고, 다만 행위지법을 통하여 형벌의 종류와 경중이 제한된다고 보았다.[199] 따라서 이 견해에 의하면 동독인 탈출자에 대한 동독 수비병의 폭력행위는 서독법에 의하면 可罰的이나 행위지법인 동독 법에 따르면 不可罰이므로, 서독 법에 의해 처벌될 수 없다는 것이다. 결국 Lackner의 견해도 서독 구형법 제3조 이하의 (유추)적용과 같은 결과에 이르게 된다.

또한 1972년에 체결된 동서독 기본조약 제6조에 의하면, 쌍방은 "양국의 국가권력은 그 영토에 국한한다."는 원칙에서 출발하여 "각기 그 국내·외의 문제에 있어서 양국 각자의 독립성과 자주성을 존중한다."고 되어 있어 법적으로 더 이상 동일한 형벌권의 존재를 주장하기 어렵게 되었던 것이다. 이와 같은 상황들의 변화에 의하여 서독 법원들도 1974년부터 지역 간 형법이론에서 국제형법규정의 유추 적용설로 입장을 변경하여 갔다. 이는 사실상 동독을 형사범죄에 있어서는 외국과 같이 취급하는 것을 의미하는 것이나, 東獨은 외국이 아니라는 연방헌법재판소의 판례상 國際刑法規定을 직접 적용할 수는 없고 類推適用하여야 한다는 것이었다.[200]

2) 정치형법 한정 유추적용설

Herrmann이 주장한 것으로,[201] 국제형법의 유추적용은 政治刑法에 한정되고, 一般犯罪에 대해서는 域間刑法이 적용된다는 견해이다. 그는 정치형법의 범주에 속하는 범죄로서 내란죄, 간첩죄 등을 들었다.[202] 이에 의하면 동독 수비병의 폭력행위는 위의 구성요건

---

199) 장영민, 앞의 논문, 174면, Lacker - Massen, Vorbem.5 b vor § § 3 - 7.
200) 법무부, 동서독 교류협력 법제 연구(법무자료 제278호), 2008, 210면.
201) Jochaim Herrmann, Die Anwendbarkeit des Politischen Strafrechts auf Deutsche im Verhältnis zwischen der BRD und DDR, 1960, S. 75, 81ff., 102; Krey, a.a.O., S. 76f., 102.

에 해당하지 않으므로 '역간형법의 규정'에 따라 공공질서유보를 조건으로 한 행위지법이 적용된다.

3) 국제형법 직접적용설

이 학설은 東獨關聯 犯罪에 대해 행위지법이나 國際刑法을 유추적용할 것이 아니라 西獨刑法의 국제형법규정을 직접 적용할 것을 주장한다.[203] 즉 서독 형법 제3조 이하의 국제형법은 전체 독일에 관하여 규정한 것이 아니라, 西獨에만 한정되는 것이라고 주장한다. 왜냐 하면, 東獨은 독자적인 형법을 가지고 있으므로 서독 형법은 연방공화국(서독)만을 규율할 뿐이라고 한다. 따라서 西獨 구형법 제3조 이하의 內國(Inland)은 西獨의 영역만을 가리키고 東獨地域을 포함하지 않는다. 국제법과 서독 기본법 제23조에 의할 때에도 연방공화국(서독)의 영토고권은 국제법적으로나 국내법적으로도 동독의 영토를 포함하지 않는다고 보아야 한다는 것이다.[204]

---

202) 1968.6.25.자 제8차 형법개정에 의해 이 규정들은 "평화교란(Friedenverrat), 내란(Hochverrat) 그리고 민주적 법치국가의 위해(Rechtsstaatsgef hrdung) 및 간첩죄(Landesverrat)"로 대체되었다.

203) Volker krey, "Anwendung des 'internationalen Strafrechts' im Verhältnis der Bundesrepublik Deutschland zur DDR", JR 1980, S. 45ff.

204) (i) 國際法적 측면에 대해서는 Krey, a.a.O., S. 23f.; Roggemann, a.a.O., S. 19, 35; 한편, BVerfGE 36(1ff.)은 기본조약에 대한 결정에서 다음과 같이 판시하고 있다. "동독은 독립국가이고 국제법적인 주체이며(S. 22), 동서독 사이의 관계는 국제법적 성격을 가진다(S. 23ff.). 연방독일의 영토에는 동독이 포함되지 않는다." 또한 동서독 기본조약 제6조에서는 조약의 성격을 국제법상의 조약(S. 23f.)으로 규정했다. 따라서 양국의 주권은 자국의 영토로 제한된다.
  (ii) 國內法적으로도 동독은 연방공화국의 주권에 복속하지 않는다는 것이 기본법 제23조 (기본법의 적용영역)에 비추어 볼 때 명백하다. BVerfGE, ebd., S. 16f.; Krey, ebd., S. 28; Roggemann, ebd., S. 17.

2. 舊東 · 西獨 간 형사문제 처리모델의 남 · 북한 적용 여부

(1) 구서독 형법(남한 형법) 적용설

그런데 이 학설을 남북관계에 적용해 본다면 헌법 제3조의 영토조항에 의해 북한 지역은 대한민국 영토이므로 북한 정권은 불법적으로 이를 점거한 상태가 된다. 그러므로 북한 정권은 반국가단체이며, 북한 지역은 반국가단체의 지배하에 있는 미수복지구로 보는 國家保安法에 따라 南韓刑法을 북한 지역에 무제한적으로 적용하는 방안을 생각해 볼 수 있다. 그러나 남북기본합의서와 6 · 15 남북공동선언, 10 · 4 남북정상선언 등에서 북한 정권의 실체를 인정하고 있는 점과 북한 지역에는 우리 형벌권이 행사되지 못하고 있는 실정을 고려해 볼 때, 위 학설을 남북관계에 그대로 적용한다는 것은 불가능하다고 보인다.

(2) 域間刑法 적용설

이 학설은 법적인 분단을 인정하지 않으면서 兩 體制의 共存을 모색하려는 정치적인 의도에서 구성되었을 뿐이지, 분단국의 현실을 직시한 이론은 아니라고 하겠다.[205] 분단독일의 현실에서 하나의 국가 안에 複數의 刑法領域이 있다는 것을 전제하는[206] 域間刑法의 行爲地法의 적용은 타당하지 않다.[207] 그렇다면 이러한 역간형법의 원칙에 따라 北韓關聯 犯罪에 行爲地法인 北韓刑法을 적용할 수 있는지가 문제 되는데, 무엇보다도 명문의 규정이 없는

---

205) Krey, a.a.O., S. 30 - 47.
206) Ebd., S. 9ff., 32, 40f.; 1866년 병합 후의 프로이센과 1938년 독오합방 뒤의 독일제국의 사례참조.
207) Herrmann, a.a.O., 1960, S. 35f.

역간형법을 적용함은 罪刑法定主義에 위반할 우려가 있다. 公共秩序留保 原則을 적용한다 해도 일반범죄를 체제수호 차원에서 처벌하는 북한 형법 특성상 역간형법 중 행위지법의 적용기준과 범위가 불확실하다. 결국 형법이나 형사정책의 목표와 이념이 상이한 北韓의 一般法을 우리 법원이 적용하기에는 많은 문제가 있다. 더욱이 지금처럼 법·제도적 인프라가 구축되지 않은 남북관계에 域間刑法을 적용한다는 것은 현실적으로 불가능하다고 본다.

(3) 국제형법[207] 적용설

남북한의 관계가 완전한 國家 對 國家의 國際法的 관계라면 남북한 주민의 인적 왕래에 따른 형사문제는 우리 형법 제3조 - 제7조의 이른바 國際刑法의 직접 적용을 받게 될 것이다. 그러나 앞에서 살펴본 바와 같이, 남북관계가 국제법적 관계가 아니라 "나라와 나라 사이의 관계가 아닌 통일을 지향하는 과정에서 잠정적으로 형성되는 특수관계"라고 본다면, 남북한 간의 형사문제에 대해 국제형법규정을 직접 적용하기는 어려울 것이다.[209] 그렇다면 여기에서 고려해 볼 수 있는 것은 국제형법의 '유추적용'이다.

3. 국제형법 유추적용설의 적용방안

그런데 3가지 유형 중 한국에 대한 적용가능성을 검토해 보면,

---

208) 오늘날 국제형법은 ① 외국관련범죄에 자국형법의 적용범위를 정하는 형법적용법(Strafanwendungsrecht), ② 국제적 범죄를 규제하는 실체적 국제형사법(Materielles internationales Strafrecht), ③ 국가 간 형사사법공조를 규율하는 각종 국내법과 조약을 뜻하는 사법공조법(Rechtshilferecht)을 포함하는 다의적 개념이지만, 여기에서는 ①의 의미로 사용한다(Dietrich Oehler, Internationales Strafrecht, 2.Aufl., 1983, S. 1 - 6ff.).

209) 이것은 "남북한관계를 헌법적 근거를 바탕으로 분석할 때, 소극적으로는 최소한 국가 간 관계가 아니므로 국제법이 적용되는 것이 아니라 국내법이 적용되는 관계라는 것을 명확히 한 것"이라는 주장과도 일치한다(이효원, 앞의 논문, 141면).

대체로 국제형법 유추적용설이 채택되고 있다. 국제형법 규정에 따라 北韓을 外國에 準하는 實體로 의제하여 상대방의 체제를 인정하면서도 상호 간을 외국으로 보지 않음으로써 국제형법의 직접적인 적용은 삼가는 것이다. 舊西獨의 경우에도 東·西獨 간 인적 왕래 과정에서 발생한 형사사건에 대한 형법 적용문제에 있어서 西獨刑法 適用說, 域間刑法 適用說(법정지주의, 행위지주의, 주거지주의), 國際刑法 適用說(國際刑法 類推適用說, 國際刑法直接適用說) 등의 학설이 있었으나 1972년 12월 21일 동베를린에서 개최된 東·西獨 基本條約[210]이 체결된 이후 학설 및 판례는 舊獨逸刑法 第3條 이하의 국제형법규정[211]을 유추 적용하는 國際刑法 類推適用說을 취하였다는 것은 앞서 살펴본 바와 같다. 그런데 이와 같은 유추적용의 허용 여부가 문제 되는데, 이 類推適用의 결과는 내국인의 범위를 제한함으로써 罪刑法定主義에서 금하고 있는 형벌권을 창설·확대하는 유추적용이 아니라는 점에서 허용된다고 하겠다.[212] 따라서 남북화해·협력단계에서는 현행 형법 제3조 - 제7조의 국제형법 규정을 유추 적용하여 북한 관련 범죄를 처리하는 것이 가장 합당하다고 본다.[213]

---

210) Vertrag über die Grundlagen der Beziehungen zwischen der Bundesrepublik Deutschland und der Deutschen Demokratischen Republik.

211) 구독일 형법 제3조는 독일 형법은 국내에서 범해진 범죄에 대하여 독일 형법을 적용한다는 내용이고, 제4조는 연방국기나 연방공화국의 국적표시를 게양할 권한이 있는 선박 또는 항공기 내에서 범해진 범죄에 대하여 행위지법에 독립하여 독일 형법을 적용한다는 내용이며, 제5조는 국내법익에 대한 국외범죄에 관한 규정으로 침략전쟁의 예비죄, 내란죄 등 일정 범죄에 대하여는 국외에서 범해진 경우에도 행위지법에 독립하여 독일 형법을 적용한다는 것이며, 제6조는 국제적으로 보호되어야 할 법익에 대한 국외범죄에 관한 규정으로 민족모살죄나, 항공교통에 관한 공격 등 일정 범죄에 대하여는 국외에서 범해진 경우에도 행위지법에 독립하여 독일 형법을 적용한다고 규정하고 있다.

212) 장영민, 앞의 논문, 177면.

213) 다시 말해, 우리도 평화협력의 동반자로서의 북한의 정치적 실체를 인정하는 바탕위에서 "독일 형법 제3조의 국내(Inland)에 동독 지역이 포함되지 않으므로 동독 지역에서 행해진

V. 구체적 사례의 검토

1. 북한 주민의 남한 체류 중 행한 범죄행위의 경우

북한 주민이 남한 방문 중에 범죄를 저지른 경우, 내·외국인을 불문하고 대한민국 영역 내에서 범죄를 범한 자에 대하여 속지주의 원칙을 적용하도록 규정한 현행형법 제2조(國內犯)에 따라 우리 형법이 적용된다. 그런데 동일한 사건의 경우에 '內國人의 國外犯'에 해당하는 南韓刑法 제3조의 積極的 屬人主義에 의한 처벌이 가능한지 여부가 문제 될 수 있다. 이 문제는 결국 북한 주민이 우리 형법상 內國人의 개념에 포함될 수 있는지 여부로 귀착된다. 우리 헌법상 영토조항 및 국적법에 입각한 기존의 해석론에 따른다면 이론상으로는 북한 주민도 형법 제3조의 內國人으로 간주하는 것도 가능하다. 그러나 이와 관련하여 현행 國籍法이나 南北基本合意書의 어디에도 남북한 주민의 국적문제에 대한 명문의 규정이 없다. 다만 그동안 우리 정부의 법집행 당국이 지금까지 헌법상 영토조항에 따라 북한 지역을 대한민국의 영토의 일부로 보고, 북한 주민 역시 대한민국 국민으로 간주하여 사법처리를 해 왔던 것이다. 특히, 국가보안법 제2조의 '反國家團體' 定義規定에 의하면 사실상 북한을 우리 영토로 보고 북한 주민이 지령을 받고 국내에 잠입하여 국가기밀 수집 등 간첩활동을 자행할 경우에는 무조건 內國人으로 인정하였다. 또한 북한 주민이 脫北하여 국내에 들어오는 경우에도 이들을 당연히 대한민국 국민으로 간주하고, 별도의

범죄는 국외범에 해당하고, 따라서 국외범에 대한 독일 형법 제3조 이하의 국제형법 규정들이 유추 적용되어야 한다."는 독일의 국제형법 유추적용설을 원용할 수 있는 것이다(同 旨 : 법무부, 앞의 책, 212면).

국적부여 내지 귀화절차를 거치지 않고 단순히 우리 戶籍에 등재 함으로써 就籍케 하여 왔던 것이다.[214]

그러나 남북한 관계의 이중성에 의해 북한이 헌법 제4조에 의해 평화·협력의 대상으로 작용할 때에는 남북기본합의서 및 6·15공 동선언, 10·4 남북정상선언의 정신에 따라, 북한 주민의 韓國人 擬制는 남북한 간의 체제인정 및 존중(특히, 상호 법질서존중 및 상대측 주민에 대한 상대측 당국의 형사관할권 인정)의 정신에 반 하는 부당한 법적용이라고 할 것이다. 결국 북한 주민은 북한이 지 난 1963년 10월 9일 제정한 북한 國籍法 제1조에서 "조선민주주 의인민공화국 창건 이전에 조선의 국적을 소유하였던 조선인과 그 의 자녀로서 본법 공포일까지 그 국적을 포기하지 않은 자와 외국 인으로서 합법적 절차에 의하여 조선민주주의인민공화국 국적을 취득한 자"를 公民으로 규정한 것처럼, 그동안의 北韓籍을 인정하 고 존중함이 남북관계 개선의 정책적 필요나 법현실에 비추어 타 당하다고 할 것이다.

따라서 평화공존 대상으로서의 북한 주민은 북한 국적법상 대한 민국의 국민, 형법상의 內國人이 아니므로 결국 북한 주민은 外國 人에 準해서 취급하는 것이 상호 체제인정 존중의 정신에 부합한 다고 할 것이고, 北韓住民이 남한에서 행한 범죄에 대해서는 주로 '自國民의 國外犯'에 대해 적용하는 적극적 속인주의에 의해 의율 할 것이 아니라 형법 제2조의 '外國人의 內國犯' 규정을 類推適用

---

214) 이에 대해서는, 향후 남북한 간 인적 교류가 활성화되면 우리 국적법 제2조의 '대한민국'을 남한으로 축소 해석하여 출생당시에 父가 大韓民國(南韓, 이하 동일) 국민이었거나 출생 하기 전에 父가 사망한 때에는 사망한 당시에 대한민국의 국민이었던 자, 父가 분명하지 아니한 때 또는 국적이 없는 때에는 母가 대한민국의 국민인 '北韓住民'만이 대한민국 국 적을 보유하는 것으로 간주하는 것이 보다 현실적이라는 견해가 있다(제성호, 남북한간 인 적교류시 형사문제처리방안, 58면, 註 30번).

하는 것이 남북한 관계의 사법처리에 대한 다수견해인 '國際刑法의 類推適用說'에 보다 합당할 것이다. 그런데 이 경우에는 북한 형법상 북한 주민의 형사관할권 행사와 관련하여 積極的 屬人主義와 남한의 屬地主義가 경합하게 될 것이다. 하지만 일반국제법상 속지주의가 적극적 속인주의에 우선한다는 것이 널리 인정되고 있기 때문에 남한이 형사관할권을 행사하는 데는 문제가 없다고 보지만, 현실적으로 남한을 공식적으로 방문한 북한 인원의 범죄행위에 대한 처벌은 힘들다는 측면에서 실효성은 없다고 할 것이다.[215]

2. 남한 주민의 북한 체류 중 행한 범죄행위의 경우

남한 주민이 북한 체류 중 범죄를 저지른 경우는 다시 몇 가지 경우로 나누어 그 처리방법을 생각해 볼 수 있을 것이다. 첫째, 남한 주민이 남북한의 刑法에 공히 위반되는 범죄를 저지른 경우이다. 이 경우에 북한이 대한민국의 영토의 일부분이라는 논리를 앞세워 屬地主義를 적용함은 앞서 설명한 바와 같이 不可하다고 본다. 그러나 犯人이 남한 주민이기 때문에 加害者의 本國인 남한이 積極的 屬人主義에 입각하여 남한 형법에 의해 범인을 처벌할 수는 있을 것이다. 다시 말해, 이와 같은 사안에서는 북한을 外國에 準하는 것으로 취급하여 남한 주민의 북한 내 범죄에 대해서는 우리 형법 제3조의 '內國人의 國外犯' 규정을 유추 적용하는 것이 타당하다고 본다. 다만, 이러한 경우에 있어서 南韓의 積極的 屬人主義와 北韓의 屬地主義가 경합하여 刑事管轄權의 우선행사

---

215) 지난 2003년 8월 하계유니버시아드 대회기간에 남한 주민에게 폭행을 행사한 북측기자를 기소유예처분으로 종결한 사례가 있다.

순위를 정할 필요가 있을 것이다. 물론 이 경우는 남북한 간의 合意에 의해 형사관할권의 우선순위를 결정해야 하겠지만, 합의가 없을 경우에는 국제법상 속지주의 우선 적용원칙에 의해 北韓刑法의 屬地主義에 의한 刑事管轄權이 우선 행사될 가능성이 많다.

두 번째, 남한 주민이 북한 지역에서 저지른 범죄행위가 남한 형법에는 저촉되지만 북한 형법에는 저촉되지 않는 경우가 있을 수 있다. 이 경우에는 북한의 속지주의가 적용될 여지가 없고 남한 주민에 대한 남한 형법의 형사관할권만 문제 될 것이다. 하지만, 이 경우에도 범죄를 저지른 남한 주민의 귀환이 전제될 때에만 우리 형법에 의한 남한 주민의 범죄행위에 대한 처벌이 가능할 것이다. 향후 남북 인적 교류의 활성화에 따라, 범죄를 저지른 남한 주민이 북한에 대한 정치적 망명을 신청하거나 북한 지역에 잠적하는 경우가 발생할 수 있으므로, 이에 대한 대비책의 일환으로 남북한 간 犯罪人引渡(Extradition)[216] 問題가 제기될 것이다.[217]

---

216) 원래 犯罪人引渡라는 제도는 국가 간에 행하여지는 것으로서 특수관계인 남북한 간에 Extradition이라는 용어를 사용하는 데에는 의문이 없지 않다. 이와 관련하여 英聯邦 諸國間에는 移送(Rendition)이라는 용어를 사용한 바 있음을 주목할 필요가 있다. 이스라엘도 이 용어를 주로 사용하고 있다. 한편 국제선례를 보면 미승인국 간에 Extradition대신에 Return이라는 용어를 사용한 경우도 있다. 가령 1907년 미국과 쿠바 간에 체결된「航空機 및 船舶의 拉致에 관한 諒解覺書」(Memorandum of Understanding on the Hijacking of Aircrafts and Vessels)가 그 대표적인 사례이다. 이것은 미국 측의 입장에서 보면 당사국 간에 외교관계가 없기 때문에 현실적으로 범죄인 인도제도를 이용하기 어려운 난점을 해소하는 동시에, 쿠바의 입장에서도 항공기납치범 등을 보다 용이하게 처리하는 방식으로서 强制退去(Deportation)를 선호함을 보여 주는 것이다(제성호, 항공기테러와 국제법, 지평서원, 1989, 121면).

217) 범죄인 인도제도에 의하면, 이와 같은 경우는 북한 형법상 남한 주민의 행위가 범죄를 구성하지 않기 때문에 雙方可罰性의 原則이 충족되지 않는다. 그러므로 북한이 범인을 인도할 의무가 없고, 북한의 자발적인 인도에 의존할 수밖에 없을 것이다. 따라서 향후 '개성공업지구와 금강산 관광지구의 출입 및 체류에 관한 합의서'의 부속합의서 체결 시, 일방 주민이 타방지역을 공식적으로 방문할 경우에 있어서는「정치적 망명 또는 기타 귀환의 거부」를 허용하지 않도록 명백히 해야 하며「일정구역을 과실로 이탈한 경우」에도 명확한 처리 규정을 두어야 할 것이다.

세 번째로 남한 주민에서 북한 지역에 체류 중 행한 범죄행위가 남한 형법에는 저촉되지 않지만, 북한의 형사법을 비롯한 일반법에는 저촉되는 경우가 있을 수 있다. 이런 경우에는 형사법의 대원칙인 屬地主義에 따라, 北韓法이 적용되어야 하지만 앞에서 언급한 것처럼 '출입 · 체류합의서' 제10조 제2항에 의해 경고 또는 범칙금 부과, 사안이 중대한 경우에는 남측으로 추방되고 있다. 개성공업지구에 발생한 실례를 든다면, 북한 지도자 및 체제 비판발언, 북측 근로자 비하발언, 음주폭행, 북측 여성근로자와의 연애사건 등에서 남측 주재원이 북한의 刑事關聯法과 一般法을 위반하였다는 혐의로 추방되었다.

3. 남한 주민이 북한 체류 중 범죄를 당한 경우

남북한 간 인적 교류 과정에서 남한 주민이 북한 방문 중에 북한 주민에 의한 犯罪의 被害者가 되는 경우가 있을 수 있다. 이것은 주로 消極的 屬人主義와 관련하여 문제가 되는데, 이 같은 경우에 남한 형법에 의해 북한 주민을 직접 처벌하기는 현실적으로 곤란하다. 형사관할권 행사에 있어서 북한의 속지주의가 남한의 소극적 속인주의에 우선하기 때문이다. 따라서 소극적 속인주의는 북한이 북한 주민의 범죄를 처벌하지 아니할 경우에만 적용되게 된다. 그러나 이 경우는 범인이 북한 지역에 있기 때문에 처벌을 위해서는 범인의 신병확보와 각종 증거수집이 필요할 것이다. 그러므로 이 경우에 있어서는 犯罪人引渡와 刑事司法共助 문제가 제기되는 것이다.

남한 형법 제6조(대한민국과 대한민국 국민에 대한 國外犯)는

"本法은 大韓民國 영역 외에서 大韓民國 또는 大韓民國國民에 대하여 前條에 기재한 이외의 罪를 범한 外國人에게 적용된다. 단, 行爲地의 法律에 의하여 犯罪를 구성하지 아니하거나 訴追 또는 刑의 執行을 免除할 경우에는 例外로 한다."고 규정하고 있다. 그런데 이 중 단서조항을 문리 해석하면, 행위지에서 범죄가 성립되지만 행위지국이 당해 범죄에 대하여 訴追 또는 刑의 執行을 면제할 경우에는 우리 형법이 적용될 수 없게 되는 결과를 초래하게 되는바, 消極的 屬人主義는 바로 이러한 경우를 대비하기 위한 형사관할권 행사원칙이라는 것이다.[218] 한편, 이러한 견해에 대해서는 남북관계에서 형법 제6조는 대한민국과 대한민국국민에 대한 國外犯에 관해서 규정한 조항으로서 외국인을 대상으로 하는 것인바, 형법의 적용상 북한 주민을 外國人에 準하여 취급할 수밖에 없음은 부인할 수 없으나, 법률상 완전한 外國人으로 간주할 수 없으므로 同 조항을 기계적으로 적용하는 것은 문제가 있다고 비판하고 있다.[219] 또한 消極的 屬人主義에 의하여 북한 주민을 처벌하는 경우에도 積極的 屬人主義와 마찬가지로 남한이 북한 주민의 신병 및 관련증거를 확보하여야만 처벌이 가능할 것이다. 물론 이에 관해서는 전술한 바와 같이 남북한 간의 刑事司法共助와 犯罪人引渡問題가 제기된다. 그러나 현재와 같은 교류협력 상황에서 북한이 여기에 적극 협조할 것인가에 대해서는 의문이 있다. 왜냐하면 북한이 남한에서 북한 주민이 처벌받는 것은 물론, 남한도 남한 주민이 북한에서 처벌받는 것을 꺼려 할 것이기 때문이다.

따라서 이러한 문제는 '개성공업지구와 금강산 관광지구의 출입

---

218) 장영민, 앞의 논문(남북한 인적왕래에 따른 형사문제 처리방안), 181면.
219) 제성호, 앞의 논문(남북한 간 인적 교류 시 형사문제 처리방안), 64면.

및 체류에 관한 합의서'의 부속합의서에 북한 당국이 범죄행위를 저지른 북한 주민의 처벌결과를 문서를 통해 남측 사법기관에 통보해 주는 규정을 마련함으로써 해결할 수 있을 것이다. 단, 북측에서 가벌적이지 않은 범죄의 경우에는 북한이 선의에 의한 범죄인 인도를 하지 않을 것이므로 이에 대한 별도의 처리절차가 필요할 것이다. 결국 최소한 개성공업지구와 금강산 관광지구에서 남한 형법상 소극적 속인주의가 직접 적용될 소지는 그리 많지 않다는 것을 알 수 있다.

제3부의 소결

남북한 간 인적 교류가 활발해질수록 남북한 인원이 연관된 범죄발생 빈도는 높아질 것이다. 이에 따라 남북한 인원이 관련된 형사문제 처리가 주요문제로 제기될 것이고, 이를 해결하기 위한 선결조건으로 남북한 간 형사관할권 문제와 準據法 결정 여부가 어려운 문제로 남게 된다. 그러나 위에서 살펴본 바와 같이, 준거법 결정에 있어서 남한 형법을 무조건 북한 지역에 확대 적용하는 것도 법리적 공방을 떠나 현실성이 없으며, 과거 東·西獨 간에 논의되었던 域間刑法의 적용도 우리 현실에는 맞지 않다. 그렇다고 해서 남북한 간의 특수관계에 비추어 우리 형법의 국제형법 규정을 남북관계에 그대로 적용하는 것도 어렵다. 결국 남북기본합의서에서 적시한 바와 같이, 남북관계를 국가 간의 관계가 아닌 '잠정적인 민족내부 간의 특수관계'로 규정한다면 형사관할권의 문제도

보다 탄력적이고 합목적적인 해석을 통해 해결해야 할 것이다. 그러므로 남북 간 또는 남북주민 간 형사처리 문제가 발생하였을 경우에 국제형법 규정을 그대로 적용할 것이 아니라, 북한과의 합리적인 조율을 통해 형사관할권 문제를 해결해야 할 것이다. 북한도 북한 지역에서 일어난 형사사건에 있어서는 결코 형사관할권을 포기하지 않을 것이고, 우리 역시 속인주의를 내세워 형법 제3조 내지 제7조의 국제형법의 북한 지역에서의 일방적인 적용을 내세우지는 못할 것이다.

물론 법리적인 입장에서는 헌법 제3조의 규범적 효력의 인정 여부와 관계없이 속인주의 원칙에 의해 우리 형법의 북한 지역에서의 규범적 효력을 인정할 수 있을 것이며, 북한 역시 남한 지역에서 북한주민에 관련한 형사문제 처리에 대한 관할권을 주장할 수 있다. 그러나 분단상황하에서 한반도에 위치한 남북정부와 주민들의 법적 지위가 이분법적이고 명확하지 않기 때문에, 어느 한 정부의 일방적인 법질서 강요는 자칫 남북관계의 원활한 발전에 많은 지장을 초래할 것이다.

따라서 이 문제는 헌법 제4조 평화통일 조항의 탄력적 해석과 헌법재판소와 대법원의 견해처럼, 북한 정부와 북한 주민의 이중적 지위를 인정하여 최소한 경제공동체 건설 등 평화협력의 문제에 있어서는 북한 및 북한 주민에게 대화와 협상의 대상자로서의 실체적 지위를 부여해야 할 것이다. 이러한 법리적 토대 위에서 비로소 형사관할권 문제를 논할 수 있을 것이며, 북한 당국에 의한 북한 지역에서의 형사관할권 행사는 결국 정당한 주권행사의 일환이 된다.

그런데 여기서 말하는 형사관할권 행사의 문제는 합법적으로 상대방 지역에 체류하는 주민의 신변안전보장 문제에 관한 것이지, 결코 한쪽의 일방적인 형사관할권 포기나 행사를 뜻하는 것은 아니다. 예컨대, 北韓 間諜이 남한에 침투하여 요인을 암살하거나 국가기밀을 수집하는 경우에도 남한 형법에 의한 형사관할권을 행사하지 못하거나, 북한 당국이 남한 사회에 정착한 '새터민'에 대한 형사관할권을 주장하면서 신병을 인도하라고 주장함은 비현실적이라 할 것이다. 그렇다고 해서 속지주의 원칙에 따라 해당 지역에서의 범죄행위에 대해서는 그곳을 관할하는 측에서 형사재판권을 행사하자는 견해도 북한 형사법의 적용과 운용상의 비민주성으로 볼 때, 아직까지는 받아들일 수 없는 방안이다.[220]

따라서 형사관할권의 경합을 인정하되 準據法의 人的·場所的 적용범위 및 범죄유형 등을 기준으로 서로의 형사관할권 행사를 일부 배제하는 방안[221]이 신변안전 보장에 대한 거의 유일한 검토 대상이 되는 것이다. 이를테면, 남한 형법상으로만 범죄가 된다면 당연히 북한의 형사관할권이 배제됨은 물론 남·북한 형법상 공통적으로 범죄가 되고 북한 인원이 피해자가 되었거나, 북한 형법에서만 범죄가 되는 경우[222]에도 남북한 합의하에 북한 일방의 형사

---

220) 박광섭 교수는 북한의 형사재판권을 전면 인정하는 경우의 신변안전보장문제에 있어서 수사와 재판과정은 북한의 형사절차에 따라 진행되도록 하고, 형벌의 집행은 남한 교정당국에서 이루어지도록 하는 형벌권 집행의 이양이 남북한 간 협약의 기본내용으로 설정되어야 한다고 설명하고 있으나, 현실적인 이행은 어렵다고 보고 있다(박광섭, 남북교류에서 신변안전보장과 북한 형사재판권문제, 법조, 2004.8. 76면).

221) 여기에 대해서도, 우리 형법과 공통되는 自然犯에 대해서는 일단 북한의 형사재판권을 인정하되, 法定犯의 경우에는 우리의 정서나 문화, 합리적인 행정목적 등이 북한과 다를 수밖에 없으므로 법정범에 대한 북한의 재판권을 일부 배제시키는 방안이 신변안전보장문제에 있어서 가장 현실적인 접근방안이라고 설명한다(위의 논문, 76-77면 참조).

222) 남한은 형법 및 형사특별법에서 형사처벌에 관한 규정을 두고 있으나, 북한의 경우에는 우리 법체계상 행정법규에 해당하는 각종 법률에서 "이 법을 어긴 개별적 공민에게는 정상에 따라 행정적 또는 형사적 책임을 지운다."는 형태로 규정하여 형사처벌은 형법을 準用하고 있는 것이 특징이다(가공무역법 제41조, 가족법 제54조, 공민등록법 제19조, 공중위생법

재판권 행사를 자제해야 할 것이다. 한편, 상호 형사관할권을 자제하는 인적 범위도 매 사업별로 신변안전보장 방안을 별도로 체결할 것이 아니라, 남북교류 협력 추진의 범위 내에서 상호 승인을 받아 상대지역을 왕래하거나 체류하면서 그 목적 범위 내에서 활동하는 상대방 주민에 대해서만 적용하는 것이 편리할 것이다.

결국 현재로서는 이미 발효되고 있는 '개성공업지구와 금강산 관광지구의 출입 및 체류에 관한 합의서'의 후속조치를 마련하여 남측 주재원에 대한 보다 확실한 신변안전 보장조치를 취한 후, 정상적인 남북교류 협력사업과 관련하여 상대방 지역을 오가는 남북한 주민 모두에게 확대, 적용하는 방안이 타당하다고 본다.

결론적으로 개성공업지구는 북한의 主權的 高權이 미치는 영역이라고 볼 때, 북한 정부의 실효적 통치력이 미치는 북한 주민에 대해서는 당연히 북한의 형사관할권이 미친다고 보아야 한다. 문제는 개성공업지구에 체류하는 남측 주재원에 대한 형사관할권의 문제인데, 이것도 북한 법령과 동일한 규범적 효력이 부여되는 '개성공업지구와 금강산 관광지구의 출입 및 체류에 관한 합의서'[223]에 의해 남측의 신변안전보장 문제에 있어서는 1차적 조사권과 경고, 범칙금 부과 등의 권한을 일단 북측이 갖는다고 규정하고 있다(同 합의서 제10조 제2항). 그러나 위반정도에 따라 남측으로 '추방'하는 규정만 두고 본다면, 일응 우리 형법상 속인주의가 적용되는 것처럼 여겨지고 북측의 일방적인 재판권과 형벌집행권은 강요하지는 않는 것으로 보인다. 다만, 同 합의서 제10조 제2항 단서는 "다

제32조, 마약관리법 제67조, 보험법 제73조, 저작권법 제48조, 컴퓨터소프트웨어보호법 제42조, 외화관리법 제42조, 의약품관리법 제53조 등 다수).

223) 同 합의서 제14조에 의하면, "인원과 통행차량 등의 출입 및 체류와 관련한 문제는 이 합의서가 우선적으로 적용된다."고 규정하고 있다.

만 남과 북이 합의하는 엄중한 위반행위에 대하여는 쌍방이 별도로 합의하여 처리한다."고 규정함으로써 살인, 방화 및 국가적 법익 침해행위 등 중대범죄에 대한 형사관할권은 보류하고 있는 듯이 보인다.

하지만 이러한 엄중한 위반행위의 경우에도 앞에서 살펴본 바와 같이, 강제수사를 비롯한 기소, 재판, 수형과 같은 北韓 형사관할권의 적용을 받게 하여서는 안 될 것이다. 그러므로 남측 인원의 법질서 위반행위 시 북한의 원칙적인 형사관할권을 인정하되 逮捕·拘束과 같은 강제수사를 수반하지 않는 단순한 범죄진압 및 진상확인 차원의 '조사' 정도로 북한의 형사관할권 행사를 조정하고, 관련된 남측 인원은 합의서의 규정에 따라 경고 또는 범칙금을 부과하거나 남측으로 추방하면 될 것이다.

제4부

남북한 刑事司法共助 체결방안

형사사법에 있어서 각 국가는 자국의 법익을 보호하기 위해서 속지주의, 속인주의, 보호주의 등 형사관할 원칙에 의해 행사하는 형사재판권을 국가의 주권으로 파악하여 타국의 재판권 침해행위에 대하여 이를 내정간섭으로 간주하고 이를 거부하는 것이 일반적인 경향이다. 그러나 테러리즘과 마약과 폭력 등 조직범죄와 사이버상의 각종 범죄의 범람 등에서 알 수 있듯이 범죄의 국제화 현상은 외국인에 의한 국내범죄, 국내 범죄인의 해외도주 등으로 나타나고 이에 대한 적절한 대처를 위한 국가 간의 긴밀한 협조가 필수적인 것이다.

원래 刑事司法共助란 범죄인인도와는 달리 범죄인의 신병확보를 목적으로 하는 것이 아니라, 형사사건과 관련된 국제협력을 통해 범죄의 예방이나 진압 또는 범죄인의 인권보호를 위해 존재하는 제도이다. 여기에는 외국에서 행하는 형사절차를 돕기 위한 증인과 감정인 등 관계인의 증언이나 진술의 확보, 물건의 인도, 압수·수색·검증, 문서의 송달, 정보의 제공 등 형사절차와 관련된 행위를 수행하는 것을 말한다. 그러나 구체적인 공조의 내용과 방법은 각국의 사법조직이나 형사절차가 동일하지 않은 관계로 공조의 내용 및 그 범위는 다양하며, 점차 확대되는 추세에 있다.

우리나라도 형사사건의 국제적 공조범위와 절차를 정하여 범죄진압 및 예방에 있어서 국제적인 협력을 증진할 목적으로 1991년 3월 8일 국제형사사법공조법을 제정하여 시행하고 있다. 同法 제5

조에서는 형사사건의 공조의 범위를 "사람 또는 물건의 소재수사, 서류·기록의 제공, 서류 등의 송달, 증거수집, 압수·수색·검증, 증거물 등 물건의 인도, 진술청취 기타 요청국에서 증언하게 하거나 수사에 협조하게 하는 조치로 규정하고 있으나, 공조에 관한 공조조약224)이 있는 경우에는 그 조약이 우선하도록 되어 있다(同法 第3條).

이러한 형사사법공조는 외국이 사법공조를 해 주는 유사한 범위 내에서 상대방의 공조에 응한다는 '相互主義', 형사사법공조의 대상이 되는 범죄는 요청국과 피요청국에서 모두 처벌 가능한 범죄에 해당하여야 한다는 '雙方可罰性의 原則',225) 공조에 의하여 취득한 자료를 요청 관련 범죄 이외의 목적으로 사용해서는 아니 된다는 '特定性의 原則'에 의해 각각 제한될 수 있다. 또한, 一事不再理 원칙을 기본으로 하면서 政治犯과 軍事犯 등 고도의 정치성을 띤 일정한 유형의 범죄에 대해서는 공조대상에서 제외시키고 있다. 아래에서는 한반도와 비슷한 분단경험이 있는 동서독과 중국과 대만의 형사사법공조 사례를 살펴본 다음, 남북한 관계에서 형사사법공조가 가능한지 여부에 대해 파악한 후 개성공단에서의 형사사법공조 방안에 대해 논증하도록 하겠다.

---

224) 우리나라는 2008년 4월 현재 호주, 미국, 캐나다, 프랑스, 중국, 홍콩, 러시아, 몽골, 뉴질랜드, 인도네시아, 우즈베키스탄, 태국, 베트남, 벨기에와 형사사법공조조약을 체결하고 있다.

225) 이 원칙과 관련하여, 남한 주민이 북한 부녀를 강간한 경우에 신병을 인계받아 우리 측 법원이 재판할 경우 강간죄는 남북한 다 범죄가 되는데, 우리 측에서는 피해자의 고소가 있어야 가벌성이 있게 된다. 그럴 경우 남측 범죄자를 처벌하기 위해서는 북한과의 협조를 통해 북한에 있는 피해자가 고소하도록 하고, 그 고소의 효력을 우리 측에서 인정하는 방안도 필요한 것이다.

제1장 남북한 刑事司法共助의 필요성

I. 刑事司法共助의 개념

사법공조(司法共助, Judicial Assistance, Rechtshilfe)란 사법기관이 그 직무를 수행할 때, 서로 주고받는 직무상의 원조를 말한다. 쉽게 말하면, 국내의 각급 법원이 시간 및 비용 등을 이유로 증거조사 등 재판사무를 다른 법원에 촉탁하지 않으면 안 될 경우가 있을 수 있는데, 이러한 경우에 대비하여 국내법원 상호 간에 필요한 원조를 해야 한다는 것을 법률로 정하고 있는바, 이것을 國內司法共助라고 한다. 국가 간의 사법공조는 외국과의 사이에 사법사무에 관하여 서로 협조하는 것을 말하는데, 보통 條約에 의하여 행하여지는 것이 보통이다. 세계화 시대에 있어서 사람이나 물자의 국제적 교류가 증가함에 따라, 당사자나 증거방법이 外國에 존재하는 사건이 증가하게 된다. 결국 범죄의 수사 및 재판과정 등 涉外事件에 있어서의 외국과의 협조가 절실히 요청되면서 그 필요성이 더욱 커지고 있다.[226] 형사사법 공조의 개념은 크게 협의, 광의, 최광의의 3가지로 구분된다. 협의의 형사사법공조에는 증인 및 감정인의 신문, 물건의 인도, 압수·수색·검증, 문서의 송달, 정보의 제공 등이 속한다. 광의의 형사사법공조에는 범죄인 인도(Extradition)와 협의의 형사사법공조(Mutual Assistance in Criminal Matters)가 포함된다.[227] 최광의의 개념에는 범죄인 인도 및 협의의 형사사법

---

226) 이러한 필요성에 부응하여 우리나라도 1988년 8월 5일에 범죄인인도법, 1991년 3월 8일에 국제민사사법공조법과 국제형사사법공조법을 각각 제정하였다.

공조에서 나아가 형사소추의 이관(Transfer of Proceedings in Criminal Matters) 및 외국 형사판결의 집행(Execution of Foreign Sentences)을 포함하고 있다.[228] 현재와 같은 남북한 간 신뢰구축이 확실하지 않은 상황에서는 협의의 형사사법공조가 검토될 수 있을 것이다.[229]

Ⅱ. 개성공업지구의 刑事司法共助 필요성

한편, 최근에 개성공업지구와 금강산 관광지구를 비롯한 남북한 각 분야에서 교류가 늘어남에 따라 남북한 주민 사이에 민사소송뿐만 아니라, 형사사건의 처리를 위하여 남북한 사법기관 사이에 사법공조를 해야 할 상황이 벌어질 가능성을 배제할 수 없다. 이러한 상황에 대비하여 남북한 사법기관 사이에 어떤 사안과 경로를 통하여 사법공조를 해야 할 것인가에 대한 연구가 절실하다고 할 것이다.

독일의 경우, 1990년 2월 13일~14일간 兩獨 간 民・刑事 司法共助 교류를 규율하기 위해 양독 간 전문가 회담이 Bonn에서 개최되어 몇 개 항목에서 합의를 보았다. 독일 사법공조는 통일국가의 진전을 위해 정부차원에서가 아니라, 전문가 회담에서 그 실질적 해결방안을 모색하였다는 점에 특색이 있다.[230] 이하에서는 우리와 같은 분단경험이 있는 독일의 사례를 참고하여 통독 이전의 사법공조의 개략적인 모습을 살펴보고자 한다.

---

227) 이장희, 앞의 논문, 367면; 김주덕, 앞의 책(국제형법), 53면; 한명섭, 앞의 논문(형사사건 처리관련 남북 협력체제 구축방안), 43면.

228) 백진현・조균석, 국제형사사법공조에 관한 연구, 형사정책연구원, 1993, 4면.

229) 백충현, 형사사건에 관한 국제사법공조, 현대국제법론(이한기 박사 화갑논문집), 1985, 197~199면.

230) 이장희, 위의 논문, 367면.

과거 남북한은 상대측 주민이 자기 측으로 월경해 온 경우에 월경동기를 묻지 않고 정치적 귀순자로 환영해 왔으며, 또한 자기 측의 체제선전에 활용해 왔다. 그러나 남북한 간 평화정착이 일상화될 경우에 상대측 주민이 범죄를 저지르고 그 처벌을 회피할 목적으로 상대측 지역으로 도주할 수 있다. 이 경우에는 과거와 같이 정치적 귀순자로 취급할 것이 아니라, 양측의 신뢰구축을 위한 형사처벌에 협조해 주어야 할 것이다. 따라서 오로지 범죄로 인한 처벌을 회피할 목적으로 도피해 올 경우, 남북한 양측의 적대관계를 해소한다는 차원에서 형사처벌을 목적으로 한 사법 공조의 필요성이 제기될 것이다. 특히, 개성공업지구는 1단계 분양이 완료되고,[231] 2009년 6월 현재 개성공단에 상시 출입하는 남측 근로자는 1천여 명에 달하며 북측 근로자는 4만여 명에 육박[232]하고 있어 남남 근로자 또는 남북 근로자 상호 간 사건·사고가 빈발할 우려가 높다. 지금은 개성공업지구법을 비롯한 출입체류합의서의 신변안전 보장규정을 통해 북한에서 1차적 조사권을 행사하고 있으나, 북측 인원에 의한 형사사건과 남측 인사의 월북 등 중대범죄의 경우에는 남북 간 사법공조를 통해 사건을 처리하는 것이 상대측의 체제에 대한 인정과 존중, 내부문제 불간섭을 규정한 남북기본합의서 정신에 부합한다고 할 것이다. 아래에서는 남·북한의 인적·물적 교류 시 형사사건을 비롯한 각종 사건 사고 발생 시, 남북한 사법공조 가능 여부를 동서독 및 중국과 대만 등 분단국의 경험적 사례연구를 통해 조감해 보도록 하겠다.

---

231) 2007년 6월에 있었던 개성공단 1단계 2차 분양(53만평 상당)을 통해 섬유, 전기·전자 등 총 183개 기업이 선정되었다(통일부, 개성공단 5년, 2007, 45면).

232) 개성공업지구관리위원회 홈페이지(www.kidmac.com)/열린마당/자료실/통계.

제2장 刑事司法共助에 관한 비교법적 고찰

Ⅰ. 統一 이전의 구 東·西獨 간 형사사법공조

1. 東·西獨 간 형사사법공조의 변천개관[233]

(1) 동·서독 법무부를 통한 형사사법공조

보통 국가 간의 형사사법공조는 사법공조조약에 의해 이루어지는 것인데, 동·서독 간에는 사법공조조약이 체결되지 않았기 때문에 동·서독 간의 형사사법공조는 동·서독 양쪽의 일방적인 법이나 지침에 의거한 불규칙적인 방법으로 행하여졌다.

서독의 법원조직법 제156조 이하의 사법공조에 관한 규정에 의하면, 독일의 사법기관 상호 간에는 사법공조요청에 의하여 요구된 행위가 법률에 의해 금지된 것이 아닌 한 사법공조를 제공할 의무가 있었기 때문에, 서독은 동·서독 분단 직후에도 동독 법원을 법원조직법 제156조 이하에서 정한 '독일의 법원'으로 보고 동독의 법원과 형사사법공조를 하여 왔다. 결국 분단 이후에도 동·서독 법원 상호 간에 다른 기관을 거치지 않고 직접 사법공조를 하였던 것이다.

그 와중에서 서독은 동독 법원과의 형사사법공조에 관하여 특별

---

233) 이진만, "동·서독 법원사이의 사법공조", 남북교류와 관련한 법적 문제점4(특수사법제도연구위원회 제13, 14, 15차 회의결과보고), 법원행정처, 100면 이하, Ulich Morgenstern, Vereinbarkeit von Strafgesetzen der DDR mit rechtsstaatlichen Grundsätzen und dem order public der Bundesrepublik Deutschland, 1983; Herwig Roggemann, Strafrechtsanwendung und Rechtshilfe zwischen beiden deutschen Staaten, 1975.

한 규율을 할 필요가 있어서 1953.5.2. '형사사건에서의 內獨 사법공조 및 직무상 공조에 관한 법률'(이하 '형사사법공조법'이라고 함)을 제정함으로써 동독과의 사법공조에 관한 법적 근거가 되었다.[234] 이 형사사법공조법은 기본법이 적용되는 지역 이외의 지역[235]과 형사사법공조를 어떻게 할 것인가를 정하고 있었는데, 이에 따르면 수사기관의 사법공조는 전과기록통지를 제외하고는 모두 관할 고등검찰청 검사장[236]의 허가를 받도록 되어 있었다.

한편, 동독은 외국과의 사법공조는 1965년의 동독 법무부의 통첩에 따라 행하여졌는데, 그에 따르면 사법공조는 반드시 사법공조조약에 의거하거나 법무부를 통한 외교경로를 거쳐 하도록 되어 있었다. 사법공조조약이 체결되지 않은 국가와의 사법공조는 지구법원 또는 국가공증인이 수행하도록 되어 있었고, 해당 사법공조가 동독의 주권·또는 안전의 침해 등 동독 법질서의 기본원칙에 반하는 경우에는 사법공조를 거부하도록 되어 있었다. 동독 법무부는 1969년 다시 '서독 및 서베를린과의 사법공조는 모두 동독 법무부를 경유'하여야 한다는 통첩을 하달하였다. 또한, 서독이나 서베를린 측의 사법공조 요청은 반드시 서독의 연방법무부(또는 주법무부)와 동독의 법무부를 경유하여야 적법한 것으로 허용되었다. 따라서 서독 법원에서 동독 법원으로 직접 하는 사법공조는 처리되지 않은 채 반송되었다. 그리하여, 동독 법무부의 1969년 통첩에는 서독의 주법무부가 동독의 법무부를 경유하여 처리하는 사법공조

---

234) 한편, 서독의 사법기관과 '외국'의 사법기관 사이의 사법공조에 관하여는 1929년 제정되고 1964년에 전면 개정된 '독일 범죄인인도법'(Deutsches Auslieferungsgesetz)이 적용되었다.

235) 동독 지역과 그때까지 독일연방에 편입되지 않았던 Saarland주를 말한다.

236) 주의 검찰총장이라고 할 수 있다. 원어상으로는 Generalstaatsanwalt라고 되어 있다.

가 허용되고 있었음에도 불구하고, 1970년대 초에는 서독의 주법무부가 동독의 연방법무부로 하는 사법공조요청의 상당수를 반송하는 등 당시에는 동·서독 간의 사법공조는 사실상 이루어지지 않았다.[237]

동·서독 간에 체결된 1972년 12월 21일의 기본조약 제7조 제4호에 관한 추가의정서에서, 동·서독 간의 민사 및 형사사법공조를 가능한 한 합목적적이고 단순하게 규율할 용의가 있다는 것을 선언하였다. 그리하여 사법공조는 양측의 법무부를 경유하지 않고 동·서독 법원 간에 직접 처리하는 방안이 가장 단순하기 때문에, 동·서독 법원 간에 직접 사법공조를 행할 수 있는 근거가 될 조약체결을 위한 회담을 열었으나 합의에 이르지는 못하였다. 합의에 이르지 못한 주된 이유로는 동·서독이 근본적으로 상이한 법제도를 가지고 있었고, 법정책적인 견해가 달랐기 때문이다. 또한 국적문제와 베를린을 사법공조조약의 적용대상에 포함시킬 것인지에 관한 문제에서도 근본적인 입장차이가 있었기 때문이다. 결국 동·서독 간에는 조약상의 근거 없이 사안별로 사법공조가 행하여져 온 것이다.

한편, 1960년대 말 동독이 사법공조의 경로와 관련하여 연방법무부 또는 연방검찰총장을 경유할 것을 요구하면서부터 동·서독 간의 사법공조가 사실상 중단상태에 이르게 되자, 서독 정부는 1970년 동독에 대한 사법공조요청은 서독의 법원이 관할 주법무부를 거쳐 동독 법무부에 요청서를 보내 동독 내의 관할 법원으로 전달하도록 결정하였다. 이에 따라 서독 법원은 위와 같은 경로로 사

---

237) 당시 동독은 서독의 주법무부가 아니라 연방법무부가 사법공조요청을 동독 법무부로 송부할 것을 요구하였다(이진만, 앞의 논문, 102면 註 56번).

법공조요청을 하였으며, 서독 법원의 사법공조요청을 처리한 동독 법원은 그 처리 결과를 동독 법무부로 경유하여 서독 연방법무부로 송부하였다. 이를 받은 서독 연방법무부는 주법무부를 거쳐 사법공조를 요청한 서독 법원으로 보냈다. 반면 동독 법원의 서독 법원에 대한 사법공조요청은 동독 법무부가 이를 서독 연방법무부로 보내고, 서독 연방법무부는 다시 해당 법원을 관할하는 주의 법무부로 보내 관할 법원에 전달하도록 하였다. 단, 동독의 사법공조요청에 따른 서독 법원의 처리 결과는 연방법무부 등 다른 기관을 경유하지 않고, 해당 사건을 처리한 서독 법원이 공조를 요청한 동독 법원으로 직접 보냈다.

(2) 동·서독 검찰청을 통한 형사사법공조

동독과 서독의 검찰청 간에도 동·서독 분단 직후부터 상당히 오랜 기간 동안 다른 기관을 통하지 않고 직접적인 형사사법공조가 행하여졌다. 그러던 1967년경부터 동독은 서독 검찰의 사법공조요청은 동독의 검찰총장을 반드시 거칠 것을 요구하였다. 또한 동독의 검찰총장은 서독에 대하여 서독 검찰이 동독 검찰에 요청하는 사법공조는 반드시 서독의 해당 지역을 관할하는 각 주의 고등검찰청 검사장이 동독 검찰총장에게 하도록 요구하였다. 반면에 동독 검찰은 원칙적으로 동독 검찰총장을 거쳐 서독 각 주의 고등검찰청 검사장에게로 사법공조 요청서를 보냈고, 그 처리 결과는 동독 법무부를 거치지 않고 서독 검찰이 공조를 요청한 동독 검찰에게 직접 송부하였다.

또, 1969년부터는 동독의 검찰총장은 서독의 중앙사법행정기관(연방법무부 또는 연방검찰총장)이 동독의 검찰총장에게 사법공조를 요청하도록 요구하였는데, 이에 대하여 서독 검찰은 동독의 요구를 거부함에 따라 동·서독 검찰과의 형사사법공조는 사실상 중단되게 되었다. 그러나 그 와중에서도 부분적인 사법공조는 행하여졌는데, 통일적인 송부경로가 없이 일부는 검찰총장을 통해 행하여지기도 하고 일부는 사법행정기관을 거쳐서 행하여지기도 하였다.

2. 구 西獨의 형사사법공조법

서독은 동·서독 간의 형법의 상이함과 동독의 정치형법 등으로 동독 법원과의 형사사법공조에 관하여 특별한 규율을 할 필요가 생기자, 1953년 5월 2일 '형사사건에서의 내독 사법공조 및 직무상 공조에 관한 법률(형사사법공조법)'을 제정하였다. 이 형사사법공조법이 동독과의 형사사법공조의 기본법이 되었다.

(1) 입법배경

1949년 서독의 기본법과 1953년 형사사법공조법을 제정할 때, 서독의 입법자들은 독일제국이 제2차 세계대전 종전 후에도 계속 존속한다는 법적 견해를 가지고 있었다.[238] 즉 內國은 동독과 서독의 영역 전부를 뜻하며, 독일인은 동·서독의 주민 모두를 가리키고 형사사법공조법 제1조 제1항의 독일의 법원 및 법원조직법 제156조의 법원은 동독과 서독의 법원 모두를 뜻하는 것으로 인식하였다. 따라서 동·서독 간의 사법공조를 內國 사법공조의 특수한 케이스로 다룰 수 있다는 의식을 갖고 있었다. 독일제국의 항복과 함께 독일이 동·서독으로 분단된 이후에도 분단 직전까지 全 독

---

238) 이러한 입장은 기본법 서문, 제16조, 제23조, 제116조, 제146조에 각각 반영되어 있다고 볼 수 있다(이진만, 앞의 논문, 105면).

일 주민에게 적용되었던 법원조직법, 민법, 형법, 민사소송법, 형사소송법 등이 여전히 동·서독 모든 지역에서 효력을 발휘하였고, 동·서독 간 적용되는 準據法이 동일하였으므로 사법공조를 하는 데 있어서 큰 장애가 없었다.

그러나 동독에서 형사처벌조항과 형사절차법을 제정하거나 독자적으로 기존 법률을 해석해 나가는 과정에서 동·서독 간의 법률의 차이가 나타나기 시작하였고, 이러한 동·서독 사이의 법의 분열로 인하여 서독의 법원이나 사법기관은 동독의 사법기관에 대하여 사법공조를 제공하는 데 일정한 제한을 가하기 시작하였다. 또한, 이러한 제한은 연방헌법재판소에 의하여 합헌적인 것으로 인정되었다.[239]

결국, 동·서독 간의 정치체제와 법체계의 차이로 인해 동독에 대한 형사사법공조를 서독 지역 내 사법기관간의 형사사법공조와 완전히 동일하게 볼 수 없게 되자, 서독은 동·서독 간의 형사사법공조문제를 특별히 규율할 필요성을 인식함에 따라 刑事司法共助法을 제정하게 된 것이다. 즉 입법자들은 동·서독을 포함한 전 독일의 실체법과 절차법의 통일성을 염두에 두었고, 사법공조를 보다 폭넓게 하지 아니하면 형사소추가 곤란하게 될 수도 있다는 형사정책적인 측면도 고려하였다.[240]

---

239) 연방헌법재판소는 1952년 6월 13일 판결(BVerfGE 1, 332)에서 동독 법원이 선고한 형사판결에 대하여 서독의 법원조직법 제162조, 제163조를 적용하여 집행공조를 제공하는 것이 원칙적으로 허용된다고 하면서도, 그 사법공조에 일정한 제한이 있음을 판시하였다. 즉 서독의 사법기관이 형집행공조를 제공하기 위해서는 동독 법원의 형사판결을 내국 법원의 판결과 동일하게 볼 수 있을지 여부를 심사하여야 하는데, 그 심사에서는 동독의 형사판결이 "연방법의 목적과 충돌하는지 여부"와 "법원조직법, 절차법 및 실체법 등 모든 관점에서 보아 필수불가결한 것이라고 인정되는 법치국가의 본질적인 기본원칙을 침해하는지 여부"를 심사하여야 하고, 위와 같은 기준에 부합하지 않는 경우에는 동독의 형사판결에 대하여 집행공조가 허용되지 않는다고 하였다. 이러한 심사기준은 다음해에 형사사법공조법을 제정하면서 제2조에 그 취지가 반영되었다(이진만, 앞의 논문, 106면 참조).

입법자는 동·서독 간의 사법공조를 內國 사법공조에 준하여 처리하도록 하였기 때문에 국제형사사법공조에 흔히 적용되는 상호주의 원칙을 포기하였다. 또한, 형사사법공조를 요구받은 범죄사실이 서독 형법상 構成要件에 해당될 뿐만 아니라, 可罰性이 있을 경우에 한하여 사법공조를 한다는 '동일규범의 원칙'241)도 형사사법공조법에는 채택하지 않았다.

1972년 기본조약이 체결된 이후에는, 기본조약에서 서독이 동독을 국가로 인정하였으므로, 동독과의 사법공조를 원칙적으로 내국사법공조로 보는 형사사법공조법의 기본입장은 더 이상 유지될 수 없으므로 기본조약에 맞추어 형사사법공조법을 개정하여야 한다는 주장이 있었다. 그럼에도 불구하고 서독의 입법자들은 법제당시의 기본입장을 변경하는 내용의 개정을 하지는 않았다.242)

(2) 적용범위

형사사법공조법은 그 법이 적용되는 지역 밖에 있는 '독일'의 법원 및 기관과의 사법공조에 적용되었다(형사사법공조법 제1조 제1항). 따라서 동독 지역의 법원과 기관, 당시까지 독일연방공화국(서

---

240) 입법당시, 국민들의 법감정을 고려하되 동·서독의 법의 분열이 형사소추에 장애가 되는 일이 없도록 가능한 한 넓은 범위에서 사법공조를 제공함으로써 동·서독 간의 법적통일에 기여하자는 입장과, 동독과 서독 간의 상이한 법령, 정치제체, 문화, 법원조직과 사법권의 행사방법을 솔직하게 인정하여 동독과의 형사사법공조에 상당한 제한을 가하자는 의견으로 나뉘어 있었다. 입법자는 위와 같은 의견을 절충하여 원칙적으로 서독의 사법기관은 서독 내의 각 주 사이에서의 사법공조와 비슷하게 동독의 사법기관에 대하여도 사법공조를 제공할 의무를 부담하는 것으로 정하고, 예외적으로 형사사법공조법 제2조가 정한 일정한 사유 (예외사유)가 있는 경우에는 사법공조를 제공하지 않도록 정하였다(이진만, 앞의 논문, 106~107면).

241) 독일 범죄인인도법 제2조 제1항은 동일규범의 원칙을 규정하고 있다.

242) 연방헌법재판소도 이른바 Ingrid Brückmann 사건에서, 동·서독 간의 기본조약이 체결됨에 따라 형사사법공조법은 헌법에 합치되지 않게 되었다거나, 최소한 그 규율대상을 상실하여 효력이 없어졌다는 요지의 헌법소원청구인의 주장을 받아들이지 않고 형사사법공조법의 합헌성을 여전히 인정하였다(BVerfGE 37, 57, 60).

독)에 포함되지 않았던 자르 지역243)의 법원 및 기관과의 형사사법
공조에도 적용되었다.

(3) 형사사법공조의 허용한계

서독의 형사사법공조법은 원칙적으로 서독의 법원과 사법기관에
게 동독 법원에 대하여 內國 사법공조를 제공할 의무가 있다는 점
으로 규정하면서도(동법 제1조 제2항), 다른 한편으로는 예외사유
(제2조)를 둠으로써 일정한 경우에는 사법공조를 제공하지 않을 수
있다는 내용의 절충적인 입법을 하였다.

형사사법공조법 제2조는 형사사법공조의 限界事由로 ⅰ) 사법공
조의 제공이 연방법(서독 법)의 목적에 배치되는 경우, 다시 말해
서독의 公序에 반하는 경우(제2조 제1항 제1호), ⅱ) 사법공조의
이용이 法治國家의 기본원칙에 부합하지 않는 경우(제2조 제1항
제2호), ⅲ) 형사사법공조의 제공으로 인하여 이해관계인에게 법치
국가의 기본원리에 반하는 현저한 불이익이 초래되는 경우(제2조
제1항 제3호), ⅳ) 공조요청기관이 있는 곳에서 적용되는 법률에
死刑이 규정되어 있는 경우에, 사형이 집행되지 않는다는 보장이
없는 경우(제2조 제2항) 등이 그 예외사유이다. 서독은 政治犯과
軍事犯244)에 대해서는 ⅱ)의 사유를 들어 인도 등 형사사법공조를
거부하였고, ⅳ)는 犯罪人 引渡와 관련된 예외사유로서, 서독은 동
독의 형벌법규에 사형이 규정되어 있는 범죄에 관하여는 위 조항
을 근거로 범죄인 인도를 하지 않았다.

---

243) 자르지역(Saargebiet)은 1957년에 독일연방공화국(서독)에 가입하여 그때부터 비로소 서
    독의 한 州가 되었다.
244) 외국과의 사법공조에 관한 법률인 독일 범죄인인도법은 정치범과 군사범의 인도금지를 규
    정하고 있다.

또한, 형사사법공조법 제2조 제4항에 의하면 "證人은 구속상태에 있더라도 그 의사에 반하여 신문이나 대질을 위하여 인치할 수 없다."고 규정함으로써 증인신문 내지는 증인의 인치를 내용으로 하는 사법공조에 일정한 제한을 가하고 있다.

형사사법공조법 제2조 제5항의 경우, 刑執行을 내용으로 하는 사법공조와 관련하여 동독 법원에 의하여 선고된 형벌의 종류와 형량이 법치국가의 기본원리와 서독 법의 목적에 배치되지 않아야만 형의 집행이라는 사법공조를 제공할 수 있다고 규정하고 있다. 또 서독의 형집행기관이 동독 법원에 의하여 선고된 형벌 중 상당하다고 인정되는 부분에 한정하여 그 부분만을 집행할 수 있다는 것을 정하고 있는데, 집행될 형의 종류와 기간은 서독의 법원이 정한다(형사사법공조법 제8조 제2항).

(4) 형사사법공조의 절차

형사사법공조법 제3조는 범죄혐의자의 인도, 구금, 재판의 집행, 피의자 또는 증인의 구인 및 신문, 피의자 또는 증인에 관한 정보의 제공 및 문서의 송부 등 중요한 형사사법공조는, 그 사법공조가 행하여지는 장소를 관할하는 고등검찰청 검사장의 사전허가를 받아야 한다. 다만, 전과기록의 제공과 관련된 사법공조는 허가가 필요 없다. 각 주의 법무부는 문서송부를 내용으로 하는 사법공조에 관하여는 그 허가권을 고등검찰청 검사장이 아닌 다른 기관에게 위임할 수 있다(형사사법공조법 제3조 제2항 제2문).

이상과 같은 내용의 사법공조 이외의 형사사법공조사건에서도 형사사법공조의 제공 여부에 대한 의문이 있으면 고등검찰청 검사장의 사전허가를 받아야 한다(형사사법공조법 제3조 제3항). 제공하여야 할 형사사법공조의 내용 중 범죄인의 인도 또는 구인, 선고된 형의 집행, 형선고에 따른 부가처분, 형집행을 위한 보전조치 등의 경우에는 고등검찰청 검사장은 허가를 하기 전 인도 요청된 범죄혐의자 등 이해관계인을 심문하여야 한다. 기타 사법공조로 인하여 통상 얻을 수 있는 이익보다 더 큰 불이익이 생기는 것을 방지하기 위하여 필요한 경우에는 이해관계인을 심문하여야 한다.[245] 이때, 이해관계인은 변호인의 조력을 받을 수 있고, 변호인은 사법공조사건과 관련된 서류를 열람할 수 있다.

고등검찰청 검사장의 형사사법공조에 관한 처분은 이해관계인에게 서면으로 고지하여야 하고, 만약 범죄인의 인도 또는 구인, 선고된 형의 집행, 형선고에 따른 부가처분이나 형집행을 위한 보전조치 등을 내용으로 하는 형사사법공조를 허가한 경우에는 이를 이해관계인에게 송부하여야 한다.

고등검찰청 검사장의 형사사법공조 허가처분에 대하여 이해관계인은 그 처분을 송달받은 날로부터 1주일 내에 고등법원에 이의신청을 할 수 있다.[246] 고등법원에 이의신청을 하면, 고등검찰청 검사장에 허가한 인도 또는 구인은 집행이 중지되고, 그 밖의 경우에는 고등법원은 잠정처분으로서 사법공조의 중지를 명할 수 있다. 이의신청에 따른 고등법원의 결정에 대하여는 그 결정의 고지일로

---

245) 이해관계인을 심문하기 위하여 체포한 경우에는 즉시 심문을 행하여야 하고, 계속 구금할 것인지 여부를 결정해야 한다. 만약 수사를 위하여 구금하는 경우에는 늦어도 체포된 날의 다음날까지는 구법원 판사에게 인치하여야 하는데, 이에 관하여는 형사소송법상의 구속영장 발부절차에 관한 규정이 준용된다(이진만, 앞의 논문, 109면, 註 65번).

246) 한편, 국가 간 형사사법공조(국제사법공조)에 적용되는 독일 범죄인인도법은 정부에게 사법공조 여부에 관한 판단권을 주고, 법원에 대하여는 객관적인 인도요건의 심사권만을 부여하였다. 그리하여 법원이 인도를 불허하는 결정을 하는 경우에는 그 결정이 최종적인 것이어서 정부도 범죄인을 외국에 인도할 수 없지만, 법원이 객관적인 인도요건이 있다고 판단하여 인도를 허용한 경우에도 그 범죄인을 실제로 인도할지 여부는 정부가 판단할 수 있다(이진만, 앞의 논문, 110면, 註 66번).

부터 1주일 내에 연방통상법원에 재항고할 수 있다. 형사사법공조법 제정당시에는 연방통상법원에 항고하는 것이 허용되지 않았으나, 1974년 10월 18일의 개정에 의해 재항고가 허용되었다.[247]

(5) 司法共助를 행하지 않는 경우의 형사소추

형사소추를 위한 동독의 인도요청이나 구인요청을 서독이 거부한 경우나 동독의 인도요청이 전혀 없을 경우에는, 서독은 서독 법에 따라 그 사람을 처벌하기 위한 형사절차를 진행한다. 만약 동독 지역에서 이미 수사절차가 개시된 경우에는, 고등검찰청 검사장의 신청에 따라 고등법원이 서독에서 형사절차를 진행하는 것을 허용한 이후에야 비로소 공소를 제기할 수 있다. 만약 고등법원이나 연방통상법원이 이미 동독의 인도요청이나 구인요청을 허가하지 않는다는 결정을 한 경우에는 그 결정으로 서독에서의 형사절차진행을 허가한 것으로 본다.

또한 동독에서 형사재판을 진행하여 有罪判決을 선고한 후 서독에게 그 刑의 執行을 요청하거나 그 형의 집행을 위하여 범죄인의 인도를 요구하는 내용의 사법공조요청을 하였는데, 서독이 이를 허용하지 아니하는 경우에도 해당 범죄인을 처벌하기 위해 서독은 서독 법에 의거하여 독자적인 형사절차를 진행한다. 동독에서 유죄판결이 선고되었음에도 불구하고 그 형의 집행을 요청하거나, 범죄인의 인도를 요구하는 사법공조요청이 없는 경우에도 서독 법의 형사절차에 의할 수밖에 없다.

인도요청과 마찬가지로 서독에서 형사소추절차를 진행하려면 고등법원의 허가가 있어야 한다. 그러나 서독 법원은 서독에서 진행

---

247) 독일 범죄인인도법이 고등법원의 결정에 대하여 연방통상법원에 재항고할 수 있었으므로 이와 균형을 맞출 필요가 있었고, 판례의 통일을 기할 필요가 있어 위와 같이 개정하였다.

하는 형사절차에서, 피고인이 동독에서 선고받은 형보다 더 불리한 형을 선고할 수는 없다.

(6) 동독 판결의 執行不許決定

동독에서 유죄판결을 선고받은 사람은 서독에서의 그 유죄판결의 집행이 형사사법공조법 제2조의 규정상 執行不能일 경우에는 자신의 住所地 및 居所地를 관할하는 고등검찰청 검사장에게 그 동독 법원의 유죄판결의 집행이 허용되지 않는다는 것을 확정해 달라는 신청을 할 수 있다. 동독 판결의 집행불허결정 신청은 동독에서 해당 유죄판결의 집행이 완료된 경우와 동독이 그 집행을 위한 사법공조요청을 하지 않은 경우에도 할 수 있다.

위와 같은 신청에 대한 고등검찰청 검사장의 결정은 이를 고지하여야 하며, 신청을 기각할 경우에는 그 결정을 신청인에게 송달하여야 한다. 신청을 기각하는 결정에 대하여 신청인은 그 결정을 송달받은 날로부터 1주일 내에 고등법원에 이의신청을 할 수 있다. 그러나 고등법원의 결정에 대한 재항고는 허용되지 않는다.

동독 판결의 집행을 불허하는 고등검찰청 검사장 또는 고등법원의 결정이 있는 경우에는 이를 연방중앙등록처에 통지하여야 하고, 연방중앙등록처는 동독 법원의 유죄판결사실이 등록되어 있는 경우에는 이를 삭제하여야 한다. 동독 판결의 집행불허결정이 있으면, 그 판결선고의 효력이 서독에서는 소멸되고, 이에 따라 동독 판결의 선고로 서독에서 발생했던 모든 종류의 불이익은 소멸된다. 동독 법원으로부터 선고받은 판결로 인한 불이익은, 설사 그 판결이 이미 동독에서 집행이 된 경우나 그 집행을 위한 사법공조요청이 없을 것으로 예상되는 경우에도 여전히 있을 수 있다. 즉 유죄판결을 받았다는 사실만으로 犯罪者라는 오명을 뒤집어쓸 수 있고, 그 동독 법원의 판결이 연방중앙등록부에 범죄경력으로 등재되면 범죄경력조회에 그 사실이 나타난다. 또 서독은 원칙적으로 동독 법원의 판결을 서독 법원의 판결과 동일하게 취급하였기 때문에, 동독 법원의 유죄판결로 인하여 서독에서 공무원이 될 수 없거나 피선거권이 5년간 제한되는 등 불이익이 있었다. 또 일정한 범죄사실로 유죄판결을 받은 경우에는, 營業許可와 같은 행정행위를 함에 있어서 불허가사유가 될 수 있다.[248]

3. 형사사법공조법의 실무상 운용

(1) 공조사건수

형사사법공조법이 시행된 후 가장 흔한 사건은 동독 판결의 집행불허결정 신청사건이었고, 고등검찰청 검사장이나 법원에 대하여 신청한 사법공조허가신청은 그다지 많지 않았다. 이는 동독에서 서독으로 탈출한 사람들이 그 탈출행위에 대하여 동독에서 유죄판결이 선고되자, 이로 인한 서독에서의 불이익을 제거하기 위하여 同제도를 많이 활용하였기 때문이었다. 한 연구결과[249]에 따르면, 1953년 5월 8일부터 1959년 12월 31일까지 형사사법공조법에 따라 13,700건 가량의 사건이 처리되었는데, 그중에 11,739건 가량이 동독 판결의 집행불허결정 신청사건이었고 724건만이 동독에 대한

---

248) 바이에른주 법무부가 제1차 국가시험에 합격하고 시보로서의 실무수습을 신청한 사람에 대해, 그가 동베를린의 형사법원으로부터 유죄판결을 선고받았다는 이유로 그 실무수습신청을 거부하는 처분을 하였고, 이에 대하여 그 신청인이 행정소송을 제기한 사건에서, 연방행정법원은 바이에른주 법무부의 처분이 정당하다고 판시한 바 있다(BVerwG ROW 1970, 257).

249) Karl-Theodor Lieser, Sowjetzonales Strafrecht und order public, Frankfurt/Berlin, 1962.

사법공조허가를 신청한 사건이었다고 한다.

또 다른 연구논문250)에 의하면, 1957년 1월 1일부터 1958년 12월 31일까지 Celle 고등검찰청에 접수된 형사사법공조법 사건은 모두 171건이었는데, 그중에 139건 가량이 동독 판결의 집행불허결정 신청사건이었고 30건이 동독에 대한 사법공조허가를 신청한 사건이었다고 한다.

이와 같이 형사사법공조법에 따른 절차 중 동독 판결의 집행불허결정 신청사건이 수적으로는 가장 많았지만, 동독에 대한 형사사법공조에서 실무상 가장 문제가 되고 언론과 학계의 주목을 받은 사건은 동독 법원의 형사판결의 집행을 구하는 사법공조요청사건과 동독 사법기관의 범죄인인도를 구하는 사법공조요청사건이었다. 특히 동독을 탈출하는 행위가 동독 법상으로는 범죄를 구성하였기 때문에 동독 탈출행위에 대해 선고한 동독 법원의 유죄판결과 동독 탈출과정에서 저지른 범죄(동독 국경경비대원 살상 등)에 대한 유죄판결의 집행요청 또는 그 같은 행위를 한 사람의 인도요청에 대한 사법공조의 이행 여부에 관한 것이었다.

(2) 동독의 형사사법공조 요청에 대한 실무상 허용한계

서독의 형사사법공조법에 의하면, 동독과의 형사사법공조는 內獨 사법공조로서 동독의 형사사법공조에 원칙적으로 응하여야 한다고 규정한다. 다만, 형사사법공조법 제2조가 정하는 例外事由가 있는 경우에 한하여 사법공조가 허용되지 않는 구조로 되어 있었는데, 판례가 동독과의 형사사법공조에 엄격한 요건을 요구함으로써 판례에 의해 점차 예외가 원칙적인 것으로 변화되었고, 결국에는 실

---

250) Karin Stötter, Die Recht – und Amtshilfe in Strafsachen im Verhältnis zur sowjetisch besetzte Zone Deutschlands, Bonn, 1960.

무상 동·서독 간 형사사법공조는 유명무실하게 되는 결과를 초래하였다.

형사사법공조법 제2조 제1항이 규정하고 있는 세 가지 사법공조 거부사유는 입법자나 판례에 의하여 내용적인 면에서, 분명한 구분 없이 혼용되어 활용되었다. 동독으로의 인도 여부가 문제 되어 언론으로부터 집중적인 조명을 받았고, 학문적으로도 활발한 논의가 되었던 두 가지 사례를 소개한다.

1) Ingrid Brückmann 사건

동독 검찰총장은 동독 주민이었던 Brückmann이 아버지를 살해하고 서독으로 도주하였다는 이유로 베를린 고등검찰청 검사장에게 Brückmann을 동독으로 인도하여 달라는 내용의 사법공조요청을 하였다. 베를린 고등검찰청 검사장은 Brückmann을 인도하는 사법공조를 허가하였고, 이에 대하여 Brückmann이 베를린고등법원에 이의신청을 하였으나, 베를린고등법원도 같은 내용의 결정을 하였다. 이 고등법원의 결정에 대하여 Brückmann이 헌법소원을 청구하였다. 위 헌법소원사건에서 연방헌법재판소는 1974년 3월 27일 형사사법공조법 제2조 제1항 제2호가 정하고 있는 '法治國家의 基本原理'라는 개념을 합헌적으로 해석하여야 한다고 하면서, 범죄혐의자를 동독의 형사소추기관으로 인도할 수 있는 요건을 매우 엄격하게 해석하고, 베를린고등법원의 사법공조허가결정을 취소하였다. Brückmann 사건에서 연방헌법재판소는 합헌적 해석을 통해 다음과 같은 여러 가지 요건이 충족되어야만 범죄인인도가 형사사법공조법 제2조 제1항 제2호가 규정하고 있는 법치국가의 기본원리에 부합하는 것으로 보았다.

즉 ① 이해관계인이 인적·물적으로 독립된 법관에 의하여 재판을 받아야 하고, ② 공정하게 진행되는 절차에서 이해관계인에게 법적 청문권이 보장되고 실질적인 방어의 기회가 제공되어야 하며, ③ 동독의 수사절차 또는 재판절차가 인간의 존엄과 정의의 요청에 부합하는 절차일 것, ④ 현저하게 정당하지 못한 형벌의 선고나 이해관계인의 기본권을 고려하지 않은 형집행과 같은 조치가 배제되어야 하며, ⑤ 형을 선고받은 자가 수감되어 있는 동안에 서독에 있는 친척 또는 친구와 상당한 정도로 접촉을 유지할 수 있다는 것이 보장되어야 하고, ⑥ 이해관계인이 만약 동독에서 무죄선고를 받거나 복역을 마친 후에는 즉시 서독으로 귀환할 수 있는 권리를 가질 것 등의 요건을 갖추어야 법치국가의 기본원리에 부합하는 것이라고 하였다. 이 사건은 서독 법원이 동독 법원에 형사사법공조를 제공할 수 있기 위하여 동독 법원에서의 절차나 판결이 갖추어야 할 요건을 구체적으로 판시하는 출발점이 되었다.

그러나 이 판결에 대해서는 학계로부터 형사사법공조법 제2조를 지나치게 엄격하게 해석함으로써 동독으로 범죄인을 인도할 가능성을 사실상 봉쇄하여 동·서독 간의 형사사법공조를 공동화시키는 결과를 가져왔다는 비판이 제기되었다.

2) Werner Weinhold 사건

동독 검찰총장은 동독 인민군에 근무하다가 탈영하여 서독으로 탈출한 Werner Weinhold가 탈출 과정에서 동독의 국경경비대원 2명을 살해하였으므로 Werner Weinhold에 대하여 형사소추를 하여야 한다는 이유로 그를 동독으로 인도하여 달라는 요지의 사법공조요청을 하였다. 이 사법공조요청에 대하여 허가신청을 받은

Hamm 고등검찰청 검사장은 연방헌법재판소가 판시한 기준에 따라 동독의 사법공조요청을 거부하였다.

한편, Werner Weinhold에 대하여는 형사사법공조법 제10조에 따라 서독에서 형사소추절차가 진행되었다. 즉 서독에서 진행된 형사절차에서 서독 법원은 동독에 대하여 수사기록을 송부하여 달라는 내용의 사법공조요청을 하였던바, 동독 검찰총장은 이를 거부하고 계속적으로 Werner Weinhold의 인도를 요구하였다고 한다. 그런데 여기에서 미묘한 상황이 발생하였는데, 동독 입장에서는 범죄인 인도라는 사법공조요청을 서독이 거부하고 있으므로 서독의 사법공조요청인 수사기록 송부요청에 응할 수 없었다. 하지만 그렇다고 해서 수사기록을 보내 주지 않으면 Werner Weinhold가 서독 법원에서 증거부족을 이유로 무죄를 선고받을 가능성이 있었기 때문에 딜레마에 빠졌다.

결국, 동독은 이러한 딜레마를 해결하기 위해, 공식적으로는 서독의 수사기록송부요청에 응하지 않는 한편 서독에 Werner Weinhold의 인도를 요구하는 사법공조요청을 계속하면서 인도를 요구하는 사유에 대한 소명자료로 동독 수사기관의 수사기록을 첨부하여 보냈다. 동독은 서독에 대하여 반복적으로 범죄인 인도를 요구하면서 그때마다 사법공조요청서의 첨부문서로 보내는 방식으로 사실상 동독 수사기관의 수사기록을 모두 서독으로 송부하였다고 한다.[251] 이러한 절묘한 과정을 통해 同人은 동독 수사기관의 수사기록을 토대로 서독의 형사소송절차 과정에서 범죄사실을 자백하였다고 한다. 다른 한편, 서독에서의 재판에서 Werner Weinhold의 국경경

---

251) 이진만, 앞의 논문, 116∼117면, 이진만 판사는 이러한 사실을 특정자료에서 인용한 것이 아니라 독일 유학 시 서독 연방법무부의 前職 관리에게서 득문하였다고 한다.

비대 살해행위가 정당방위인지가 문제 되어 1·2심의 판결이 서로 엇갈렸는데, 결국 연방통상법원에서 정당방위를 이유로 무죄가 선고되었다는 것이다.

(3) 동독 판결의 執行不許決定 신청이유

앞서 언급한 바와 같이, 동독 판결의 집행불허결정 신청사건의 당사자들은 주로 서독 주민으로서 동독에서 유죄판결을 받은 후 형집행을 마쳤거나 사면을 받고 서독으로 다시 귀환한 자, 서독 주민으로서 동독 탈출을 도운 혐의 등으로 동독 법원에서 궐석판결에 의해 유죄선고를 받은 자, 원래 동독 주민으로서 서독으로 탈출한 자, 정치범 교환252) 등을 통해 서독으로 추방된 자, 일정한 연령에 도달하여 서독으로의 여행이 허가된 자 등이었다고 한다.

그런데 여기에서 동독 판결의 집행불허결정 신청을 하는 이유로서, 동독 판결의 선고로 인하여 생긴 불이익을 제거할 필요가 있다는 소극적인 사실뿐만 아니라 동독 판결의 집행불허결정을 받으면 '서독 이외의 지역에서 정치적 이유로 구금되었던 사람의 지원에 관한 법률(정치범지원법)', '동독 탈출자와 추방된 자에 관한 법률(연방피추방자법)' 등에 따른 지원청구가 보다 용이해지는 적극적인 이유가 있었기 때문이다. 즉 정치범지원법과 연방피추방자법이 동독 판결의 집행불허 여부에 관한 고등검찰청 검사장이나 고등법원의 결정을 선행절차로서 요구하지 않았음에도 불구하고, 정치범지원 등을 담당하는 서독 관청이 지원 여부를 결정함에 있어 고등

---

252) 동·서독 정부는 협상을 통해 각자 구금하고 있는 간첩혐의자 또는 정치범을 상대방 지역으로 추방하는 형식으로 간첩교환을 하기도 하였고, 서독 정부가 동독 정부에 일정한 자금지원을 하고 그 대가로 동독은 동독에 구금되어 있는 간첩혐의자 또는 정치범을 서독으로 추방하기도 하였다고 한다.

검찰청 검사장이나 고등법원의 결정을 중요한 요소로 고려하였기 때문에 실무상으로는 많은 사람들이 집행불허결정 신청을 하였다고 한다.

4. 統獨 이후의 東·西獨 간 형사사법공조의 변화

(1) 베를린 장벽붕괴 후의 사법공조사건 증가와 대응

동독과 서독은 1972년 기본조약 제7조에 관한 추가의정서 제4호에서 '추후 후속협정을 통해 민사와 형사분야의 사법공조관계를 가능한 한 간소하면서도 합목적적으로 규율할 의사가 있음'을 명시적으로 선언하였고, 그에 따라 동·서독 대표단이 1973년 8월부터 후속협정(사법공조조약)을 체결하기 위하여 수차례에 걸친 협상을 진행하였다. 그러나 국적문제, 베를린문제[253]와 조약으로 규율할 법률관계의 범위 등에서 의견 차이를 좁히지 못하여 사법공조에 관한 협정이나 조약을 체결하지 못하였다. 따라서 그러한 상태로 동·서독 간 사법공조는 '사법공조조약이 없는 나라 사이의 사법공조'와 같이 제한적으로 이루어져 왔다.

---

253) 제2차 세계대전이 끝난 후 독일연방공화국(서독) 기본법이 제정되어 독일연방공화국(서독)이 성립한 이후에도, 서베를린은 독일연방공화국의 통치권에 복종하는 것이 아니라 戰勝 3국(영국, 미국, 프랑스)의 점령·통치하에 있었다. 그러므로 서독 의회가 어떤 법률을 의결하더라도 그 법률이 곧바로 서베를린에서도 효력이 발생하는 것은 아니었고, 서베를린의 법률로서 서베를린에 의하여 의결되고 공포되어야 비로소 효력이 발생하였다. 대신 서베를린에서 선출된 연방의회 의원이나 연방상원의원은 각각 연방의회와 연방상원에서 표결권이 없었다. 1950년 10월 1일 성립된 베를린헌법에는 입법기관으로는 주의회(Abgeordnetenhaus), 집행기관으로는 주정부(Senat, 베를린은 市가 곧 州이므로 사실상 市政府임)가 있는바, 주정부는 시장(Regierender Bürgermeister, 州의 주지사에 해당)과 16명 이내의 주장관(Senator)으로 구성된다. 동·서독 협상과정에서 문제가 된 것은 베를린이 동·서독 간 사법공조협정의 적용대상이 되는지 여부였다. 서독은 일관되게 서베를린은 서독의 일부이므로 당연히 베를린에도 동·서독 간 사법공조협정이 적용된다고 주장하였고, 동독은 서베를린은 서독의 일부가 아니라 독립적인 정치제제이므로 사법공조협정이 서베를린에는 적용될 수 없다고 주장하였던 것이다(이진만, 앞의 논문, 118면, 註 77번).

그런데 동독의 민주화 운동으로 동독 내부에 거대한 정치적 변화가 있었고, 1989년 11월 9일 마침내 베를린 장벽이 붕괴되어 동독의 국경이 개방되기에 이르렀다. 그 결과 동·서독 간 주민들의 자유로운 왕래와 그에 따른 경제교류도 활발하게 되자, 동·서독 간 사법공조요청 수도 급격하게 증가하게 되었다. 가령 1989년 한 해 동안의 사법공조건수는 약 1,900건 정도였으나, 1990년 전반기 중의 사법공조건수가 약 3,000건에 이를 정도로 폭증하였다.

위와 같이 사법공조사건의 폭증으로 인해, 당시 중단상태에 있던 동·서독 간의 사법공조조약을 체결하여 사법공조사건을 보다 간이하고 신속하게 처리해야 한다는 주장이 제기되었다. 이러한 논의에 따라 1989년 말에 개최된 서독의 각주 법무부 장관회의에서 동독에서 일어나고 있는 정치적 변화와 관련하여 司法의 영역에서 일어날 수 있는 법적 문제를 다루기 위하여 연방과 각 주가 공동으로 작업단(테스크포스)을 설치하기로 결정하고, 이 작업단으로 하여금 사법공조조약의 체결문제를 검토하게 하였다. 하지만 위 작업단은 그 시기에 동·서독의 통일을 향한 움직임이 급진전을 보이고 있는 과정에서, 동·서독 간 사법공조조약을 체결하게 된다면 사실상 통일독일의 분위기에 찬물을 끼얹을 수 있다는 판단[254]에서 동·서독 간 사법공조조약을 체결하기 위하여 더 이상 노력할 필요가 없고, 그 대신에 동·서독 간의 전문가회담을 통해 실용적인 해결방안을 모색하는 것이 바람직하다는 결론을 도출하였다.

이와 같은 결론은 당시까지 서독과의 사법공조를 외국과의 사법공조로 처리하여 왔던 동독이, 서독과의 사법공조를 더 이상 외국

---

254) 당시 통독에 대한 열망과 기운이 무르익고 있는 상태에서, 동·서독이 1972년의 기본조약에 따라 서로 인정한 두 개의 '국가'로서 조약을 체결한다는 것은 조속한 통일을 열망하는 사람들에게는 종전체제가 당분간 지속될 것이라는 오해를 불러일으킬 수 있다는 것이었다.

과의 사법공조로 처리하지 않는 방향으로 점진적 변화를 보임으로써 힘을 얻게 되었다. 그리하여 동·서독 법무부장관은 1990년 5월 8일 당시 서독 수도인 본(Bonn)에서 가진 제1차 회담에서 동·서독 간의 사법공조를 보다 단순화시키고 개선할 뿐만 아니라, 비록 통독 전까지라도 실무상 동·서독 간의 사법공조를 국내법원 간의 통상적인 사법공조와 같은 형태로 점차적으로 탈바꿈시키자는 데 합의하였다. 동·서독 법무부장관간의 이와 같은 합의는 1990년 5월에 열린 서독의 각 주 법무부장관회의에서 다시 한 번 확인되었다.[255]

(2) 형사사법공조의 변화

1989년 11월 9일 베를린 장벽이 무너지고 동독의 국경이 개방된 후 형사사법공조분야에서도 마찬가지로 시급히 해결하여야 할 문제가 등장하였고, 이러한 문제를 해결하기 위해 동·서독 간의 합의를 이루어 내야 할 필요성이 절박하였다. 당시 서독은 1953년 5월 2일에 제정한 '형사사건에서의 內獨 사법공조 및 직무상 공조에 관한 법률(형사사법공조법)'을 형사사법공조문제를 해결하는 데 이용해 보는 방안을 검토 중이었다.

형사사법공조법에 따르면, 법치국가원리에 부합하는 절차가 동독에서도 보장되는지 여부가 동독과의 형사사법공조 여부를 결정하는 중요한 기준이었다.[256] 그런데 동독이 1990년 제6차 형법개정에

---

255) 이진만, 앞의 논문, 118~120면. Sabine Hilgendorf – Schmidt, "Zum aktuellen Stand des innerdeutschen Rechtshilfeverkehrs", DtZ 1990, S. 240; Sabine Hilgendorf –Schmidt, "Ergebnisse der Expertengespräch znm innerdeutschen Rechtshilfeverkehr in Straf – und Zivilsachen", DtZ 1990, S. 249.

256) 앞서 본 바와 같이, 형사사법공조법은 서독의 형사사법기관에 대하여만 일방적으로 규율하고 있고 일정한 제한된 요건하에서만 동독의 기관에게 사법공조를 제공할 수 있도록 규정하고 있었다.

의하여 정치형법을 폐지함으로써 법치국가 원리의 보장이라는 면에서 진일보하였고, 이에 따라 동·서독 간의 형사사법공조의 장애물도 상당히 제거되었다. 이러한 배경하에서 1990년 2월 13부터 2월 14일간 본(Bonn)에서 동·서독 간에 형사사법공조에 관한 전문가회담이 열렸는데, 그 회담에서 동·서독은 형사사법공조문제를 실무상 해결하는 데 도움이 될 만한 10개 항에 이르는 전문가회담의 합의사항이 타결되어 1990년 3월 말경 담당부서 차원의 정식서면교환에 의하여 다시 한 번 확인되었다.

전문가회담의 합의사항을 토대로 실제로 사법공조를 해 본 결과, 실무에 바탕을 둔 해결방안으로서 통일을 앞둔 과도기에 적합하다는 결론에 이르렀다. 형사사법공조의 영역에서 동·서독이 실무를 통해 협력함으로써 동·서독 관계가 발전하였고, 그 영향으로 '동·서독 국경에서의 검문의 폐지에 관한 조약'이 체결되어 1990년 7월 1일 발효되었다. 동 조약은 동·서독 사이의 이른바 '捜査聯合'에 관하여도 규율하고 있었다.

(3) 형사사법공조에 관한 10개 항의 합의사항

1990년 2월 13~14일 이틀 동안 개최된 전문가회담의 결과로서 도출된 형사사법공조에 관한 10개 항의 합의사항은 다음과 같다.[257]

① 동·서독 양측은, 동·서독 각자의 법이 정한 바에 따라 원칙적으로 모든 범위의 범죄에 관하여 사법공조를 행하기로 합의한다. 사법공조요청이 처리될 수 없거나 불완전하게 처리될 수밖에 없는 경우에는 그 이유를 적시한다.

② 동·서독 양측은, 동·서독 각자의 법이 정한 바에 따라 범

---

257) 1990년 3월 30일부터 同 10개항의 합의에 기초하여 동·서독 간에 형사사건에 관한 사법공조를 하기로 하였다.

죄인을 가능한 한 인도하기로 합의한다. 범죄인의 인도에 관한 사법공조는 종전과 마찬가지로 검찰총장을 거치도록 한다.

③ 동·서독 양측은, 행위지 재판적에 따라 그 刑事節次를 진행하는 것이 합목적적이 아니라고 보이는 경우에는, 각자의 법이 정한 바에 따라, 상대방 영역 출신의 被疑者에 대하여 진행 중인 형사절차를 상대방에게 넘길 용의가 원칙적으로 있다. 이러한 점은, 피의자의 출석이 예상됨에도 그동안에 행위지에서 형사절차가 마쳐질 수 없고 또 행위지에서 형사절차를 진행하는 것이 형사소송법상의 조치들에 의하여 보장될 수 없는 경우에 특히 고려해 볼 만하다. 형사절차를 상대방에게 넘기는 경우에는 개인정보보호법상의 요청을 규율하기 위한 선언을 준수하여야 한다. 형사절차를 넘겨주고 그 소송결과를 통지하여 주는 것은 서독의 지방검찰청과 동독의 지역검찰청 사이에 이루어지도록 한다.

④ 동·서독 양측은 이 선언에서 다른 내용의 합의가 없는 한, 원칙적으로 司法共助를 요청하고 이에 대한 회신을 하는 문서의 교류는 양측 관할 사법기관에 직접 하기로 합의한다. 검찰에 대한 사법공조요청의 처리는, 동독에서는 지역검찰청이, 서독에서는 지방검찰청이 각각 관할한다. 搜査行爲가 동독의 여러 지역에 걸쳐 행하여지는 경우에는 사법공조요청은 동독 검찰총장에게 한다. 법원에 대한 사법공조요청은 동독에서는 지구법원이, 서독에서는 구법원이 각각 처리한다. 사법공조요청이 관할권이 없는 기관에 접수된 경우에는 관할권이 있는 각 기관으로 직접 전달한다.

⑤ 각각의 법에 의하여 송달이 불필요한 경우에 한하여, 서류를 직접 수송달자에게 우편으로 송부할 수 있다. 증인이나 감정인을 소환하는 경우에는 그 소환장에 출석하지 아니한 경우의 법적 불

이익을 경고하는 내용이 포함되어 있어서는 안 된다. 증인을 위한 자유통행권(신변보장)이 규정되어 있지 않다는 점을 주의시키는 것이 적절하다고 인정되는 경우에는 이 점에 관한 주의를 환기시켜 주어야 한다.

⑥ 사법공조요청에 따라 그에 응하여 취하는 조치에, 소송관계인이 참여하는 것은 원칙적으로 허용된다. 법관에 의한 신문에 참여하기를 원하는 경우에는, 그 처리경로는 서독의 州법무부와 동독 법무부를 거치도록 한다. 경찰관이나 검사에 의한 신문에 참여하기를 원하는 경우에는, 그 처리경로는 검찰총장(서독의 경우는 고등검찰청 검사장)을 거치도록 한다.

⑦ 동·서독 양측은, 벌금형에 처하는 판결 또는 약식명령 및 소송비용 청구서 등의 화폐표시를 지급받을 나라[258]의 통화로 표기하기로 합의한다.

⑧ 형사소추라는 목적을 위하여, 연방중앙등록부(서독)와 형사등록부(동독)의 자료를 상호 교환한다. 자료교환방법을 상대방 기관(연방중앙등록부/형사등록처)에게 직접 요청하는 방식으로 정할 것인지 여부는 추후 더 논의한 후 정한다.

⑨ 동·서독 양측은, 동·서독 각자의 법이 정한 기준에 따라, 개별사건의 제반사정에 비추어 실행이 가능하다고 인정되는 방법으로, 증거물을 교부하여 주기로 합의한다. 증거물 교부는 원칙적으로 그 수령자에게 직접 통지하여야 한다.

⑩ 동·서독 양측은, 서로 상대방 지역에서 수배하여 줄 것을 내용으로 하는 사법공조요청을 할 수 있기로 합의한다.

---

258) 결국, 판결하는 나라를 말하는 것이 된다(이진만, 앞의 논문 註 83번).

Ⅱ. 중국과 대만의 刑事司法共助

1. 兩岸 형사사건의 처리 원칙

(1) 개요

중국 최고인민법원과 최고인민검찰원이 1988년 3월 14일 공포한 '대만이주자의 중화인민공화국 성립 이전 범죄행위의 불소추에 관한 공고'는 양안관련 형사문제 처리에 관한 특별조치로서 가장 중요한 문서이다. 그러나 중화인민공화국 성립 이후의 대만이주자에 의한 범죄행위는 이 공고의 적용을 받지 아니하고 중국법률에 의한 처벌이 가능하다.

그런데 중국은 대만과의 관계에서 지속적으로 '하나의 중국' 원칙259)을 주장하고 있다. 그렇다면 양안관련 형사문제에서 이 하나의 중국원칙은 어떻게 적용되는가의 문제가 제기된다. 중국은 이 문제를 민사사건처럼 涉外事件으로 보지 아니하고, 하나의 주권국가 내에서 서로 다른 法域을 가진 지구 간의 법률충돌 문제로 본다. 즉 양안관계에서 중국과 대만이라는 상호 법역이 다른 지역이 존재한다는 전제하에 대만 지역의 현실적인 刑事管轄權 및 그 사법권능을 인정하는 것이다.260) 특히, 사법실무에 있어서는 원칙과

---

259) 법무부 특수법령과 譯(董立坤, 中國內地與香港地區法律的衝突與協調, 法律出版社: 中國, 2004), 2006, 34面. '하나의 중국' 원칙은 이른바 「一國兩制」를 말하는데, 등소평은 1987년 4월 17일 '인민일보'에 "홍콩과 대만이 계속하여 자본주의제도를 실시하는 것을 보장하지 않으면 그들의 안정과 번영을 보장할 수 없고, 평화적으로 문제를 해결할 수도 없다. 따라서 우리는 홍콩문제에 있어 먼저 그곳의 현행 자본주의제도와 생활방식을 보장하고, 1997년 이후 50년간 변경하지 않겠다는 것을 제안한다."고 밝힌 바 있다.

260) 즉 현실적으로 대만 지역은 중국지역과 별도의 법률체계에 의하여 규율되고 있으므로 중국의 형사재판권 행사가 제한된다는 사실을 인정하고, '一國兩制'의 통일방안에 따라 양안 간 존재하는 법률관계의 충돌문제를 '하나의 국가내부에서 서로 다른 법률제도를 가진 다수지역 간의 법률충돌문제'―즉 구제(區際) 또는 역제(域祭) 형사법률 충돌문제―로 파악

탄력성의 적절한 조화를 통하여 대만 주민이 예기치 못한 불이익을 당하지 않도록 법률이 정한 범위 내에서 벌금형 등 경제적 제재를 부과하는 것이 타당하다고 한다.[261] 특히, 대만 주민에 대하여는 원칙적으로 관제(管制)나 구역(拘役)을 적용하지 않음으로써 형법적용에 있어서 신중을 기하고 있다.[262] 한편, 중국은 양안 간의 형사사건을 처리하는 데 있어서 민사사건과 마찬가지로 대만 주민은 중국 주민과 동등한 권리를 향유한다. 대만 주민의 대륙 지구에서 범죄행위 및 형사사건 처리에 있어서 범죄사실에 근거할 뿐이지, 국민당원 및 공산당원인지 여부 등 특수한 신분을 근거로 사건을 처리해서는 안 된다는 것이다.

(2) 대만인의 과거범죄에 대한 再訴追 문제

중국 정부는 양안 간의 상호 교류 촉진과 평화적 통일의 실현을 위하여 1949년 10월 1일 중화인민공화국 수립 이전에 현재의 대만 주민이 중국대륙에서 행한 범죄에 대해서는 일률적인 불소추원칙을 정하였다. 즉 1979년 제정된 중국 형법은 1980년 1월 1일부터 효력을 발생하며, 1949년 10월 1일부터 1979년 12월 31일까지의 행위는 형법의 공소시효가 만료되지 아니한 경우에는 현행 형법과 당시의 법령을 비교하여 가벼운 것을 적용하고, 1949년 10월 1일 이전의 범죄행위는 현행 형법이 적용되지 아니한다고 규정(제9조)

하는 것이다.

261) 中國電視臺對臺編輯部主編, 臺灣同胞政策法規 問答, 民族出版社(北京), 2002, 89面.

262) '관제(管制)'란 법원의 판결에 의하여 선고되는 주형의 일종으로서 범죄자를 감옥 등에 구금하거나 유치시키지 않고 통상의 직장에서 노동에 종사시키면서 공안기관의 단속과 군중의 감시하에 행동의 자유에 일정한 제한을 가하는 형벌이며 그 기간은 3개월 이상 2년 이하이며, '구역(拘役)'이란 15일 이상 6개월 이하의 단기 유기징역형에 해당하는 것으로 범죄자의 소재지 관할 공안기관이 집행하며 집행기간 중 매월 1일 내지 2일의 歸家가 허용되고 노동에 종사한 경우에는 일정한 보수가 지급된다(이효원, 앞의 논문, 293면).

되어 있었다. 그러나 이것은 현행형법 이전의 다른 형사법률의 적용을 배제한다는 뜻은 아니었다.

이를 위해 중국 정부는 1988년 3월 14일 최고인민법원과 최고인민검찰원 명의의 「대만이주자의 중화인민공화국 성립 이전 범죄행위의 불소추에 관한 공고」를 발표하였다. 위 공고는 "대만동포가 조국대륙에 와서 친척을 방문하고 여행하는 것이 날로 증가하고 있는데, 이는 해협양안의 3통(通商, 通航, 通郵)을 촉진하고 조국의 평화통일의 대업을 실현하는 데 적극적으로 작용할 것이다. 이를 위하여 대만이주자 중에 중화인민공화국의 성립 이전에 대륙에서 죄를 범한 자에 대하여 중국 형법 제76조의 공소시효에 관한 규정의 정신에 따라 그가 당시에 범한 죄행을 더 이상 추궁하지 않기로 결정한다. 조국대륙에 오는 대만동포는 국가의 법률을 준수하여야 하며, 그 친척방문·여행·무역 및 투자 등의 정당한 활동은 모두 법률의 보호를 받는다."고 규정하고 있다.

또한 1949년 10월 1일 중화인민공화국 성립 이후 아직 지방인민정권이 수립되기 이전에 당시 전란이 완전히 제거되지 않아 혼란상태에 있던 운남, 귀주, 사천 등지에서 범죄행위를 범한 대만이주자에 대한 형사처벌 문제에 관하여 1989년 9월 7일 「대만이주자의 중화인민공화국 성립 以後 地方人民政權 수립 이전 범죄행위의 불소추에 관한 공고」를 발표하였다.[263] 同 공고 제1조는 당시의 범

---

263) 제1조: 대만이주자가 중화인민공화국 성립 이후 범죄지의 지방인민정권 수립 이전에 범한 범행은 이를 재소추하지 아니한다.

제2조: 대만이주자가 중화인민공화국 성립 이후에 범죄지의 지방인민정권 수립 이전에 범한 죄행이 당지의 인민정권이 수립된 후에도 연속 또는 지속된 경우에는 그 소추기관은 범죄행위가 종료된 날로부터 계산하고 「중화인민공화국 형법」 제76조의 시효에 관한 규정에 부합하는 경우에는 재소추하지 아니한다. 그중 법정최고형이 무기징역, 사형인 범죄행위로서 20년을 경과한 경우에도 재소추하지 않는다. 만약 소추의 필요가 있는 경우에는 최고인민검찰원이 허가해야 한다.

죄행위를 역사적 범죄행위로 규정하고 역사적 범죄행위에 대하여 관대히 처리한다는 정책방침에 따른 것이며, 계속 중국대륙에 남아 있던 자로서 이러한 범죄행위를 한 원래의 국민당소속 군인과 정부소속원에 대하여는 1982년 전부 사면하거나 관용적인 조치를 취하였다.[264]

이들 문서는 하나의 법령문서에 불과한데, 중국 형법에 대한 특별법적 성격을 가진다는 면에서 법률이 아닌 법령문서가 중국 형법의 상위법인 특별법으로서 기능하는 중국법의 특징을 엿볼 수 있다. 위의 법령문서로 볼 때, 중국 주민이 중화인민공화국 성립 후 대륙에서 범죄를 행하고 대만으로 이주한 경우에는 상기 2건의 공고의 적용대상이 되지 않는다고 할 것이다. 그러나 중국의 사법실무상 중국 형법 제87조 제4호의 "법정최고형이 무기징역, 사형에 해당하고 20년이 지난 후에도 소추할 필요성이 있는 경우에는 최고인민검찰원에 보고하여 허가를 받아야 한다."고 규정하고 있어, 중화인민공화국 성립 이전에 同條에 해당하는 범죄를 저지르고 대만으로 이주한 주민에 대해서도 중국 당국의 의지에 따라 처벌이 가능하다는 해석이 있을 수 있다.

(3) 형사관할권 귀속문제

중국 형법도 다른 나라와 마찬가지로 형법의 장소적 · 인적 효력 범위에 있어서 기본적으로 속지주의 원칙을 채택하고 있으므로 대

3조: 대만이주자 외 기타 지구와 국가의 사람. 즉 해외에 거주하는 원래의 국민당소속 군인과 정부인원이 중화인민공화국 성립 전 또는 중화인민공화국성립 후 범죄지의 지방인민정권이 수립되기 이전에 범한 범행에 대하여는 각각 최고인민법원과 최고인민검찰원의 「대만이주자의 중화인민공화국성립 이전의 범죄행위의 불소추에 관한 공고」의 정신과 본 공고 제1조와 제2조의 규정에 의하여 처리한다(제3조).

264) 법무부, 앞의 책, 392면.

만 주민이 중국 영역 내에서 죄를 범하였을 경우에는 일률적으로 중국 형법이 적용된다. 한편 중국과 대만은 모두 상대방 지역의 모든 형사사건에 있어서 자신들의 형사관할권이 적용된다고 규정하고 있지만,[265][266] 현실적으로 실효성이 없는 규정이라고 볼 것이다. 즉 형사관할권은 각자의 배타적인 통치영역 내에서만 적용된다고 할 것이다. 그런데 문제는 중국과 대만 간에 동일한 형사사건에 대하여 관할권 충돌이 발생하는 경우이다. 동일한 범죄행위의 범죄행위지와 결과발생지가 양안 모두에 걸쳐 있을 경우에는 양안에서 각자의 관할권을 주장할 수 있는 소지가 있는바, 이 경우에는 증거수집의 난이도 및 범죄결과의 사회적 영향 등을 고려하여 양안 간 협상으로 해결할 수 있을 것이라는 주장[267]도 일리가 있다고 보인다. 아래에서는 양안관계의 유형별 관할권 귀속문제에 대해 살펴본다.

1) 자기 지역에서 범죄행위를 저지른 경우

대륙 주민과 대만 주민이 자기 소속지역에서 범죄행위를 저지른 경우에는 각자 자기 소속지구의 사법기관이 그곳의 형법을 적용한다.

2) 상대방지역에서 범죄행위를 저지른 경우

대만 주민이 대륙에 와서 범죄행위를 저지른 경우에는 대륙의 사법기관이 중국 형법을 적용하여 처리한다. 이렇게 하는 것이 사

---

265) 대만헌법 제4조는 "중화민국의 영토는 그 고유의 강역에 의하고, 국민대회의 결의에 의하지 않으면 이를 변경할 수 없다."라고 하여 현행법상 대륙 지구에도 대만의 형법 등 처벌법규의 효력이 미친다고 봄이 상당하다. 대만법원도 같은 태도를 취하고 있다.

266) 대륙관련 특별법적 성격을 갖는 대만의 '양안관계조례' 第4章은 刑事에 관한 규정인바, 제76조는 "대륙 지구 또는 대륙선박, 항공기 내의 범죄는 비록 대륙 지구에서 이미 처벌받았더라도 법에 의하여 처단된다. 그러나 그 형의 전부 또는 일부의 집행을 면제할 수 있다."라고 하여 속지주의 원칙을 천명하고 있다.

267) 문준조, 중국과 대만의 인적 교류법제, 한국법제연구원, 2004, 65면, 藩錫堂, 兩岸關係與 大陸政策, (臺北: 新文京開發出版股份有限公司), 2003, 391面.

건에 대한 조사 및 증거수집, 정확하고 즉각적인 형사사법권의 발동에 유리하다. 이 경우에는 중국 형법과 대만 형법 모두 범죄로 인정되는 경우뿐만 아니라 중국 형법은 범죄로 인정하나 대만 형법은 범죄로 인정하지 아니하는 경우에도 중국 형법을 적용하여 중국 사법기관에서 관할하는 것을 원칙으로 한다.

이는 중국 형법의 장소적 효력범위와 관련하여 중국의 영역 내에서 죄를 범한 외국인에게도 중국의 형법을 적용하는데, 중국의 입장에서 중국 공민에 포함되는 것으로 보는 대만 주민이 대륙에서 행한 행위에 대하여 중국의 형법을 적용하는 것은 당연하다. 다만 중국 형법은 범죄로 인정하나 대만 형법은 범죄로 인정하지 아니하는 경우에 대하여는 양안이 협상에 의해 처리할 수 있을 것이라는 주장이 있다.[268] 대륙 주민이 대만에 가서 범죄행위를 저지른 경우에는 마찬가지로 범죄지인 대만의 사법기관이 대만 형법을 적용하여 처리해야 한다고 할 것이다.

3) 하나의 범죄행위가 兩岸에 걸쳐 이루어진 경우

범죄의 행위지와 결과발생지가 양안에 걸쳐 있는 경우에는 범죄의 결과발생지에서 관할하는 것을 원칙으로 하는 것이 타당하다.[269] 이는 범죄의 결과발생지가 행위지에 비하여 범죄의 危害性이 분명하게 드러나기 때문이다. 이에 대해서는 원칙적으로 행위자를 통제하는 사법기관에서 우선적으로 관할권을 갖도록 하되 증거수집의 난이도 및 심리 후의 사회적 영향 등을 고려하여 양안 간

---

268) 법무부, 중국과 대만의 교류협력 법제 연구(법무자료 제279집), 2008, 383면, 高銘暄, "兩岸交往中的刑法問題", 「海峽兩岸交往中的法律問題」, 河南人民出版社, 1992, 112面, 陳安 主編, 「海峽兩岸交往中的法律問題研究」, 北京大學出版社, 1997, 282面.

269) 법무부, 위의 책, 384면; 高銘暄, 前揭書, 131면, 翁茂基, "試論海峽兩岸刑法區際衝突", 「海峽兩岸關係的法律探討」, 四川大學出版社, 1992, 144面.

협상으로 해결할 수 있다는 견해270)도 있다.

동일한 범죄의 일부분은 대륙에서 일어나거나, 일부분은 대만에서 이루어진 경우도 발생할 수 있다. 예컨대, 양안 주민이 공동하여 죄를 범한 경우에는 주요 범죄행위의 實行地에서 관할하는 것을 원칙으로 하고, 범죄의 豫備行爲地와 實行行爲地가 양안에 걸쳐 있는 경우에는 범죄의 실행행위지에서 관할하는 것을 원칙으로 하는 것이 타당하다고 해석되고 있다.271) 이것은 아무래도 범죄의 실행행위지가 예비행위지에 비해서 범죄의 성격과 정황을 정확하게 반영하기 때문일 것이다.

4) 동일한 범인이 兩岸에 걸쳐 數個의 범죄행위를 저지른 경우

이러한 경우에 양안은 각기 자기의 관할구역 내에서 발생한 범죄에 대하여 관할권을 가진다. 이 문제를 해결하는 방안으로는 대략 3가지 방안이 제시되고 있다. 우선 범죄자에 대한 강제조치를 먼저 취한 측의 사법기관에서 자기관할 구역 내의 범죄에 대한 기소 및 심리결과, 범죄자를 사형이나 무기징역에 처한 경우에는 범죄자를 다시 상대방에게 넘겨 줄 필요가 없고, 유기징역이나 拘役에 처한 경우에는 적당한 시기에 범죄자를 상대방지역에 넘겨주어 상대방지역에서의 범죄행위에 대하여 상대방지역에서 수사할 수 있도록 하는 방안이다.

다음으로 고려할 수 있는 방안으로는 주요 범죄지에서 관할하되, 주요 범죄지를 확정할 수 없는 경우에는 양안 법률이 당해 지역에서 관할하는 범죄행위에 대하여 처할 수 있는 법정형의 경중을 비

---

270) 법무부, 앞의 책, 384면, 高銘暄, 前揭書, 112面.

271) 법무부, 위의 책, 385面；程榮斌, "兩岸交往中的刑事訴訟問題", 「海峽兩岸交往中的法律問題」, 131面；翁茂基, 前揭書, 144面.

교하여 관할지를 결정하거나 양안의 사법기관이 협상을 통하여 관할권문제를 해결하는 방안 등이다.

5) 일방지역에서 범죄행위를 저지르고 타방지역으로 도망한 경우

대만 주민이 대만에서 죄를 저지르고 대륙으로 도망한 경우 또는 대륙 주민이 대륙에서 죄를 저지르고 대만으로 도망한 경우에는 법익의 침해를 받은 측의 사법기관이 관할해야 한다. 이는 법익의 침해를 받은 측이 관할함으로써 침해받은 법익의 회복을 꾀할 수 있기 때문이다. 다만 이 경우에 犯罪人引導問題가 발생하는데, 이는 양안 간의 刑事司法共助로 해결해야 할 문제이다. 대만 주민이 대만과 대륙 형법에서 모두 엄중히 처벌되는 항공기 납치 등 국제적 범죄행위를 저지르고 대륙에 도망해 온 경우에는 대륙 형법상 명문의 규정은 없으나 특별규정에 의하여 항공기 납치범을 처벌토록 하고 있으므로 대륙사법기관이 직접 관할할 수 있으며, 특히 대만 주민이 대만 당국에 대한 불만에서 정치적 동기로 항공기 납치 등 국제적 범죄를 범한 경우에도 대륙의 사법기관은 이를 보호해 주거나 관용해서는 안 되며 법에 의하여 형사 처벌해야 한다는 것이다.[272]

항공기 납치범죄와 관련, 중국은 1980년 9월 10일 가입한 「항공기의 불법납치억제를 위한 협약」이 같은 해 10월 10일 발효됨에 따라 항공기납치범에 대한 엄중한 형벌을 부과할 의무를 지고 있다. 이와 관련하여 1992년 12월 28일 전국인민대표대회 상무위원회 제29차 회의에서는 「항공기납치범의 처벌에 관한 결정」을 통과시켜 폭력, 협박 또는 기타 방법으로 항공기를 납치한 경우에 10년

---

272) 법무부, 앞의 책, 386면, 高銘暄, 前揭書, 120-121面.

이상의 유기징역 또는 무기징역에 처하며, 사람을 중상 또는 사망케 하거나 항공기를 심하게 파괴시키거나 특별히 엄중한 정황이 있는 경우에는 5년 이상 10년 이하의 징역에 처하도록 하고 있다.

대만 형법에는 저촉되나 대륙 형법에는 저촉되지 않는 죄를 범하고 대만 주민이 대륙에 들어온 경우, 예컨대 대만 주민이 대륙에 무단으로 들어온 것을 이유로 대만 당국으로부터 '비적을 도운 죄(資匪罪)' 또는 '비적과 내통한 죄(通匪罪)'로 입건된 경우에 어떻게 처리할 것인가가 문제 되는데, 학설상으로는 대륙 형법을 적용하여 형사책임을 추궁할 수 없을 뿐만 아니라 同人의 대륙에의 입경을 거절하거나 송환하는 등으로 同人이 대만에서 형사처벌을 받도록 하여서는 안 된다는 주장이 있으나,[273] 중국의 「中國公民의 臺灣地區往來管理辦法」의 방문불허가 사유에 해당되는 경우에는 同人의 중국 방문을 허가하지 아니할 수 있을 것이며, 이미 대륙에 들어온 경우에는 사안에 따라 강제출경 등 조치를 취할 수 있을 것이다.

6) 중국 영역 外에서 발생한 대만관련 형사사건의 처리

대만사람이 중국 영역(대만, 홍콩, 마카오를 포함) 외에서 대만과 대륙의 형법에서 모두 처벌하는 범죄행위를 저지른 경우이다. 첫째, 중국의 국가 또는 대륙의 공민을 상대로 범죄행위를 저지른 경우에는 대륙 형법 제8조를 준용하여 대륙의 사법기관은 대륙의 형법을 적용하여 행위자의 형사책임을 추궁할 수 있는 것으로 해석된다. 둘째, 대만사람이 외국에서 국제성 범죄를 저지르고 대륙으로 들어온 경우, 대륙의 사법기관은 世界主義에 따라 법에 의하여

---

273) 법무부, 앞의 책, 387면, 高銘暄, 前揭書, 120 - 121面.

부담하는 국제조약[274]상의 의무범위 내에서 형사관할권을 행사하여 직접 대륙 형법을 적용하여 형사책임을 추궁할 수 있다고 할 것이다.[275]

2. 兩岸 간 형사사법공조

(1) 의의

양안 간 인적 교류의 확대로 인해 각 지역 구성원들이 죄를 범한 후 상대방 지역으로 도망가는 경우가 증가하고 있어 대륙과 대만은 상호 간 형사사법공조의 필요성이 제기되게 되었다. 그러나 이러한 형사사법공조는 민간차원으로는 해결될 수 없기 때문에 반드시 당국차원의 합의가 필수적으로 요구된다. 형사사법공조는 국가 간뿐만 아니라 異法地域 간에도 이루어질 수 있으며, 이러한 이론은 1997년 7월 1일 홍콩이 중국으로 반환되기 전부터 거론되었던 바 있다.[276] 그러나 홍콩은 이미 중국의 주권이 회복된 지역

---

274) 이와 관련하여, 중국이 가입하고 있는 국제조약은 다음과 같다. ① 1983년 4월 18일 「종족멸절범죄의 방지 및 처벌협약」(1983년 7월 17일 효력발생) 및 「종족격리범죄의 금지와 처벌에 관한 국제협약」(1983년 5월 18일 효력발생), ② 1978년 11월 14일 「항공기 내에서 범한 범죄 및 기타행위에 관한 협약」(1979년 2월 12일 효력발생), ③ 1980년 9월 10일 「항공기의 불법납치억제를 위한 협약」 및 「민간항공의 안전에 대한 불법적 행위의 억제를 위한 협약」(1980년 10월 10일 효력발생), ④ 1989년 1월 10일 「핵물질의 방호에 관한 협약」(1989년 2월 9일 효력발생), ⑤ 1987년 6월 23일 「외교관등 국제적 보호인물에 대한 범죄의 방지 및 처벌에 관한 협약」, ⑥ 1991년 6월 29일「해상운항안전을 위태롭게 하는 불법행위방지협약」 등.

275) 법무부, 앞의 책, 388面, 高銘暄, 前揭書, 122面.

276) 홍콩과 마카오가 중국에 반환된 이후 대륙, 대만, 홍콩, 마카오의 4개 지역 간에 이러한 형사사법공조문제는 중심적 과제가 되었다. 민간 차원에서는 2002년 4월 29일부터 30일까지 마카오의 검찰율정사(檢察律政司)와 중국인민대학교 형사법률과학연구센터가 "區際刑事司法共助 討論會"를 개최, 각지에서 200여 명의 전문가들이 참석하여 열띤 논쟁을 벌였다(법무부, 위의 책, 395面 ; 趙秉志, "如何開展區際刑事司法協助", 中國檢察日報社, 2003.1.).

이지만 대만은 중국의 주권이 회복되지 아니한 채 별도의 정부가 존재하기 때문에 홍콩의 사례를 통해 대만과 중국의 형사사법공조를 논의하는 것은 불합리한 점이 많다. 다만, 중국과 대만 당국의 의지만 있으면 보통범죄인에 대한 사법공조는 충분히 가능한 실정이다.

중국에서는 출입경 시 범죄행위가 인정되는 대만 주민에 대하여는 「中國公民의 臺灣地區 往來管理辦法」상의 출입경 관리를 통하여 대륙 방문을 불허하거나 강제출국조치를 규정[277]하고 있는데, 이것은 사법공조의 가장 초보적인 형태라고 할 것이다.

(2) 공조의 필요성

양안교류가 빈번하게 이루어짐에 따라 중국과 대만은 각각 대만 주민 및 중국 주민과 관련된 민형사사건 및 행정사안들이 점차 증가되어 왔으나, 대만의 양안관계조례는 중국대륙을 외국으로 보지 아니하므로 '외국법원위탁사건협조법' 등 사법공조에 관한 국내법이 적용될 수 없다. 따라서 양안관계조례 등의 중국 관련 특별법에 의해 규율할 수밖에 없다.

그런데 대만 주민이 범죄를 저지른 후 중국으로 도망하거나 대만 주민이 중국에서 죄를 범하고 대만으로 도망한 경우에 발생하는 범인 인도문제는 양안 간의 형사사법공조로서 해결하여야 할 것이다. 그러나 여기에는 두 가지 예외가 있는바, 첫째의 경우는 항공기 납치의 경우이다. 즉 1997년 3월 14일 개정된 중국 형법 제121조는 항공기 납치범을 엄중 처벌하도록 규정하고 있다. 이 규정에 의하면, 대만 주민이 대만 당국에 대한 불만에 기인한 정치적

---

277) 中國電視臺對臺編輯部主編, 前揭書, 98面.

동기로 항공기납치 등 국제적 범죄를 범한 경우에도 대륙의 사법기관은 이를 보호하거나 관용하여서는 아니 되며 법에 의하여 형사 처벌하여야 한다는 것이다. 두 번째는 대만 형법에는 저촉되지만 중국 형법에는 저촉되지 않는 죄를 범하고, 대만사람이 대륙에 들어온 경우이다. 그러나 이 경우에는 위 「中國公民의 臺灣地區 往來管理辦法」의 방문 불허가사유에 해당되어 중국 방문을 허가하지 아니할 수 있을 것이며, 이미 대륙에 들어온 경우에는 사안에 따라 강제출경 등의 조치를 취할 수 있을 것이다.

또한 중국의 공민을 상대로 범죄행위를 한 경우에는 중국 형법 제8조를 준용하여 중국의 사법기관은 중국의 형법을 적용하여 행위자의 형사책임을 추궁할 수 있는 것으로 해석된다.[278]

(3) 공조의 방법

대만인 양민쫑(楊明宗)은 대만에서 살인행위를 저지르고 중국대륙으로 잠입하였으며 중국공안기관은 상해의 공항에서 체포하였지만, 대만 당국이 중국 당국과의 접촉을 회피하면서 싱가포르 경찰을 통해 간접적으로 대만으로 송환해 주도록 요구하였다. 이에 중국의 공안기관은 양민쫑이 싱가포르 여권을 위조하였다는 이유로 1989년 4월 21일 먼저 싱가포르로 송환하였고, 그 후 다시 대만으로 인도되었다.[279]

이 사건처럼 대만과 중국의 인적 교류가 활발해짐에 따라 양안 간에 직접적인 犯罪人引導制度[280]가 필수적으로 요구되는 상황이

---

278) 문준조, 앞의 책(중국과 대만의 인적 교류법제), 70면.

279) 藩錫堂, 前揭書, 431面.

280) 중국의 학계에서는 刑事司法共助는 국가 간뿐만 아니라 한 국가 내의 서로 다른 法域間에도 가능하지만 그 성질이나 내용, 및 형식에 있어 국가 간의 형사사법공조와 區際간의 형사사법공조는 구별되어야 한다고 주장한다. 이에 따라 형사사법공조의 '犯罪人引導'에

었다. 결국 이러한 현실적 필요에 의해 1990년 9월 중국과 대만의 적십자회가 金門에서 '송환업무협의서(金門協議)'에 서명하였다. 이 협의서에 의하면, 관련규정을 어기고 타방지구에 들어온 주민과 刑事被疑者 및 被告人이 타방지구에 잠입한 경우에는 중국과 대만의 적십자회가 약정한 지점에서 상대방에게 인도한다는 내용을 담고 있었다.[281] 그런데 중대한 형사사법공조에 해당하는 범죄인 송환업무에 대하여 국가 또는 정부를 대신하여 민간단체에 불과한 쌍방 적십자회가 담당한다는 것은 엄격한 법적 의미에서 문제가 없는 것은 아니지만, 관련된 정치적·법적 문제를 회피하고 실제로 문제를 해결한다는 다소 현실적인 접근방식을 채택한 것이라고 할 수 있다. 하여간 이 송환업무협의서에 따라 1990년 10월 8일 제1차로 대만에 밀입경한 대륙 주민 55명을 협상을 통하여 송환조치를 한 바 있으며, 북경에서 334만 미국달러의 환어음을 절도한 후 대만으로 도주한 우따펑(吳大鵬)을 대만 경찰이 체포하여 1990년 10월 9일 중국에 호송한 사례가 있다. 또한 1991년 3월 9일의 '3保警 사안'[282]도 대만의 적십자회(해협교류기금회)와 대륙의 적십

대하여 양안 간에는 국제형사사법공조상의 '범죄인인도'라는 용어 대신에 '범인인계(원어: 移交案犯)'라는 용어를 사용하는 것이 적절하다고 주장하는 학자도 있다(程榮斌, 前揭書, 133面).

281) 同 협의는 총 5개항으로 구성되어 있는데, 1항은 송환원칙, 2항은 송환대상, 3항은 송환지점, 4항은 송환절차, 5항은 기타로 구성되어 있다. 그중 3항이 규정하고 있는 송환지점은 대륙 福州市의 마미(馬尾)항↔대만 마조(馬鳥)항으로 하되, 피송환자의 원거주지 분포상황 및 기후 그리고 바다상태 등의 요인에 따라 하문(廈門)↔금문(金門)으로 정할 수도 있도록 하고 있다. 4항의 송환절차 규정에 의하면 피송환자의 자료를 상대방에게 통지하면 상대방은 20일 이내에 검증결과를 회답하여야 하고 협의한 송환시간과 장소에서 송환을 해야 하며, 송환에는 쌍방이 적십자회의 전용선을 이용하고 민용 선박이 약정지점에서 안내한다. 송환선박과 안내선박은 모두 적십자기를 게양하며 기타의 표지나 깃발은 게양하지 않는다(법무부, 앞의 책, 397面, 註 249번).

282) 사건 당일 대륙의 福建省 平潭縣의 5069호 어선이 대만해협의 해상에서 운항을 하던 중에 대만 '보안경찰선'의 제지·검사를 받게 되었고 3명의 대만 보안경찰이 이 어선에 탑승하여 수색을 준비하며 대만으로 배를 운항할 것을 명령하는 과정에서 대만 보안경찰이 총

자회(해협양안관계협회)가 협상을 통해 해결하기도 하였다.

상술한 양안 간의 범인인도 사례는 귀중한 경험이며 많은 시사
점을 던져주고 있다. 그러나 同「송환업무협의서(金門協議)」는 너
무 간단하고 추상적이고 민간기구 간의 합의에 불과하여 엄격한
의미에서의 법률적 효력을 갖추지 못하였다. 이에 양안은 이러한
문제점을 해결하기 위해 1993년 11월「해협양안관계협회(이하 '해
협회'라고 한다)」와 「해협교류기금회(이하 '해기회'라고 한다)」는
하문(廈門)에서 6일간의 회담을 가지고 양안간의 제반 법률문제를
논의하였다. 여기서는 특히 비행기납치 범죄를 重犯罪로 보고 비
행기 납치범은 원칙적으로 송환한다는 데 인식을 같이하였다. 그
후 대만은 2001년 6월 28일 대륙의 비행기를 납치하여 대만으로
갔던 가오쥔(高軍)을 송환하였다.[283]

을 발사하여 중국 어민 1명이 사망하였다. 이에 남은 어민들이 3명이 보안경찰의 총기를
버리도록 한 뒤 이들을 대륙으로 끌고 가서 신고하였다. 이 사건은 대만에 커다란 파란을
일으켰으며 대만의 적십자회에서는 고위인사를 북경으로 보내 대륙 적십자회 임원과 이들
보안경찰을 대만으로 데리고 가는 것에 관한 협상을 벌였다. 복건성 평담현 인민검찰원에서
사건을 수리하여 조사한 결과, 대만의 범죄자가 5069호 어선을 고용하여 대만으로 밀수를
하던 중에 대만 보안경찰의 수색을 받게 되었고, 이 와중에 총기를 뺏으려 하는 다툼이 벌
어지던 과정에서 총격이 발생하였고 그 직후 가해 보안경찰은 피해자를 응급 치료하는 데
노력을 하였음이 밝혀졌다. 이에 검찰원은 대륙 어민의 밀수행위는 대륙의 '해관법'에 따라
처벌하고, 대만 보안경찰의 행위는 과잉방어·과실치사에 해당하나 형사책임을 면제하는
대신 사망자의 가족에게 배상을 명하였고, 이들 3명의 보안경찰은 대만 적십자회에서 파견
한 사람과 함께 대만으로 돌아갔다(法務部, 앞의 책, 398面, 註 250번).

283) 피고인 가오쥔(高軍)은 버스 승무원이었으나 무단결근으로 해고를 당한 것에 불만을 품고
대륙 비행기를 납치하여 대만으로 가려는 계획을 세웠다. 그는 1993년 12월 8일 수술용
칼을 휴대한 채 북방항공공사의 심양(瀋陽) - 청도(靑島) - 복주(福州)노선을 운행하는 항공
기에 탑승한 후 소지한 칼로 스튜어디스를 위협하고 폭탄을 지니고 있다고 속인 뒤 비행기
를 대만으로 운행케 한 후 대만에서 강제 착륙시켰다. 가오쥔은 대만에 도착한 후 10년 형
을 받았고, 2001년 2월에 가석방된 후 같은 해 6월 28일에 대륙으로 송환되었다. 대륙의
청도 중급인민법원은 피고인의 행위가 승객과 스튜어디스의 생명 및 국가재산의 안전에 심
각한 위해를 가하였으나, 인명의 사상이나 재산상 피해가 발생하지 않았으며 初犯이며 改
悛의 정이 보인다는 이유로 비교적 가벼운 12년의 유기징역 및 3년의 정치권리 박탈에 처
하였다(법무부, 위의 책, 399면, 註 251번).

3. 兩岸 간 형사사법공조의 주요내용

(1) 兩岸 관계조례의 제정

중국과 대만은 공히 자신이 유일한 정통성과 합법성을 가진 국가이므로 자신의 법률이 중국 전체에 적용된다는 기본입장을 취하고 있다. 이에 중국과 대만은 각각 형사재판권의 장소적·인적 효력이 상대방 주민 및 지역에 미친다는 것을 기본원칙으로 하고 있으나, 실제로는 장기간 단절된 특수관계 등을 고려하여 폭넓은 예외를 인정하고 있다. 다시 말해, 형사문제에 대한 처리법제는 대만과 중국 쌍방의 주권과 밀접한 관련이 있다고 할 수 있으므로 대만은 대륙 지구의 법률을 인정하지 않는 경향이 강하다. 즉 속지주의 원칙을 견지하면서 사안에 따른 다소간의 예외를 인정하는 것이다. 이는 중국도 마찬가지여서 양안 관련 형사사건에서 중국의 형법을 적용하는 것을 원칙으로 하되, 중국 형법에 위반한 대만 주민에게는 중국의 사회주의 헌법의 기본원칙을 위배하지 않는 범위 내에서 극히 일부의 사건에 대해 대만 형법의 적용을 인정한다.

대만은 중국을 외국으로 볼 수 없고 중국의 법원도 외국의 법원으로 볼 수 없다는 이유로 증인·감정인의 신문, 증거물의 송부, 문서송달과 범죄자료 제공 등 협의의 민·형사사법공조 분야에서 외국에 대해 적용되는 국내법인 「외국법원위탁사건협조법」을 적용할 수 없다. 이에 따라 중국과 대만은 정부차원의 공식접촉은 이뤄지지 않고 있으나, 半官半民 성격을 가진 기관인 중국의 '해협회'와 대만의 '해기회'를 통하여 증거물과 문서의 송부, 범죄자료의 제공 등 각종 민·형사상의 사법공조를 행하여 왔다.[284]

---

284) 1991년 5월 25일 대만고등법원이 同 법원의 판결문을 해기회를 통하여 대륙의 사법기관

앞서 언급한 것처럼, 대만은 대만헌법상 중국대륙도 중화민국의 영토에 속하고 중국 주민도 중화민국 주민이라는 것을 전제로 하여 중국 주민이 중국 또는 대만에서 범한 범죄행위에 대하여 대만 법원의 형사관할권과 대만 형법이 적용된다는 것을 기본입장으로 하고 있다. 그러나 중국 주민의 중국에서의 범죄행위에 대해서는 대만 형법 및 형사관할권의 실효성이 미치지 못하여 사실상 처벌이 어려웠다. 대만 당국은 1992년 7월 31일 이러한 현실을 반영하여 양안관계에서 발생하는 형사사건에 대하여 장기간의 격리단절 상태를 고려하여 일정한 예외를 인정하는 양안관계조례를 제정하였다.[285]

(2) 兩岸關係條例의 내용

1) 일반규정

일반적으로 '양안관계조례'라고 불리는 「臺灣地區與大陸地區人民關係條例」는 제1장 총칙(제1조 내지 제8조), 제2장 행정(제9조 내지 제40조), 제3장 민사(제41조 내지 제74조), 제4장 형사(제75조 내지 제78조), 제5장 벌칙(제79조 내지 제94조), 제6장 부칙(제95조 및 제96조) 등 총 6장 96개 조문의 방대한 법률을 제정하였으며 그 시행세칙을 비롯하여 이 조례에 근거한 많은 하위 법령들이 제정되었다. 이 조례는 중국통일 전에 대만 지구의 안전과 주민의 복지를 확보하며, 대만 지구와 대륙 지구 주민의 왕래를 규율할 뿐만 아니라 왕래로부터 파생되는 제반 문제를 처리하기 위한 목적을

에 송달의뢰를 하고, 이에 따라 대륙의 사법기관이 하남성에 거주하는 당사자에게 송달한 사례가 있다.

285) 同 양안관계조례는 같은 해 9월 18일 시행되었으며, 1993년 2월 3일 1차 개정되었다.

가지고 있다. 또한 이 조례에서 규정되지 않은 사항은 기타 관련 법령의 규정을 적용한다고 함으로써, 이 조례가 대만과 대륙 주민들의 왕래 등에 관한 한, 다른 법령에 우선적인 효력을 갖는 특별법임을 천명하고 있다.

대만도 중국과 마찬가지로, 자기 관할구역 내에서 발생한 상대지구 주민관련 민사문제 및 상사문제 처리에 관해서는 경우에 따라 상대지구의 법률을 적용할 수 있도록 다소 유연한 법제를 채택하고 있는 것으로 보인다.[286] 양안관계조례 제7조에 의하면 해기회의 중개를 거쳐 증거조사 및 소송문서의 송달을 하게 된다. 또한 사법원 및 관련기관들이 대륙 지구의 문서송달과 증거조사를 필요로 하는 경우, 해기회에 그에 관한 요청을 할 수 있다(양안관계조례 제8조). 예컨대, 증거조사와 관련해서는 대륙의 사법기관이 대만 주민과 관련된 민사사건 심리 과정에서 대만의 증거자료의 수집이 필요한 경우, 해협회와 해기회를 통하여 호적, 재산, 혼인상황 및 친족관계에 관한 증명자료 등에 대한 송부요청을 하고 대만 사법부 등이 이에 적극적으로 협조하고 있다. 또한 대만 사법기관으로부터의 증거조사 요청에도 중국 사법기관이 적극적인 협조를 하고 있다.[287] 다만, 관할권 다툼의 소지가 있는 경우에는 일방의 공조 대상에서 제외될 수밖에 없을 것이다.[288]

2) 형사사건 처리규정

대만은 1992년 9월 양안관계조례를 시행하면서 양안 간 주민왕

---

286) 문준조, 앞의 논문, 128면.

287) 1998년 해기회의 통계에 의하면, 해기회가 사법기관으로부터 협조를 요청받은 사건은 4,456件(대륙 지구주민의 재산권익과 밀접한 관계가 있는 상속사건 포함)에 달한다.

288) 朱維究・王崇理, 海峽兩岸關係政策與法律研究, (臺北 : 海峽學術出版社), 2003, 239面.

래 과정에서 발생하는 형사문제를 처리하는 특별규정을 두었다. 첫째, 양안관계조례 제75조는 "대륙 지구 또는 대륙 지구의 선박·항공기 내에서 발생한 범죄는 비록 대륙 지구에서 형사처벌을 받더라도 대만의 법에 따라 처벌할 수 있다. 그러나 그 형의 전부 또는 일부의 집행을 면제할 수 있다."라고 하여 대륙에서 처벌받은 경우의 형집행의 면제규정을 두고 있다. 위 조문에서 '처벌한다'고 규정하지 않고 '처벌할 수 있다'고 규정한 것은 중국에서 발생한 범죄행위에 대하여 사실상 모두 처벌하는 것이 불가능하다는 현실을 반영한 것이며, 그 형의 집행의 전부 또는 일부를 면제할 수 있도록 한 것도 국제형법규정에서 '외국에서 받은 형의 집행에 관하여 면제'하는 것을 반영한 것으로 보인다.[289] 둘째, 양안관계조례 제76조는 "배우자의 일방은 대만 지구에 있고, 타방이 대륙 지구에 있는 상황에서 1987년 7월 1일 이전에 중혼하거나 배우자가 아닌 자와 공동생활을 목적으로 동거한 경우에는 소추 및 처벌을 면제한다. 그 상대자 또는 동거인도 같다."라고 규정한다. 이 규정은 대만 형법에서 중혼죄와 간통죄를 형사 처벌하고 있으나, 양안 간 40여 년 동안 분리되어 단절된 상태에서 발생한 새로운 혼인과 사실혼 관계를 보호하고 법적 안정성을 유지하기 위한 규정이라고 볼 수 있다.[290]

셋째, 내란죄 및 외환죄를 범한 중국 주민에 대한 소추와 처벌의 면제로서 양안관계조례 제77조는 "대만 지구 이외의 지구에서 내란죄, 외환죄를 범한 대륙 지구 주민이 허가를 받아 대만 지구에 들어오는 경우에는, 입국신고 시 그 사실을 신고한 경우에는 그 소

---

289) 이효원, 앞의 논문(남북한 특수관계론의 헌법학적 연구), 294면.
290) 문준조, 앞의 논문, 127면, 이효원, 위의 논문, 295면.

추 및 처벌을 면제한다. 대만 지구에 들어와 주관기관이 개최를 허가한 회의 또는 활동에 참가한 경우나 특별전문허가로 신고를 면제한 경우에도 같다."고 규정하였다. 대만은 중국공산당을 반란단체로 규정하고 공산당정부의 활동 자체를 내란죄 및 외환죄로 규정하여 처벌하여 왔으나, 양안관계의 특수성에 비추어 중국 정부의 활동에 참여한 것을 이유로 형사 처벌하는 것은 양안 간 교류협력의 취지에 어긋난다는 현실을 고려하여 대만에 들어오는 중국 주민이 신고를 하는 것을 전제로 처벌을 면제한다고 함으로써 형사법체계와 법현실을 조화롭게 반영한 것으로 평가된다.[291]

넷째, 중국 주민의 고소 및 자소권의 제한으로 양안관계조례 제78조는 "중국 주민이 자신의 저작권 및 기타 권리가 대만에서 침해받은 경우에 그 고소 또는 자소의 권리는 대만 주민이 중국에서 향유하는 것과 동등한 소송권리에 한하여 인정한다."고 규정하였다. 이는 중국 주민의 저작권 등 권리에 대하여 대만 주민의 권리와의 호혜주의와 평등주의를 적용한 것으로 판단된다. 즉 대만 형사법상 중국 주민이 범죄의 피해자가 된 경우에 대만법원에 고소 또는 자소할 수 있는 권리가 당연히 인정됨에도 불구하고 중국의 저작권법상 형사책임에 대한 규정이 없어, 대만 주민이 중국에서 저작권의 침해를 받은 경우에 고소 및 자소권이 인정되지 않는 현실을 고려하여 중국 주민들에 대하여도 고소 및 자소권을 인정하지 않는다는 것을 명확히 한 것으로 평가된다.

(3) 兩岸關係條例上 형사사법공조 규정

위에서 언급한 것처럼 중국과의 형사사법공조와 관련하여 대만

---

291) 同旨 : 이효원, 앞의 논문, 295면 이하.

사법원은 양안 간 형사사건에 대하여는 국제형사사법공조법률인 '외국법원위탁사건협조법'의 적용이 배제된다. 다만 양안관계조례 제4조에서 규정하고 있는 '양안중개사무위탁규정'에 따라, '해기회'에 양안의 중개사무를 위탁할 수 있도록 하였다. 또한 양안관계조례 제7조에 의해 '해기회'의 중개를 거쳐 증거조사와 소송문서의 송달 등의 사법공조를 할 수 있게 되었던 것이다.

한편, 양안관계조례 제8조에 의하면 대만의 사법기관은 대륙 지구에 송달하여야 할 문서와 필요한 조사를 위하여 해기회에 촉탁 또는 위탁할 수 있다고 규정하고 있다. 1992년 대만 사법원은 이 규정에 따라 양안 형사사법공조 사무를 처리하여야 한다고 결정하였다.[292] 그리하여 대만과 중국의 법원은 해기회와 해협회를 통하여 증인·감정인의 신문, 증거물의 송부와 문서송달 및 범죄자료의 제공 등 형사사법 분야에서 공조하고 있다.

또한, 대만은 「불법입경한 대륙 지구 주민의 송환에 관한 실시요점」에 의하여 대륙 지구 형사범 및 범죄혐의자에 대하여 대륙으로 송환하는 것을 원칙으로 하고 있다. 따라서 대륙의 일반 범죄자가 대만으로 불법입경한 경우에 별도의 합의가 없더라도 대륙으로 인도하게 된다. 이처럼 양안 간에는 우리나라와는 차원이 다른 내용의 형사사법공조가 대만과 대륙 간에 이루어질 수 있는 법적 근거가 있다고 평가할 수 있다.[293]

---

292) 1992년 7월 8일 사법원(80)원대청일자05019호.
293) 문준조, 앞의 논문, 131면.

Ⅲ. 분단국가의 형사사법공조의 특징

1. 구 東·西獨 간 형사사법공조법의 특징

동·서독은 2차대전 이후 분단되어 동독에서 공산체제가 수립된 이후에도 장기간 서로를 하나의 '독일'로 생각하고 1950년대 중반에 동독에서 소위 말하는 '사회주의 법이론'에 따른 특별법을 제정하기 전까지는 민사소송법도 동일하게 적용되었다. 또한 동·서독 간 주민의 왕래도 비교적 자유로웠으며, 양독의 형사법도 어느 정도 법치국가적 원리에 입각해 있었으므로 남·북한에 비해 훨씬 원활한 사법공조의 조건을 갖추고 있었다.

통일 전 서독은 동독인을 내국인으로 취급하였고, 동독은 서독인을 외국인으로 취급하였다는 점에서 우리와는 근본적인 차이가 있으며, 인적 왕래에 있어서 서독은 서독인의 동독 지역 여행에 대한 특별한 제한을 두지 않은 반면, 동독은 서독인에게 입국비자를 발행하였다. 하지만 동·서독은 관광교류를 민족내부 문제로 간주하여 별도의 신변안전보장에 대한 협정을 체결하지 않고 기본조약과 통행협정을 통하여 인적 교류를 제도화하였다.[294) 동독의 경우에 있어서도 서독 지역 및 서독인을 외국과 외국인으로 인정하였으므로 당연히 국제형법규정에 의해 형사사건을 처리하였다. 결국 동서독 모두 국제형법상의 영토고권에 따른 속지주의를 기본으로 채택한 것이다.

형사사법공조의 경우에는 서독이 형사사법공조법을 제정하여 동독에 대하여 형사사법공조를 제공해 주는 것을 원칙으로 하고, 일

---

294) 백학순, 「신변안전보장협정」, 통일경제, 1999, 36면.

정한 예외사유가 있는 경우, 이를 거부할 수 있도록 한 것은 매우 중요한 사례가 될 수 있다. 반면 실제의 운영에 있어서는 서독 판례가 법치국가의 기본원리 준수와 서독의 공서유지에 적합하다고 판단할 경우에만 사법공조를 허용하는 입장을 취함으로써 애써 이룩해 놓은 형사사법공조를 유명무실하게 만들었다는 비판이 가능하다.

그러나 베를린장벽 붕괴 이후 동독이 정치형법을 폐지하고, 동·서독이 전문가회담을 통해 민·형사사법공조의 간이화와 활성화를 위해 획기적인 조치를 취한 사실과 그 합의사항의 내용은 동일한 분단국가인 남·북한이 향후 사법공조를 하는 데 있어서 참고할 만한 것이 될 것이다.

결과적으로 동서독 간의 사법공조가 다소 우여곡절과 서로의 입장 차이에 따라 난항295)을 겪기도 하였지만 그래도 상당한 성과를 거둘 수 있었던 요인으로는, ① 서독 당국의 사법공조에 대한 실용적이고 적극적인 태도(또는 동독의 사법공조에 대한 현실적인 필요성), ② 동·서독 주민 사이의 비교적 자유로운 왕래의 보장, ③ 분단 이전까지 상호 공통된 법제도를 공유하였다는 역사적 경험, ④ 공산주의 체제이지만 어느 정도 법치국가 원리에 입각한 동독 사법제도 등을 들 수 있을 것이다.

동·서독의 사법공조는 양독관계의 정치적 영향을 크게 받으면서 그 변화 과정에 따라 다양한 모습으로 전개되었고, 양독의 일방적인 법제도와 지침에 의해 행하여졌으므로 불안정성을 띨 수밖에 없었다. 그럼에도 불구하고 서독은 사법공조의 실질적인 필요에 대

---

295) 동·서독은 상호 국적표기 문제로 정식적으로는 사법공조조약을 체결할 수가 없었다. 그러나 앞서 언급하였듯이 외국과의 사법공조에 준하여 민·형사상의 사법공조를 이루어 내는 등 양독의 사법공조요청은 현실적으로 빈번하게 활용되었다.

응하여 매우 실용적으로 접근하여 가능한 한, 사법공조를 하려는 방향으로 노력한 사실을 알 수 있다.[296]

2. 중국과 대만 간 형사사법공조의 특징

중국과 대만은 모두 자기 측 형법이 대륙과 대만의 모든 형사사건에 대해 적용되며, 형사관할권을 가진다고 규정하고 있다. 즉 중국 형법은 인적·장소적 효력의 범위는 지역적으로는 대만에까지 미치며, 인적으로도 대륙 주민뿐만 아니라 대만 주민에까지 미치는 것이다. 이 점은 대만 형법도 마찬가지여서, 남북한과 똑같은 형사법 충돌문제가 발생하는 것이다.

이에 대하여 중국은 '一國兩制'의 통일방안에 입각하여 중국과 대만 간의 법률충돌 문제를 '하나의 주권국가 내에서 서로 다른 法域을 가진 지구 간의 법률충돌 문제'로 본다. 즉 양안관계에서 중국과 대만이라는 상호 법역[297]이 다른 지역이 존재한다는 전제하에 대만 지역의 현실적인 형사관할권 및 그 사법권능을 인정한다는 '區際刑事法律衝突(Interregional Conflict of the Criminal Law)'[298] 문제로 파악하고 있다. 대만의 경우에도 헌법상 중국대륙도 중화민

---

296) 가령, 서독 법원이 동독을 서독 법의 실효적 규범력이 미치는 순수한 내국으로 본다면 동독의 반발로 사법공조를 할 수 없을 것이고, 그렇다고 해서 정부의 공식적인 입장과 달리 동독을 전적으로 외국으로 볼 수도 없는 상황에서 사안별로 사법공조를 실현시키기 위한 실용적이고도 탄력적인 논리를 개발하여 '일을 되게 하는 방향으로'실무를 운영한 것은 우리에게도 시사하는 바가 크다고 할 것이다(이진만, 앞의 논문, 127면).

297) 여기서 말하는 '法域'이란 다른 법률제도를 시행하는 '구역' 또는 '지역'을 가리킨다.

298) 법무부 특수법령과 譯, 앞의 책(董立坤, 中國內地與香港地區法律的衝突與協調, 法律出版社: 中國, 2004), 2006, 2-3면, '區際法律衝突' 문제가 발생하려면 아래와 같은 세 가지 요건이 필요하다. 첫째, 하나의 국가내부에 법률제도가 다른 몇 개의 法域이 존재해야 한다. 둘째, 각 法域은 상호 다른 법역에 속하는 법률의 자기 법역 내에서의 효력을 인정한다. 셋째, 區際法律衝突은 하나의 주권국가 내에 있는 각각 다른 지구의 법률제도가 동일 평면상에서 충돌하는 것이므로 각 법역 내에서는 독립된 입법권과 사법권이 있다.

국의 영토이고, 대륙인도 중화민국의 국민이므로 대만 또는 대륙 지구 주민이 대륙 및 대만 지역에서 범한 범죄는 대만 형법에 의해 처벌된다는 입장을 견지하였다.

중국과 대만의 인적 교류는 중국이 일방적으로 인적 교류를 허용하고, 대만이 이를 수용하는 방식으로 이루어지고 있는데, 인적 왕래과정에서 발생하는 형사문제 처리에 있어서는 독일과 마찬가지로 정부 차원의 특별한 신변안전보장 장치를 마련하지 않고 있다.[299] 다만, 이들은 모두 각각 상대방 법률의 효력을 부인하고 각자 형법의 효력이 상대방 지역에 적용됨을 원칙으로 하면서도 실제 형사사건 처리에 있어서는 정치적 범죄나 법률이념이 상이한 일부 범죄의 소추면제 등 방법으로 형사재판권 행사를 자제하고 있다.

특히, 중국은 대륙 내에서의 대만 주민의 범죄에 대해서는 죄질이 특별히 중한 경우가 아니면 형량을 완화한다는 방침하에, 경미한 범죄에 대해서는 관용을 베풀고 있다. 또한 대만인의 범죄에 대해서 징역형의 적용을 삼가고 가능한 한 벌금 등 경제적 처벌에 치중하고 있다. 다만, 죄질에 따라 정상이 특별히 현저한 경우에 있어서는 징역형으로 처벌하고 있다.[300]

결국 분단국가인 독일과 중국의 경우에는 정부차원의 특별한 신변안전보장에 대한 제도적 장치 없이 인적 교류가 진행되어 왔다. 다만 舊 동·서독은 형법적용에 있어서 서로 속지주의에 입각한 법적인 해결책을 모색해 왔던 반면, 중국과 대만은 우리처럼 서로의 국가성을 인정하지 않으면서도 별도의 신변안전보장에 대한 조

---

299) 백학순, 앞의 논문, 36면.
300) 법무부, 「중국과 대만의 통일 및 교류협력법제」, 1995, 280면.

치도 없이 인적 교류가 진행되고 있다는 것이다. 하지만 舊 동서독 및 중국·대만의 경우에도 상대방 지역 주민이 각자의 지역에서 범죄행위를 저지른 경우, 실제적인 형사재판권 행사를 자제하고 형사사법공조의 방법을 통해 범죄사건을 처리하고 있다.

분단 이후에도 인적·물적 교류가 거의 중단 없이 이루어진 舊 동·서독과는 달리, 중국과 대만의 경우는 1949년의 중국 공산정권 수립 이후 양안 사이에 적대적인 관계가 지속되다가 1987년 11월 2일 대만정부의 대륙 방문 허용조치로 양안 간 인적·물적 교류가 공식적으로 이루어지기 시작하였다. 따라서 중국과 대만의 경우는 동·서독의 경우보다 우리나라와 유사점이 많다고 볼 수 있다. 중국과 대만은 아직까지 공식적인 사법공조조약이 체결된 바가 없지만, 실용적인 중국인의 특성에 따라 양안의 각 半官半民 단체를 통하여 활발한 사법공조가 이루어지고 있다. 즉 중국의 「해협회」와 대만의 「해기회」를 통해 소송서류의 송달이나 공문서의 확인 등이 이루어지고 있다.

결국 중국과 대만의 경우에는 세 가지 유형의 형사사법공조 중 문서송달 및 범죄자료 제공 등 협의의 형사사법공조가 이루어지고 있다고 보아야 하며, 이러한 현실은 상호 체제가 다른 상태에서의 형사사법공조는 여러 가지 형태의 한계에 봉착할 수밖에 없다는 시사점을 던져 준다. 다시 말해 형사소추의 이관 및 타 지역 법원 판결의 집행 등 최광의의 형사사법공조는 현재 조약을 체결한 국가 간에만 존재하는 형사사법공조 유형이므로 양안의 조약 또는 이와 유사한 법규의 제정이 있어야 할 것이다. 그러나 현실적으로 양안 간에 그러한 조약 내지 합의의 체결, 일방적인 국내법의 제정을 기대하기는 어렵다고 볼 것이다.

제3장 남북한 형사사법공조의 한계

I. 남북한 司法共助를 위한 기본조건

남북한의 평화협력 분위기 정착 및 경제교류의 활성화, 남북 인적·물적 교류의 확대에 따라, 남북한 주민 간 교통사고를 비롯한 각종 형사사건 발생의 가능성이 높아진다고 볼 때, 이제는 남북한 사이에서도 사법공조에 관한 진지한 논의를 시작할 시점에 왔다고 볼 수 있다. 특히 남북한 인원 및 물자가 혼재되어 있는 개성공업지구에서의 형사공조 문제는 매우 시급한 문제가 아닐 수 없다. 남북한의 진정한 사법공조를 위해서는 무엇보다도 상대방 법질서의 존재와 사법기관의 역할에 대한 인정과 존중이 필요하다고 할 것이다. 또한 실질적인 사법공조를 위해서는 남북한 주민들의 자유로운 왕래 및 무사귀환 등 신변안전이 선행되어야 한다.

그러나 북한의 법체제는 우리의 法治國家 原理와 부합되는지 여부가 의문시될 뿐만 아니라, 북한의 법률 및 사법제도의 실상이 남한에 충분히 알려져 있지 않다는 것이다. 더욱이 북한의 법체제는 개인의 기본적 인권옹호보다는 당정책 및 사회주의 이념의 구현을 목표로 하고 있으므로 북한 내의 형사재판에 대한 효력을 인정한다는 것은 법치국가 원리가 구현된 법제도하에서 생활하는 남한 주민에게 쉽사리 받아들여질 수는 없을 것이다. 결국 남북한 사이에 당장 사법공조를 현실화시키는 것은 다소 무리라고 생각되므로 이를 점진적으로 실현해 나가는 방향으로 추진함이 옳을 것이다. 우선 남북한 사법공조 실현을 위해서는 ① 남북한 당국 사이에

서로의 사법제도 및 법체제에 관한 정보를 공유할 수 있도록 추진할 것, ② 공공기관이 발행한 문서의 진정성 여부를 확인해 주는 제도를 마련할 것, ③ 각종 서류의 송달을 위한 공식 또는 비공식 통로를 마련할 것, ④ 소송당사자 또는 변호인이 상대방 지역의 사법기관에 출석하여 자신의 권리를 변호할 수 있을 것, ⑤ 남북한 주민의 자유로운 상대방 지역방문 및 무사귀환이 보장되어야 할 것 등 선결조건이 필요하다고 할 것이다.

그러나 이 다섯 가지 선결조건을 모두 구비한다는 것은 결코 쉬운 일이 아니다. 동·서독이나 중국·대만이 공식적인 사법공조조약을 체결하지 못한 것을 보더라도 남북 당국 사이에 사법공조에 관한 공식적인 합의를 이끌어 내는 것은 매우 어려운 일이 아니라고 할 수 없다. 따라서 중국·대만의 경우와 같이 반관반민의 단체를 통해 기초적인 사법공조를 실현해 나가는 방안을 추진하거나, 서독의 경우처럼 사법공조조약이 체결되지 않은 외국의 경우에 준하여 일방적으로 이에 관한 근거법규를 우리 독자적으로 마련하여 북한과의 사법공조에 나서는 것도 고려해야 할 것이다. 아래에서는 남북형사사법공조 시 準據法이 될 수 있는 북한 형사법 및 형사관련 법률, 유사사법제도 등을 개관한 다음 북한 법률의 反法治國家的 성격과 법해석 및 적용의 恣意性은 결국 남북한 당국의 공식적인 형사사법공조 조약체결의 한계요인으로 작용하게 됨을 살펴본다. 또한 남북한 간 법률충돌을 조정하기 위한 남북한 당국의 노력과 법률가들의 인적 교류, 상대편 법률의 대한 정보교류가 없는 상태에서 犯罪人 引渡 및 證人의 소환, 상대편 지역에서의 裁判과 受刑 등 '넓은 의미의 형사사법공조' 역시 한계에 봉착할 수밖에 없다는 사실을 대해 알아보도록 하겠다.

Ⅱ. 북한 형사법 개관

위에서 살펴본 바와 같이, "개성공업지구와 금강산 관광지구의 출입 및 체류에 관한 합의서"는, 개성공업지구에서는 형사사건이 발생하더라도 북측이 1차적 조사권을 가지고 법위반자에 대하여 추방 등의 조치를 취하도록 되어 있다. 그러나 조사 과정에서 강제수사 등과 관련하여 북한의 형사소송법이 적용될 가능성을 배제할 수 없다. 게다가 위 합의서가 재판권의 행사 등에 관하여는 명문의 규정을 두고 있지 아니하여, '엄중한 위반행위'나, 북한의 안전에 관한 범죄(북한 형법 제63조 간첩죄 등)에 관하여 북한이 재판권 행사를 주장할 가능성이 있다.

따라서 개성공업지구에서 남측 주민이 법질서 위반행위를 하였을 경우에 대비하여 북한의 형사법뿐만 아니라 개성공업지구법 및 관련 합의서를 깊이 있게 이해함으로써 남측 주민의 보호에 만전을 기하고 북측 재판소에 기소될 경우에 따르는 문제점을 미리 예측하고 이를 준비할 필요가 있다.

아래에서는 우선 북한의 형사법 체계를 검토하기 위하여 북한법의 일반적 특징을 살펴본다. 그 다음 북한의 2004년 개정 형법·형사소송법을 비롯한 형사관련 법률을 소개하고 그 특징을 개략적으로 살펴본 다음, 개성공업지구에서 발생하는 형사사건의 처리에 관한 관련법규 및 남북의 합의내용 및 그 문제점에 대하여 검토하고자 한다.

1. 북한 법의 일반적 특징

한 사회의 법은 그 사회의 구성원의 생활양식과 습관, 시대적 이데올로기, 사회 및 경제체제의 일반적 모습을 그려 낸다. 북한의 법은 북한 사회가 기본적으로 채택한 사회주의체제의 성격을 드러내고 있으며, 이에 따라 사회주의 법계에 속한다. 법이 사회에서 어떤 의미를 가지는가는 그 사회의 성격에 따라 큰 차이를 보이고 있다. 예컨대, 자본주의 노동법제는 노동력의 고용을 전제로 노동자의 기본 3권이라는 권익보호에 주안점을 두는 반면, 사회주의 노동법제는 노동자의 권리를 당연히 쟁취된 것으로 보고, 노동자의 권익보호보다는 근로대중을 동원하고 당의 정책을 합리화하는 수단으로서의 역할이 강조된다. 즉 국가를 지배하는 이념적 기반에 의해 법의 역할과 성격도 달라진다는 것이다.[301]

실제로 북한의 한 문헌[302]은, 북한 법의 의의와 특징에 대하여 다음과 같이 말하고 있다. 첫째, 북한의 법은 그것이 발생한 이후부터 오늘날까지 치열한 계급투쟁과 새 사회 건설을 위한 사업에서 당의 노선과 정책을 철저하게 관철시키며 인민정권의 기능을 실현하는 강력한 수단으로 복무하여 왔고, 이것은 당의 노선과 정책을 법률적으로 표현한 것으로 당의 정책을 관철하고 수행하는 중요한 수단인 것이다. 둘째, 북한 법의 특징에 대하여, "법은 정치, 경제, 문화, 군사 분야에서의 우리 당의 정책과 당이 제기하는 과업을 구체적인 명확한 행위규범의 형식으로 표현(하는) ……특수한

---

301) 이철수 外 7인, 남북한 통합을 위한 법제도 인프라 확충방안, 통일연구원, 2005, 64면, 박은정, 북한 노동법에 관한 연구, 이화여자대학교 석사학위논문, 1998, 13면.

302) 방계문, "공화국 법은 우리 당 정책실현을 위한 강력한 수단(공화국 법은 사회주의 건설의 강력한 무기)", 과학원출판사(평양), 1964, 1 - 3면.

사회적 행위규범의 체계"라고 하면서, "법의 특성은 당의 노선과 정책, 당이 제기하는 정치, 경제, 문화, 군사 등 제반 과업의 실행을 법적 의무로 규정함으로써 당 정책의 철저한 관철을 보장한다는 데 있다."고 주장한다. 이러한 사실로 볼 때, 북한 법의 가장 큰 특징은 법이 정치에 종속된다는 점이고, 북한의 법이 정치에 종속된다는 언급은 김일성의 저작 중에서도 빈번히 발견할 수 있다.[303]

위와 같이 정치가 법에 우선하고 법 전체의 지도적 이념이 법자체에 있어서의 외재적 정치이념으로서 존재한다는 것[304]은 사회주의 국가에 있어서의 일반적인 법의 특징이라고도 말할 수 있을 것이다. 그런데 북한은 최근 「조선민주주의 인민공화국 법전(대중용)」을 공개함으로써 지금까지 북한 법령의 존재와 대외적 공개를 꺼리던 모습을 탈피하는 듯한 양상을 보이고 있다.[305] 이 법전은 전문에서 "법은 모든 공민들이 의무적으로 지켜야 할 행동준칙이다. 인민대중중심의 우리식 사회주의제도를 더욱 튼튼히 다지고 빛내며 주체의 강성대국건설위업을 앞당겨 실현하자면 온 사회에 준법기풍을 철저히 세워야 한다."라고 밝히고 있다. 물론 법전의 공개를 통하여 북한 법이 지니고 있던 특징 자체가 변화하였다고는 말할 수 없겠지만, 북한 법의 기본적인 특징인 '정치가 법에 우선하는 현상'이 북한의 외국인 투자유치와 관련, 향후 변화하게 될 가

---

303) 김일성, "우리 당의 사법정책을 관철하기 위하여", 김일성 저작집 제12권(평양: 조선로동당 출판사), 1981, 218 - 222면, "법은 사회·경제제도의 반영이고, 정치의 한 표현형식이다. 일정한 사회·경제제도와 계급투쟁을 분리시킨 법이란 있을 수 없다.", "공화국 법은 국가의 정책을 표현하기 위한 중요한 무기이다. 국가의 정책은 우리 당의 정책이다.", "법은 정치의 표현이기 때문에 정치에 복종되어야 하며, 정치와 분리될 수 없다.", "우리의 법 자체가 당의 정책을 옹호하며 당의 정책을 실현하기 위한 것"이라고 한다.

304) 土岐茂, "中國社會主義法", 『アジアの社會主義法』, 社會主義法研究年譜 No.9 社會主義研究會 編, (京都: 法律文化社), 1989, 21 - 22頁.

305) 법률출판사, 조선민주주의인민공화국 법전(대중용), 평양종합인쇄공장, 2004(8.25.).

능성이 있다고는 말할 수 있을 것이다.306)

2. 북한의 헌법307)308)

(1) 북한 헌법의 변천과정

북한은 1948년 9월 8일 헌법을 제정한 이래 1972년, 1992년, 1998년, 2009년에 각각 헌법을 개정하였다. 그 과정을 간단히 보면, 1948년 인민민주주의 헌법을 제정하였다가, 1972년 사회주의 혁명과 건설에서 이룩한 성과들을 고착시키고 새로운 사회관계를 규율한다는 명목으로 사회주의 헌법을 제정·공포하였고, 이후 1992년 사회주의 붕괴라는 대외적인 환경변화에 대하여 우리식 사회주의를 표방한 사회주의 헌법을 개정하였으며, 다시 1998년 김정일 체제의 공식출범을 대내외에 공표하고 실용주의적 정책을 추진하기 위하여 헌법을 개정하였다.

한편, 북한의 헌법에 경제개방과 관련된 내용이 포함되기 시작했던 것은 1992년 이른바 '우리식 사회주의 헌법'309)(이하, 1992년 헌법이라고 함)부터라고 볼 수 있다. 이것은 1948년 북한의 첫 공

---

306) 이철수 외 7인, 앞의 책, 66면.

307) 북한은 2009년 4월 제12기 최고인민회의에서 기존의 1998년 헌법을 개정하였다. 개정헌법은 특히, 선군혁명노선을 조문화하고 국방위원장의 권한과 임무를 제도화, 김정일 정권의 공고화를 통해 후계구도를 강화하였다는 분석이 가능하다.

308) 2009년에 개정된 북한헌법은 서문과 전문 7장 172개 조문으로 구성되어 있는데, 각 장과 절의 제목은 다음과 같다. 제1장 정치, 제2장 경제, 제3장 문화, 제4장 국방, 제5장 공민의 기본 권리와 의무, 제6장 국가기관(제1절 최고인민회의 제2절 조선민주주의인민공화국 국방위원회 위원장, 제3절 국방위원회, 제4절 최고인민회의 상임위원회, 제5절 내각, 제6절 지방인민회의, 제7절 지방인민위원회, 제8절 검찰소와 재판소), 제7장 국장, 국기, 국가, 수도.

309) 1992년의 헌법을 '우리식 사회주의헌법'이라고 표현한 것은, 북한이 1995년 12월 27일 헌법절 담화에서 사회주의헌법을 '주체의 사회주의헌장'이라고 규정한 후, 이를 '우리식 사회주의헌법'이라고 표현한 것에서 유래하는 것이다(통일원 정보분석실, 주간북한동향, 1995.12.24.~1996.1.3. 37면).

식헌법인 '조선민주주의 인민공화국 헌법' 제정 이후 24년 만에 새롭게 채택된 1972년의 '사회주의 헌법'이후 20년 만에 이루어진 헌법개정이었다. 이 법은 기본적으로 '우리식 사회주의'의 이념을 강조하는 한편, 사회주의권의 변혁과정을 인정함으로써 국제질서의 변화를 수용하는 자세를 보여 주고 있다.[310]

1992년 헌법에서는 대내적으로 맑스－레닌주의이념(1972년 헌법 제3조)을 폐기하면서 주체사상을 전면에 앞세우고, 국가에 대한 당의 영도를 강조하였다(제11조). 대외적으로는 '자주·평화·친선'의 이념 밑에 세계 모든 나라들과 평등과 호혜의 원칙에서 교류를 진행한다(제17조, 제36조)고 하여 외교 면에서의 개방노선을 밝히고 있고, 대외경제개방을 위하여 외국의 자본과 기술을 유치하기 위한 법적 근거를 두고 있다(제16조, 제37조).

(2) 1998年 개정 북한 헌법의 특징

1997년 김일성의 사망으로 김정일 권력승계 및 경제회생을 위한 실용주의 경제정책의 필요성, 1992년부터 부분적으로 이루어진 대외개방정책으로 인한 변화된 현실을 수용하여 1998년 헌법개정이 이루어졌다.[311] 따라서 1998년의 헌법개정은 내부적으로는 사상과 군사의 강국을 내세워 내부통제를 강화하는 동시에 경제체제에서는 개방과 제한적 시장경제원리의 수용이라는 방향으로 움직이고 있다는 큰 특징을 갖고 있다. 이 헌법개정은 경제적으로 소유구조

---

310) 장명봉, "대내외적 환경변화와 북한의 법제정비동향", 국민대 법학논총 제9호, 국민대학교 출판부(서울), 1997.11. 74면, 이것은 1972년 헌법이 "맑스－레닌주의와 프로레타리아 국제주의 원칙에서 사회주의 나라들과 단결"(제16조)할 것을 규정하고 있는 것과는 달리, 1992년 헌법에서는 "자주성을 옹호하는 세계인민들과 단결"(제17조)하도록 규정한 것에서 엿볼 수 있다.

311) 장명봉, "최근의 북한 사회주의헌법 개정의 분석: 배경·내용·평가 및 정책전망", 통일연구논총 제7권 제2호, 민족통일연구원(서울), 1998, 3～15면 이하.

의 조정과 개인소유의 범위확대, 경제관리운용의 자율성 확대, 대외경제개방의 확대 등과 관련된 진일보한 내용을 담고 있는바, 주된 내용을 요약하면 다음과 같다.

첫째, 생산수단의 소유주체를 '국가와 협동단체'에서 '국가와 사회·협동단체'로 규정(제20조), '사회단체'를 추가함으로써 북한에서 경제활동의 주체로서 사회단체의 영역이 확대되었다. 또한 국가소유의 대상을 종전에 '교통운수'부문을 '철도·항공운수'로 한정(제21조)하였으며, 사회·협동단체 소유의 대상을 종전의 '농기구', '고기배'에서 '농기계', '배'로 확대(제22조)하였다.

둘째, 개인소유의 주체를 '근로자'에서 '공민'으로 바꾸고(제24조), 동시에 개인소유의 대상 중에 '협동농장원들의 터밭경리를 비롯한 주민의 개인부업경리에서 나오는 생산물'을 '터밭경리를 비롯한 개인부업경리에서 나오는 생산물'로 수정하여(제24조), 터밭경리 가능성을 북한의 모든 주민들에게 열어 놓았다. '그 밖의 합법적인 경리활동을 통하여 얻은 수입'도 개인소유에 속한다.'(제24조)고 하여 개인소유의 대상을 확대하였는데, 이는 그동안 묵인되어 왔던 주민의 상거래 등의 사적 경제활동을 부분적으로 허용하는 것으로 볼 수 있다. 이와 관련하여 1990년에 처음 제정된 북한 민법은 '살림집(주택)'이라든가, '승용차' 같은 기재도 개인소유의 대상에 포함시키고 있다(제59조).

셋째, 국가는 경제관리에서 '대안의 사업체계'의 요구에 맞게 '독립채산제'를 실시하며 '원가', '가격', '수익성' 같은 시장경제 개념의 도입은 북한 경제에 활력소가 되도록 하려는 정책의지를 보여주는 것이다.

넷째, 대외무역은 "국가 또는 사회·협동단체가 한다."(제36조)로

수정하여 대외무역의 주체로 국가 외에 '사회・협동단체'를 추가함
으로써 대외무역의 국가독점을 벗어나 다방면의 무역활성화를 통
해 경제활로 모색을 기도하고 있다.

다섯째, '특수경제지대'에서의 다양한 기업창설・운영의 장려를
추가하였다(제37조). 이는 북한이 경제특구를 설정하여 특구 내에
서의 자유로운 경제활동을 보장함으로써 외국 및 남한의 투자를
적극 유치하여 북한 경제의 활로를 찾고자 하는 의도가 엿보인다.

그 밖에도 농업의 공업화에 '현대화'를 추가(제28조)하거나 과학
분야에서 종전의 저작권과 발명권의 보호규정에 '특허권'을 추가
(제74조)하는 등 식량난의 위기에서 농업정책의 현대화를 추구하거
나, 지적 재산권을 보호하는 등 사회변화의 분위기가 감지되고 있
다고 볼 수 있다.

(3) 2009年 개정 북한 헌법의 주요내용[312]

북한은 2009년 4월 제12기 최고인민회의에서 기존의 1998년 헌
법을 개정하였다. 먼저 헌법의 구성체계가 기존의 7장 166조에서 7
장 172조로 6개 조문이 늘어났다. 특히 제6장의 '국가기구'편에 제
3절의 국방위원회와 별도로 그 앞에 '제2절 조선민주주의인민공화
국국방위원회위원장'에 대한 새로운 절을 신설함으로써 국방위원장
의 법적 지위와 권한 강화를 헌법에 명문화하였다는 점에 큰 특색
이 있다.

두 번째, 이번 헌법 개정은 1998년 9월 이후 11년만에 개정한
것으로 국방위원장직을 강화하면서 약간의 권한조정이나 조문의
자구수정을 한 것으로 볼 수 있다. 특히, 기존의 98년 헌법에서 3

---

312) 이 부분은 경남대극동문제연구소(윤대규 경남대법학과교수, 최은석 경남대극동문제연구소
연구교수, 양무진 북한대학원대학교교수)에서 자체적으로 분석한 자료를 주로 참고하였다.

차례 명문화되어 있던 '공산주의'용어를 이번 개정 헌법에서는 모두 삭제하였다.[313] 대신에 제3조의 '조선민주주의인민공화국은 사람중심의 세계관이며 인민대중의 자주성을 실현하기 위한 혁명사상인 주체사상을 자기 활동의 지도적 지침으로 삼는다'의 '주체사상'에 '선군사상'이 함께 추가되었다. 이것은 북한이 지난 1992년 헌법 개정때 '마르크스·레닌주의'란 문구를 지우고 주체사상을 내세웠던 전례와 같은 맥락으로 보이며 선군사상을 주체사상과 동일시하거나 동급으로 볼 수 있다. 선군사상의 일환으로서 군인에게도 별도의 주권(제4조, 제8조)이 있음을 명문화하였다.

세 번째, 김정일국방위원장의 최고영도자로의 지위를 명문화하였다. 이번 개정 헌법에서는 제100조(조선민주주의인민공화국 국방위원회 위원장은 조선민주주의인민공화국의 최고령도자이다)를 신설하였다는 것이다. 이것은 국방위원장의 북한 당국의 최고 영도자로서의 지위를 명문화함으로써 후계구도를 정비하였다는 분석이 가능하다. 또한, '조선민주주의인민공화국' 국호를 국방위원장 앞에 매번 병기함으로써 국방위원장의 중요성과 그 지위승격을 의미하는 것으로 해석할 수 있다. 국방위원장의 구체적인 권한 강화 내용으로 먼저 과거 국가를 대표하던 최고인민회의상임위원장과 달리 국가의 영도자로서 국가전반사업을 지도(제103조 제1호)하는 임무와 권한을 갖게 된 국방위원장은 국가의 일체 무력을 지휘 통솔하는 전반적 무력의 최고사령관임을 명시하였으며(제102조), 국방위원회 사업을 직접 지도(제103조 제2호)하게 된다. 그리고 과거 최고인민회의상임위원장의 특사권도 행사(제103조 제5호)하게 되며, 외국과

---

313) 이것은 과거 공산국가의 붕괴와 함께 세계 탈냉전이 진행되고 있는 상황에서 그동안 북한이 제시한 소위 '우리식사회주의'를 여전히 고수하는 태도로 일관하고 있는 모습과 일치하고 있다.

맺은 중요조약을 비준 또는 폐기(제103조 제4호)하는 권한을 갖게 된다. 또한 국방위원회위원장 명의로 명령(제104조)을 내며, 최고인민회의에서 토의할 의안을 직접 제출(제95조)할 수 있도록 명문화하였다. 이로써 북한의 통치시스템은 김정일의 교시가 바로 당정책화를 통해 법제화되는 방식으로 작동될 것으로 전망된다.

네 번째, 이번 개정 헌법에서는 경제질서와 관련한 개정내용은 찾아보기 힘들다. 그동안 「7.1 경제관리개선조치」에 많은 변화가 있어 경제관련 조항의 변화를 기대해 왔고, 그동안 북한이 추진해 온 경제사업을 보면 충분히 경제질서에 개정이 있을 것이라고 예상되었는데, 이번 개정에서는 전혀 개정이 없었다. 따라서 당분간 관련 경제시스템은 기본적으로 사회주의 계획경제 및 인민경제 계획사업 방식대로 진행될 것으로 보인다.

다섯 째, 이번 헌법 개정에서 북한주민에 대한 인권존중과 보호 조항(제8조)을 신설하였다는 점이다. 이것은 그동안의 국제사회의 비난을 염두에 두고 인권존중조항을 삽입한 것으로 볼 수 있지만, 극도의 통제사회인 북한체제 특성상 구체적인 인권 존중 및 보호 대책이 제시되지 않는 한 추상적 규정에 그칠 가능성이 크다.

전체적으로 이번 헌법 개정은 국방위원장의 법적지위를 상승시킴으로써 김정일 정권을 제도적으로 더욱 확고히 한 것으로 평가할 수 있다. 후계구도 체제와 관련하여 별다른 규정은 신설되지 않았으나, 후계자 개인의 업적에 의한 권력의 승계보다는 명실상부한 국방위원장의 법적 지위를 계승함으로써 정당성을 획득하는 방향으로 후계가 이루어질 것으로 예상된다.

(4) 북한 헌법상 인신보호에 관한 규정

1998년 북한 헌법은, 신체의 자유와 관련하여, 제79조는 "공민은 인신과 주택의 불가침, 서신의 비밀을 보장받는다. 법에 근거하지 않고는 공민을 구속하거나 체포할 수 없으며 살림집을 수색할 수 없다.", 제158조는 "재판을 공개하며 피소자의 변호권을 보장한다." 는 두 개의 조문을 규정하고 있는바, 이는 우리 헌법이 제12조에서 신체의 자유라는 대전제하에 적법절차주의, 법관의 영장주의, 변호인의 조력을 받을 권리, 제13조에서 소급효 금지, 일사부재리 원칙, 제27조에서 무죄추정원칙 등을 자세히 규정하고 있는 것과 대조적이다.[314] 또한, 북한 헌법은 중앙검찰소와 중앙재판소 소장의 임기는 최고인민위원회의 임기와 같다. 중앙재판소, 도(직할시)재판소, 인민재판소의 판사, 인민참심원의 임기는 해당 인민회의 임기와 같다(제154조). 재판은 판사 1명과 인민참심원 2명으로 구성된 재판소가 한다. 특별한 경우에는 "판사 3명으로 구성하여 할 수 있고(제157조), 재판소는 재판에서 독자적이며 재판활동을 법에 의거하여 수행한다."(제160조)고 각각 규정함으로써 판사의 임기제, 참심제, 법관의 독립이 아닌 재판소의 독립 등을 규정하고 있다.[315][316] 한편, 북한 헌법은 우리 헌법과 달리 검찰소를 재판소와 함께 헌법기관으로 규정하고 헌법 제147조 내지 제152조에서 검찰소의 구성,

---

314) 북한 헌법은 제5장에서 "공민의 기본 권리와 의무"를, 제6장 '국가기관' 중 8절에서 '검찰소와 재판소'에 대하여 규정하고 있다.

315) 우리 헌법은 제103조를 통하여 법관의 독립을, 제106조에 법관의 신분보장을 각 규정하고 있다.

316) 당초 북한 헌법은 "판사는 재판에 있어서 독립적이며 오직 법령에만 복종한다."고 규정하고, 기관의 순서에 있어서도 '재판소 및 검찰소'라고 규정하였으나, 1972년 이른바 사회주의헌법이 제정되면서 재판소의 독립으로, 1998년 헌법개정으로 '검찰소 및 재판소'로 각 변경되었다.

임무, 내부관계 등을 규정하고 있다.[317)

3. 북한의 형법[318)

북한은 1950년 3월, 최고인민회의에서 최초의 형법을 제정한 이후 1974년, 1987년, 1995년, 그리고 1999년에 이어 2004년 4월 다시 개정함에 따라 총 5번의 개정과정을 거쳤다. 북한에서 개혁·개방과 관련하여 외국인투자관련법제의 정비를 준비하고 있던 시점인 1987년의 형법개정에 대해서는 북한의 형법이 비민주적·비인도주의적이라는 국제적 비난이 제기되고 있던 상황에서, 경제개방과 함께 국제적 고립을 탈피하고자 했던 정책적 방향의 일환으로서 형법규정의 전근대성을 지향하고 정치적·이데올로기적 성격을 완화하는 한편, 국가적 이익을 보호하기 위한 형법법규로서의 발전된 면모를 보여 주고 있다고 평가된 바 있다.[319) 1987년 형법의 주요특징을 보면, 우선 형법의 임무에 대해서 "범죄와의 투쟁을 통하여 국가주권과 사회주의제도를 보위하여 인민들의 자주적이며 창조적인 생활을 보장"하는 것이라고 밝히는 한편, '반혁명적 범죄

---

317) 구소련, 중국, 구동독 등 다른 사회주의국가도 북한과 마찬가지로 검찰기관을 헌법기관으로 규정하였다.

318) 북한 형법의 각 장과 절의 제목은 다음과 같다. 제1장 형법의 기본, 제2장 일반규정(제1절 범죄, 제2절 형벌), 제3장 반국가 및 반민족범죄(제1절 반국가범죄, 제2절 반민족범죄, 제3절 반국가 및 반민족범죄에 대한 은닉죄, 불신고죄, 방임죄), 제4장 국방관리질서를 침해한 범죄, 제5장 사회주의 경제를 침해한 범죄(제1절 국가 및 사회협동단체 소유를 침해한 범죄, 제2절 경제관리질서를 침해한 범죄, 제3절 국토관리 및 환경보호질서를 침해한 범죄, 제4절 노동행정질서를 침해한 범죄), 제6장 사회주의 문화를 침해한 범죄, 제7장 일반 행정관리질서를 침해한 범죄(제1절 일반 행정관리질서를 침해한 범죄, 제2절 관리일꾼의 직무상 범죄), 제8장 사회주의 공동생활질서를 침해한 범죄, 제9장 공민의 생명재산을 침해한 범죄(제1절 생명, 건강, 인격을 침해한 범죄, 제2절 개인소유를 침해한 범죄).

319) 장명봉, "김정일체제하의 법제정비의 동향과 평가", 『분단 60년: 북한 법의 어제와 오늘』 (광복 60주년 기념 통일대비 학술대회 자료집), 2005, 78면.

(1974년 형법 제51조～제66조)'를 '반국가범죄(1987년 형법 제44조～제55조)'로 바꾸어 규정하고 있다.

2004년 개정형법(2004.4.29. 최고인민회의 상임위원회 정령 제432호로 수정보충)은 종전의 161개에서 303개로 그 조문 수를 대폭 확대하였는데,[320] 2002년 7월 경제관리개선조치 이후 시장경제제도의 일부도입 등으로 개혁·개방 분위기가 확산되었는바, 이에 따라서 과거에는 발생하지 않았던 비사회주의 및 반사회주의적 행위를 강력히 단속하기 위하여 형법을 개정한 것으로 보인다.[321] 2004년 개정 형법의 주요한 특징을 보면 다음과 같다.

먼저, 종래 북한 형법 제10조 전단은 "범죄행위를 한 경우 형사법에 그와 똑같은 행위를 규정한 조항이 없을 때에는 이 법 가운데서 그 종류와 위험성으로 보아 가장 비슷한 행위를 규정한 조항에 따라 형사책임을 지운다."고 규정하여 유추해석을 허용하고 있었으나, 개정형법 제6조는 "국가는 형법에서 범죄로 규정한 행위에 대하여서만 형사책임을 지우도록 한다."고 규정하여 종래의 유추해석 허용규정을 삭제하고 죄형법정주의 원칙을 명문으로 규정하였다.

다음으로, 형벌의 종류와 관련하여 종래 형법은 사형, 로동교화형, 선거권박탈형, 재산몰수형, 자격박탈 및 자격정지형으로 5가지를 두고 있었다(1999년 형법 제21조). 그러나 개정 형법은 사형, 무기로동교화형, 유기로동교화형, 로동단련형, 선거권 박탈형, 재산몰수형, 자격박탈형, 자격정지형으로 8가지로 세분화하였고(형법 제27조) 여전히 벌금형은 형벌로서 채택하지 아니하였다.

---

320) 개정 북한 형법에 대한 자세한 부분은 윤대규, "북한 형법의 동향과 평가", '광복 제60주년 기념 통일대비 학술대회, '분단 60년: 북한법의 어제와 오늘', 2005 참조.

321) 남성욱, "2004년 법전 발행과 북한 경제개혁 전망", 『KDI 북한경제리뷰』(한국개발연구원), 2005년 4월호, 4면.

이 중 로동단련형[322)은 개정 형법에서 처음 도입되었는데, 이는 그동안 국가의 형벌체계 밖에서 행정기관의 재량에 크게 좌우되던 로동단련형을 형법 내에 포함시킴으로써 로동단련형에 대한 국가 형벌권행사를 더욱 신중하게 할 수 있을 것으로 보인다. 또한, 종래 자유형인 로동교화형에만 의존하던 체제에서 탈피하여 대부분의 기본 범죄구성요건[323)의 법정형에 로동단련형을 포함시킴으로써 로동교화형과 로동단련형을 법정형의 중심축으로 한 점에 비추어 볼 때, 로동단련형은 우리 형법상의 벌금형의 기능을 대신하는 것으로도 볼 수 있다.

한편, 북한의 2004년 형법개정을 크게 두 가지 범주로 나누어 볼 수 있는데, 첫째는 사회주의체제 수호를 위한 것이다. 예컨대, "경제관리질서를 침해한 범죄(제4장 제2절)" 부분은 종래 불과 18개 조항에 지나지 않았으나, 개정 형법에서는 74개 조문으로 대폭 확대되었는데,[324) 이는 2002년 7월 1일 단행된 경제관리개선조치[325) 이후에 비합법적인 상행위를 처벌하거나 국가 경제질서 보호에 대한 강화를 반영하고 있는 것으로 보인다. 또한 제6장의 '사

---

322) 로동단련형은 범죄자를 일정한 장소에 보내어 노동을 시키는 방법으로 집행하며, 그 기간은 6개월부터 2년까지로 한다(형법 제31조). 그 밖에 행정처벌법상 행정처벌에 '무보수로동'과 '노동교양'이 있는데, 무보수노동은 그 기간이 1개월 이상 6개월 이하, 로동교양은 5일 이상 6개월 이하로 규정되어 있다(제16~17조).

323) 북한 형법은 각 범죄구성요건마다 전문과 후문을 나누어, 기본 범죄구성요건과 '정상이 (특히) 무거운 경우'로서 가중적 범죄구성요건을 함께 규정하고 있는데, 기본 범죄구성요건의 법정형 상당수가 로동단련형을, 가중 범죄구성요건의 대부분이 로동교화형을 포함하고 있다.

324) 화폐나 증권위조죄, 외화매매죄, 외환관리질서위반죄, 탈세죄, 개인의 상적행위죄, 법인으로 가장하여 경제거래를 한 죄, 상표권 침해죄, 비법적으로 외화벌이를 한 죄 등 주로 개방과 시장경제의 부작용을 규율하는 죄가 대폭 포함되었다.

325) 북한은 2002년 7월 1일 국가계획위원회 권한의 하부단위 위임 및 경영자율성 부여 및 수익에 따른 분배 차등화, 배급계획의 폐지와 임금인상 등을 골자로 하는 '경제관리개선조치'를 취했는데, 그 핵심은 임금과 물가의 인상, 공장 및 기업의 독립채산제 도입 및 배급제폐지를 들 수 있다.

회주의 문화를 침해한 범죄' 및 제8장의 '사회주의 공동생활질서를 침해한 범죄' 부분에서 이기적인 개인주의의 발호와 시장제도의 폐해 및 이로 인한 사회통제의 이완으로부터 사회주의 질서와 문화를 보호하기 위하여 풍속범죄를 비롯한 여러 유형의 많은 범죄를 신설한 것은 북한 사회의 급격한 변화상을 반영한 것이라고 할 수 있다.

두 번째는 대외교류 확대와 함께 대외적 공세에 대한 방어를 위한 규정이다. 현재 북한의 최대과제는 경제회생에 필요한 외국 및 남한 자본과 기술을 도입하는 것이다. 자연히 대외 접촉이나 무역이 확대될 수밖에 없으며, 개정형법은 이와 같이 점차 확대되어 가는 대외 경제교류에 대비하기 위한 사전 대책으로 볼 수 있다. 예컨대, 무현금 결제수단 관련죄(제103조), 외국화폐 매매죄(제104조), 공화국 화폐를 다른 나라로 내간 죄(제105조), 외화관리 질서위반죄(제106조), 비법적으로 설비와 물자를 외화로 팔고 산 죄(제107조) 등이 신설되었다. 이러한 범죄행위는 이미 빈번 발생하고 있는 범죄유형으로서 이에 대한 강력한 대처로 그 확산을 차단하고 앞으로 확대될 대외교류에 더욱 적극적으로 대응하고자 하는 것으로 보인다. 따라서 북한의 형법개정은 현재 개성공단을 비롯한 확대일로에 있는 경제특구의 운영과도 무관하지 않아 보인다.[326] 그 밖에도, 개정 형법은 처음으로 우리 법률과 같이 각 조문마다 괄호 안에 제목을 붙임으로써 훨씬 알아보기 쉽게 하였고, 이는 입법기술상으로도 진일보한 것으로 보인다.

---

326) 이철수 외 7인, 앞의 책(남북한 통합을 위한 법제도 인프라 구축방안), 73~74면.

4. 북한 형사소송법[327]

북한의 형사소송법은 1950년 3월 최고인민회의에서 채택된 이후 1954년, 1976년, 1992년, 1995년, 1996년, 1997년, 1999년, 2004년에 각 개정되었다. 1992년 개정된 형사소송법은 전체적으로 형사소송절차의 전근대성을 벗어나, 인권보장(제4조, 제11조, 제66조)과 재판의 공정성 확보(제35조, 제93조, 제94조)에 중점을 두고 있다.

2004년 개정 형사소송법(2004.5.6. 최고인민회의 상임위원회 정령 제436호로 수정보충)은 종래 형사소송법이 305개의 조문인 데 반하여, 12장 439개로 그 조문 수를 대폭 확대되었다. 이 개정 형사소송법의 가장 눈에 띄는 특징은 인권보장을 강화한 부분이다. 이는 아마도 북한의 열악한 인권상황의 국제적 관심에 대한 고려와 외자유치를 위한 목적에 따른 것이라고 보인다. 즉 종래 북한 형사소송법이 제1조에서 "범죄와의 투쟁을 통하여 국가주권과 사회주의 제도를 보위하고 인민들의 자주적이며 창조적인 생활을 보장하는 데 이바지한다."는 문구를 두고 있음에 반하여, 개정 형사소송법은 제1조(형사소송법의 사명)에서 "수사, 예심, 기소, 재판에서 제도와 질서를 엄격히 세워 형사사건을 정확히 취급 처리하는 데 이바지한다."고 규정함으로써 개정 형법과 마찬가지로 정치적인

---

327) 북한 형사소송법의 각 장과 절의 제목은 다음과 같다.
　　제1장 형사소송법의 기본, 제2장 일반규정(제1절 형사소송관계자, 제2절 형사소송에 관여할 수 없는 자, 제3절 형사사건의 취급시작, 제4절 형사사건의 병합과 분리, 제5절 형사소송의 중지, 제6절 형사사건의 기각, 제7절 사회적 교양처분, 제8절 손해보상, 제9절 형사소송 문건, 제10절 형사소송기간과 문건송달, 소송비용), 제3장 증거, 제4장 변호, 제5장 관할, 제6장 수사, 제7장 예심(제1절 예심의 임무와 기간, 제2절 예심의 시작과 형사책임추궁, 제3절 피심자의 심문, 제4절 체포와 구속처분, 제5절 검증, 제6절 감정, 제7절 수색과 압수, 제8절 증인의 심문, 제9절 대질심문과 식별심문, 제10절 재산담보처분, 제11절 예심의 종결), 제8장 기소, 제9장 제1심재판(제1절 재판의 임무와 재판소구성, 제2절 재판준비, 제3절 재판심리, 제4절 기소의 추가와 변경, 제5절 판결), 제10장 제2심재판, 제11장 비상상소심과 재심(제1절 비상상소심, 제2절 재심), 제12장 판결, 판정의 집행.

수사를 삭제하고 좀 더 객관적이고, 기술적으로 규정하였다. 북한 형사소송법의 주요 내용은 다음과 같다.

북한의 형사소송법은, 수사는 해당 기관의 수사원이 하되 필요에 따라 검사도 수사를 할 수 있고(제10조), 예심은 인민보안, 검찰, 안전보위, 인민무력기관의 예심원이 담당하며(제11조), 기소는 검사가 하고(제12조), 제1심 재판은 재판장인 판사와 인민참심원 2명으로 구성된 재판소에서 하지만, 특별한 경우에는 판사 3인으로 된 재판소를 구성하여 제1심 재판을 할 수 있다고 규정하여 우리 형사소송법과 달리 수사 외에 예심제도와 참심원제도를 두고 있다.

수사의 관할과 관련하여, 반국가 및 반민족 범죄사건의 수사는 안전보위기관의 수사원, 일반범죄사건의 수사는 인민보안기관의 수사원, 행정경제사업에 대한 감시와 법기관의 법준수집행정형을 감시하는 과정에서 제기되는 일반범죄사건의 수사는 검찰기관이 한다(제122조)[328]고 규정하고 있다.

북한의 형사소송법은 수사와 기소 사이에 예심이라는 절차가 별도로 존재하며, 예심은 수사기관 및 검사와 구분되는 별도의 예심기관이 피심자를 심문하고 유죄를 입증하는 데에 충분한 증거를 수집하는 절차로서 실질적인 수사활동절차에 해당한다(형사소송법 제7장 '예심' 부분은 11절 113개 조문으로 구성되어 형사소송법 중 가장 많은 조문을 차지하고 있다).[329]

---

328) 북한의 인민보안성(구 사회안전부)은 우리의 경찰청에 대응하는 기구로서 지방조직으로서 시·도 인민보안성, 군·리 인민보안성이 있고 공장과 기업소에도 안전원이 파견되어 있다. 한편, 국가안전보위부는 특히 반국가범죄에 대한 수사, 예심 등의 업무를 수행하는데, 우리의 국가정보원과 유사하고 지방조직으로서 시도안전보위부, 군안전보위부가 지역단위로 설치되어 있고, 국가안전보위부 위원들은 모두 현역 군인이다(법원행정처, '북한사법제도개관', 1996, 660－663면).

329) 원래 예심제도는 프랑스에서 유래한 것으로서 북한은 프랑스예심제도의 영향을 받은 구소련 형사소송법을 계수하여 예심제도를 두고 있다. 그러나 프랑스의 예심제도가 판결법원으

형사재판의 관할과 관련하여 인민재판소는 도(직할시)재판소와 특별재판소 및 중앙재판소의 관할에 속하지 않는 일반범죄사건을 재판한다(제126조). 도재판소는 반국가 및 반민족범죄사건, 사형, 무기로동교화형으로 기소된 일반범죄사건을 제1심으로 재판하며, 도(직할시) 안의 인민재판소의 판결에 대한 상소, 항의사건을 제2심(제2심 재판은 제1심과 달리 판사 3명으로 구성된다)으로 재판한다(제127조). 중앙재판소는 "도재판소, 철도재판소의 제1심 재판에 대한 상소, 항의사건을 제2심으로 재판하지만, 필요에 따라 어느 재판소의 관할에 속하는 제1심 사건이든 직접 재판할 수 있다."(제129조)[330]고 규정하고 있다. 한편, "중앙재판소가 제1심 재판으로 채택한 판결, 판정, 제2심 재판, 비상상소심, 재심판정에 대하여는 상소, 항의할 수 없다."(제359조)고 규정함으로써 북한의 형사소송법은 제3심급이나 원칙적으로 제2심제 및 일정한 경우 단심제를 규정하고 있으며, 확정된 판결은 재판소가 그 집행을 지휘하도록 되어 있다.

피의자 또는 피고인의 구금과 관련하여 보면, 체포구속처분은 형사책임 추궁결정을 한 다음에 하는 것이 원칙이나 특별히 필요한 경우 형사책임 추궁결정을 하기 전에 예심원이 검사의 승인을 받아 체포·구류구속처분을 할 수 있고(제178조), 구속처분의 종류는 구류구속처분, 자택구속처분, 지역구속처분으로 구분되는 등(제184조) 그 종류가 다양하며, 예심을 위하여 피심자를 구류하는 기간은

로부터 독립한 신분을 가지는 예심판사가 검사의 청구에 따라 독립적으로 수사활동과 체포, 구금, 압수수색 등의 강제처분을 한 후 소추여부까지 결정하는 것이라면 북한의 예심제도는 수사원에 가까운 예심원이 검사의 지휘를 받아 강제처분, 증거수집 등의 실질적 수사활동만 수행할 뿐 소추 여부를 결정할 아무런 권한을 가지지 않으므로, 북한의 예심기관은 결국 수사기관에 다름 아니다(법원행정처, 앞의 책, 334-335면).

330) 북한의 기소장, 제1심 및 제2심 재판의 판결, 판정문의 형식과 내용은 법원행정처, 앞의 책, 764-779면 참고.

2개월을 넘을 수 없으나 필요한 경우 1개월을 연장할 수 있도록 하고 있다(제188조).[331]

또한 예심원으로부터 사건을 넘겨받은 검사는 10일 안으로 기소를 하거나(제262조: 기소를 위하여 피심자를 구류하는 기간은 10일까지이다), 예심이 불충분하여 기소할 수 없는 경우 예심원에게 돌려보내야 한다(제268조). 재판을 위하여 피소자를 구류하는 기간은 25일이며(제282조), 제1심 재판소는 사건기록을 접수한 날로부터 25일 안에 재판심리를 끝내야 하며(제287조), 그 기간은 제2심 재판도 동일하다(제366조).

결국, 피의자 또는 피고인은 예심단계에서 2개월 또는 3개월, 기소단계에서 10일, 재판단계에서 제1심과 제2심을 합하여 50일을 구속할 수 있도록 하고 있는 점에 비추어 북한의 형사절차는 예심에 그 중점이 있고 재판절차는 극히 신속히 이루어지도록 되어 있다.

위와 같이, 북한 형사소송법은 검사가 수사원 및 예심원이 행하는 구속, 압수, 수색 등의 모든 강제처분을 승인하게 함으로써 법관에 의한 영장주의원칙을 배제할 뿐만 아니라, 피의자의 진술거부권, 무죄추정의 원칙, 체포·구속의 적부심절차 규정을 두고 있지 아니하다. 또한, 일정한 경우 단심제를 허용하고 있어서 피의자·피고인의 권리를 충분히 보장하고 있지 않고 있다.

더 나아가, 최근에 방송된 군중재판에 의한 즉결처형[332]에 관한

---

331) "압수수색도 검사의 승인 아래 할 수 있다."(217조)는 점에 비추어 북한의 형사소송법상 모든 강제수사는 판사의 영장 없이 검사의 승인만으로 이루어진다.

332) 북한 형사소송법 제286조(현지재판의 조직)에 의하면, 재판소는 군중을 각성시키며 범죄를 미리 막기 위하여 현지에서 재판심리를 조직할 수 있다. 이 경우 기관, 기업소, 단체의 대표자가 범죄자의 행위를 폭로 규탄하게 할 수 있다. 제419조에 의하면, 판결, 판정은 확정된 다음에 집행할 수 있다. 사형은 최고인민위원회의 상임위원회의 승인을 받아야 집행할 수 있다고 정하고 있으므로, 즉결처형은 이와 어긋난다.

동영상에서 보는 바와 같이 그나마 북한 형사소송법에 규정된 상소권을 포함한 피고인의 권리마저도 제대로 지켜지지 않고 있으며, 아직도 그 존재 자체가 명확히 밝혀지지 않은 정치범수용소는 아예 사법작용의 밖에 존재하는 것이 북한의 법현실인 것으로 보인다.

III. 북한 형사법의 문제점

1. 북한 형법의 문제점

기본적으로 북한은 법치국가 법률이념의 지배를 받는 민주주의 국가가 아니다. 따라서 남한처럼 법령체계가 헌법, 법률, 대통령령, 총리령·부령, 지침 등 성문법의 위계질서보다는 최고위층의 교시와 지시, 노동당의 지침·강령, 내각의 정령 또는 결정이 성문법보다 상위의 법규범으로 작용하고 있다.[333] 결국 북한의 성문법 해석은 별다른 의미를 부여할 수 없어, 북한 사법당국의 자의에 의해 얼마든지 다른 해석과 적용이 가능한 실정이다.

예컨대, 2004년 북한 개정형법 제27조에 형벌의 한 종류로 적시하고 있는 로동단련형이 형법에 형벌로 규정되어 있지 않음에도 불구하고 행정처분을 통해 사실상 신체에 대한 형사처벌이 이루어진 점에 비추어, 앞으로도 형법과 형사소송법에 정하지 않은 행정처분을 통한 사실상의 형사처벌이 행하여질 가능성을 배제할 수 없다.

로동단련형은 2004년 형법 개정 전까지는 「국토환경보호단속법 (1998년 5월 27일, 최고인민회의 상설회의 결정 제116호)」 제22조

---

333) 법무부, "통일법무 기본자료", 2003, 347면.

에 의해 위법행위의 정상이 특히 무거운 경우, 국토환경보호감독기관이나 해당 감독통제기관이 검찰기관과의 협의를 거쳐 2개월까지 로동단련 처벌을 준다고 규정하고 있다.

같은 법 제23조에서는 "국토환경보호에 엄중한 결과를 일으켜 2개월 이상의 로동단련이나 무보수로동 같은 행정적 처벌을 주려 할 경우에는 법위반자를 해당 기관에 넘긴다. 법위반자에게 형사적 책임을 지우려 할 경우에는 인민보안기관에 넘긴다."고 규정,[334] 로동단련은 형사처벌이 아닌 행정처벌임을 분명히 하고 있다.

결국 북한은 2004년 개정형법에서 스스로 인정한 것처럼, 그 성질에 비추어 형벌로 보아야 하는 로동단련 처벌을 사법기관의 판단 없이 행정처분으로 시행하여 왔던 것이다. 따라서 향후 사실상 형벌에 해당하는 또 다른 행정처분 제도가 생길 가능성을 배제할 수 없으며, 이런 점에서 단순히 북한 형사법에만 포함되어 있는 형벌체계를 대상으로 우리 형사법과 비교함은 그다지 큰 의미를 부여할 수 없을 것이다.[335]

또한 북한 형법의 대폭적인 개정에도 불구하고 그 내용상 인권보장적 측면에서 여러 가지 문제점을 내포하고 있다. 우선 북한 형법은 제2조에서 "국가는 범죄자 처리에서 노동계급적 원칙을 확고히 견지하고 사회적 교양을 위주로 하면서 이에 법적 제재를 배합하도록 한다."고 하여, 형법의 해석 및 적용도 정치와 분리될 수 없는 것으로서 형법을 올바르게 적용하기 위해서는 계급적 입장을 철저히 고려해야 하며 당의 지도를 받아야 한다고 주장하는 등 정

---

334) 同 국토환경보호단속법 제22조~23조에 규정되었던 '로동단련'규정은 2005년 12월 13일 최고인민회의 상임위원회 정령 제1437호에 의해 삭제되었다.

335) 한명섭, 앞의 논문(형사사건 처리관련 남북 협력체제 구축방안), 35면.

치적 성향을 강하게 드러내고 있다는 지적을 면할 수 없다.

한편, 북한 형법은 죄형법정주의 등 현대국가의 법치국가적 일반원칙에 어긋나는 조항이 다수 존재한다. 구체적인 예를 들자면, 형법 제57조는 "반국가 및 반민족범죄와 고의적중살인범죄에 대하여서는 형사소추시효기간에 관계없이 형사책임을 지운다."고 규정하여 공소시효제도의 예외를 인정하고 있다. 특히, 제3장(반국가 및 반민족범죄)에서는 반국가 및 반민족범죄에 대한 은닉죄(제70조), 반국가범죄에 대한 불신고죄(제71조), 반국가범죄에 대한 방임죄(제72조)의 처벌규정을 두어 일종의 연좌제에 의한 처벌이 가능함을 시사하고 있다.336)

2. 북한 형사소송법의 문제점

북한의 재판기관은 그 체계상 최고인민회의, 국방위원회, 내각을 상부기관으로 하여 다른 국가기관의 통제와 지도를 받는 입장에 있으므로 우선 사법권의 독립이 보장되지 않는다. 또한 판사가 판결에 대한 정치적 책임을 지고 있으며, 판사·검사 및 변호사 등은 우리처럼 엄격한 국가시험을 거쳐 선발되지 않고 대학의 법률학과 출신 중에서 국가가 일방적으로 임명하는 등 법률적인 전문성도 없다고 볼 수 있다.

북한 형사소송법 제2조는 "국가는 반국가 및 반민족범죄와의 투쟁에서 적아를 엄격히 가려내어 극소수의 주동분자를 진압하고 다수의 파동분자를 포섭하며 일반범죄와의 투쟁에서 사회적 교양을 위주로 하면서 법적 제재를 배합하도록 한다."고 규정하여 이른바

---

336) 통일연구원, 「북한인권백서」, 2005, 66면.

'계급노선 관철원칙'을 천명하고 있다. 또한 제3조는 "국가는 형사
사건의 처리에서 군중의 힘과 지혜에 의거하도록 한다."고 하여
'군중노선 관철원칙'을 견지하고 있다.

한편, 재판절차에 있어서는 인민참심원제를 채택하고, 헌법 제
157조와 재판소구성법 제9조에 따라 1심재판소는 판사 1명과 인민
참심원 2명이 재판소를 구성하고 있으며, 각급 판사와 인민참심원
은 헌법 제110조 제13호, 제134조 제5호에 의해 최고인민회의 상
임위원회와 지방(도, 직할시, 시, 군, 구)인민회의가 선출하도록 되
어 있고, 인민참심원은 판사와 동일한 지위와 권한을 갖고 있으므
로 사실상 노동당의 사법적 통제를 위한 제도로 이용된다는 비난
을 받고 있다.[337] 또한 2004년 개정된 형사소송법 제271조는 공개
재판원칙을 천명하면서도 "국가 또는 개인의 비밀을 지켜야 할 필
요가 있거나 사회적으로 나쁜 영향을 줄 수 있을 경우에는 재판의
전부 또는 일부를 공개하지 않을 수 있다."고 규정하여 사실상 사
법당국의 자의적 판단에 따른 비공개 재판을 허용하고 있다. 그 밖
에 수사 및 예심과정에서 체포 및 구속처분, 수색·압수[338] 등의
강제처분 시 재판소가 발부하는 사전영장제도를 채택하지 않고 있
으며 '自白排除法則'이나 '自白補强法則'을 채택하고 있지 않아
북한 형소법의 일방적 적용 시 증거수집 과정에서 남측 주재원에
대한 인권침해 소지가 많다는 것은 자명한 사실이다.[339]

---

337) 통일연구원, 앞의 책, 71면.
338) 북한 형소법에 의하면 인신에 관한 강제처분 시 우리와 달리, 검사의 승인만 얻도록 하고
    있어 인권보호에 소홀하다는 비판이 가능하다(북한 형소법 제181조, 제186조, 제217조).
339) 박광섭, 앞의 논문(남북교류에서 신변안전보장과 북한 형사재판권문제), 72－74면 참조.

3. 실제 운영과정에서의 문제점

2004년 일층 진일보한 북한 형사법의 개정에도 불구하고, 탈북자들의 증언에 의하면 북한은 형법에 규정된 범죄행위뿐만 아니라 경제난에 따른 사회일탈행위에 대해서도 사형을 집행함으로써 정치범과 일반 주민들의 생명권을 위협받고 있고,[340] 아직도 불법구금이나 고문이 성행하고 있다고 한다.[341] 또한 북한 형법 제30조는 무기 및 유기로동교화형을 선고받은 범죄자는 인민보안성 교화국에서 관리하는 교화소에 수감되어 노동을 통하여 교정을 하도록 하고 있으나, 이런 공식적인 교정시설 외에도 정치범 수용소, 집결소,[342] 노동단련대 등의 비공개 구금시설을 운영하고 있어 국제사회의 비난을 받고 있다.

더욱이 많은 탈북자들은 북한 인민보안성 구류장에 수감되어 있는 동안 북한 보안기관원의 구타와 굶주림, 기아로 인한 합병증으로 사망하는 피해자를 다수 목격하였다고 증언하고 있으며, 미국무부의 2002~2004년 연례인권보고서는 북한 당국에 의한 여성 수감자들의 강제낙태 및 신생아 살해 등 인권유린 사례를 지적하고 있다.[343] 최근에도 일본 엔티브이(NTV)가 입수한 것으로 전해지는 북한의 공개처형[344] 장면을 담은 비디오 영상물이 2005년 4월 18

---

340) 통일연구원, 앞의 책, 31면.

341) 통일연구원, 위의 책, 48면 이하.

342) 집결소는 여행구역 이탈자, 여행기일경과자, 부랑아, 사건계류자 및 탈북자들을 조사하고 이들을 재판과정 없이 3~6개월동안 벌목로동, 건설노동을 시키는 수감시설이다.(자유북한방송 홈페이지 참조).

343) 통일연구원, 위의 책, 62면 이하.

344) 북한의 공개처형에 대한 법적 근거는 명확하지 않다. 북한 형법 제29조는 "사형은 범죄자의 육체적 생명을 박탈하는 방법으로 집행한다."고 규정하고 있고, 형사소송법 제422조는 "사형판결의 집행은 사형집행지휘문건과 판결서 등본을 받은 형벌집행기관이 한다. 사형집행지휘문건은 해당 재판소가 집행한다."고 규정하고 있다. 북한 판결·판정집행법 제32조는 "사형을 처할 데 대한 판결의 집행은 재판소가 발급한 판결서등본, 사형집행지휘문건을

일 국회 통일외교통상위에서 공개 상영된 바가 있다.[345]

2004년 북한 개정형법 제233조는 "비법적으로 국경을 넘나드는 자는 2년 이하의 로동단련형에 처한다. 정상이 무거운 경우에는 3년 이하의 로동교화형에 처한다."고 규정하고 있고, 제234조는 "국경관리 일군이 비법적으로 국경을 넘나드는 자를 도와준 경우에는 2년 이하의 로동교화형에 처한다. 앞 항의 행위를 여러 번 하였거나, 돈 또는 물건을 받고 한 경우에는 2년 이상 5년 이하의 로동교화형에 처한다."고 하고 있다. 한편, 여성인신매매범에 대하여 적용할 수 있는 죄명인 유괴죄(형법 제290조)의 경우에도 그 법정형이 5년 이상 10년 이하의 로동교화형이며, 정상이 중한 경우에도 무기로동교화형에 처할 수 있을 뿐이며 사형을 규정하지 않고 있다. 따라서 위 비디오영상물의 내용과 분석이 사실이라면 북한은 여전히 개정 형법을 정상적으로 적용하고 있지 않다는 비판이 가능하다.[346]

Ⅳ. 기타 刑事關聯法

1. 행정처벌법

북한은 199개 조문을 가진 행정처벌법(2004년 7월 14일 최고인

받은 다음 총살 같은 방법으로 한다."고 하여, 집행방법도 '총살'이 아니라 '총살 같은'이라고 규정되어 있어, 경우에 따라서는 집단구타, 수장, 매장 등 비인도적 방법에 의한 사형집행도 얼마든지 가능한 실정이다(한명섭, 앞의 논문, 註 39번).

345) 위 영상물의 내용은 2005년 3월 1일 2명, 같은 달 2일 1명을 함경북도 회령에서 수천 명의 주민이 모인 가운데 공개처형을 집행하는 장면을 몰래카메라 형태로 찍은 것으로 처음에 알려졌으나, 그 후 위 영상물을 분석한 미 국무부 존 메릴 정보조사국(INR) 동북아 국장의 말을 인용하여 이들이 여성인신매매죄로 처벌받은 것이라고 보도된 바 있다(2005년 4월 18일자 인터넷 한겨레, 2005년 5월 19일자 연합뉴스).

346) 同旨 ; 한명섭, 앞의 논문, 39면.

민위원회 상임위원회 정령 제546호로 채택)을 제정하였다. 행정처벌은 '형벌을 적용할 정도에 이르지 못한 위법행위'를 한 기관, 기업소, 단체와 공민에게 지우는 행정적 제재(제7조)로서 처벌의 종류는 경고, 엄중경고, 무보수로동, 로동교양, 강직, 해임, 철직, 벌금, 중지, 변상, 몰수, 자격정지, 강급, 자격박탈을 규정하고 있다(제14조).[347] 위법행위는 경제관리질서를 어긴 행위,[348] 문화관리질서를 어긴 행위, 일반 행정질서를 어긴 행위로 구별되는데, 그 행위 유형이 형법과 같이 매우 세세하고, 형법의 하위 법규로서 역할을 하는 것으로 보인다. 그러나 사법제도보다 행정작용이 큰 북한의 특성에 비추어 일반인에게 사실상 재판소를 통한 형벌보다 위와 같은 행정처벌이 더 큰 영향력을 행사할 것으로 보인다.

행정처벌을 줄 수 있는 기관은 사회주의법무생활지도위원회와 내각, 검찰, 재판, 중재, 인민보안기관, 검열감독기관이며(제175조), 그중에서도 사회주의법무생활지도위원회는 다른 기관 및 기업소의 행정처벌에 대하여 변경시키거나 취소시킬 수 있는 권한이 있는 것으로 보아(제196조), 그 역할이 제일 큰 것으로 보인다. 행정처벌 대상자는 행정처벌이 결정된 지 10일 이내에 사회주의 법무생활지도위원회 또는 기관, 기업소, 단체에 신소[349]할 수 있다(제198조).

---

347) 가장 무거운 행정처벌은 무보수노동과 노동교양으로 보이는데, 직무수행과 관련하여 무거운 위법행위를 한 경우에는 무보수노동을, 직무집행과 관련이 없는 무거운 위법행위를 한 경우에는 노동교양을 부과하며, 형법상 노동단련형이 6개월 이상 2년 이하임에 비하여, 행정처벌은 모두 6개월 이하로 규정되어 있다.

348) 형법의 경제관리질서를 침해한 범죄 편과 유사한 행위들로서 가장 많은 66개 조문으로 규정하고 있으며, 상표권침해, 비법적 상행위, 대외거래, 외화벌이, 계획경제 등 상당부분이 그 내용에 있어서 형법과도 중복되는데, 시장경제의 수용과 관련한 북한 당국의 고민을 엿볼 수 있다.

349) 북한은 1998년 '신소청원법'을 제정하였는바, 신소는 "자기의 권리와 이익에 대한 침해를 미리 막거나 침해된 권리와 이익을 회복시켜 줄 것을 요구하는 행위(위 법 제2조)"로서 일종의 행정심판과 유사한 것으로 보인다.

2. 사회안전단속법350)

북한은 우리의 경찰관직무집행법, 경범죄처벌법과 유사한 사회안전단속법을 제정, 시행하고 있다. 이 법은 사회안전기관이 위법행위를 저지시키며 '형사범을 제외한 법 위반자'를 조사, 처리하는 데 지켜야 할 원칙과 방법, 절차를 규제하고(제7조), 그 주체는 사회안전기관이며, 국가는 사회안전기관이 사회안전단속에서 세도를 쓰거나 직권을 람용하지 않도록 한다(제6조).351)

이 법은 그 단속대상으로서 사회질서문란행위, 비법적 상품판매, 외화벌이, 의료행위, 퇴폐적인 음악·춤·록음 록화물 반입 및 유포행위, 공공시설 파손, 무면허운전 등 21개 행위를 적시하고(제2장 사회안전단속대상), 사회안전원이 위반자를 임의동행, 조서작성, 인원 및 운수수단 억류, 전투기술기재사용(무기사용) 등을 할 수 있고(제3장 사회안전단속 방법과 절차), 위반자에 대하여는 사회안전기관 책임일군협의회에서 결정 처리하되, 엄중한 경우에는 행정적 책임을 지우거나 해당 기관에 넘긴다(제4장 법위반자의 처리).

3. 재판소구성법

재판소구성법(1998년 11월 19일 최고인민회의 상임위원회 정령 제160호로 수정보충)에 의하면, "판사와 인민참심원은 민주주의원칙에 의하여 선거하며 중앙재판소의 판사와 인민참심원은 최고인민회의 상임위원회에서, 도(직할시) 재판소, 인민재판소의 판사와

---

350) 1992년 12월 28일 최고인민회의 상설회의 결정 제22호로 채택되어, 1999년 3월 24일 최고인민회의 상임위원회 정령 제540호로 수정 보충되었다.

351) 우리의 경찰관직무집행법도 "경찰관의 직권은 필요최소한도의 범위 내에서 행사되어야 하고, 이를 남용하여서는 아니 된다."(제1조)고 규정하고 있다.

인민참심원은 해당 인민회의에서 선거한다(제4조), 판사와 인민참심원의 임기는 해당 인민회의 임기와 같다."(제7조)고 각 규정하여 판사와 참심원의 선거제와 임기제를 각 규정하고 있다.

4. 검찰감시법

검찰감시법(1998년 11월 19일 최고인민회의 상임위원회 정령 제160호로 수정보충)에 의하면, 검찰감시는 모든 기관, 기업소, 단체와 공민이 조선민주주의인민공화국의 법을 정확히 지키고 집행하는가를 감시하는 국가의 권력적 활동이다(제1조). 검사는 수사, 예심, 중재, 판결의 집행뿐만 아니라 재판에 대하여 각 준법여부를 감시한다(제10조부터 제12조까지). 나아가 "중앙검찰소장은 확정된 판결, 판정에 대하여도 법의 요구에 어긋난다고 인정할 경우 비상상소를 할 수 있다."(제37조)고 규정함으로써 포괄적인 권한을 부여하고 있다.

5. 판결 · 판정집행법352)

판결 · 판정집행법(1998년 11월 19일 최고인민회의 상임위원회 정령 제160호로 수정보충)에 의하면 판결, 판정의 집행은 사회안전

---

352) 이 법은 1997년 1월 23일 최고인민회의 상설회의 결정 제80호로 채택, 1997년 9월 5일 최고인민회의 상설회의 결정 제93호로 수정되었다. 그러나 2004년 대중에 공개된 법전에는 위 법이 소개되어 있지 않아, 현재도 위 법이 존속한 것인지 폐지된 것인지 여부도 불분명하다. 민사판결, 판정에 대해서는 2002년 개정민사소송법 제13장에, 형사판결, 판정에 대해서는 2004년 개정 형사소송법 제12장에 각각 규정되어 있기는 하지만, 판결, 판정에 대한 규정이 위 개정 민사소송법과 형사소송법에서 처음으로 규정하고 있는 것이 아니라 위 판결, 판정집행법 제정 이전의 민사소송법과 형사소송법에도 존재하고 있었던 것으로 보아 판결, 판정집행법의 내용이 반드시 개정 민사소송법과 형사소송법으로 흡수되었다고 보기도 어렵다(한명섭, 앞의 논문, 35면 註 31번).

기관 또는 해당 기관이 한다. 그러나 "재산과 관련하여 내린 판결, 판정의 집행은 재판소 집행원이 한다."(제2조)고 규정하고 있으며, 집행의 관할 및 집행의 절차와 방법, 집행에 대한 의견제기에 대하여 각각 규정하고 있다.

V. 유사 司法制度

1. 개요

검찰감시법에 의하면, 검사는 범죄자를 예심에 넘기거나 법을 어긴 자를 사회주의법무생활지도위원회 또는 동지심판회에 넘기거나 로동단련 또는 구금처벌을 하려 할 경우, '법위반행위를 바로잡거나 법적 책임을 추궁하기 위한 결정'을 한다(제40조 제3호)고 하여 유사 형사관련 사법제도인 '사회주의법무생활지도위원회'와 '동지심판회'에 대해 규정하고 있다. 이하에서는 유사사법제도로서 주민통제역할을 하는 사회주의법무생활지도위원회와 동지심판회에 대하여 간단하게 살펴본다.

2. 사회주의법무생활지도위원회

사회주의법무생활지도위원회[353]는 중앙인민위원회와 각 도(직할시), 시, 군, 구의 지방인민위원회 산하에 협의체 형식의 조직으로

---

353) 1992년 북한 헌법 제18조에 "국가는 사회주의법률제도를 완비하고 사회주의 법무생활을 강화한다."고 최초로 규정하였으며, 행정처벌법 제175조는 "행정처벌은 사회주의법무생활지도위원회와 내각, 검찰, 재판, 중재, 인민보안기관, 검열감독기관이 준다."고 하여 同위원회에 준사법기관으로서의 역할을 부여하고 있다.

구성되어 있으면서, 사회주의법무생활을 통괄하는 통일적인 국가지
도기구이다.

각급 지방법무생활지도위원회는 인민위원회위원장, 부위원장, 서
기장, 검찰소장, 인민보안성 책임자, 검열위원회위원장, 당책임비서
로 구성되는데, 그중 인민위원회 위원장이 법무생활지도위원회 위
원장을 겸임하고 있다.354) 위 법무생활지도위원회는 법질서를 위반
한 행위에 대해서는 "경고, 엄중경고, 무보수로동, 강직, 해임, 철직
처벌을 주도록 한다(행정처벌법 제176조)."고 규정하여 직접적인 처
벌을 가할 수 있는 감독통제기관이다. 또한 법질서 위반자에 대하여
행정기관, 재판소로 하여금 행정적 제재, 민법적 제재를 가하도록
조치하거나 형사재판에 넘겨 형벌적 제재를 가할 수도 있다.355)

3. 동지심판회

북한은 한국전쟁시기에 일시 시행하던 군중심판제도를 폐지하고
1972년부터 각 지역단위별로 동지심판회제도를 실시하였는바, 이는
구소련의 동지법원(Com ra des' Court)제도나 구동독의 사회적 법원
(Gesellschaftliches Gericht)제도와 유사한 제도이다. 동지심판회는 국가
사법기관과 별개인 민중재판조직으로서 국가기관, 기업소, 단체 및 각
지역별로 조직되어 있으며 자아비판을 통한 사상투쟁의 한 방법으로
이해되고 있다. 동지심판회는 국가기관, 기업소, 단체 및 각 지역별로
조직되어 있으며, 필요에 따라 조직되는 비상설·임시기구이다.356)

---

354) 법원행정처, 앞의 책, 644면 참조. 한편, 대법원 법원행정처가 2006년 4월경 실시한 북한
　　사법제도에 대한 탈북인사 면접조사에 의하면, 형사사건의 경우 판사가 판결을 선고하려면
　　법무위원회의 승인을 얻어야 하므로, 판사의 판결은 법무위원회가 정한 형을 확인하는 의미
　　밖에 없다는 응답이 있다.

355) 위의 책, 645면.

Ⅵ. 소결

위에서 살펴본 바와 같이 남북한이 '넓은 의미의 형사사법공조'를 하기 위해서는 일단 비민주적인 북한 형사법의 '법치국가적 개정'이 선행되어야 할 것이다. 특히, 행정처벌법과 사회안전단속법을 그대로 남측 인원에 적용한다고 하면 북한의 자의적 판단에 따른 처벌과 제재가 수시로 행해질 것이므로 남측 인원의 신변안전은 극도로 위축될 것이다. 더구나 행정처벌법상의 처벌종류 중 경고와 벌금이 출입체류합의서의 신변안전조항의 처벌과 동일한 의미로 해석이 가능한 실정이고, 북한의 행정처벌법과 사회안전단속법 등이 '법질서 위반행위'의 형태로 개성공업지구와 금강산 관광지구에 그대로 적용되고 있다. 또한 북한은 이러한 법과 그 법의 집행에 따른 제재조항이 있다는 사실을 남측 인원에게 구체적으로 알려주지 않으므로 남측 인원들로서는 어떤 행위가 '법질서 위반행위'에 해당하는지에 대해 정확히 알 수도 없다.

이러한 현실은 북한의 법집행의 자의성과 결합하여 남측 인원의 신변안전을 극도로 위축시키고 있다. 따라서 북한은 형사법과 행정처벌법 중 개성 및 금강산지구에 적용되는 '법질서 위반행위'의 범죄 및 행위유형을 확정하여 남측 인원에게 고지하거나 홍보하는 절차가 필요하다고 할 것이다. 북한이 국제사회의 비난을 의식하여 2004년 형법과 형사소송법을 비교적 인권보장적 측면에서 개정한 것을 사실이다. 그러나 북한의 법적용 및 해석은 성문법의 해석이

---

356) 법원행정처, 앞의 책, 633면: 형사재판을 하면서 탈북자들이 피고인으로 재판을 받은 경우가 있어서 2명의 피고인에게 북한의 사법체계를 면접 조사한 바에 의하면, 다른 제도와 달리 동지심판회에 대하여는 잘 알고 있었고, 특히 군대에서 활성화되어 있으며 탈영병이 생긴 경우 군기를 다잡기 위하여 동지심판회를 열어 공개처형을 하였다는 응답을 들을 수 있었다.

아닌 최고위층의 지시와 노동당 지침 등에 의해 언제든지 좌우될 수 있다는 점을 볼 때, 북한의 형사법 및 기타 일반법에 의해서는 개성공업지구와 금강산 관광지구에 체류하거나 기타 북한 지역을 왕래하는 우리 측 인원에 대한 신변안전문제가 보장될 수는 없다.

향후 남북한 관계의 괄목할 만한 진전과 북한 형사법체계의 법치국가적 변화에 따라 일반적 의미에서의 형사사법공조와 범죄인 인도문제가 거론될 수 있겠지만, 우리의 형사관할권이 미치지 않는 북한 지역에서 범죄를 저지른 우리 주민에 대해서 북한의 형사사법권을 배제함으로써 우리 주민의 신변에 대한 안전을 확보하고자 하는 방안을 모색한다는 목적과는 직접적 관련이 없다고 할 것이다.[357] 특히, 개성공업지구와 금강산 관광지구의 형사사법공조는 국가 간의 기본적 형사관할권에 관한 원칙인 속지주의 적용을 제한하여 북한의 형사관할권 행사를 최소한도로 한정하려는 의도하에서 논의가 이루어지고 있다.

결국 북한이 개성공단 등 북한 지역에서 범죄를 비롯한 '법질서 위반행위'에 대해 일차적인 형사관할권이 있다는 것은 인정하지만, 체포·구속·압수·수색 등 강제수사 및 裁判과 受刑과 같은 '넓은 의미'의 형사관할권은 배제되어야 할 것이다. 그러한 전제하에 비로소 남측 인원에 대한 신병 및 기초 조사자료의 인수, 북한 주민의 참고인 진술확보, 사건 처리 결과통보 등 '좁은 의미'의 형사사법공조가 필요하다고 할 것이다. 아래에서는 실제로 개성공업지구 및 금강산 관광지구에서 발생한 여러 가지 사건·사고 처리의 경험적 사례를 들어, 현재 남북한 간에 부분적으로 이루어지고 있는 형사사법공조의 문제점에 대해 분석하고 그 대안을 제시하고자 한다.

---

357) 한명섭, 앞의 논문(형사사건 처리관련 남북 협력체제 구축방안), 47면.

제4장 개성공업지구內 刑事司法共助의 적용사례[354]

I. 출입체류합의서의 형사사법공조의 문제점

개성공업지구법은 원칙적으로 개성공업지구에서는 북한의 주권과 법이 우선적으로 적용됨을 선언하고 있다. 단, 경제활동 질서에 대하여는 기존의 북한 법이 아닌 공업지구법 등 하위 규정이 적용되도록 하였다. 따라서 위 공업지구법과 동일한 효력을 갖는 「개성공업지구와 금강산 관광지구의 출입 및 체류에 관한 합의서」상의 '지구에 적용되는 법질서'도 북한 형사법의 적용을 배제한다는 규정이 없는 한 경제활동과 무관한 영역에서는 북한의 형사법이 개성공업지구에서도 적용될 수 있는 것으로 보인다.[359]

남북한 인원이 공동생활체를 이룩하고 궁극적으로 남북공동 번영의 공간을 만들어 가고 있는 개성공업지구는 앞으로 남북 인원 간 항상 마찰과 형사사건 발생의 개연성이 증가하고 있는 실정이다. 남측 인원 간 발생한 사고는 원칙적으로 개성공업지구 관리기관인 '개성공업지구 관리위원회'에서 1차적으로 조사 후 남측 수사기관에 통보하여 사법처리를 하고 있다. 그러나 남북 근로자 상호 간 교통사고나 형사사건은 「개성공업지구와 금강산 관광지구의 출

---

358) 김영식 판사가 2007년 4월 제116회 북한 법연구(회) 월례발표회 시 발표한 논문인 "남북 간 교류협력에 따른 형사사건 해결방안연구(개성공업지구를 중심으로)"를 주로 참고하였으며, 구체적 사법처리 사례는 최근에 개성공업지구에서 발생한 형사사건을 추가하였음을 밝혀 둔다.

359) 이와 관련하여 '지구에 적용되는 법질서'가 구체적으로 무엇인지는 명확하게 규정하지 않고 강제 추방함으로써 속지주의 예외를 규정하고 있을 뿐이어서 이후 추가 합의를 통해 명백히 하여야 한다는 견해가 있다(이효원, "북한법률의 국내법적 효력 – 개성공단에서의 적용 가능성과 범위: 한계를 중심으로" 법조 통권 583호, 2005.4. 48면).

입 및 체류에 관한 합의서(이하 '출입 체류합의서'라 지칭한다)」제 10조 제2항에 의해 인원이 '지구에 적용되는 법질서를 위반'하였을 경우에 해당하므로 북측에서 1차적으로 조사 후 개성공업지구 관리기관에 통보하고 위반정도에 따라 경고 또는 범칙금을 부과하거나 남측으로 추방한다고 규정하고 있다. 또한 同條 제4항은 남측은 법질서를 위반하고 남측 지역으로 추방된 인원에 대하여 북측의 의견을 고려하여 조사, 처리하고 그 결과에 대하여 북측에 통보하며, 법질서 위반행위의 재발방지에 필요한 대책을 세울 것을 규정하고 있다.

제10조(신변안전보장) 제2항 단서는 "남과 북이 합의하는 엄중한 위반행위에 대해서는 쌍방이 별도로 합의하여 처리한다."고 규정하고 있는데, 여기서 과연 '엄중한 위반행위'의 내용은 무엇인지가 문제 되고 있다. 그러나 이 규정 역시 북한 형법을 적용하되 북한 체제비판과 체제유지를 위해 금기시되는 김일성 부자 비판행위, 반국가 및 반민족범죄, 살인행위, 마약·밀수, 탈북유도 등이 엄중한 위반행위로 포함될 수 있을 것이므로 평소 북한 형사법에 대한 깊은 이해와 주체사상, 북한 법 해석의 기준이 되는 김일성 교시, 김정일 언행 등에 대해서도 관심을 기울여야 할 것이다. 북측의 1차적 조사 후에 '경고'와 '범칙금'부과는 비교적 가벼운 위반행위에 해당하는 경우일 것이며, '추방'은 1999년도 금강산 관광객의 북한측 안내원에 대한 북한 체제 비하발언 및 2006년 개성공업지구 내의 남측 주재원에 의한 문화재 밀반출 사건 등의 처리 과정에서 발생하였던 해당 남측 인원의 추방사례를 들 수 있을 것이다.

또한, 同 출입체류합의서 제10조 제4항은 법질서를 위반하여 남측으로 추방된 인원에 대해서는 남측 사법기관의 처리 결과를 북측에 통보하게끔 되어 있다. 이 규정에 의해 남측 사법기관의 누가, 어떤 절차로, 또 누구를 상대로, 어떤 방식으로 통보해야 하는지가 하나의 형사사법공조에 관한 구체적 사례가 될 수 있으나, 아직까지 개성공업지구를 비롯한 남북 인원의 형사사건에서 전례가 없는 것이므로 깊이 연구하여 잘 처리해야 할 것이다.

1. 중지명령 및 조사권

위 출입 및 체류합의서의 제10조 제2항은 위반행위를 중지시키고 조사할 수 있다고 규정하고 있는데, 그중 「조사」360)의 개념이 문제가 된다. 먼저, 위반행위를 중지시키거나 조사할 수 있는 「주체」가 북측 기관, 그중에서도 지도기관인 중앙특구개발지도총국인지 아니면 관리기관인 관리위원회인지 명확하지 않다. 그 밖에 위 조사권이 국가안전보위부, 인민보안성과 같은 수사기관의 임의수사뿐만 아니라 강제수사권까지 포함하는지 여부와 단지 행정적인 조사절차만을 의미하는지는 불분명하다.361) 그러나 개성공업지구에서 남측 인원에 의한 살인과 같은 중대한 형사사건이 발생할 가능성을 배제할 수 없을 것이며, 위 합의서 제10조 제3항에서 "북측이 조사하는 경우 인원은 그 기본적인 권리를 보장받는다."고 규정한 것에 비추어 보면, 북측의 수사기관이 남측 인원을 임의수사 또는 강제수사를 하는 상황을 완전히 배제하기는 어렵다.362)

---

360) 다만, 출입 및 체류합의서의 부속합의서가 체결되기 전까지 개성공업지구에서 발생하는 사건사고 처리를 위한 임시적인 성격의 '사건 사고 처리매뉴얼'에 의하면, "「조사」라 함은 경고, 범칙금, 추방을 하기 위한 前 단계로서 질서유지 및 진상확인 차원의 1차적 조사로서 형사처벌을 전제로 한 '수사'와 구별할 필요"가 있다고 정의하고 있다.

361) 위 '사건 사고처리 매뉴얼'에 의하면, 「조사방법」으로서 "피조사자 신문, 참고인조사, 현장조사 등 강제처분이 수반되지 않는 임의조사에 한정된다."고 명시하고 있다.

한편, 북측의 조사도 원칙적으로 남측과의 사전 협의를 거친 후 착수할 수 있도록 하되 긴급을 요하는 등 사전에 협의할 시간적 여유가 없을 경우에도 조사착수 시 우리 측에 그 사실을 통보해야 할 것이며, 통보하지 않을 경우에는 북측으로 하여금 우리 측에 즉시 피조사자인 남측 주재원의 신병을 인도하도록 하는 방안을 강구할 필요가 있다. 조사 과정에서도 북한 조사기관의 조사에 대한 객관적 공정성을 기하고, 향후 우리 수사기관에서의 효율적인 수사를 위해 개성공업지구 관리기관에 종사하는 우리 측 인원이 참가해야 할 것이다.363) 이에 대해서는, 북한 사법당국의 형사재판권을 인정하거나 일부 배제하는 경우에도 수사 과정에서 남북공동조사관제를 도입하여 공동조사 후 북한의 재판권은 그 공동조사의 내용에 구속되게 하는 방안을 도입할 필요가 있다는 견해도 있다.364)

그러나 개성 및 금강산지구에 남북 당국 간 남북공동조사관제 도입을 협의하는 과정에서 북한은 주권에 해당하는 영역인 형사관할권을 결코 포기하지는 않을 것이니, 조사 과정에 개성공업지구 관리위원회에 상주하는 우리 측 변호사가 참여하여 남측 주재원의 인권보호와 북측 조사자료의 인수업무를 담당하는 선에서 북측의 조사권한을 인정하는 방향으로 협의가 이루어져야 할 것이다.

---

362) 북한에 대하여 형사범죄에 대한 조사권을 인정함으로써 형사사법권의 집행관할권 일부를 인정하고 있다는 견해도 있다(이효원, 앞의 논문, 64면).

363) 현재, 개성공업지구에서는 북측 조사기관의 남측 주재원에 대한 조사 시 관리기관의 담당자가 조사 과정에 입회하여 조사 과정에서 일어날 수 있는 우리 측 인원에 대한 인권침해를 방지하고, 조사의 공정성을 담보하기 위해 신문과정을 청취하고 입회자 수표(서명)를 하는 등 남측 주재원의 인권보호에 만전을 기하고 있다.

364) 박광섭, "남북한 주민의 왕래에 따른 신변안전보장방안", 남북교류 협력 법제연구, 법무부, 2005, 245면.

2. 위반의 정도에 따른 4가지 유형

위 출입체류합의서 제10조 제2항에 의하면, 북측은 위반 내용이 경미한 경우에는 경고, 범칙금 부과, 추방의 조치를 취할 수 있고, 엄중한 위반행위는 별도로 합의하여 처리한다고 규정하고 있다. 먼저, 경고·범칙금의 부과 또는 추방의 3가지 조치는 문리해석상 사안이 경미한 경우 정도에 따라 경고나 범칙금을 부과하고, 위반의 정도가 심할 경우에는 남측으로 추방하겠다는 취지로 보인다. 특히 추방과 관련하여 북측이 이른바 속지주의의 예외[365]를 규정하여 재판권 행사를 자제하겠다는 취지로서 상당한 양보를 한 것으로 보인다.

다만, 범칙금에 관하여는 앞서 살펴본 바와 같이, 그 근거 및 행위유형, 금액의 상한과 하한, 범칙금의 집행방법, 이에 대한 불복여부, 불복하는 경우 사법절차로 이행되는지에 관하여 아무런 규정이 없다. 앞서 본 북한의 행정처벌법은, "벌금은 가벼운 위법행위를 한 경우에 적용하며 그 적용절차와 방법은 해당 법규에 따르고(제19조), 신소의 제기로서 불복할 수 있다."(제198조)고 규정하고 있다. 위 합의서는 '벌금'이 아닌 '범칙금'으로 규정되어 있으나,[366] 출입체류합의서의 범칙금과 위 행정처벌법의 벌금은 동일한 행정적 제재인 것으로 추정되므로 남북은 추가 합의에 의하여 각 3가지 처벌을 가할 수 있는 경우에 해당하는 행위의 종류와 처벌부과의 절차와 방법, 관련자의 이의제기, 범칙금의 법적 의미 및 액수

---

365) 실제로 북한은 2006~2008년간 도자기 밀반출 등 북한 형사 관련법 위반혐의로 조사를 받았던 남측 근로자 3명을 모두 추방한 사실이 있다.

366) 북한은 '벌금'과 '범칙금'을 별도로 구분해서 사용하는 것은 아닌 것 같다. 왜냐하면, 2008년 1월 북측에 의해 제시된 '개성공업지구 출입체류거주규정' 시행세칙 및 '자동차관리규정' 시행세칙에서도 '벌금'이란 용어를 사용하고 있기 때문이다.

등에 관한 세부규정을 마련하여야 할 것으로 보인다.

마지막으로, 엄중한 위반행위에 대하여는 그 유형을 남북이 별도로 합의하고, 그 처리방법에 대하여도 합의하도록 되어 있다. 앞의 3가지 유형에 대하여는 북측이 재판권을 행사하지 않고 최악의 경우라도 추방조치를 할 것임에 비하여, 엄중한 위반행위에 대하여 북측이 형사재판권 행사를 주장할 여지를 남겨 놓은 것으로 보인다. 즉 남과 북의 부속합의서 체결 시 해당 조항의 자구에 따라 최악의 경우, 남측 주민이 북측의 수사기관으로부터 수사 및 예심을 받은 후 개성 시 법원에 기소될 가능성도 배제할 수 없다.

그 경우 남측 주민이 북측에서 형사재판을 받을 수 있도록 "남측이 합의해 줄 수 있는가"라는 헌법상의 문제가 제기될 수 있다. 우리 헌법 제3조의 영토조항과 국가보안법, 국적법 등을 제한적으로 해석할 경우에는 북한의 형사재판권을 인정할 여지는 없다.[367] 그러나 헌법 제3조와 제4조의 규범조화적 해석 및 남북한 특수관계이론, 최근에 제정된 '남북관계발전에 관한 법률(2005.12.29. 법률 제7763호로 제정)'[368]에 의하면 북한의 형사재판관할권을 인정할 여지가 있겠으나, 이를 인정하더라도, 남북의 합의에 의하여 그 적용범위를 최소화하도록 하여야 할 것이다.

결국, 위 합의서 제12조에서 규정하고 있는 남북 공동위원회 구성 시 '엄중한 위반행위'의 내용을 좀 더 구체적으로 합의하여야 할 것으로 보인다. 그러나 공동위원회의 합의 시 북한 형사사법 체

---

367) 한편, 헌법 제27조의 국민의 재판받을 권리를 정하고 있는 현행 법원조직법과 각급법원의 설치와 관할구역에 관한 법률은 북한 지역을 제외하고 있다.

368) 위 법률은 제3조 「남한과 북한의 관계」에서 '국가 간의 관계가 아닌 통일을 지향하는 과정에서 잠정적으로 형성된 특수관계'라고 규정하여 이른바 남북한특수관계이론을 규정하고, 그 밖에 남한 정부의 평화통일정책추진의무를 규정하고 있다.

계의 전근대성으로 인해 우리 헌법상의 법치국가원리를 충족시키지 못하고 있는 점 등을 적극 고려해야 한다. 그러므로 공동위원회 구성 및 부속합의서 체결 시, 최대한 북측 사법기관의 남측 주민에 대한 재판권행사 포기 및 자제에 대한 합의를 이끌어 내야 할 것이다.[369]

3. 피조사자의 권리보장

위 합의서 제10조 제3항은 북측이 조사하는 과정에서 피조사자의 기본적 권리를 보장한다고 규정하고 있으나, 그 구체적 내용에 대하여는 아무런 언급이 없다. 만약, 위 조사권이 행정처벌을 위한 것으로서 북한의 행정처벌법이 적용된다면, 위 법률의 제4장 행정처벌의 절차 규정에 의해 위반자와 그 행위의 특정, 증거자료의 소명(제187조 행정처벌의 제기절차), 심의결정 시 위반자의 참가(제191조) 등이 적용될 것으로 보인다. 그러나 여기서의 조사권이 수사권까지 포함할 경우 그 기본적인 권리는 북한의 형사소송절차가 규정하고 있는 기본적 권리만으로는 부족하고, 우리 헌법이 보장하는 모든 법치국가적 기본권이 보장되어야 할 것이다. 그러기 위해서는 무엇보다도 조사의 대상이 된 남측 주재원의 인권보장적 차원에서 변호인의 참여 및 접견권이 보장되어야 할 것이다. 이처럼 조사 과정에서 남측의 자격을 갖춘 변호인이 참여한다면, 후술하는

---

369) 북한 지역에 다수의 남한 주민이 장기간 체류한 경우를 규율한 한반도에너지개발기구(KEDO)와 조선민주주의인민공화국 정부 간의 "조선민주주의인민공화국 내에서의 한반도에너지개발기구의 법적 지위, 특권면제 및 영사보호에 관한 의정서(1996년 7월 11일 발효)"에 의하면, 북한은 "어하한 KEDO계약자 및 인원도 체포, 또는 구금하여서는 아니 된다. KEDO계약자 인원은 북한의 어하한 형태의 관할권이나 북한 내 집행처분에 예속되지 아니한다. 북한은 KEDO계약자 인원에게 북한의 관습을 따르도록 요구하거나 정치, 사회적 의무를 부과하여서는 아니된다."(제17조)라고 규정, 외교관 수준의 영사보호와 면제·특권과 자체적인 질서유지권을 부여함으로써 북한이 수사권과 재판권을 모두 행사하지 않을 것임을 합의하였다.

북측 조사자료의 증거능력 부여 및 증명력 판단이 보다 수월해질 것이다. 또한 '엄중한 위반행위'의 경우에 북한의 형사관할권을 인정한다 할지라도, 기존의 북한 변호사법 제23조[370]를 확대 해석하여 제한적이나마 남측 변호사의 지구 내 변호활동을 가능케 하는 것도 하나의 방안이 될 수 있을 것이다.[371] 다만, 이러한 문제들은 결론에서 언급하는 바와 같이 남북 당국 간 '개성공업지구와 금강산 관광지구의 출입 및 체류에 관한 합의서'의 후속합의서 체결 시 변호인 자격부여와 참여, 북한 조사자료의 남측 송부 및 증거능력 인정 조항을 둠으로써 해결될 수 있을 것이다.

또한 '엄중한 위반행위'에 대한 북한 당국의 형사재판권 행사에 대비, 변호인을 선임할 능력이 없거나 장소적 문제 등으로 즉시 변호인의 조력을 받을 시간적 여유가 없을 경우에는 국선변호를 담당할 다수의 개성공단 전담변호인단을 구성한 후, 이들로 하여금 이른바 '엄중한 위반행위'에 대한 국선변호를 하도록 하는 방안도 필요할 것이다.[372] 그러나 이른바 '3통(통신, 통관, 통행)'이 자유롭지 못한 현재의 상태에서는 변호인이 수시로 개성공단을 비롯한 북한 지역에 출입할 수 없기 때문에, 개성공업지구 관리위원회에 우리 측 인원의 인권보호 업무를 담당하는 전담변호사를 두는 방법도 강구해야 할 것이다. 그에 앞서, 출입체류합의서 제10조의 '엄중한 위반행위'에 대한 명확한 행위유형이 남북 당국의 합의를 거쳐 후속합의서에 규정되어야 함은 물론이다.

---

370) 조선민주주의인민공화국 변호사법 제23조는 "다른 나라 변호사에게 호상성의 원칙에서 공화국변호사자격을 줄 수 있다. 공화국변호사자격을 가진 다른 나라 변호사는 다른 나라 법인과 개인, 다른 나라 법과 관련된 문제만을 취급할 수 있다."고 규정한다.

371) 김병기, "형사사건 처리관련 남북 협력체제 구축방안", 남북교류 협력 법제연구(Ⅱ), 법무부, 2007, 117면.

372) 한명섭, 앞의 논문, 57면 참조.

4. 공동위원회의 구성

'개성공업지구와 금강산 관광지구의 출입 및 체류에 관한 합의서' 제12조는 "남과 북이 출입 및 체류와 관련하여 발생하는 전반적인 문제들을 협의, 해결하기 위하여 공동위원회를 구성, 운영하되 그 구성 및 운영에 관한 사항은 남과 북이 합의하여 별도로 정한다."고 규정하고 있다. 따라서 후속합의서 체결 시 운영시기와 구성방법, 권한범위에 관해 논의해야 하겠지만 '공동위원회'를 통한 형사사법공조 방안을 협의할 필요가 있을 것이다. 이러한 공동위원회를 통한 형사사법공조 방안으로는 우선 북측 당국에 의해 조사받고 있는 남측 주재원의 신병인계와 조사자료 인계절차 등을 규정해야 할 것이다. 또한 우리 측에서 수사 및 재판을 진행하는 과정에서 추가로 필요한 증거물이나 북측 주민의 진술 확보, 사람 또는 물건의 소재지 파악, 압수·수색의 요청, 교통사고 현장검증 등 협의의 형사사법공조가 필요할 것이므로 공동위원회 구성 시 이에 대한 상세한 규정도 두어야 할 것이다.

그리고 개성공업지구에서 빈번하게 발생하는 교통사고 사건에 대비, 교통사고조사 전문가를 개성공업지구 관리기관에 상주하게 하여 '공동위원회' 구성 시 참여하게 하거나 북측과 공동조사제도를 도입하여 조사 과정에서의 객관성과 공정성을 확보해야 한다. 또한 남북한 공동위원회 및 남북공동조사제도는 남북한 전문가가 충분한 기간을 두고 협의하되, 최소한 남측 주재원의 대폭적인 증가가 예상되는 2010년 말까지 구성되어야 할 것이다. 만약 당국 간 협의가 어렵다면, 동·서독과 같이 법률전문가 회담을 통한 합의를 도출할 수도 있다. 또 이러한 공동조사관제도를 통한 증거자료는 우리 측의 재판 과정에서 증거능력을 인정해 주는 형사소송법상 증거능력에 관한 특칙조항을 별도로 두는 방안을 강구할 필요성도 있을 것이다.

한편, 출입체류합의서 제13조는 "이 합의서의 해석 및 적용과 관련하여 발생하는 문제는 남북경체협력추진위원회[373] 또는 그가 위임하는 기관에서 협의하여 해결한다."고 하였는데, 여기서 비상설기관인 경제협력추진위원회의 실체와 역할은 남북관계에 있어서 주로 경제적인 부분에 한정될 것이므로 '위임하는 기관'을 공동위원회로 해석함으로써 개성공업지구의 출입 및 체류 중에 발생하는 문제 중 남측 주재원의 신변안전에 관한 주요사항은 '공동위원회'의 조정과 협의를 통해 해결해야 할 것이다. 결국 공동위원회는 남과 북의 형사사법공조를 위한 것으로 판단되며, 앞서 본 위반정도에 따른 4가지 유형을 명백히 하고, 특히 엄중한 위반행위에 대하여 수사권, 재판권, 형의 집행 등을 추가로 합의하기 위하여 상설적인 협의기구로서 그 구성을 서두를 필요가 있다.

---

373) 남북경제협력추진위원회는 2001년 2월 3일 발효된 '남북경제협력추진위원회 구성·운영에 관한 합의서' 제1조에 의해, 쌍방 각기 위원장 1명과 위원 4-6명으로 구성하도록 되어 있고, 이 중 위원장은 차관(부상)급으로 하도록 하고 있다.

Ⅱ. 개성 및 금강산지구에서 발생한 형사사건 처리지침

개성공업지구와 금강산 관광지구에서 인원이 저지른 형사사건의 처리를 위해 2005년 3월 법무부에서 "개성공업지구 및 금강산 관광지구에서 발생한 형사사건 처리지침(2005.3.14. 법무부 훈령 제512호)"을 제정하였다.[374]

이 지침은 개성공업지구와 금강산 관광지구에서 인원이 저지른 형사사건의 처리에 필요한 사항을 규정함을 목적으로 하고 있다(제1조). 법무부 통일법무과가 통일부 남북협력지구지원단과 업무협조 등 형사사건에 관한 행정지원 업무를 하고, 대검찰청 공안 제1과가 수사업무를 지휘·감독하되, 원칙적으로 관할 검찰청의 공안전담검사가 담당하도록 규정하고 있다.

사건의 처리 절차와 관련하여서는, 법무부 통일법무과가 통일부 등으로부터 형사사건의 발생통지를 받아 그 사실과 내용을 공공형사과를 경유하여 대검찰청 공안 제1과에 통지하면(제6조), 대검찰청 공안 제1과의 수사지휘를 받아 개성공업지구와 금강산 관광지구의 각 남북출입사무소 소재지를 관할하는 검찰청으로 하여금 구속영장 청구와 집행 등의 수사를 하도록 한다(제7조). 구속영장을 청구하여 구속한 경우에는 위 소재지 관할검찰청이 직접 사건을 처리하며, 불구속의 경우 피의자의 주소·거소 또는 현재지 관할로 이송한다(제8조).

관할 검찰청에서 수사와 기소 등 형사소송절차를 진행함에 있어 북한 주민을 상대로 한 참고인 조사 등 증거조사, 증인소환, 북한

---

374) 同 지침은 2008. 9. 22. 법무부 훈령 제648호로 개정, 현재 시행되고 있다.

의 조사결과 인수 등 북한과 刑事司法共助가 필요한 경우에는 "대검찰청 공안 제1과를 경유하여 법무부 통일법무과를 통해 유관기관375)과 협조하여 처리한다."(제10조)고 규정하고 있다. 위 지침 제10조는 협의의 형사사법공조를 규정한 것인데, 현재의 남북관계의 상황이나 개성공업지구 등 북한 지역에서 발생하는 형사사건에서 북한 주민을 대상으로 한 참고인 조사 및 증인소환, 북한 조사자료 인수는 전혀 이루어지지 않고 있다. 위 지침 제10조상의 형사사법 공조의 실행을 위해서는 북한 당국과의 충분한 사전협의를 거쳐 형사사법공조 합의서를 체결하는 방안이 궁극적 해결책이 될 것이지만, 단기적으로는 출입체류공동위원회를 구성하여 북한 주민의 진술서 및 북한 사법당국의 조사자료를 남측 당국에 인계하는 절차를 마련해야 할 것이다.

특히, 남측 당국은 이와 관련하여 북한 주민의 참고인 진술서 및 조사자료에 대한 공문서로서의 자격을 부여하는 특별규정을 별도로 마련하여 남측 사법당국이 이 공문서에 대해 증거능력을 부여하는 방안을 검토하는 것도 좋을 것이다.376) 한편, 북한은 개성공업지구에서 발생한 교통 및 화재사고의 경우에는 '개성공업지구 인민보안소' 명의의 자동차사고확인서 및 화재사고 확인서를 개성공업지구 관리위원회에 제출하고 있다. 그러나 교통 및 화재사고에만 국한되어 있으며, 남북인원이 함께 개입된 형사사건의 경우에는 공식적인 사건 처리 결과를 통보해 주지 않고 있다.

---

375) 여기서 유관기관은 통일부 및 개성공업지구 관리위원회를 의미한다고 보아야 할 것이다.

376) 참고로, 대만은 '해협교류기금회(이하 해기회라고 한다)'를 통하여 대륙 지구에서 작성한 문서를 작성자의 서명 및 날인의 대조 또는 조회의 방법으로 검증하며(양안관계조례 시행세칙 제7조), 양안관계조례 제8조에 의해 대륙 지구에서 작성된 문서로서 해기회의 검증을 거친 것은 진정한 것으로 추정되고 있으나, 문서의 증명력 자체는 법원의 판단에 맡기고 있어 그 문서의 내용이 사실이 아님이 입증된 경우에는 적용되지 아니한다(同 시행세칙 제8조 제2 · 3항).

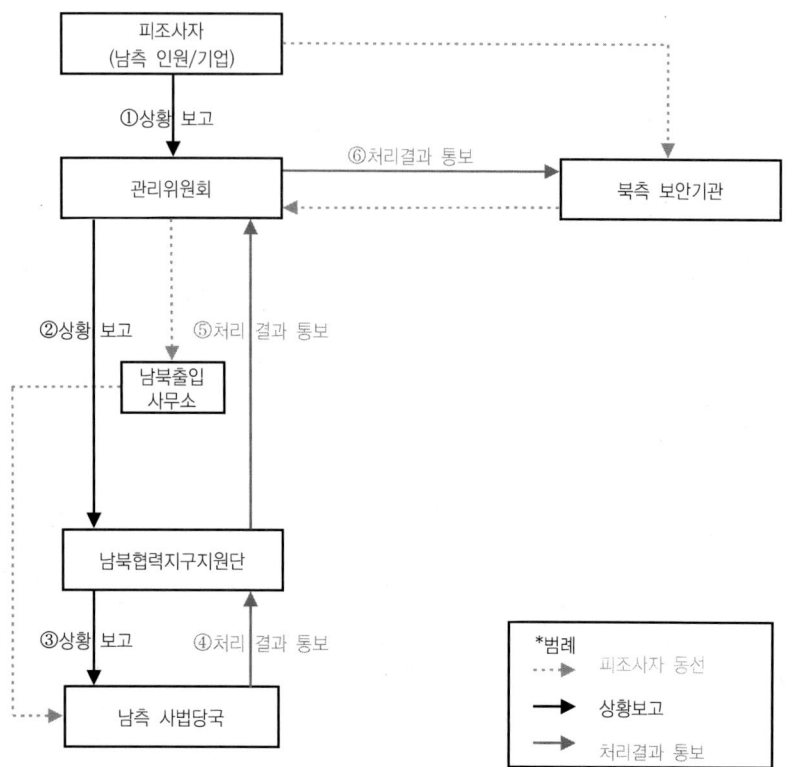

〈그림-2〉 개성공업지구에서 발생한 형사사건처리 흐름도

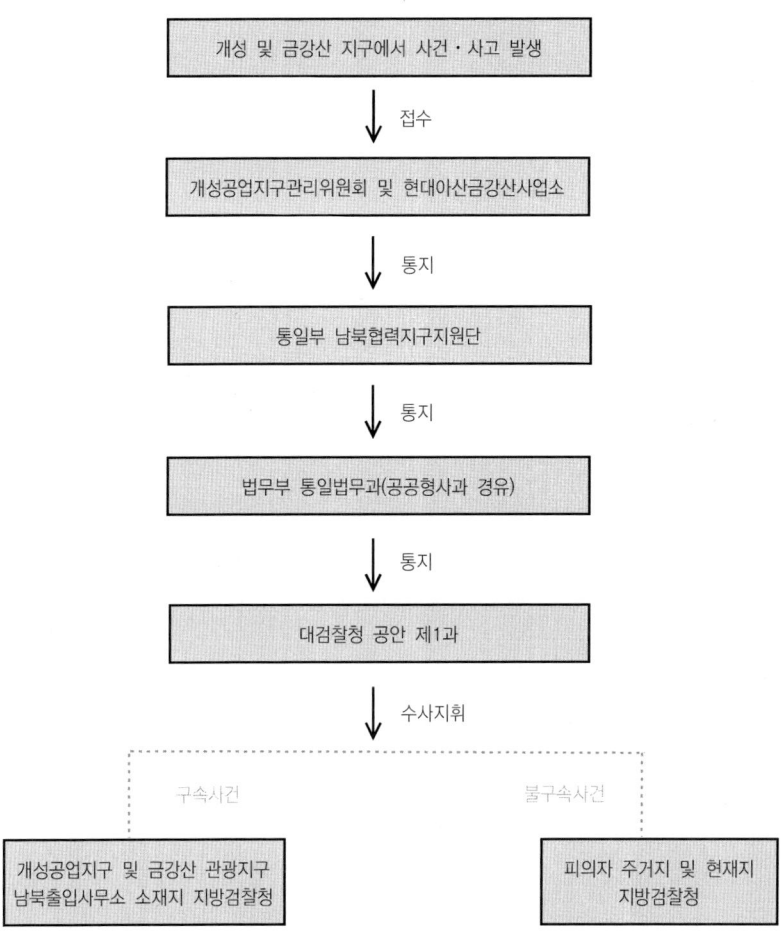

개성 및 금강산 지구에서 사건·사고 발생

↓ 접수

개성공업지구관리위원회 및 현대아산금강산사업소

↓ 통지

통일부 남북협력지구지원단

↓ 통지

법무부 통일법무과(공공형사과 경유)

↓ 통지

대검찰청 공안 제1과

↓ 수사지휘

구속사건 | 불구속사건

개성공업지구 및 금강산 관광지구
남북출입사무소 소재지 지방검찰청

피의자 주거지 및 현재지
지방검찰청

Ⅲ. 법무부 지침에 의한 형사사건 처리사례

1. 개성공업지구에서 발생한 사건의 유형

2004년도 이후 개성공단에서는 주로 산재·교통사고와 남측 근로자 간 폭행사고가 발생하였다. 그중 산재 사고는 북측 근로자 4명, 남측 근로자 3명이 사망한 것을 비롯하여 대략 40여 건 정도의 크고 작은 재해사고가 있었으나,[377] 북측과 대부분 민사적으로 합의하여 종결된 것으로 보인다.

한편, 피해자가 남측 근로자인 경우에 산재가입사업장인 남측 모기업을 이용하여 산재처리를 하고 있는 것으로 보이고, 남측 수사기관이 고용주를 산업안전보건법위반이나 업무상과실치사상으로 입건하여 기소한 사례는 아직까지 없었던 것으로 보인다.[378] 산업안전보건법의 경우 앞서 본 바와 같이 그 적용에 있어서 무리가 따른다고 하더라도, 형법상 업무상과실치사상죄의 적용에 있어서는 형법총칙에 따를 경우 법률상 아무런 장애가 없다. 뒤에서 보는 바처럼, 남측 주민이 금강산 관광지구에서 북한군을 사망하게 한 사건을 인지사건으로서 수사하여 남측 법률인 교통사고처리특례법위반사건으로 기소한 예도 있어서 향후 남측의 피해자나 유가족이 수사기관에 고용주를 고소·고발할 경우 그 처리가 주목된다.

그 밖에 개성공단 내 교통사고 및 폭행 사건 등 법질서 위반행위는 남측 수사기관이 인지할 경우 국내 사건과 동일한 처리 과정을 거쳐 법원에 기소하였다.[379]

---

377) 개성공업지구 관리위원회에서 파악하고 있는 개성공단 사건사고현황을 기준으로 하였다.

378) 개성공단에서 남측 근로자가 사망한 재해사고와 관련한 민사사건으로는 서울서부지방법원 2005가합10494 손해배상 사건이 있었다. 그 밖에 특이한 민사사건으로는, 인천지방법원 2005카단15337 채권가압류, 2005카단15338 소유권이전등기청구권가압류 사건이 있었는데, 이는 기술신용보증기금이 대여금채권의 회수를 위하여 개성공단입주업체(채무자)가 한국토지공사(제3채무자)에 대하여 갖고 있던 권리를 각 가압류한 것으로서 두 사건 모두 재판부의 인용결정이 있었다. 그러나 위 결정의 효력, 유효성, 집행가능성에 대하여는 주제를 벗어나므로 이 논문에서는 다루지 아니한다.

379) 개성공업지구 관리위원회의 통계자료에 의하면, 2005년부터 2007년(3년)간 개성공단에서 발생한 「법질서 위반행위」는 총 63건(일반적인 산업재해 사건은 제외)이며, 그중 교통사고는 2007년에만 사망사고 2건(남북 각 1인)이 발생하였고, 폭행사고는 총 7건, 문화재밀반

2. 개성 및 금강산지구의 구체적인 刑事事件 사례

(1) 서울동부지법 선고 2006고단891, '교통사고처리특례법' 위반

① 사건개요

피고인은 금강산 관광지구에 있는 고성빌리지 신축공사 현장의 직원으로서 2005년 12월 27일 20:00경 안전운전의무위반으로 근무교대 중인 북한군인 1명(성명불상 22세)을 사망하게 하고, 2명에게 중상을 입게 하였다.[380]

② 북측의 조사와 피고인의 신병

북측은 2005년 12월 28일 현대아산관계자가 참가한 가운데 합동조사를 하고, 북측 대좌 2명과 북측 의사, 현대아산관계자, 남측 의사 등이 참석한 가운데 사체검안을 하였다. 피고인은 사건 직후 4시간가량 현장에서 대기하다가 2005년 12월 28일부터 같은 해 12월 31일까지 4일간 금강산호텔 별관(북측 호텔 숙소)에 억류되었고, 그 기간 동안 사고경위에 관한 진술서 작성 및 수시로 찾아오는 각 기관 사람들에게 사고 경위를 설명하였고, 남측으로부터 피복 및 생활용품을 자유롭게 수령할 수 있었다(피고인 진술). 그 후 피고인은 북측과의 합의가 지연되어 출경하지 못하던 중, 2006년 2월 9

출 2건, 업무상 과실치사 1건, 절도사건 18건이 발생하였다. 이 중 남측 사법기관이 인지하여 수사 및 기소한 것은 총 7건(교통사고 1건, 폭행사고 3건, 남북교류 협력법 위반 2건, 업무상과실치사 1건)이며, 나머지는 북측의 조사 및 상호합의로 종결되었다.

380) 여기에 해당하는 것으로서, 북한 형법 제187조(교통사고죄)는, "자동차, 전차, 뜨락또르, 오토바이 같은 륜전기재를 운전하는 자가 도로교통안전질서를 어겨 인명피해 그 밖의 엄중한 사고를 일으킨 경우에는 2년 이하의 로동단련형에 처한다. 앞항의 행위로 여러 사람이 죽었거나 앞항의 행위를 하고 도주한 경우에는 5년 이하의 로동교화형에 처한다. 정상이 무거운 경우에는 5년 이상 10년 이하의 로동교화형에 처한다."고 규정하고 있다. 북한 형법 제282조(과실적 살인죄)도 "사람을 과실로 죽인 자는 3년 이하의 로동교화형에 처한다."고 규정한다.

일 부친상을 이유로 사고 후 40여 일 만에 남측으로 귀환하였다.

③ 남측 수사기관의 조사와 처리

현대아산 관계자가 2005년 12월 31일 북측이 작성한 현장약도, 사진, 피고인의 진술서, 사체 검안결과보고서 등의 자료를 수사기관에 제공함으로써(사건 기록에 첨부됨) 수사가 개시되었다. 통일부가 2006년 4월 10일 대검찰청에 "개성공업지구와 금강산 관광지구의 출입 및 체류에 관한 합의서" 제10조 제4항에 따른 처리 결과 통보의무를 근거로 협조를 요청하였고, 관할 검찰청은 공소제기 무렵 대검찰청과 법무부 특수법령과에 사건 결과를 통지하였다.

④ 법원의 판단

법원은 2006년 6월 28일 피고인의 법정진술(전부 자백)과 김범석(피고인의 직장 동료)에 대한 경찰진술조서, 고성경찰서의 교통사고 발생보고를 증거로 채택하여 유죄를 인정하고, 피고인을 금고 1년, 집행유예 2년에 처하였다(피고인이 소주 3잔을 먹은 상태였다고 진술하였으나 위드마크계산식에 의거 0.027%로 추정되어 음주운전에 대하여는 입건되지 않았고, 종합보험에 가입되어 있으며 북측과 현대아산 간에 별도의 합의가 있는 점 등이 고려되어 나머지 2명에 대한 업무상과실치상 혐의는 '공소권 없음'으로 불기소 처분되었다).

⑤ 사안의 검토

한편, 이 사건은 출입체류합의서 발효 이후 발생한 사건으로서 위와 같은 조사 과정에 북측의 수사기관이 개입하였는지, 피조사자의 어떤 권리가 보장되었는지, 북측이 위 합의서에 따라 추방 등의 조치를 취하였는지가 문제 된다. 조사절차 및 피조사자의 권리보장에 대하여는 명백하지 않으나, 통일부가 위 합의서 제10조 제4항에 따라 이 사건의 결과를 북측에 통보한 점에 비추어, 피고인은 북측으로부터 추방조치를 받은 것으로 보인다. 그러나 사고를 야기한 남측 인원이 남측과 격리된 채 4일 동안 억류되고, 40여 일간 남측으로 귀환이 저지되었으며, 의복이나 생활용품만을 전달받고 남측으로부터 변호인 입회 등 아무런 법률적 조력도 받지 못한 결과, 남측 인원의 신변보호와 안전에 중대한 공백상태를 초래하였다.

또한, 남측의 수사기관도 북측의 조치결과를 통보받기 전에 서둘러 수사절차에 착수하였다. 그러나 위 합의서 제12조에 의하여 북측의 조치 내용 및 조사 자료에 대한 정보제공을 요청하지 않은 채, 단지 현대아산관계자로부터 수령한 일부 북측 조사 자료만을 근거로 처벌을 서두르기만 한 부분도 쉽게 납득하기 어렵다. 향후 위와 같은 사건의 재발방지를 위하여 위 합의서에 대한 추가 합의 및 사건 처리의 정형화가 절실한 것으로 보인다.

(2) 부산지방법원 2004고단5406, '폭력행위 등 처벌에 관한 법률'위반

피고인이 2004년 7월 26일 21:30경 개성시 봉동면 현대아산의 개성공단 조성공사현장 내 컨테이너 숙소에서 피해자(남측 근로자)가 기분 나쁘게 쳐다본다는 이유로 소지하던 식칼로 피해자의 허벅지를 수회 찔러 3주간의 상해를 가한 사건이다. 현대아산관계자가 그 다음날 남북출입사무소에 신고를 함에 따라 수사가 개시되었고, 피고인은 2004년 7월 27일 긴급 체포되었다가 고양지원의 영장기각으로 7월 29일 석방되었다. 법원은 2004년 11월 2일 피고인의 법정진술과 피해자 진술 및 상해진단서를 증거로 채택하여 징역 1년 3월·집행유예 2년으로 처벌한 사건으로서, 북측의 별다

른 개입이 없었던 사건이다.381)

(3) 서울남부지방법원 2006고정2348, 폭력행위등처벌에관한법률위반

피고인이 2005년 7월 15일 22:30경 개성공단 내 통합숙소에서 포커를 치던 중 말다툼을 하다가 피해자(남측 근로자)에게 상해를 가한 사건인데, 북측의 특별한 개입 없이 위 부산지방법원 사건과 같이 처리되었다.

(4) 의정부지법 2006고단1452, '남북교류 협력에 관한 법률'위반

피고인은 개성공단 입주업체의 협력업체 직원인데, 통일부 장관의 승인 없이 2006년 2월부터 같은 해 5월까지 위 입주업체에 고용된 북한 근로자로부터 문화재 구입 제의를 받고 3회에 걸쳐 청주운문상감대접 2점, 도금한 공예품 1점 등을 은닉하여 반입한 사건이다.382) 이 사건은 북측에 의해 인지되어 피고인은 보안기관의 조사를 받은 후, 남측으로 추방되었다. 남측 법원은 2006년 9월 20일 피고인의 법정진술과 범죄인지보고, 증거품 사진 등을 근거로 징역 8월 및 집행유예 2년에 처하였던 사건이다. 이 사건은 북측에서 먼저 인지, 북측 보안기관의 강도 높은 조사를 거쳐 남측 수사기관에 인계된 사건으로 '출입체류합의서' 제10조가 적용되었던 사건이다. 북측의 조사에 개성공업지구 관리위원회 직원이 입회하여, 남측 주재원에 대한 인권침해는 없었다.

---

381) 일반적으로 남측 인원 간 사건의 경우, 북측에서 개입하지 않는 경향이 있으나 정례화된 것은 아니고 북측의 자의적 판단에 따라 얼마든지 개입이 가능한 실정이다. 즉 북측이 '개성공업지구에 적용되는 법질서'를 확대해석, 개성공업지구에도 북측의 주권이 적용된다고 주장하면서 남측 인원 간 사건에 개입하여 조사가 가능한 실정이므로 향후 출입체류합의서의 부속합의서 체결 시, "남측 인원 간 사건은 북측에서 인지할 경우, 관리위원회에 통보하여 남측에서 처리하는 것을 원칙으로 한다."는 규정을 두어 이 부분에 대한 분명한 한계를 설정하는 것도 필요하다고 본다.

382) 이 사건에서 피고인은 상대방 북측 근로자에게 미화(달러)를 지불한 사실이 드러났다.

(5) 고양지원 2007고단905, '교통사고처리특례법'위반

2007년 5월 9일 현대아산 협력업체 직원인 피고인은 개성공단 내 사거리에서 빗길 과속주행타, 전방 주시의무 위반으로 맞은편에서 교행하던 또 다른 협력업체 직원이 운행하던 차량을 추돌하여 피해차량 적재함에 탑승하고 있던 북측 근로자가 길바닥으로 전도되어 사망한 사건이다. 고양지원은 8·17 교통사고처리특례법 위반으로 피고인을 금고 8월·집행유예 1년에 처하였으며, 사고차량 소속사에서 북측에 사망자에 대한 위로금 조로 일정액을 지급함으로써 사건은 종결되었다.[383]

이 사건의 특징은 사고차량이 모두 남측 운전자에 의해 운행되었으며, 피해를 당한 북측 근로자는 더블캡 봉고차량 적재함에 다른 북측 근로자 7명과 함께 탑승하였던 사실이 확인되어, 개성공단에 적용되는 교통법규의 마련이 시급하다는 공감대가 형성되는 계기가 되었다.

(6) 서울중앙지법 2007고단5583, '남북교류 협력에 관한 법률'위반

역시 현대아산 협력업체 근로자가 북측 근로자로부터 북측 문화재 구입 및 남측 판매 부탁을 받고 2006년 4월에서 7월까지 4회에 걸쳐 문화재 6점을 남측으로 밀반출한 사건이다. 그러나 반출된 문화재 6점은 문화재적 가치가 없어 피고인 자택에 보관타, 2007년 5월 8일 북측 보안기관의 조사를 받는 과정에서 반환되었다. 북측 보안기관은 2007년 4월 16일 이 사건을 인지하고 수차례 피고인에 대한 강도 높은 조사를 실시하였다. 이 사건 역시 '출입체류합의서'

---

383) 개성공업지구 관리위원회에 의하면, 同 사고 시 현대아산의 중재를 통해 가해 및 피해 사고 차량의 소유회사에서 북측 유가족 위로금 명목으로 상당액의 미화가 지불되었으나, 북측 근로자 가족에게 지급되었는지 여부는 확인할 수 없었다.

제10조가 적용되어, 피고인은 같은 해 6월 4일 긴급출경 형식으로 남측으로 추방되었다.

남측 법원은 피고인의 법정진술 등을 근거로 2007년 11월 7일 남북교류 협력법 위반으로 징역 8월·집행유예 2년에 처하였다. 이 사건은 피고인과 북측 여성근로자와의 관계를 알게 된 북측 근로자의 신고에 의해 북측 보안기관[384]에서 인지하게 되었다.

(7) 북측 재판에 계류 중인 사건

① 사실관계

2007년 11월 13일 개성공단 내 교차로상에서 북측 근로자가 운행하던 현대아산 소속 덤프트럭과 협력업체 봉고트럭이 충돌, 남측 운전자가 현장에서 사망한 사건으로 현재 북한 수사기관을 거쳐 개성시 재판소에 계류 중인 사건이다. 남측 수사기관에서 同 사건을 이관받아 수사하였으나, 남측 근로자가 현장에서 사망하여 남북측 근로자 간 과실 여부를 밝히기 어려웠던 사건[385]으로 가해자가 북측 근로자인 탓으로 국내소환이 불가능하였고, 그로 인해 결국 우리 검찰에서 가해자인 북측 근로자를 '기소중지'한 사건이다.

② 同 사건의 시사점

이 사건은 북한의 주권이 미치는 개성공업지구에서 우리 사법기

---

384) 피의자는 개성공업지구에 주재하는 북한 인민보안성, 출입국사업부 등 각종 보안기관에 소환되거나 숙소 및 사무실에서 수차례에 걸쳐 조사를 받았다. 그러나 북측은 이러한 조사사실을 개성공업지구 관리위원회를 비롯한 남측 당국에 전혀 통보해 주지 않고, 추방 당일에 남측(위 관리위원회)에 통보하여 남측 인원의 신변안전에 중대한 장애를 초래하였다.

385) 당시 사망한 남측 근로자가 운행하던 봉고트럭에 탑승하고 있던 북측 근로자 8명은 전원 바닥에 전도되어 중경상을 입었던바, 이들은 북측 보안기관의 조사 시 사망한 남측 근로자가 과속하였다고 진술하였고, 북측 보안기관(인민보안성)은 북측 근로자들의 일방적인 진술을 근거로 사망한 남측 근로자의 과실을 오히려 높게 산정하였다.

관의 독자적 수사가 불능함에 따른 사건 실체에 대한 진상규명이 어려웠으며, 북한은 남측 근로자가 사망한 상태에서 일방적인 사건 처리를 하였다. 同 사건의 일반적인 정황과 현장사진으로 보아, 북한 근로자의 과실이 명백한 사건을 오히려 남측 운전자의 과실을 높게 산정함으로써 수사의 공정성 시비가 대두되었다.

이 사건은 향후 남북관계의 비약적 발전 시, 남북한 간 형사사법 공조가 필수적인 전형적인 사건으로 가해자인 북측 근로자의 남측 소환이 이루어질 수 없어, 남측 사법당국의 사법처리가 사실상 불가능해지는 상황이 발생하였다. 설령 가해자와 사건기록이 남측으로 인도된다고 하더라도 북한 근로자가 남측 사법당국에서 진실을 자백할 가능성도 없을 것이다. 물론 우리 법원에서 북측 보안기관에서 작성한 현장검증 및 북측 참고인의 진술서의 증거능력을 인정할 수도 없을 것이다. 결국 이러한 사건에서는 '출입체류합의서' 제12조의 "출입 및 체류와 관련하여 발생하는 전반적인 문제를 해결하기 위하여 공동위원회를 구성·운영하며, 그 구성·운영에 필요한 사항은 남과 북이 별도로 합의하여 정한다."는 규정에 따라, '(가칭)개성공업지구 출입 및 체류 공동위원회'를 구성하여 최소한 개성공업지구 및 금강산 관광지구에서의 형사사건의 처리는 남북한 전문가들로 구성된 인원의 공동조사 또는 합의로 결정해야 할 것이다.

(8) 기타 사건

ⅰ) 개성공단 입주기업 협력업체 직원인 피의자는 2006년 9월 15일 북측 근로자를 트럭적재함에 승차시켜 운행하다, 개성공단 내 도로상에서 중앙분리대와 충돌하여 북측 근로자가 도로에 전도되

어 부상을 입은 사건으로 입건되었으나, 종합보험에 가입되어 있었던 관계로 2006년 11월 28일 고양지청에서 불기소 처분(공소권 없음)된 사건으로 북측의 개입이 없었던 사건이다.

ⅱ) 개성공단 입주기업 사원인 피의자는 2006년 12월 14일 같은 직원끼리 음주 후 사소한 시비 끝에 소화기로 피해자를 때려 상해를 입힌 사건으로 남측 수사기관에서 입건, 2007년 3월 15일 서울북부지검에서 기소유예 처분된 사건이다.

ⅲ) 2007월 7월 24일 개성공단 정배수장 공사현장에서 현대아산 협력업체 근로자가 우천에 대비, 공단배수지 계단실 상부를 천막으로 덮는 과정에서 배수지 유입개구부에 추락 두개골 골절로 인해 긴급출경 중 사망한 사건이다. 同 공사장 현장소장은 감독자의 업무상과실치사 혐의로 고양지청에서 불구속 입건되었다가, 의정부지방법원에서 벌금을 선고받았다. 한편 이 사건에서 피해자의 유족에게 산업재해 보상금 1억, 근로자보험 1억 5천만 원이 지급되었다.

ⅳ) 그 밖에 2005년 3월 북한체제 및 지도자를 비판하는 내용이 적시된 논문 반입, 2005년 5월 개성공업지구 관리위원회 인근 식당에서 남측 인원의 상호 폭행사건, 2007년 12월 관리위원회 직원 숙소 무단침입 및 폭행사건, 2008년 2월 입주기업 남측 근로자와 북측 여성근로자 간 사적 내용이 담긴 편지를 주고받은 사건이 각각 발생하였다. 이 중 논문반입은 북측의 체제비판 내용이 기재되어 있다는 이유로, 남측 근로자와 북측 여성근로자 간의 서신왕래 사건은 북한 가족법 위반으로 각각 사건관련자인 남측 근로자가

추방당했다. 반면, 남측 인원 간의 폭행사건은 북측 보안기관의 별다른 개입 없이 남측 관련자들이 개성공업지구 관리위원회에 인지되어 간단한 사실조사 후 남북 출입사무소를 거쳐 남측 수사기관에 인계되었다. 기타 북한 당국에 의한 주요 추방사례로는 폭력행위, 제한구역 사진촬영, 음주운전, 북한 체제 비판, 북측 근로자 비하발언 등 그 종류도 다양하였다.386)

3. 개성공단 남측 근로자 장기 억류사건

(1) 사건 발생 개요

2009년 3월 30일 개성공단 남측 근로자 유성진(44세) 씨가 김정일 비난 및 북한 여성 탈북책동 등 혐의로 북한에 억류되었다가 8월 13일에 석방되어 귀환한 사건이 발생하였다. 정부합동조사단의 조사결과, 유 씨는 북한 당국에 체포된 후 개성시에 소재한 자남산여관에 137일간 강제 구금되어 변호인 및 가족의 접견권이 차단된 채 무려 137일간 북한 여성 2명387)에 대한 탈북유도 및 북한 체제·김정일 비방혐의에 대한 조사를 받았다.

원래 유 씨는 현대아산 개성사업소 숙소 개보수 및 관리 담당 계약직 직원으로 입사하여 개성공단 內 직원숙소에서 근무 중인 북한 근로자에 대한 관리를 담당하던 중 평소 업무관계로 접촉이 잦았던 북한 여성근로자와 친교를 유지하다가 연인관계로 발전하

---

386) 개성공업지구 관리위원회에서 작성한 추방 또는 출입제한 사례는 2008년 4월 현재까지 30건이 발생하였다.
387) 현대아산 근로자인 유성진은 정부합동 조사 시, 2000년경 리비아 파견 시 남한으로의 귀순을 시도하다가 체포되어 북송된 북한 간호사와 교제한 사실에 대해서도 평양에서 내려온 별도의 조사관으로부터 남한 정보기관의 귀순공작 여부에 대해 집중적으로 조사받았다고 진술하였다.

게 되었다. 또한, 유 씨는 2008년 6월부터 위 북측 여성근로자의 요구로 달러와 남한 CD·책, 북한 체제 비판 내용의 편지를 작성하여 전달하던 과정에서 북측 여성근로자가 탈북 의사를 밝히며 유 씨에게 구체적인 방법과 도움을 요청하였다. 한편, 위 북측 여성근로자의 개성시 주거지에서 유 씨가 보낸 북한 체제 비판내용의 편지가 북한 당국에 발견됨에 따라 2009년 3월 30일 개성공단 내 북측 출입국사업부에 소환되어 '최고지도자 비난 및 탈북유도 책동' 등 혐의로 개성공단 울타리를 벗어난 개성시 외곽지역에 위치한 자남산여관에 구금되었던 것이다.

(2) 북한 당국의 강압수사 여부

유 씨는 억류 초기인 3월 30일부터 5월 31일간 무려 2개월에 걸쳐 조사를 받으면서 해당 혐의사실을 부인하자, 북한 당국은 매일 15시간 동안 휴식도 없이 목재 의자에 반듯이 앉은 상태로 조사를 받았고 기간 중 6시간만 취침하였다고 한다. 특히 조사 초기인 4월에는 매일 무릎 꿇기와 머리를 움직이지 않고 질문에 답변하는 등 강압적인 조사를 받았다고 진술하였다. 이 과정에서 유 씨는 자살을 생각하고 유언장을 작성하여 보관 중 회수당하였다고 하며, 남한 정보기관 연계 등 허위자백 강요에 저항하여 수일간 단식투쟁을 전개하기도 하였다고 한다. 결국 유 씨는 계속되는 북한 보안당국의 자백강요를 견디지 못하고 5월 10일경 지난 2000년경 리비아 파견 시 알게 되었던 북한 간호사의 신상정보를 남한 정보기관의 직원으로 추정되는 남자 2명에게 제공하였다고 허위 자백하였다.

이러한 북한 당국의 강압적인 조사 과정을 거쳐 5월 14일에는 김정일과 북한 체제를 비난하고 탈북 선동혐의를 인정하고 두 여성을 타락·변질시킨 것에 대한 사죄문을 작성하였다. 同 사죄작성 및 낭독과정은 북한 당국에 의해 VTR로 녹화되었으며, 8·13 석방에 앞서 북한 체제를 비방하지 않겠다는 서약서를 작성하고, 북한 수사당국에 의해 작성된 심문조서에 기재된 조사받은 내용을 인정하는지 여부에 대한 확답을 요구받았다고 진술하였다.[388]

(3) 장기억류 사건의 분석 및 대응방안

위 사건의 조사결과로 판단해 볼 때, 일단 유성진 씨가 북한 최고지도자인 김정일과 북한 체제를 비판하고 북한 여성근로자와 애정관계를 갖고 탈북을 유도한 것은 객관적인 사실로 여겨진다. 그렇다면 여기서 생각해 볼 수 있는 것은 유 씨의 행위가 '개성 및 금강산지구의 출입 및 체류에 관한 합의서'에 위반하는지 여부이다. 지금까지의 추방사례를 두고 볼 때, 북한에서 지도자 비판이나 체제비판은 엄중한 '법질서 위반행위'로 취급되어 왔다. 同 출입체류합의서 제2조 제3항의 '지구에 적용되는 법질서'가 사실상 북한의 형사법을 포함한 일반법이라고 본다면, 유 씨가 먼저 속지주의 원칙에 의해 북한의 형사관할권이 미치는 개성공단에서 북한의 일반적 법질서를 위반한 것은 분명해 보인다.

다음에 이러한 유 씨의 행위가 북한이 규정한 '중대한 법질서 위반행위'에 해당한다면 위 출입체류합의서에 의해 사건이 처리되어야 할 것이다. 앞에서 설명한 것처럼 북한의 형사관할권의 범위문제를 생각해 볼 때, 북한의 1차적인 조사는 당연한 것이다. 그러나 그 조사방법에 있어서 남북한 전문가로 구성된 출입체류공동위원

---

388) 이것은 북한 형사소송법 제175조에 따라, "예심원은 피심자의 심문을 끝내면 조서를 읽어 보게 하거나 읽어 준 다음 그가 말한 것이 조서에 옳게 쓰였는가를 물어보아야 한다."는 피심자심문조서내용의 확인과정으로 보인다.

회를 구성하지 않는다고 할지라도 지금까지 형사사건을 처리해 온 것처럼 북한의 독자적 조사결과, 체제비판 및 탈북선동 혐의가 확인되면 남측으로 추방하면 될 것이다.

하지만 북한 당국은 추방하지 않고 합의서를 위반하면서까지 137일간 개성시에 유 씨의 신병을 억류하여 강압적인 조사389)를 계속하였다. 이러한 불법적인 심문을 통해, 지난 2000년 리비아에서 발생했던 북한 간호사의 귀순기도 사건에도 남한 정보기관의 사주를 받아 개입하였다는 허위자백을 받아 냈던 것이다. 지금까지의 사례로 볼 때, 남북한 근로자 간 연애사건은 이미 개성공단에서 수차례 발생하였다. 또한 해당 사건은 북한 당국의 일방적인 조사를 거쳐 해당 남측 근로자는 모두 남측으로 추방되었다. 그렇다면 이 사건은 남북한의 정치적인 역학관계에 영향을 받을 수밖에 없는 북한의 비민주적 사법제도하에서 단순한 남녀 간의 애정행각을 북한 형법상의 간첩행위로 몰아붙인 듯한 뉘앙스가 강하게 느껴진다.

결국, 이 사건의 처리 과정에서 북한은 유성진 씨의 신병처리 과정 및 조사결과 통보, 변호인 참관권 보장과 인권보호 등 同 출입체류합의서 제10조의 신변안전보장에 관한 규정을 정면으로 위반하였음은 분명해 보인다. 이 사건에 앞서 처리되었던 형사사건도 교통사고를 제외한 북한의 일반 법질서 위반행위는 개성공단에 나와 있는 북측 출입국사업부에 소속된 북한 국가안전보위부에서 조사하고 있다. 문제는 이러한 조사 과정에서 북한 당국은 원칙적으로 개성공업지구 관리위원회 담당관의 입회를 허락하지 않고 자의

---

389) 북한 형사소송법에도 예심과정에서 형사책임추궁결정시 변호인선정권리의 통고(제159조), 피심자의 심문은 8시~20시로 제한하거나(제163조), 강제적인 심문금지(제167조), 피심자가 권리를 침해당할 경우 검사에게 의견제시(제170조) 등 인권보호 규정이 다수 산재하고 있다.

적이고 일방적인 판단에 의해 남측 인원을 조사해 왔다는 것이다.

그러므로 향후 同 출입체류공동위원회의 구성을 통해 남북한 공동조사관제를 도입하여, 북한의 일반적 법질서 위반행위도 남북한 同數로 구성된 전문적인 조사관들이 공동으로 신문하는 방식을 통해 북한 당국의 일방적인 조사 과정의 인권침해 및 공정성 논란을 불식시켜야 할 것이다. 또한, 북측에 의해 신분을 보장받는 수사전문가 및 변호사가 개성공단에 상주하여 남측 인원의 조사 과정에 참여하여 우리 국민의 인권을 보호해야 한다. 물론 출입체류공동위원회 구성을 위한 후속합의서 체결 시 조사장소를 개성공단 내로 한정하고 조사기간도 48시간을 넘기지 말아야 한다는 규정을 명기해야 할 것이다.390) 이렇게 함으로써 북한 당국에 의한 '조사'를 단순한 진상규명 수준에서 종결한 후 '엄중한' 법질서 위반행위가 확인되면 해당 남측 인원을 추방함으로써 북한 당국의 체포·구속 처분 등 강제수사를 방지할 수 있을 것이다.

결론적으로 이번 사건은 개성공단으로 대변되는 남북한 경제공동체의 항구적인 발전을 위해서는 남북관계의 상황변화와 관계없이 남북한 간의 신변안전에 관한 합의서가 반드시 지켜져야 한다는 사실을 확인해 주는 계기가 되었다. 따라서 향후 남북한 당국은 신변안전 합의서 준수에 대한 제도적·법률적 보완장치를 마련하여 유사사건 발생 시 북한 당국의 조사 과정의 공정성을 확보하고, 사건에 연루된 남측 인원의 신변안전에 만전을 기해야 할 것이다.

---

390) 북한 형사소송법은 "수사원은 이 법 제143조에 따라 체포한 범죄혐의자 또는 범죄자를 구금한 경우에는 체포한 때부터 48시간 안으로 구금결정서를 만들어 검사의 승인을 받고 체포한 날부터 10일 안으로 조사하여 예심에 넘겨야 한다(제144조)."고 규정하고 있다. 우리 형사소송법도 긴급체포 후 48시간 내 구속영장을 청구하여야 한다는 조항(200조의4)이 있어, 상호 부합하고 있다.

Ⅳ. 개성공업지구에서 발생한 형사사건 처리의 문제점

1. 개성 및 금강산 지구에서 발생한 형사사건 사례

개성공업지구 및 금강산 관광지구에서 실제로 일어난 사례를 분석해 본 결과, 크게 세 가지 유형으로 분류해 볼 수 있다. 먼저 피해자 유형에 따라 ① 남측 인원에 의한 범죄행위로 인해 북측 인원 혹은 법익이 피해를 입었을 경우, ② 북측 인원에 의한 범죄행위로 남측 인원 및 법익이 피해를 입었을 경우, ③ 남측 인원끼리 범죄행위로 인해 남측 인원 및 법익이 피해를 입었을 경우 등 세 가지 정도로 분류할 수 있다.

구체적인 사건 처리 형태를 보면, 먼저 ①의 경우에는 북한은 통상적으로 범죄를 일으킨 남측 인원을 추방시키고 있음을 알 수 있다. 특히, 교통사고로 사망한 경우에는 과도한 위로금을 소속회사에 부과하고 있다. 또한 북한 지도자 및 체제 비판의 경우에도 여지없이 추방당하고 있음을 알 수 있다. 그 밖에도 북한 근로자 비하발언, 제한구역 사진촬영,[391] 북한 근로자와의 연애사건 등 사소한 경우에도 북한 보안기관의 恣意的 판단에 따라 남측 인원이 추방당하고 있다.

②의 경우에는 앞서 언급하였듯이, 개성공업지구에 나와 있는 북측 인민보안성과 출입국사업부(국가안전보위부)에서 범죄를 일으킨 북측 인원에게 유리하게 사건을 처리하여 남측의 손해배상청구 소지를 원천적으로 차단하고 있으며, 북한 사법당국의 해당 북한 인

---

391) 개성관광이 시행된 후부터는 관광객 및 개성공단 방문객의 고의성 없는 사진촬영의 경우에는 '사죄문'을 작성하게 한 후 훈방하고 있다.

원에 대한 사건 처리 결과도 남측 사법당국에 통보해 주지 않고 있다. 그 밖에 개성공단 입주기업 내에 도난사건이 빈번하게 발생하여 북측 개성공단 인민보안소에 사건을 의뢰하면, 몇 달이 가도 사건 처리에 대한 확답이 없는 실정이다. 이처럼 북한 인원과 관련된 범죄행위가 발생할 경우에는 대개 북한 사법당국에 의한 자의적인 사건 처리가 이루어지고 있어, 각종 형사사건 발생 시 남측 인원에 대한 신변안전 보호와 관련된 대책수립이 절실한 입장이다.

③의 사건유형의 경우에는 북측 보안기관에서 직접적으로 개입하고 있지 않으나, 교통사고의 경우에 여러 번 적발될 경우에는 개성공단에 주재하고 있는 북측 인민보안소에서 그 경위를 조사하고 사안에 따른 조치를 취하고 있으며 대개는 사죄문 작성의 형태로 행정적인 제재가 가해지고 있다. 한편 남측 인원 간의 폭행사고를 비롯한 형사사건의 경우에는 개성공업지구 관리위원회 소속 담당관이 간단한 사실관계 조사 후 해당 남측 인원을 호송하여 남북출입사무소를 거쳐 파주경찰서에 신병을 인계하여 사법처리 절차를 받게 하고 있다.

2. 법무부 지침상 형사사건 처리의 문제점

개성공업지구에서 발생한 각종 형사사건을 처리하기 위한 제도적 장치로는 2005년 3월 법무부에서 제정된 "개성공업지구 및 금강산 관광지구에서 발생한 형사사건 처리지침(2005.3.14. 법무부 훈령 제512호, 2008. 9. 22. 법무부 훈령 제648조로 개정)"이 있다. 그러나 同 지침은 개성공단에서 일어난 사건·사고를 이송받아, 남한 내부에서 처리하는 지침이기 때문에 개성공단에서 일어나는 형사사건의 구체적 형태를 반영하지 못하고 있는 실정이다. 따라서 남측 법무부에서는 개성공업지구 내에서 발생하는 사건 처리를 위한 임시적 방편으로 '개성공업지구 사건·사고처리 매뉴얼'을 만들어 개성공업지구 내에서 시행하고 있다.

이 매뉴얼에 의하면, 우선 사건 발생 시 개성공업지구 관리위원회 신변안전 담당관이 현장에 출동하여 사건진압 및 초기 현장조사를 수행하고 사건 발생 경위 등을 북측 보안기관에 통보하게 된다. 이때, 사안에 따라 남측 인원 간 관련된 사건은 굳이 통보하지 않으나,[392] 남북 측 인원이 관련된 사건은 북측에 통보하고 있다. 이후 관리위원회 내부보고를 거쳐, 통일부 남북협력지구지원단 및 법무부 통일법무과에 사건내용이 통보되어, 주무부서인 대검 공안1과를 거쳐 관할권이 있는 고양지청이나 파주경찰서로 이송되어 수사가 진행되는 것이다.

다음으로는 출입체류합의서 제10조 제3항인 "북측은 인원이 조사를 받는 동안 그의 기본적인 권리를 보장한다."는 규정에 의해, 관리위원회 담당관이 북측 보안기관의 조사 과정에 참여, 폭행·협박 등 강제수사 및 인권유린 상황에 대비하여 남측 주재원의 신변을 보호하는 등 '조사 참관권' 및 '피조사자 접견권' 등은 확보하고 있다. 이때 진술서 등 조사자료를 확보해야 하지만, 북측은 '출입체류합의서'에 관련규정이 없다는 이유를 들어 조사자료의 남측 인계를 거부하고 있는 실정이다. 따라서 이 과정에서 북측의 객관적 조

---

392) 남측 인원 간 관련된 범죄사건은 가급적 북측에 통보하지 않고, 개성공업지구 관리위원회 신변안전 담당관이 사건인지 후 관련자의 신병을 관리위원회 사무실에 확보, 진술서 작성 등 기초조사를 실시하게 된다. 이후 긴급출경 수속을 밟은 후 남측 수사기관에 인계하는 절차를 밟고 있다. 그러나 이러한 기초 조사자료는 단순한 참고자료로서의 기능만 갖고 있을 뿐이다.

사자료를 확보하기는 현재로선 불가능하다. 이 점은 향후 '출입체류합의서의 부속합의서' 체결 시 관련조문을 두는 것으로 해결해야 할 것이다. 또한 조사장소도 개성공단 관리기관(관리위원회) 사무실이 아니라, 북측 보안기관[393]에서 이루어지기 때문에 피조사자의 신병을 대동하여 북측 보안기관으로 이동해야 한다는 문제점이 있다. 또한 유성진 씨 장기억류 사건에서 살펴보았듯이 조사 과정에서 북한 당국에 의한 체포·구속 등 강제수사도 이루어지고 있다는 사실을 알 수 있다.

그 다음에 피조사자의 조사를 거쳐 엄중한 법질서 위반혐의가 밝혀지면 북측은 '출입체류합의서' 제10조 제2항에 의거, 추방조치를 취하게 된다. 원래 '사건 사고처리 매뉴얼'에 의하면 추방될 때까지 피조사자의 신병을 관리위원회 사무실에 확보해야 하지만, 대개는 피조사자의 사업장이나 숙소에 대기하고 있다가 출경시간이 정해지면 바로 긴급출경의 형식으로 남측으로 추방되게 된다. 그런데 북측은 조사 과정에서 남측 인원의 범죄혐의를 입증하기 위해 북측 인원의 일방적 진술(대개는 참고인 진술일 경우가 많다)을 증거자료로 채택하는 등 조사의 형평성이 보장되지 않는다는 것이다. 특히, 위 사건 처리 사례에서 살펴보았듯이 남측 주재원이 사망한 사건에서 북측은 북측 운전자 및 참고인의 진술을 근거로 북측 운전자에 유리한 사고조사서를 작성하여 남측 주재원의 과실에 대한 입증자료로 삼는 등 사실상 일방적인 사건 처리가 이루어지고 있는 실정이다.

---

393) 북측은 현재 개성공단 주재 '인민보안소' 및 '출입국사업부'에서 피조사자인 남측 주재원의 신병을 확보하여 조사하고 있다. 일반적으로 인민보안성 산하조직인 '인민보안소'는 교통사고 조사를 하고 있으며, '출입국사업부'는 북한 형사관련법 위반사건 및 북한 체제 및 지도자 비난사건 등 특수한 형태의 법질서 위반사건을 취급하고 있다.

끝으로 개성공업지구 관리위원회는 피조사자 추방 시, 출경시간을 남측 수사기관에 통보함과 아울러 신병을 확보하여 경의선 남북출입사무소를 거쳐 수사기관에 인계함으로써 사건 처리가 일단락되게 된다. 한편, 남측 수사기관에서는 다시 피의자의 자백을 근거로 재수사하여야 하는데, 피의자가 범죄사실을 자백하지 않을 경우 사건 처리에 있어서 어려움을 겪지 않을 수 없다. 특히, 교통사고 및 음주운전의 경우에는 남측 수사기관에서 현장을 제대로 관찰할 수 없고 증거자료도 피의자의 진술에만 의존할 수밖에 없는 한계가 있다. 더욱이 관리위원회에서 작성한 피의자 진술서나 관리위원회 담당관이 북측의 조사 과정에 참여하여 '傳聞'한 피의자 진술을 기초로 하여 남측 사법당국에서 작성한 참고인 진술조서도 법정에서 증거능력을 인정받기 어려운 실정이다.

V. 법원의 재판에서의 문제점

검찰이 북측으로부터 추방되거나 엄중한 위반행위와 관련된 피의자를 기소하더라도 우리 형법이 속인주의를 규정하고 있으므로 그 처벌가능성에는 큰 문제가 없다. 또한, 지금까지 남측 법원의 사건 처리 과정에서 법률상의 문제점이나 장애가 발생한 적은 없다.

다만, 검사가 북측 수사기관이 작성한 증거서류를 제출할 경우 전문증거로서의 증거능력,394) 또는 피의자가 갖는 우리 헌법상 기

---

394) 범행 직후 미합중국 주검찰 수사관이 작성한 피해자 및 공범에 대한 질문서(interrogatory)와 우리나라 법원의 형사사법공조요청에 따라 미합중국 법원의 지명을 받은 수명자(미합중국 검사)가 작성한 피해자 및 공범에 대한 증언녹취서(deposition)는 이를 형사소송법 제315조 소정의 당연히 증거능력이 인정되는 서류로는 볼 수 없다고 하더라도, 같은 법 제312조 또는 제313조에 해당하는 조서 또는 서류로서 그 원진술자가 공판기일에서 진술을

본적 권리를 보장받지 못하였을 경우에 위법수집증거로서 증거능력 등이 문제가 될 수 있다. 현재 북한의 형사소송법 절차에 따른 조사가 이루어질 경우, 남측 법원에서 증거능력을 인정받기는 힘들 것으로 보인다. 왜냐 하면 북한의 수사기관은 우리 형사소송법상 私人에 지나지 않고, 북한 수사기관이 작성한 진술조서, 검증조서, 실황조사서 또는 수사보고서 등도 사인이 작성한 사문서에 불과하므로 형사소송법 제313조의 서면에 해당하게 된다. 따라서 공판준비나 공판기일에서 그 작성자의 진술에 의하여 진정성립이 증명된 때에 한하여 증거로 할 수 있다. 그러나 북한의 수사기관 종사자들을 우리 법원에 소환하여 일일이 진정성립을 증명할 수 없으므로 형사소송법 제314조의 규정에 의하여 작성자가 사망, 질병, 외국거주 기타 사유로 인하여 진술을 할 수 없는 경우에는 그 작성이 특히 신빙할 수 있는 상태에서 행하여진 때에 한하여 증거로 할 수 있는 것이다.

그렇다면 이 문제는 북한 수사기관 종사자를 형사소송법 제314조의 외국거주자로 볼 수 있는지 여부가 우선 검토되어야 하는데, 헌법과 국가보안법의 관련규정에 비추어 북한을 외국으로 볼 수 없게 되는 것이다. 결국 이 문제도 향후 출입체류합의서의 부속합의서 또는 형사사법공조 합의서를 채택할 때, "형사사법공조에 있어서는 북한을 외국으로 간주한다."는 규정을 둠으로써 해결할 수 있을 것이다.[395]

할 수 없는 때에 해당하고, 그 각 진술 내용이나 조서 또는 서류의 작성에 허위 개입의 여지가 거의 없으며 그 진술 내용의 신빙성이나 임의성을 담보할 구체적이고 외부적인 정황이 있다고 할 것이어서 그 진술 또는 서류의 작성이 특히 신빙할 수 있는 상태 하에서 행하여진 것이라고 보기에 충분하므로, 형사소송법 제314조의 규정에 의하여 그 증거능력을 인정할 수 있다(대법원 1997.7.25. 선고 97도1351 판결)는 판례가 있으나, 위 판례를 직접 북측의 수사기관에 적용하기는 어려움이 있을 것으로 보인다.

한편, 북한 수사기관이 강제구류 처분을 한 경우 남측에서 재판을 할 경우에 이를 미결구금일수로서 통산할 것인가도 문제 되나, 이는 입법적인 문제로 보인다. 또한, 토지관할에 있어서는 검찰의 기소에 따르므로 큰 문제는 없어 보이나, 장차 사건이 중대될 것으로 보이는 개성공업지구 출입사무소가 있는 파주시를 관할하는 고양지원의 경우 미리 담당 재판부를 지정해 두고, 장차 북측의 사법기관과 사법공조가 가능할 경우를 고려하여 위 검찰처리지침과 같이 미리 그 업무관계를 정해 두어야 한다. 그 밖에 법원이 증거조사나 사실조회 등과 관련하여 북측의 협조를 받아야 할 필요성이 있는데, 이 부분도 남북 간의 사법공조 합의를 통해서 해결해야 할 것이다.

제4부의 소결

형사사법공조 및 범죄인인도조약은 기본적으로 자국에서 범죄를 저지르고 해외로 도주한 자에 대한 신병 인도를 받거나, 절차상의 협조를 받아 적극적인 형사사법권을 행사하기 위하여 발달해 온 제도이다. 하지만 이러한 형태의 형사사법공조 방안은 장차 남북한 관계의 발전정도와 북한 형사법 체계의 변화에 따른 신뢰가 구축된다면 몰라도, 현재의 남북관계 상황에서 논의한다는 것은 아직 시기상조라고 할 수 있다. 더구나 이런 논의는 우리의 형사관할권이 미치지 않는 북한에서 범죄를 저지른 남측 주재원에 대하여 북한의 형

---

395) 한명섭, 앞의 논문, 62면 참조.

사재판권을 배제함으로써 신변안전을 확보하고자 하는 방안을 강구하는 이 책의 목적과는 직접적인 관련이 없다고 볼 것이다.

다만 북한이 북한 지역에서 범죄를 저지른 남측 인원에 대한 형사재판권을 포기할 경우에는, 이들에 대한 신병인수뿐만 아니라, 기초 조사자료 및 증거물의 인수, 압수·수색·검증에 대한 협조 등 수사와 재판과정에서의 절차상 협조가 필요하다. 이러한 측면에서 북한 지역에 체류하는 남측 인원의 신변안전을 위해 협약체결 등의 방법을 통한 북한과의 형사사법공조가 필요하다고 할 것이다.

그러나 앞서 살펴본 바와 같이, 민족통일로 나아가야 할 '잠정적 특수관계'에 있는 남·북한 간에 완전히 다른 나라 간에 적용되는 형사사법공조를 적용할 수는 없을 것이다. 형사사법공조는 구 東·西獨이나 兩岸(중국·대만) 관계에서 적용되는 사례를 참고할 수 있다. 그러나 구 동·서독은 분단 전에 이미 동일한 법률체계가 동·서독 간에 적용되었으며, 사회주의 체제인 동독의 형사법도 비교적 법치국가 원리를 반영하여 제정된 법률이었다. 또한 시행착오는 있었으나, 서로 간의 필요에 의해 구 동·서독의 사법기관 간 비공식적인 사법공조가 꾸준히 행하여졌다. 물론 '동독 주민의 서독으로의 월경' 등 정치적 사례에 있어서 적용되는 동독 형법 관련조항은 서독 연방법원에 의해 '法治國家的 基本原理'에 반하는 것으로 판단되어, 원칙적인 사법공조가 거부되었다.

반면 兩岸 간 형사사법공조는 半官半民 단체인 해협회(중국)와 해기회(대만) 간 공조의 형태로 이루어진 점이 특이하다고 하겠다. 이것은 양안 간 상대방을 서로 '국가'로 인정하지 않는 상태에서 상대방 지역의 주민의 형사문제를 처리하기 위한 부득이한 방편이었다고 볼 수 있다. 다시 말해, 중국과 대만의 경우에는 세 가지 유형의 형사사법공조 중 문서송달 및 범죄자료 제공 등 협의의 형사사법공조만 이루어지고 있어, 상호 체제가 다른 상태에서의 형사사법공조는 한계에 봉착할 수밖에 없다는 교훈을 던져 주고 있다. 특히, 위 국가들 간에 행해지는 형사사법공조의 형태와 불안정성은 남북한 상호 법체계가 상이한 상태에서, 서로 적대적인 상태에서 전쟁을 경험한 우리나라의 경우에는 협의의 형사사법공조마저도 이루어지기 힘들다는 점에서 많은 시사점을 던져 주고 있다.

전 세계에서 유례를 찾아볼 수 없는 정치적 사법체계와 형사법 해석의 자의성, 유사 사법제도의 존재 등 현 북한의 사법제도를 고려해 볼 때, 원만한 형사사법공조가 이루어지기는 어려운 상황인 것이다. 결국 '개성공업지구와 금강산 관광지구'에 적용되는 '출입체류합의서'의 신변안전 규정은 이러한 남북 사법당국의 고민의 산물이라고 할 수 있다. 즉 북한은 적어도 개성공단과 금강산지구에서는 형법적용에 있어서의 속지주의 원칙의 엄격한 적용을 삼가고, 북한의 형사재판 관할권을 자제하고 있는 듯이 보인다. 개성공단에서 발생한 구체적인 형사사건의 처리 과정에서도 이러한 북한의 입장이 여실히 나타나고 있다. 물론 이러한 몇 가지 단편적인 측면만 보고, 북한이 개성공업지구에서 형사관할권을 포기한다고 추정할 수는 없을 것이다.

개성공업지구에서 이루어지고 있는 형사사법공조는 남측 주재원의 개성공업지구의 '법질서 위반행위' 시 북한 당국의 추방형식을 통한 남측 주재원의 우리 측 수사기관으로의 인도에 불과하고, 북한 당국의 기초적인 범죄자료의 제공도 되지 않는 초보적인 수준이라고 볼 수 있다. 물론 범죄자료의 제공이 된다고 할지라도 남측 사법당국에서 증거능력을 인정받기도 어려울 것이다. 아직은 북한의 형사법체계의 비민주성과 법적용 및 해석의 자의성을 배제하기는 어렵다고 보이고, 수사·예심 단계의 공정성과 합리성도 인정하기 어렵기 때문이다. 또한 우리 국제형사사법공조법은 요청국 또는 피요청국을 '외국'으로 규정하고 있어, 북한을 여기서 말하는 외국으로 볼 수 있는지도 문제가 된다. 헌법 제3조의 '영토조항'과 국가보안법상 '반국가단체' 규정으로 비추어 볼 때, 북한을 외국으로 볼 수 없어 국제형사사법공조법을 바로 북한과의 관계에 적용하는데는 법리상 문제가 있으므로, 남북관계의 진전에 따라 위 법을 유추 적용하도록 하는 법 개정도 검토해 보아야 할 것이다.

결론적으로 볼 때, 개성공업지구에서 발생한 구체적인 사건 처리 사례에서 살펴본 바와 같이 우리 측 인원이 개성공업지구를 비롯한 북한 지역에서 북한 주민에 의해 여러 가지 유형의 범죄를 당하였을 경우에 대비한 형사사법공조가 가장 시급한 문제임을 알 수 있다. 이에 대해서는 공신력을 인정받는 우리 측 인원에 의해 해당 북한 주민을 개성공업지구 내에서 직접 조사하거나, 최소한 전문성을 갖춘 남북 인원이 공동으로 조사하는 공동조사관제도를 도입하는 방안도 검토되어야 한다. 그리고 우리 측 조사관의 진술서 및 조사서류와 기타 관련증거는 남한 사법당국에서 증거능력을 인정해 주어야 할 것이다. 하지만 우리 측 인원과 법익을 침해한 북한 주민을 현실적으로 우리 법원에 소환하여 조사한다는 것은 현재의 남북한 간의 관계로는 실현되기 어려울 것이다.

현재 개성공업지구에는 북측 인원에 의해 남측 입주기업 및 인원이 절도 및 폭행사건 등 각종 법익을 침해당하였을 경우의 대비책이 전무한 실정이다. 북한 보안기관에 사건의뢰를 하면 잘 해결이 되지도 않고, 북측 인원의 입장에서 사건 처리를 하고 있으므로 피해를 입은 남측 기업이나 인원은 어디에 가서 하소연할 곳도 없는 실정이다. 그러므로 이 문제는 단기적으로는 남북한 전문가로 구성된 출입체류공동위원회를 조속히 구성, 공동조사관제도를 도입하여 형사분쟁의 소지를 원천적으로 차단할 필요가 있다. 장기적으로는 남북 당국 간 형사사법공조에 관한 합의서를 체결하여 북측 인원에 의해 남측 인원이 범죄피해를 입었을 경우, 북한 법에 의해 가해자인 북측 인원에 대한 수사 후 예심·기소·재판 단계별로 북한 당국의 사법처리 과정을 남한 당국에 통보하는 규정을 두어야 한다.

물론 장·단기적 형사사법공조 방안의 경우에 있어서 공통적으로 기초적인 수사서류를 비롯한 증거물 등 각종 범죄자료는 남북 당국 상호 간에 서로 제공하는 좁은 의미의 형사사법공조가 이루어져야 할 것이다. 물론 그 과정에서 남북 측 인원의 진술 및 증거자료가 필요할 경우에는 상호 협조해 준다는 규정도 두어야 하며, 해당 법질서 위반행위를 한 남북인원에 대한 사법처리 결과에 대한 통보는 남북 당국의 공신력이 보증된 문서를 통해 이루어져야 할 것이다. 私見으로는 이러한 남북한 당국의 刑事司法共助는 현재의 남북한 관계의 발전정도와 예측성으로 판단해 볼 때, 개성공업지구 관리위원회를 통해 이루어지는 것이 신뢰성과 신속성의 측면에서 합리적이라고 생각한다.

맺는 말

1. 지난 '2007 남북정상회담'과 6자회담의 순조로운 진행 등으로 인해 남북관계는 남북 분단 이후 최고조의 평화분위기로 진행되는 것 같았다. 그러나 2008년 2월 이명박 정부가 등장하자, 북한은 3월 27 개성공단 내 남북교류 협력협의사무소 남측 사무소 직원들의 추방조치와 서해안 미사일 발사로 대응하였으며, 7월 11일에는 금강산 북측 경계선을 넘어 산책하던 금강산 관광객 박 모 씨에게 총격을 가하여 사망에 이르게 하였다. 북한은 우리 정부와 국민들의 빗발치는 진상규명 요구에 침묵으로 일관하였고, 우리 정부는 북한의 진상규명이 이루어지지 않고 금강산 관광객의 신변안전이 보장되지 않게 됨에 따라 결국 금강산 관광을 중단하였다. 이어 12월 1일 개성공단 출입 횟수 및 인원제한조치(이른바, 12·1조치)로 개성관광마저 중단되고 개성공단의 존립마저 위태로워지던 차에 2009년 3월 30일에는 북한 체제 비판과 북측 여성근로자에 대한 탈북책동 등 혐의로 개성공단 남측 인원 유 모 씨를 강제로 억류하였다. 또한 5월 15일에는 개성공단에 주어졌던 특혜를 무효화하고 관련 법규 개정에 착수하겠다고 일방적으로 통보하였으며, 5월 25일에는 핵실험을 강행하였다. 이에 대해, 우리 정부는 북한 당국에 억류되어 있는 개성공단 남측 근로자 유성진 씨의 조속한 석방을 촉구하는 한편, 'PSI(대량살상무기 확산방지구상)' 참여로 대응함에 따라 남북관계는 극도로 경색되었다.

그러나 이러한 남북관계의 경색에도 불구하고 과거정권에서 이룩한 남북경제협력은 이미 '돌아올 수 없는 강'을 건넌 듯하다. 또한 여러 가지 국내외적인 정치·경제적인 비판에도 불구하고 남북경협의 성과는 고스란히 남북관계의 긴장완화와 개성공업지구와 같은 남북경제 공동체의 성장, 발전으로 이어지고 있는 것처럼 보인다. 이러한 상황에서 앞으로 남북교류 협력은 증가할 수밖에 없을 것이고, 남측 인원의 방북러시는 특별한 남북관계의 단절과 같은 돌발변수가 없는 한 계속될 것이다. 또 남북의 인적·물적 교류가 활발해질수록 60년간의 왕래단절로 심화된 이념적·정서적 이질감이 완화되어, 우리 민족 최대의 목표인 민족통합의 시기도 앞당겨질 수 있을 것이다.

그러나 최근 남측 인사의 북측 방문은 정치·경제·사회·문화 모든 방면의 인원들로 신분여하를 가리지 않고 이루어지고 있지만 북측 인원의 남한 방문은 일정한 방문목적이 있는 경우로 제한될 것이고 방문자의 신원도 당분간 북한 고위층 등 당원과 경제부처 공무원 및 체육인 등으로 국한될 가능성이 많다. 또한 북측 인원이 남한을 방문한다 하더라도 일시적인 방문에 그칠 뿐, 장기간 체류하거나 거주하는 경우는 거의 없을 것이다. 그러나 개성공단은 1,000여 명에 이르는 남측 인원이 상주하고 있으며, 투자자와 외국인 및 관광객과 같은 비상주인원도 수시로 방문·체류하고 있다. 외부에서 개성공단을 바라볼 때에는 남한의 경제특구 또는 남한 영토의 확장으로 보는 시각이 존재하지만 1991년 채택된 남북기본합의서와 2차례에 걸친 남북정상회담 개최 등으로 볼 때, 이제 북한은 사실상의 정부로 볼 수밖에 없으며 개성공업지구는 엄연히 이러한 북한의 통치권이 미치는 지역이라고 볼 수밖에 없는 것이다.

실제로 '개성공업지구법' 및 '개성공업지구와 금강산 관광지구의 출입 및 체류에 관한 합의서'에 의하면, 개성공업지구 내에서의 교통 및 절도사건과 폭행사고 등 형사사건 발생 시 개성공단에 나와 있는 북한 인민보안성 등 보안기관 요원들이 1차적 조사권을 가지고 사건당사자인 남측 인원을 소환·조사하고 있다. 물론 남측 인원끼리의 경미한 사건은 개성공업지구 관리기관에서 처리하지만, 남측 인원 간의 사고의 경우에도 북측에서 조사하는 경우도 가끔 발생하고 있다. 그런데 북측 보안기관의 남측 인원에 대한 '조사'는 북한 보안기관의 자의적 판단에 의해 이루어진다는 데에 문제가 있다. 실무적인 측면에서 본다면, 남측 기업과 북측 근로자와의 단순한 경영상의 갈등을 문제 삼아 북측 근로자들이 남측 인원을 모욕·폭행하거나 북측 근로자 앞에서 공개적인 사과까지 요구하는 사건도 발생하고 있다. 또한 개성공업지구 1단계 100만 평 울타리 주변에 대한 사진촬영 등 사소한 경우에도 북한 보안기관에서 해당 행위를 저지른 남측 인원을 임의로 소환 조사한 후 사죄문을 작성하게 하는 등 현지에 체류하는 남측 인원의 신변안전이 위협받는 경우가 비일비재한 실정이다. 심지어, 남측 인원이 개성공업지구 내에서 차량을 운행하다가 다소 난폭운전을 하여 북한 보안기관원들의 운전행위를 방해했다는 이유로 해당 남측 인원의 운전면허증을 압류하여 돌려주지도 않는 실정이다.

또한 개성공업지구에는 북한 인민보안성 소속 교통단속 요원이 교통사고 예방활동을 상시적으로 벌이고 있는데, 뚜렷한 법규정도 없이 마구잡이식 단속이 이루어지고 있어 우리 국민들의 신변안전에 대한 위협요인이 되고 있다. 특히, 남북한 근로자 쌍방이 개입된 교통사고의 경우에는 신뢰성이 약한 북측 근로자들의 참고인 진술을 토대로 현장조사를 실시한 후 남측 인원의 과실이 많다는 사실을 입증하여 남측 기업으로부터 최대한 많은 금전적인 보상을 받아 내려는 시도를 하고 있다. 또한 교통사고의 경우에, 남측 인원끼리의 사고의 경우에도 북측이 개입하여 조사가 이루어지기도 한다. 물론 이 경우에는 북측에서 평소 남측 인원의 교통사고 기록을 보관하고 있다가 再犯의 경우에 국한하여 조사하고 있으나, 조사 과정에서도 남측 인원에게 은근히 추방될 것임을 암시하면서 사실상 자백을 강요하는 등 지속적인 우리 국민의 신변불안 요인으로 작용하고 있다.

이처럼 개성공업지구에서 열악한 입장에 처해 있는 우리 국민의 신변안전 문제를 해결하기 방안으로는 크게 두 가지를 생각해 볼 수 있다. 단기적 방안으로는 이미 시행되고 있는 '개성공업지구 및 금강산 관광지구의 출입 및 체류에 관한 합의서'의 부속합의서를 채택하는 것이고, 장기적인 방안으로는 '남북한 형사사법공조에 관한 합의서'를 채택하는 방안이 바로 그것이다.

2. 남한의 우수한 기술과 자본, 북한의 토지와 노동력이 결합되어 자체적으로 진화·발전하고 있는 개성공업지구는 분명히 우리 민족의 경제적 통합의 실증적인 모델이 될 수 있다. 상호 체제가 다른 상황에서 평행선을 달릴 수밖에 없는 정치·군사적 통합 논쟁에 매달리는 것은 실질적인 남북관계의 발전에 별다른 도움이 되지 못할 것이다. 오히려 '먹고사는' 경제적인 문제는 남북한 국민에게 매우 절실할 수밖에 없고, 특히 체제유지의 한계상황에 도

달한 북한 정부나 주민들에게는 사실상 생존의 문제로 다가오는 것이기도 하다. 이러한 면에서 볼 때, 개성공단의 존재는 분명히 남북 주민 모두에게 공존번영의 장이 될 수 있다. 그러나 단지 핏줄이 같다는 이유만으로 서로를 신뢰하기에는, 남북한 주민들은 너무 오랜 기간을 분단과 상호 적대적인 감정 속에서 살아왔다. 그리고 체제가 상이한 상황에서 돌발사태 발생 시, 이제 겨우 싹을 틔우기 시작한 민족평화 공존의 시험장은 언제든지 수포로 돌아갈 수도 있다. 더구나 개성공업지구처럼 상시 남북 근로자가 함께 근무하는 공간에서 비상사태 발생 시 남측 근로자의 신변이 보장되지 않는다는 것은, 모처럼 이룩한 경제공동체가 와해되는 것을 의미하고 남북관계는 다시 적대적인 관계로 돌아설 것이다.

개성공업지구에 체류하는 남측 인원의 신변안전 문제는 개성공단 사업의 성패와 관련되는 중요한 문제이다. 개성공단에 근무하는 남측 인원들이 '개성공업지구에 적용되는 법질서'를 철저히 준수하면, 북한 보안기관에 의한 사건·사고에 대한 개입도 줄어들 것이다. 그러나 교통사고를 비롯한 폭행사고 등 비교적 경미한 사건을 비롯한 '엄중한 법질서 위반행위'가 빈번히 발생하면 모처럼 이루어 놓은 개성공단의 경제질서도 무너질 가능성이 많다. 이렇게 되면 결국 북한 수사기관의 남측 인원들에 대한 강제수사 등 형사사건 개입의 가능성이 많아지게 되고, 개성공단의 질서유지 자체도 오로지 북한 인민보안성을 비롯한 북한 당국에 의존하게 되어 남측 인원의 신변안전 문제도 취약하게 될 가능성이 많은 것이다.

그래서 개성공단에 거주하는 우리 국민의 신변안전을 위해 단기적으로 해결해야 할 것은 '개성공업지구와 금강산 관광지구의 출입 및 체류에 관한 합의서'의 신변안전 문제에 관한 부속합의서를 조

속히 체결하여 개성공단 거주 남북한 주민의 형사사건 발생 시 양
측 입장을 충분히 고려하여 '적법절차'에 입각한 공정한 사건 처리
가 이루어져야 할 것이다. 우선은 개성공업지구의 형사사건 처리에
있어서는 개성공업지구법과 출입체류합의서상의 관련규정에 대한
해석기준을 정립할 필요가 있을 것이다.

먼저 생각해 보아야 할 것이 위 출입체류합의서상 신변안전보장
규정인 제10조 제2항의 '지구에 적용되는 법질서'의 내용을 명확히
해야 하는 문제가 있다. 개성공업지구가 북한의 주권이 미치는 지
역이라고 본다면, 북한은 여기서의 법질서는 북한 형사법을 비롯한
일반법을 의미한다고 해석할 것이다. 실제로 우리 형법에는 없고
북한 형법에는 있는 반민족·반국가범죄나 우리에게 실상이 공개
되지 않은 기타 형사관련법과 행정법규 저촉의 경우에도 일방적인
북한 법의 적용을 허용한다면 우리 형법상 속인주의 원칙에도 어
긋날 뿐만 아니라 우리 국민에 대한 보호라는 국가고유의 기능을
저버리는 길이 될 것이다. 그러므로 부속합의서 체결 시 북한 형법
과 우리 형법 중 공통적으로 처벌 가능한 自然犯 정도로 '지구에
적용되는 법질서'의 범위를 한정하여야 할 것이며 북한의 행정처벌
법이나 사회안전단속법과 같은 북한 주민을 내부적으로 통제하기
위한 법규의 적용은 배제해야 할 것이다. 또한 북한 형사법을 비롯
한 법질서 위반행위의 경우에도 正當化事由나 免責事由가 있을
경우에는 형사적·행정적 처벌대상에서 제외시켜야 할 것이다.

두 번째로, 북측은 우리 인원에 대한 법질서 위반행위 발견 시 신
속히 개성공업지구 관리위원회에 통보하여 개성공업지구 관리위원

회 담당직원의 조사참여를 보장하여 인권침해의 소지를 원천적으로 없애야 한다. 최근 개성공업지구에서 남측 주재원에 의한 '법질서 위반행위'가 일어나면, 북측의 일차적 조사 후 개성공업지구 관리위원회와의 협의절차도 없는 상태에서 북측 보안기관의 恣意的 결정에 의한 추방이 이루어지고 있다. 따라서 범죄혐의가 확정되어 추방을 결정할 때에도 '개성공업지구와 금강산 관광지구의 출입 및 체류합의서' 제12조 제2항에 의거한 공동위원회를 구성하여 전문성을 갖춘 남·북한 요원에 의한 충분한 상호 협의와 검증 후에 추방결정이 이루어져야 할 것이다. 또한 추방이 결정된 인원에 대해서는 신병인수인계 절차에 관한 구체적인 내용을 규정하여 혹시 있을지도 모르는 범죄자의 월북과 자해 등 일탈행위를 차단해야 할 것이다.

세 번째, '개성공업지구와 금강산 관광지구의 출입 및 체류에 관한 합의서'에 의하면 개성공업지구에서 발생한 형사사건에 대한 1차적인 조사권을 북한이 보유하고 있다. 이러한 북한의 1차적인 조사를 거쳐 경고나 범칙금 부과, 추방의 순으로 사건 처리가 이루어지고 있다. 그런데 북한의 조사 과정에서 남측 인원들의 신변안전이 위협받거나 침해당할 가능성이 많다. 물론 위 출입체류합의서에는 북한 당국에 의한 '조사'의 범위에 체포·구속, 압수·수색 등 강제수사의 포함 여부, 개성공업지구에 북한의 형사관할권이 미치는지 여부, 또 준거법의 결정 여부에 대한 명확한 규정은 없다. 먼저, 북한 당국의 '조사'는 우리 측에서 보면 강제수사를 포함하지 않는 것이 개성공업지구를 비롯한 북한 지역에 체류하는 남측 인원들의 신변안전을 공고히 하는 최선의 방법이 될 것이다.

그런데 위 합의서 제10조 제2항에 따라, 남측 인원이 범죄를 저지른다면 1차적으로 북측이 이(범죄행위)를 중지시키고 조사를 하게 된다. 그렇다면 여기서 말하는 '조사'라는 것이 과연 북한 형사소송법상의 '수사'와 어떻게 구별되는지 의문이 생긴다. 이점에 관하여 위 조사의 개념을 수사와 구별하지 않는 견해도 있으나, 이를 수사와는 다른 개념으로 보는 견해도 있다. 그러나 남북 공히 '수사'라는 법적 용어를 사용하고 있음에도 불구하고 '조사'라는 용어를 사용한 것으로 볼 때, 수사와 조사의 개념을 구별해야 된다고 본다. 반면 조사와 수사가 다른 개념이라면 북한이 개성공업지구와 금강산 관광지구 내에서는 북한의 형사관할권을 자제하겠다는 것인지에 대한 의문이 생긴다. 또한 조사와 수사가 같은 개념이라면 결국 북한의 형사사법 절차에 따라 조사가 진행되게 된다.

이렇게 되면 우리 인원에 대한 신체와 주거 등에 대한 보장의 정도와 조사에 따른 체포, 감금, 압수·수색 등의 강제수사가 가능하므로 조사대상이 되는 남측 인원에 대한 인권침해 여부도 문제 될 것이다. 그러므로 이 문제는 향후 남북 당국이 위 합의서의 신변안전부분에 관한 부속합의서 체결 시 "조사는 강제수사를 포함하는 것이 아니다. 단, 살인·강도·강간 등 강력사건이 발생할 경우에는 범죄 진압을 위해 개성공업지구 관리위원회의 요청에 따라 북측 보안기관이 남측 인원을 일정한 장소에 일시적으로 구금할 수 있다."는 규정을 둠으로써 해결할 수 있을 것이다. 즉 강력사건에 관해서는 개성공업지구 관리위원회의 자체진압이 불가능하다면 북한 당국에 요청하여 범죄진압 차원의 강제구금 정도는 수용해야 한다고 보는 것이다.

네 번째, 북한 당국은 지구에 적용되는 법질서를 위반한 남측 인원에 대하여 ① 경고, 범칙금 부과, 남측 지역으로의 추방조치를 취하거나, ② 남과 북이 합의하는 '엄중한 위반행위'에 대해서는 쌍방이 별도로 합의하여 처리한다. 그런데 여기에서 경고, 범칙금 부과, 추방 등의 처분을 할 수 있는 일정한 기준이 없어 북측이 일방적으로 결정할 수 있고, 이에 대한 이의제기 가능 여부에 대하여는 아무런 규정이 없다. 그러므로 향후 피조사자인 남측 인원의 이의제기가 있을 경우에는 위 합의서 제12조에 규정된 공동위원회의 협의를 통해 재조사가 가능하도록 하여야 할 것이다.

한편, 비교적 경미한 '법질서 위반행위'에 가해지는 제재인 '경고'는 대개 사죄문 작성의 형태로 이루어지고 있는데, 이것은 우리 헌법상 양심의 자유를 침해할 가능성이 많다. 그러므로 경고를 하는 경우에도 개성공업지구 관리위원회의 신변안전 담당관이 자체적인 진상조사를 하는 선에서 이루어져야 할 것이다. 또한, '엄중한 위반행위'에 대한 뚜렷한 기준이 결여되어 있어 자칫 북한 당국의 자의적인 해석에 의해 남측 인원의 기본적 권리가 침해될 소지가 있으므로 남·북한 당국 간의 상호 협의를 통해 「엄중한 위반행위」에 대한 명확한 규정마련과 해석기준이 필요하다. 위에서 언급한 살인·강도·강간·방화 등은 '엄중한 위반행위'의 사례가 될 수 있을 것이며, 궁극적으로는 남북한 형법에 공통적으로 규정된 '自然犯' 정도로 국한하는 것이 타당할 것이다.

나아가서 범칙금 액수 및 상·하한과 범죄행위별 범칙금액 등에 관한 세부적 규정도 마련되어야 할 것이다. 북한의 경제특구법인 개성공업지구법의 하위 규정인 '출입체류거주규정' 제7조에는 개성공업지구에서의 이른바 '위반행위'의 행위 태양(정형)만 정해져 있을 뿐 벌금액에 대한 규정은 없다. 다만, 최근에 북한 내각 산하 개성공업지구 지도기관인 '중앙특구지도개발총국'에서 제정권한을 갖고 있는 출입체류거주규정의 '시행세칙'에는 행위유형별 벌금액수가 명시되어 있다. 그러나 북측이 제시한 시행세칙에는 벌금액수가 지나치게 높게 책정되어 있으므로 향후 남북 당국 간 추가적인 협의를 통해 벌금액수의 조정이 필요하다.

다섯째, 출입체류합의서 제14조는 "인원과 통행차량 등의 출입 및 체류와 관련한 문제는 이 합의서가 우선적으로 적용된다."고 규정하면서 제13조는 "이 합의서의 해석 및 적용과 관련하여 발생하는 문제는 남북경제협력추진위원회(이하 '경추위'라고 한다) 또는 그가 위임하는 기관에서 협의하여 처리한다."고 규정하고 있다. 그런데 개성공업지구에 근무하는 남측 인원들의 출입·체류 등 신변안전에 관한 문제를 남북한 경협을 논의하는 비상설 기관인 '경추위'에서 협의하여 처리함은 모순이라고 볼 수 있다. 그러므로 이러한 문제는 "위임하는 기관"을 개성공업지구 관리위원회라고 해석하거나, 출입체류합의서 제12조 제2항에 따라, '(가칭) 남북 출입체류 공동위원회'에 위임해야 할 것이다. 한편, 출입체류합의서상 공업지구 내에서 발생한 북한 근로자에 의한 남측 인원에 대한 범죄행위 및 처리방안, 남측 당국에 의한 법질서 위반행위의 재발방지책과 피해보상 문제에 대한 상세한 규정이 생략되어 있는데, 그 부분에 대한 당국 간의 합의가 필요할 것이다. 또 합의서 제10조 제4항은 남측은 법질서위반행위의 재발방지에 필요한 대책을 세우도록 하고 있는데, 이 경우에도 재발방지 대책수립의 주체와 북측에 대한 통보절차 등이 논의되어야 하다.

여섯째, 합의서 제10조 제5항은 남과 북은 인원의 불법행위로 인하여 발생한 인적 및 물질적 피해의 보상문제에 대해 적극 협력하여 해결한다고 규정하고 있다. 그런데 실제 개성공단에서 발생한 교통사고로 북측 근로자가 사망하면 남측에 과도한 정도의 보상을 요구하고 있으나, 남측 인원이 북측 인원의 과실로 사망할 때에는 사건 처리가 불공정하게 이루어지는 탓으로 북측의 남측 인원에 대한 적절한 보상이 이루어지지 않고 있다. 특히, 남측 인원에 대한 보상문제는 개성공업지구의 통행·통신·통관 등 이른바 '3통문제'의 해결이라는 선결조건이 충족되어야 한다. 왜냐하면, 특히 교통사고의 경우에는 피해자의 보상문제를 전문적으로 협의하기 위해 남측의 보험전문가가 자유롭게 개성공단을 오가며 사고현장을 확인하여 남·북측 근로자의 과실 여부를 명확히 규명한 다음에 보상문제를 해결해야 하기 때문이다. 이러한 보상문제는 북한의 사회보험체계와 남한 보험사의 보험지급규정 등이 복잡하게 얽혀 있는 민사적 사항이므로 상세한 논의는 해당 분야의 학술적 연구를 필요로 한다.

마지막으로 개성공업지구의 출입·체류와 관련하여 발생하는 전반적인 문제를 협의하기 위하여 '(가칭) 남북한 출입 및 체류 공동위원회'를 구성하여 남북한 법률전문가와 정부요원, 보험전문가와 세관공무원 등을 참여시켜야 할 것이다. 그리하여 개성공업지구내의 각종 형사사건을 비롯한 법규로 정하지 않은 사항이 발생하였을 경우에는 상시 회합하여 법규에 대한 해석과 범죄행위자에 대한 신병확보와 공동조사 및 처벌정도를 협의해야 할 것이다. 특히, 유성진 씨 장기억류 사건 및 대형 교통사고 등 남북한 인원이 함께 개입된 '법질서 위반행위'에 있어서는 관련분야 전문가의 현장조사와 채증 활동 및 각종 증거서류를 상호 합의하에 공동으로 작성하는 '공동조사관제도'를 도입, 사건 처리 과정의 공정성과 전문성을 확보해야 한다. 물론 이러한 공동조사관제도를 도입하기 위해서는 북한 당국의 양해와 협조가 필요하며, 개성공업지구로의 자유로운 통행이 선행되어야 함은 물론이다.

  3. 2007년 11월경에 개성공업지구 내 도로상에서 북측 근로자의 과실로 인해 남측 근로자가 교통사고로 사망하는 사건이 발생하였다. 그런데 이 사건의 처리 과정에서 북한 사법당국은 일방적으로 가해자인 북측 근로자에게 유리한 방향으로 사건 처리를 하였다. 즉 사고차량에 탑승한 북측 근로자들은 피해차량의 남측 근로자가 과속을 하였다고 일관되게 주장하였으나, 북한의 비합리적인 체제 특성상 북측 근로자들의 일방적인 참고인 진술은 신용성을 보장할 수 없는 것이었다. 특히, 남측의 교통사고 전문가나 보험회사 관계자가 사건현장을 조사할 수도 없는 형편이어서 위 사건은 사망한 남측 근로자에게 불리한 상태로 종결되었다.
  남측 사법당국은 이 사건에 대해 남한 형법상 장소적 적용범위인 속인주의 원칙에 의한 형사관할권에 입각하여 북한 사법당국의 사건 처리 결과를 개성공업지구 관리위원회를 통하여 통보해 줄 것을 요청하였다. 그러나 북한은 이 사건의 가해자인 북측 근로자에 대한 북한 사법당국의 처리 결과를 개성공업지구 관리위원회를 비롯한 남측 당국에 통보해 주지 않고 있다. 그래서 법무부가 통일부를 통해 개성공업지구 관리위원회에 가해자(북측 근로자)의 북측 당국에 의한 사건 처리 결과를 통보해 줄 것을 공문을 통해 정식으로 요청하였으나, 북한 보안기관은 합의서에 북측의 통보규정이 없다는 이유를 들어 아직까지 해당 사건의 사법처리 결과를 통보해

주지 않고 있는 실정이다. 그러나 위 출입체류합의서 제12조는 "남과 북은 상대방의 정보요청에 대하여 특별한 사정이 없는 한 적극 협력한다."는 규정이 있다. 이 조항의 적극적 해석에 의해 북한 당국은 사건 처리 결과를 남측 사법당국에 통보해 주어야 할 것이다.

만약 북한이 계속 관련규정의 미비를 들어 협조해 주지 않는다면 향후 당국 간 '출입체류합의서'의 부속합의서에 북측 인원의 남측 인원에 대한 범죄행위가 발생하면 북측의 재판결과를 통보해 주는 규정을 두어, '속인주의'에 의한 남한 사법당국의 명확한 사법처리에 도움을 주어야 할 것이다. 사건통보 절차는 남측 주재원에 의한 범죄행위 시 사건 처리 결과를 북측에 통보해 주는 것과 비슷한 절차를 거치는 것으로 해야 할 것이다. 즉 북한 사법당국이 개성공업지구 관리위원회를 거쳐 남한 당국(통일부 및 법무부)에 사건 처리 결과를 통보해 주는 방안을 검토해 볼 수 있다.

특히, 남북한의 이중적인 法人格과 半官半民 성격을 동시에 갖고 있는 개성공업지구 관리위원회가 북한 사법당국에 공문을 보내 사건 처리 결과를 요청하는 방안을 적극 추진해야 한다고 본다. 또한 구체적인 사건 처리 통보시한을 정하여 남측 유가족이 사건 처리 결과에 대해 신속한 통보를 받게 하여 보험처리 등 民事的 재산권 행사에 차질이 없도록 해야 할 것이다. 물론 이 경우에는 북측 사법당국의 사건 처리 결과를 북한 사법당국 또는 중앙정부(내각)의 직인이 찍힌 공문을 통해 처리하되, 남측 당국은 그 북측 '공문'의 남측 정부기관이나 공·사법인 및 자연인에 대한 법적 구속력을 인정하는 법규를 마련해야 할 것이다. 그런데 이러한 문제는 향후 '남북 형사사법공조에 관한 합의서'를 별도로 채택하는 것으로서 궁극적으로 해결될 수 있을 것이다. 다만, 남북한 관계는 '나라와 나라 사이의 관계'가 아니라 통일로 나아가는 '잠정적·특수적'인 관계이므로 국가 간의 형사사법공조 조약을 체결할 것이 아니라, 합의서의 형태로 규정하는 방안이 남북기본합의서의 정신에 부합할 것이다.

앞서 언급한 것처럼 개성공단의 남측 근로자 장기억류 사건은 남북한 당국이 강력한 구속력을 부여한 신변안전 장치마련이 개성공업지구의 안정적 발전을 위해서 무엇보다도 시급한 문제임을 일깨워 주었다. 그러므로 향후 북한 형사관련법 위반 사건 처리 과정에 남측 변호사 및 수사전문가를 참여시켜 공동으로 조사하게 하거나, 북측 조사기관의 진술조서 및 현장조사서 등 1차적인 범죄조사 자료의 요구권을 합의서에 명시하여 조사의 공정성을 확보함과 아울러 해당 남측 인원의 인권보호에 만전을 기하여야 할 것이다. 물론 이 책의 본문에서 제시한 사례의 경우처럼 종교적 선전물의 반입행위나 개성공단 주변에 대한 촬영행위 등 사소한 경우로 인한 조사 및 사죄문 작성 시에도 변호사가 참여하여 해당 남측 인원의 인권이 침해되지 않도록 해야 할 것이다. 이를 위해서는 개성공업지구 관리위원회에 별도로 공단 내 사건·사고 및 인권보호 업무를 담당하는 변호사를 고용하여 남측 인원의 인권보호 업무를 전담하게 하는 것도 합리적인 신변안전 보장방안이 될 수 있다고 생각한다.

그 밖에 개성공단에서 남측 인원 간 일어나는 빈번한 교통사고와 음주운전, 기타 폭행사건 등을 예방하고 방지하기 위해 개성공업지구 관리위원회 내에 질서유지 기관을 설치하고 질서유지를 위한 권한을 부여해야 할 것이다. 이에 대해 북한은 개성공단 개발

초기에는 관리위원회에 공단 내 질서유지 권한을 인정하였으나, 국가안전보위부 및 인민보안성 등 북한 보안기관이 상주하면서 개성공단은 북한의 '주권'이 미치는 지역이라는 명분하에 질서유지 권한을 북한 보안기관이 장악하고, 개성공업지구 관리위원회의 질서유지 기능을 인정하지 않고 있다. 그러나 북한 사법당국의 질서유지권은 주로 남북한 주민이 함께 연관된 사건이나 개성공단 내의 교통질서 혹은 체제유지와 관련된 사안에 집중되고 있다. 따라서 야간에는 인민보안성 소속 북한 요원 2-3명 정도가 상주하며 야간순찰 등 질서유지 활동을 벌이고 있으나, 남측 인원들의 음주운전 및 교통사고를 단속하기에는 턱없이 부족한 실정이다. 물론 당장 개성공업지구 관리위원회를 비롯한 남측기관에 질서유지권을 부여할 수 없다면, 향후 공단 내 가동기업이 대폭 증가하는 경우에 대비하여 '(가칭) 남북공동 질서유지대'를 창설하여 야간시간만이라도 개성공업지구 관리위원회에 교통질서를 비롯한 질서유지권한을 부여하여 교통사고를 비롯한 각종 사건·사고 발생에 대비해야 할 것이다.[396] 물론 교통사고 발생 시 공동조사를 거쳐 조사서류와 참고인 진술 등을 공유하는 방안도 검토되어야 하며 북한 조사기관의 조사결과 및 증거자료의 남측 제출과 증거능력 인정 여부, 참고인조사 및 증인채택 등 공소유지를 위한 형사사법공조 여부에 대해서도 상세한 규정을 두는 것이 좋을 것이다.

그리고 형사사법공조를 위한 정부차원의 공식적인 '형사사법공조

---

[396] 이와 관련 관리위원회의 담당관이 남측 인원의 음주운전 및 폭력사고 등 범죄사실을 통보받고 출동하여 범죄행위를 중지시키고 관리위원회 사무실로 연행해 오면, 공통적으로 "당신들이 무슨 권한으로 연행하느냐"며 반항하면서 범행사실을 부인하고 있다. 따라서 남측 인원 간의 범죄행위에 대한 단속과 조사를 위해 관리위원회 내에 질서유지대를 두고 관련 인원에게 사법경찰권을 부여하는 방안도 검토할 필요가 있다.

합의서' 채택이 어렵다면, 양안관계의 형사사법공조의 방식처럼 半官半民 기관인 '해협양안관계협회(중국)'와 '해협교류기금회(대만)'를 통하여 증거물과 문서의 송부, 수사자료의 제공 등 각종 刑事司法共助를 하는 방안을 참고하는 것이 좋다고 본다. 이때 대만의 해기회와 같이 북한 사법당국의 조사서류 및 북한 주민의 참고인 진술서 등 공문서에 대한 진정성 증명은 개성공업지구 관리위원회에 체류하는 관리위원회 소속 변호사로 하여금 담당하게 하는 방안을 도입해야 할 것이다. 물론 북한 사법당국에서 작성한 조사서류의 증거능력 및 증명력 인정은 별도로 남한 법원의 판단에 맡길 수밖에 없을 것이다.

　마지막으로 우리 인원이 북측 인원에 의해 살인, 강도, 강간, 방화 등 강력사건을 비롯한 일반적 범죄의 피해자가 되는 경우에 있어서는 반드시 우리 측 전문가가 사건조사 및 처리 과정에 참여하여 남측 인원의 인권을 보호하고 피해보상에 만전을 기해야 할 것이다. 또한, 북한 당국에 가해자에 대한 분명한 형사처벌을 요청해야 함은 물론이다. 만약 북측의 거부로 객관적인 공동조사가 이루어지지 않는다면, 가해자인 북측 인원에 대한 북한 사법당국의 사건 처리 과정과 결과 및 형량 등을 공식적 문서를 통해 통보받는 방안이 강구되어야 할 것이다. 왜냐하면 남북한 刑事管轄權의 조정 및 刑事司法共助 여부를 떠나 우리 국민의 생명과 안전, 재산 등 刑事的 法益을 보호하는 것은 국가의 존재근거가 되며, 개성공업지구와 같은 남북경제공동체가 평화적으로 발전해 나가기 위해서는 우리 정부가 먼저 나서서 북한 지역에 체류하는 남측 인원의 신변안전 문제를 책임져야 하기 때문이다.

附 錄

부록 1

參考文獻

Ⅰ. 國內文獻

1. 單行本

고영주, 북한의 형사법제, 법무연수원, 1996.

권영성, 헌법학원론, 법문사, 2003.

김근식, 형법학 1, 김일성종합대학출판사, 1986.

_____, 형법학 2, 김일성종합대학출판사, 1987.

김명기, 북방정책과 국제법, 국제문제연구소, 1989.

김승대, 통일헌법이론 ― 동서독과 남북한 통일의 비교법론 ―, 법문사, 1996.

김일성, "우리 당의 사법정책을 관철하기 위하여", 김일성저작집 제12권(평양: 조선로동당출판사), 1981.

김일수·서보학, 형법총론, 박영사, 2004.

김주덕, 국제형법, 문영사, 1993.

김철수, 헌법학신론, 박영사, 2002.

남북문제연구소, 북한의 형법-무엇이 문제인가, 1995.

_____, 개성공단 가는 길(민족경제의 디딤돌), 2005.

민족통일연구원, 남북한특수관계의 법적성격과 운영방안, 1994.

문준조, 중국과 대만의 인적 교류법제, 한국법제연구원, 2004.

_____, 중국의 섭외경제분쟁 해결제도와 사례, 한국법제연구원, 1995.

박상기, 형법총론, 박영사, 2005.

배종대, 형사정책, 법문사, 2005

_____, 형법총론, 홍문사, 2004.

백진현·조균석, 국제형사사법공조에 관한 연구, 형사정책연구원, 1993.

법률출판사, 조선민주주의인민공화국 법전(대중용), 평양, 2004.

법무법인 태평양, 개성공업지구 법규 및 제도해설, (주)로앤비, 2005.

법무부, 북한법의 체계적 연구(2), 1995.

_____, 중국경제특구법제 연구(법무자료 제265집), 2005.

_____, 중국과 대만의 통일 및 교류협력법제, 1995.

_____, 개정 북한형사소송법 해설, 2004.

_____, 개정 북한형사법제 해설, 2005.

_____, 특수법령과 譯(董立坤, 中國內地與香港地區法律的衝突與協調, 中國: 法律出版社, 2004), 2006.

법원행정처, '북한사법제도개관', 1996.

북한연구소, 『북한총람』, 사단법인 북한연구소(서울), 1983.

사회과학출판사, 인민정권 건설 경험, 평양, 1986.

_____, 주체의 법리론, 평양, 1987.

세종연구소, 『북한법 체계와 특색』, 1994.

신지호, 『북한의 개혁·개방』, 한울, 2000.

오영근, 형법총론, 박영사, 2005.

이재상, 형법총론, 박영사, 2003.

이철수外 7인, 남북한 통합을 위한 법제도 인프라 확충방안, 통일연구원, 2005.

정성근·박광민, 형법총론, 삼지원, 2005.

최용기, 헌법원론, 대명출판사, 2003.

최종고, 북한법, 박영사, 1993.

통일부 개성공단사업지원단, 개성공단5년(개성에 가면 평화가 보인다), 2007.

한국형사정책연구원, 남북한 인적왕래에 따른 형사문제 처리방안, 1994.

황장엽, 『나는 역사의 진리를 보았다』, 한울, 1999.

2. 論文

권오걸, 남북한 형사사건의 처리방향, 법학논고 제24집, 2006.

김광길, "개성공단 사업에 대한 법제도적 지원 방안", 개성공단 법제 인프라 구축방안(2006 북한법 및 남북관계법 학술회의 발표논문집), 2006.

김병기, "형사사건 처리관련 남북 협력체제 구축방안", 남북교류 협력 법제연구(Ⅱ), 법무부, 2007.

김승대, "상대방 지역체류의 법률문제 ─ 신변안전의 법적보장을 중심으로─", 남북교류와 관련한 법적문제점(3), 법원행정처, 2004.

김영식, "남북한 교류협력에 따른 형사사건 해결방안연구(개성공업지구를 중심으로)", 제116회 북한법연구(회) 월례발표회, 2007(4.26.).

김일수, "북한형법의 체계와 특색", 북한법 체계와 특색, 세종연구소, 1994.

김주덕, "국제범죄 수사구조론", 법조 통권 제409호, 1990.10.

박광섭, "남북한 주민의 왕래에 따른 신변안전보장방안", 남북교류 협력 법제연구, 법무부, 2005.

_____, "남북교류에서 신변안전보장과 북한의 형사재판권 문제", 법조 통권 575호(2004.8.).

방계문, "공화국 법은 우리 당 정책실현을 위한 강력한 수단(공화국 법은 사회주의 건설의 강력한 무기)", 과학원출판사(평양), 1964.

윤대규, "북한사회에서의 법의 성격", 북한법연구 6호, 북한법연구회, 2003.

신현윤, "남북한 교류·협력의 제도적 발전방향 ─ 동·서독 사례와의 비교 및 시사점을 중심으로 ─", 남북교류와 관련한 법적문제점(3), 법원행정처, 2004.

이백규, "남북한 왕래에 관련된 법적 문제점", 남북교류와 관련한 법적 문제점(1), 법원행정처, 2002.

이상훈, "헌법상 북한의 법적 지위에 관한 연구", 법제 563호, 법제처, 2004.

이은정, 중국과 대만의 교류협력실태 및 법적 분쟁의 해결, 남북교류와 관련한 법적 문제점(2), 법원행정처, 2003.

이장희, 남북교류 협력 확대에 따른 형사관할권의 제 문제, 남북교류와 관련한 법적 문제점(4), 법원행정처, 2005.

이진만, 동서독 법원 사이의 사법공조, 남북교류와 관련한 법적 문제점 (4), 법원행정처, 2005.

이효원, "남북한 특수관계론의 헌법학적 연구", 서울대대학원 박사학위 논문, 2006.

_____, "남북한 형사사건의 합리적 해결방안", 법조 통권 600호(2006.9.).

_____, "북한법률의 국내법적 효력 - 개성공단에서의 적용가능성과 범위 · 한계를 중심으로", 법조 통권 583호(2005.4.).

장기석, "개성공단 출입 · 체류관련 법제정비 방안", 개성공단 법제 인프라 구축방안(2006 북한법 및 남북관계법 학술회의 발표논문집), 2006.

장명봉, "김정일체제하의 법제정비의 동향과 평가", 『분단 60년: 북한법의 어제와 오늘』(광복 60주년 기념 통일대비 학술대회 자료집), 2005.

_____, "대내외적 환경변화와 북한의 법제정비동향", 국민대 법학논총 제9호, 국민대학교 출판부(서울), 1997.

_____, "최근의 북한사회주의헌법 개정의 분석: 배경 · 내용 · 평가 및 정책전망", 통일연구논총 제7권 제2호, 민족통일연구원(서울), 1998.

장영민, "남북한 인적 왕래에 따른 형사문제 처리방안", 체제통일 및 변화에 따른 형사정책의 방향, 형사정책연구원 제1회 국제워크샵, 1993.

_____, 박광우, 남북한 인적왕래에 따른 형사문제 처리방안, 형사정책연구원, 1994.

_____, 등, "남북한 통일과 형법통합", 형사정책연구 제7권 제1호, 1996.

제성호, "남북한간 인적 교류시 형사문제 처리방안 ─ 형사관할권 행사를 중심으로 ─", 법조 통권 449호(1994.2.).

_____, "개성특구 진출에 따른 한국의 법적 대응", 저스티스 통권 75호(2003.10.).

_____, "항공기테러와 국제법", 지평서원, 1989.

정영록, 경제특구와 중국 경제발전, 통일경제 20호(현대사회연구소), 1996.8.

정형곤, 경제특구 개발정책에 관한 연구(심천경제특구를 중심으로), 지역발전연구 제11집(연세대 지역발전연구소), 2001.12.

조영삼, 중국 경제특구의 최근 동향과 문제점, 공산권경제 3권 4호(산업연구권), 1990.12.

최대권, "남북합의서와 관련된 제반 법문제 — 특히, 특수관계의 의미를 중심으로—", 법학 통권 93호, 서울대 법학연구소(1993.2.).

_____, "남북교류 협력 본격화시 예상되는 국내법 체계상의 문제점과 그 대책", 법학 제34권 1호, 서울대 법학연구소(1996.5.).

최병문, "남북한 형사사법의 구조 비교", 비교한국학 제8권, 국제비교한국학회, 2001.

최용호·김상욱, 중국경제개발구의 발전과 한국경제에 주는 시사점, 대외경제연구(대외경제정책연구원), 2003.2.

최창동, "헌법상 영토조항과 통일조항의 올바른 헌법해석론", 정책연구, 국제문제조사연구소, 2005.

한명섭, "형사사건 처리관련 남북 협력체제 구축방안", 남북교류 협력 법제연구(Ⅱ), 법무부, 2007.

한인섭, 북한형법 반세기, 북한법 50년, 그 동향과 전망, 아·사·연 법·언론연구총서 제8권, 아시아사회과학연구원, 1999.

Ⅱ. 外國文獻

1. 英美文獻

Akehurst, Michael, "A Modern Introduction to International Law", 6th ed., Sydney: George Allen and Unwin, 1987.

Akehurst, Michael, "Jurisdiction in International Law", British Yearbook of International Law, Vol.46, 1972 – 1973.

Shubber, Sami, "Aircraft Hijacking under the Hague Convention 1970: A New Regime", International and Comparative Law Quarterly,

Vol.22, 1972.

Starke, J. G., "Introduction to International Law", 9th ed., London: Butterworths, 1984.

2. 獨逸文獻

Herrmann, Jochaim, "Die Anwendbarkeit des Politischen Strafrechts auf Deutsche im Verhältnis zwischen der BRD und DDR", 1960.

Jescheck, Hans – Heinrich, "Lehrbuch des Strafrechts Allgemeiner Teil", 3.Aufl., Berlin: Duncker and Humblot, 1978.

Kabel, Rudolf, "Das Problem des interzonalen Strafrecht bei Gewaltdelikten an der Demarkationslinie", Hamburger Dissertation 1967.

Kewenig, W., "Auf der Suche nach einer neuen Deutschland – Theorie, in: DÖV" 1973.

Krey, Volker, "Anwendung des 'internationalen Strafrechts' im Verhältnis der Bundesrepublik Deutschland zur DDR", JR 1980.

Krey, Volker, "Zum innerdeutschen Strafanwendungsrecht", 1969.

Krüger, H., "Die nationale Frage in Deutschland und die Aufgaben der deutschen Staatswissenschaft", in: Staat und Recht, 1953.

Lieser, Karl – Theodor, "Sowjetzonales Strafrecht und order public", Frankfurt / Berlin, 1962.

Mahnke, H., "Die besondere Beziehungen zwischen den beiden deutschen Staaten, in: Gottfried Zieger(Hg), Fünf Jahre Grundver tragurteildes Bundesverfassungsgericht", Köln, 1979.

Morgenstern, Ulich, "Vereinbarkeit von Strafgesetzen der DDR mit rechtsstaatlichen Grundsätzen und dem order public der Bundesrepublik Deutschland", 1983.

Oehler, Dietrich, "Internationales Strafrecht(2.Aufl.)", 1983.

Roggemann, Herwig, "Strafrechtsanwendung und Rechtshilfe zwischen beiden deutschen Staaten", 1975.

Hilgendorf – Schmidt, Sabine, "Zum aktuellen Stand des innerdeutschen

Rechtshilfeverkehrs", DtZ 1990.

Hilgendorf – Schmidt, Sabine, "Ergebnisse der Expertengespräch zum innerdeutschen Rechtshilfeverkehr in Straf – und Zivilsachen", DtZ 1990.

Schröder, Horst, "Der Geltungsbereich der Teilstrafrechte im Deutschen Reich", DR 1942.

Schwerdtner, Walter, "In Welchem Umfang gilt die Ostzone als Inland im Sinne des in der Bundesrepublik geltenden Recht?", Ungedruckte Kölner Dissertation, 1956.

Stötter, Karin, "Die Recht – und Amtshilfe in Strafsachen im Verhältnis zur sowjetisch besetzte Zone Deutschlands", Bonn, 1960.

Schwerdtner, Walter, "In Welchem Umfang gilt die Ostzone als Inland im Sinne des in der Bundesrepublik geltenden Recht?", Ungedruckte Kölner Dissertation 1956.

Weis, Hubert, "Verfassungsrechtliche Fragen im Zusammenhang mit der Herstellung der Einheit Deutschlands", in: AöR 116(1991).

Zeiger/Schroeder (Hrsg.), "Die Strafrechtliche Entwickelung in Deutschland", 1988.

3. 日本文獻

廣部和也, "犯罪の國際化とその對應", 「ジリスト」, 第681号, 1979.

大野恒太郎, "犯罪人引渡の現況と實務上の諸問題", 「法律のひろは」, 1984.

森下 忠, 「國際刑法の潮流」(東京: 成文堂), 1984.

土岐茂, "中國社會主義法", 『アジアの社會主義法』, 社會主義法研究年譜 No.9 社會主義研究會 編, (京都: 法律文化社), 1989.

4. 中國文獻

紀欣, 一國兩制在臺灣, 臺北: 海峽學術出版社, 2003.

羅清和, 特區經濟學導論, 中央偏譯出版社, 2001.

藩錫堂, 兩岸關係與大陸政策, (臺北: 新文京開發出版股份有限公司), 2003.

毛立言・陳永民 共著, 鄧小平經濟特區思想研究, 鷺江出版社, 1995.

深圳年鑑編輯委員會, 深圳年鑑(2003), 深圳年鑑出版社, 2003.

深圳市 人民代表大會 常務委員會辦公廳, 深圳法規滙編, 海天出版社, 2001~2002.

邵宗海, 兩岸關係: 兩岸共識與兩岸 岐見, 臺北: 五南圖書出版有限公司, 1998.

黎學玲 主編, 特別經濟區法, 法律出版社, 1997.

黎學玲・程信和 編著, 經濟特區法教程, 中山大學出版社, 1990.

王關義, 中國五大經濟特區可持續發展戰略研究, 經濟管理出版社, 2004.

李譯沛 主編, 經濟特區法教程, 法律出版社, 1992.

張建國・周成新, 深圳市社會科學 "八五" 規划研究課題≪深圳經濟特區市場經濟立法的理論与實踐≫, 群衆出版社, 1999.

張亞中・李英明, 中國大陸與兩岸關係概論, 臺北: 生智文化事業有限公司, 2000.

張仁松 主編, 廈門經濟特區涉外行政法, 人民法院出版社, 1999.

全國臺灣研究會, 2001年兩岸關係研究報告, 北京: 九州出版社, 2002.

鄭衍杓 主編, 中國沿海開放城市利用外資法律問題, 上海社會科學出版社, 1994.

鄭海麟, 臺灣主權的重新解釋, 臺北: 海峽學術出版社, 2000.

朱維究・王崇理, 海峽兩岸關係政策與法律研究, 臺北: 海峽學術出版社, 2003.

中國電視臺對臺編輯部主編, 臺灣同胞政策法規 問答, 北京: 民族出版社, 2002.

조선민주주의인민공화국
개성공업지구를 내옴에 대하여

조선민주주의인민공화국 최고인민회의 상임위원회는 다음과 같이 결정한다.

1. 개성시에 민족경제를 발전시켜 나가는 것을 기본으로 하는 조선민주주의인민공화국 개성공업지구를 내온다.

2. 개성공업지구는 개성시 자남동, 선죽동, 동흥동, 관훈동, 남문동, 남안동, 동현동, 북안동, 해운동, 부산동, 만월동, 운학1동과 고려동 일부, 은덕동 일부, 내성동 일부, 역전동 일부, 용산동 일부, 운학2동 일부, 덕암동 일부, 보선동 일부, 방직동 일부, 송악동 일부, 남산1동 일부, 남산2동 일부, 판문군의 판문읍 일부, 삼봉리 일부, 전재리 일부로 한다.

3. 개성시 판문군 판문읍을 봉덕리로 고치며 판문군의 봉덕리, 진봉리, 평화리, 동창리, 판문점리와 삼봉리 일부, 전재리 일부를 개성시에, 개풍군의 해선리 일부를 개성시 송악동에, 판문군의

전재리 일부를 선적리에 합치고 선적리를 장풍군에, 판문군의 삼봉리 일부를 상도리에 합치고 상도리, 대련리, 화곡리, 령정리, 신흥리, 월정리, 조강리, 림한리, 덕수리, 대룡리를 개풍군에 넘기며 판문군은 없앤다.

4. 개성공업지구에는 조선민주주의인민공화국 주권이 행사된다.

5. 개성공업지구안의 현 개성시가지는 관광구역으로만 하며 그에 대한 관리는 개성시 인민위원회가 한다.

6. 조선민주주의인민공화국은 개성공업지구 개발을 위한 법인과 개인 기타 경제조직들의 자유로운 투자를 허용하며 그 재산을 법적으로 보호한다.

7. 중앙공업지구 지도기관은 개성공업지구가 건설되고 그 관리운영이 활성화되는 데 따라 공업지구를 더 늘릴 수 있도록 해당한 대책을 세울 것이다.

8. 조선민주주의인민공화국 내각과 해당 기관들은 이 정령을 집행하기 위한 실무적 대책을 세울 것이다.

조선민주주의인민공화국 최고인민회의 상임위원회
주체 91(2002)년 11월 13일 평양

조선민주주의인민공화국 개성공업지구법

최고인민회의 상임위원회 정령 (2002.11.20.)

최고인민회의 상임위원회 정령 3715호로 수정보충 (2003.04.24.)

제1장 개성공업지구법의 기본

제1조 개성공업지구는 공화국의 법에 따라 관리 운영하는 국제
적인 공업, 무역, 상업, 금융, 관광지역이다.

조선민주주의인민공화국 개성공업지구법은 공업지구의 개
발과 관리운영에서 제도와 질서를 엄격히 세워 민족경제
를 발전시키는 데 이바지한다.

제2조 공업지구 개발은 지구의 토지를 개발업자가 임대 받아 부
지정리와 하부구조 건설을 하고 투자를 유치하는 방법으
로 한다.

공업지구는 공장구역, 상업구역, 생활구역, 관광구역 같은
것으로 나눈다.

제3조 공업지구에는 남측 및 해외동포, 다른 나라의 법인, 개인, 경제조직들이 투자할 수 있다.

투자가는 공업지구에 기업을 창설하거나 지사, 영업소, 사무소 같은 것을 설치하고 경제활동을 자유롭게 할 수 있다.

공업지구에서는 노력채용, 토지이용, 세금납부 같은 분야에서 특혜적인 경제활동 조건을 보장한다.

제4조 공업지구에서는 사회의 안전과 민족경제의 건전한 발전, 주민들의 건강과 환경보호에 저해를 주거나 경제기술적으로 뒤떨어진 부문의 투자와 영업활동은 할 수 없다.

하부구조 건설부문, 경공업부문, 첨단과학기술 부문의 투자는 특별히 장려한다.

제5조 공업지구의 사업에 대한 통일적 지도는 중앙공업지구지도기관이 한다.

중앙공업지구지도기관은 공업지구관리기관을 통하여 공업지구의 사업을 지도한다.

제6조 기관, 기업소, 단체는 공업지구의 사업에 관여할 수 없다. 필요에 따라 공업지구의 사업에 관여하려 할 경우에는 중앙공업지구지도기관과 합의하여야 한다.

제7조 공업지구에서는 투자가의 권리와 이익을 보호하며 투자재산에 대한 상속권을 보장한다.

투자가의 재산은 국유화하지 않는다.

사회공동의 이익과 관련하여 부득이하게 투자가의 재산을 거두어들이려 할 경우에는 투자가와 사전 협의를 하며 그 가치를 보상하여 준다.

제8조 법에 근거하지 않고는 남측 및 해외동포, 외국인을 구속, 체포하거나 몸, 살림집을 수색하지 않는다.
　　　신변안전 및 형사사건과 관련하여 북남 사이의 합의 또는 공화국과 다른 나라 사이에 맺은 조약이 있을 경우에는 그에 따른다.

제9조 공업지구에서 경제활동은 이 법과 그 시행을 위한 규정에 따라 한다.
　　　법규로 정하지 않은 사항은 중앙공업지구지도기관과 공업 지구관리기관이 협의하여 처리한다.

제2장 개성공업지구의 개발

제10조 공업지구의 개발은 정해진 개발업자가 한다.
　　　개발업자를 정하는 사업은 중앙공업지구지도기관이 한다.

제11조 개발업자는 중앙공업지구지도기관과 토지임대차 계약을 맺어야 한다.
　　　중앙공업지구지도기관은 토지임대차 계약을 맺은 개발업 자에게 해당 기관이 발급한 토지이용증을 주어야 한다.

제12조 공업지구의 토지임대 기간은 토지이용증을 발급한 날부터 50년으로 한다.

토지임대 기간이 끝난 다음에도 기업의 신청에 따라 임대 받은 토지를 계속 이용할 수 있다.

제13조 개발업자는 공업지구개발총계획을 정확히 작성하여 중앙공업지구지도기관에 내야 한다.

중앙공업지구지도기관은 공업지구개발총계획을 접수한 날부터 30일 안으로 심의결과를 개발업자에게 알려 주어야 한다.

제14조 공업지구의 개발은 승인된 공업지구개발총계획에 따라 한다.

공업지구개발총계획을 변경시키려 할 경우에는 중앙공업지구지도기관에 신청서를 내어 승인을 받는다.

제15조 중앙공업지구지도기관은 개발공사에 지장이 없도록 건물과 부착물을 제때에 철거, 이설하고 주민을 이주시켜야 한다.

개발구역 안에 있는 건물, 부착물의 철거와 이설, 주민이주에 드는 비용은 개발업자가 부담한다.

제16조 개발업자는 개발구역 안에 있는 건물과 부착물의 철거 사업이 끝나는 차제로 개발공사에 착수하여야 한다.

공업지구 개발은 단계별로 나누어 할 수 있다.

제17조 공업지구의 하부구조 건설은 개발업자가 한다.

개발업자는 필요에 따라 전력, 통신, 용수보장 시설 같은 하부구조 대상을 다른 투자가와 공동으로 건설하거나 양도, 위탁의 방법으로 건설할 수도 있다.

제18조 개발업자는 하부구조 대상 건설이 끝나는 차제로 공업지구개발총계획에 따라 기업을 배치하여야 한다.
이 경우 공업지구의 토지이용권과 건물을 기업에 양도하거나 재임대할 수 있다.

제19조 개발업자는 공업지구에서 살림집 건설업, 관광오락업, 광고업 같은 영업활동을 할 수 있다.

제20조 중앙공업지구지도기관과 해당 기관은 공업지구 개발에 지장이 없도록 인원의 출입과 물자의 반출입 조건을 보장하여야 한다.

제3장 개성공업지구의 관리

제21조 공업지구에 대한 관리는 중앙공업지구지도기관의 지도밑에 공업지구관리기관이 한다.
공업지구관리기관은 공업지구 관리운영사업 정형을 분기별로 중앙공업지구지도기관에 보고하여야 한다.

제22조 중앙공업지구지도기관의 임무는 다음과 같다.

1. 개발업자의 지정
2. 공업지구관리기관의 사업에 대한 지도
3. 공업지구 법규의 시행세칙 작성
4. 기업이 요구하는 노력, 용수, 물자의 보장
5. 대상건설 설계문건의 접수보관
6. 공업지구에서 생산된 제품의 북측 지역 판매 실현
7. 공업지구의 세무관리
8. 이 밖에 국가로부터 위임받은 사업

제23조 중앙공업지구지도기관은 공업지구의 관리운영과 관련하여 제기되는 문제를 해당 기관과 정상적으로 협의하여야 한다. 해당 기관은 중앙공업지구지도기관의 사업에 적극 협력 하여야 한다.

제24조 공업지구관리기관은 개발업자가 추천하는 성원들로 구성한다. 공업지구관리기관의 요구에 따라 중앙공업지구지도기관이 파견하는 성원들도 공업지구관리기관의 성원으로 될 수 있다.

제25조 공업지구관리기관의 임무는 다음과 같다.
1. 투자조건의 조성과 투자유치
2. 기업의 창설 승인, 등록, 영업허가
3. 건설허가와 준공검사
4. 토지이용권, 건물, 운전기재의 등록
5. 기업의 경영활동에 대한 지원
6. 하부구조 시설의 관리

7. 공업지구의 환경보호, 소방대책

8. 남측 지역에서 공업지구로 출입하는 인원과 수송수단의 출입증명서 발급

9. 공업지구관리기관의 사업준칙 작성

10. 이 밖에 중앙공업지구지도기관이 위임하는 사업

제26조 공업지구관리기관의 책임자는 이사장이다.

이사장은 공업지구관리기관의 사업전반을 조직하고 지도한다.

제27조 공업지구관리기관은 운영자금을 가진다.

운영자금은 수수료 같은 수입금으로 충당한다.

제28조 남측 지역에서 공업지구로 출입하는 남측 및 해외동포, 외국인과 수송수단은 공업지구관리기관이 발급한 출입증명서를 가지고 지정된 통로로 사증 없이 출입할 수 있다. 공화국의 다른 지역에서 공업지구로 출입하는 질서, 공업지구에서 공화국의 다른 지역으로 출입하는 질서는 따로 정한다.

제29조 공업지구에서 남측 및 해외동포, 외국인은 문화, 보건, 체육, 교육분야의 생활상 편의를 보장받으며 우편, 전화, 팩스 같은 통신수단을 자유롭게 이용할 수 있다.

제30조 공업지구에 출입, 체류, 거주하는 남측 및 해외동포, 외국

인은 정해진 데 따라 개성시의 혁명사적지와 역사유적유물, 명승지, 천연기념물 같은 것을 관광할 수 있다.

개성시 인민위원회는 개성시의 관광대상과 시설을 잘 꾸리고 보존, 관리하며 필요한 봉사를 제공하여야 한다.

제31조 공업지구에서 광고는 장소, 종류, 내용, 방법, 기간 같은 것을 제한받지 않고 할 수 있다.

그러나 야외에 광고물을 설치하려 할 경우에는 공업지구 관리기관의 승인을 받는다.

제32조 공업지구에서 물자의 반출입은 신고제로 한다.

물자를 반출입하려는 자는 반출입 신고서를 정확히 작성하여 물자반출입지점의 세관에 내야 한다.

제33조 공업지구에 들여오거나 공업지구에서 남측 또는 다른 나라로 내가는 물자와 공화국의 기관, 기업소, 단체에 위탁 가공하는 물자에 대하여서는 관세를 부과하지 않는다.

다른 나라에서 들여온 물자를 그대로 공화국의 다른 지역에 판매할 경우에는 관세를 부과할 수 있다.

제34조 검사 검역 기관은 공업지구의 출입검사, 세관검사, 위생 및 동식물 검역사업을 공업지구의 안전과 투자유치에 지장이 없도록 과학기술적 방법으로 신속히 하여야 한다.

제4장 개성공업지구의 기업 창설 운영

제35조 투자가는 공업지구에 기업을 창설하려 할 경우 공업지구
    관리기관에 기업창설 신청서를 내야 한다.
    공업지구관리기관은 기업창설 신청서를 접수한 날부터
    10일 안으로 기업창설을 승인하거나 부결하는 결정을 하
    고 그 결과를 신청자에게 알려 주어야 한다.

제36조 기업창설 승인을 받은 투자가는 정해진 출자를 하고 공
    업지구관리기관에 기업등록을 한 다음 20일 안으로 해당
    기관에 세관등록, 세무등록을 하여야 한다.
    이 경우 정해진 문건을 내야 한다.

제37조 기업은 종업원을 공화국의 노력으로 채용하여야 한다.
    관리인원과 특수한 직종의 기술자, 기능공은 공업지구관
    리기관에 알리고 남측 또는 다른 나라 노력으로 채용할
    수 있다. 이 경우 공업지구관리기관은 중앙공업지구지도
    기관에 보고하여야 한다.

제38조 기업은 승인 받은 업종범위 안에서 경영활동을 하여야
    한다.
    업종을 늘리거나 변경하려 할 경우에는 공업지구관리기
    관의 승인을 받아야 한다.

제39조 기업은 공업지구 밖의 공화국 영역에서 경영활동에 필요

한 물자를 구입하거나 생산한 제품을 공화국 영역에 판
매할 수 있다.

필요에 따라 공화국의 기관, 기업소, 단체에 원료, 자재,
부분품의 가공을 위탁할 수도 있다.

제40조 공업지구에서 상품의 가격과 봉사요금, 기업과 공화국의
기관, 기업소, 단체 사이에 거래되는 상품의 가격은 국제
시장 가격에 준하여 당사자들이 합의하여 정한다.

제41조 공업지구에서 유통화폐는 전환성 외화로 하며 신용카드
같은 것을 사용할 수 있다.

유통화폐의 종류와 기준화폐는 공업지구관리기관이 중앙
공업지구지도기관과 합의하여 정한다.

제42조 기업은 공업지구에 설립된 은행에 돈자리(계좌)를 두어야
한다.

공업지구관리기관에 알리고 공업지구 밖의 남측 또는 다
른 나라 은행에도 돈자리를 둘 수 있다.

제43조 기업은 회계업무를 정확히 하며 기업소득세, 거래세, 영
업세, 지방세 같은 세금을 제때에 납부하여야 한다.

공업지구에서 기업소득세율은 결산이윤의 14%로 하며 하부
구조 건설부문과 경공업부문, 첨단과학기술부문은 10%로 한다.

제44조 공업지구에서는 외화를 자유롭게 반출입할 수 있다.

경영활동을 하여 얻은 이윤과 그 밖의 소득금은 남측 지역 또는 다른 나라로 세금 없이 송금하거나 가지고 갈 수 있다.

제45조 공업지구에 지사, 영업소, 사무소 같은 것을 설치하려 할 경우에는 공업지구관리기관에 해당한 신청을 하고 승인을 받는다.
지사, 영업소는 공업지구관리기관에 등록을 하여야 영업활동을 할 수 있다.

제5장 분쟁해결

제46조 공업지구의 개발과 관리운영, 기업활동과 관련한 의견상이는 당사자들 사이의 협의의 방법으로 해결한다.
협의의 방법으로 해결할 수 없을 경우에는 북남 사이에 합의한 상사분쟁 해결절차 또는 중재, 재판절차로 해결한다.

부 칙

제1조 이 법은 채택한 날부터 실시한다.
제2조 개성공업지구와 관련하여 북남 사이에 맺은 합의서의 내용은 이 법과 같은 효력을 가진다.
제3조 이 법의 해석은 최고인민회의 상임위원회가 한다.

개성공업지구 출입, 체류, 거주규정

2003년 12월 11일 최고인민회의 상임위원회 결정 제12호

제1조(사명)

이 규정은 개성공업지구의 출입, 체류, 거주에서 제도와 질서를 엄격히 세워 인원 및 수송수단의 출입과 체류자, 거주자의 편의를 도모하는 데 이바지한다.

제2조(적용대상)

이 규정은 남측 지역에서 개성공업지구(이 아래부터는 공업지구라 한다)로 출입하는 남측 인원, 수송수단에 적용한다. 남측 지역에서 공업지구로 출입하는 해외동포, 외국인과 그들의 수송수단에도 이 규정을 적용한다.

제3조(출입사업기관)

공업지구에 출입, 체류, 거주와 관련한 사업은 공업지구 출입사업기관이 한다. 공업지구 관리기관에는 출입사업을 보장하기 위한 부서를 둔다.

제4조(수속의 당사자)

출입, 체류, 거주, 수속은 당사자가 한다. 당사자의 요구에 따라 공업지구 관리기관이나 초청단위, 대리인도 출입, 체류, 거주수속을 할 수 있다. 17살에 이르지 못한 미성인의 출입, 체류, 거주수속은 부모나 후견인이 한다.

제5조(출입통로와 그 지정)

인원 수송수단은 공업지구 출입사업기관이 정한 통로로 출입하여야 한다. 공업지구출입사업기관은 출입통로를 정하고 공포하여야 한다.

제6조(출입통로의 변경질서)

공업지구출입사업기관은 출입통로를 변경하려 할 경우 공업지구 관리기관과 협의하여야 한다.

제7조(출입, 체류, 거주할 수 없는 자)

공업지구에 출입, 체류, 거주할 수 없는 자는 다음과 같다.
1. 국제테러범
2. 마약중독자, 정신병자
3. 전염병환자, 전염병이 발생한 지역에서 오는 자
4. 위조하였거나 심히 훼손되어 확인할 수 없게 된 증명서를 가진 자
5. 유효기간이 지난 증명서를 가진 자
6. 출입, 체류, 거주를 금지시키기로 합의한 자

제8조(출입관련증명서의 발급)

출입증, 사업자증, 관광증과 자동차통행증의 발급은 공업지구관리기관이 한다. 공업지구관리기관은 해당 증명서발급준칙을 엄격히 지켜야 한다.

제9조(출입관련증명서의 발급정형통보)

공업지구관리기관은 인원, 수송수단의 출입에 지장이 없도록 해당 증명서의 발급정형을 공업지구출입사업기관에 제때에 통보하여야 한다.

제10조(인원의 출입)

인원은 여권(합의한 대상에 한함) 또는 공업지구관리기관이 발급한 해당 증명서를 가지고 자동차, 열차 같은 수송수단을 이용하여 공업지구에 출입하여야 한다. 14살에 이르지 못한 미성인은 동반자로 기재한 증명서를 소유한 부모 또는 후견인과 함께 출입할 수 있다. 장기체류자, 거주자는 체류등록증, 거주등록증을 가지고도 출입할 수 있다.

제11조(수송수단의 출입)

공업지구에서 자동차는 이 규정 제8조에 따라 발급받은 자동차통행증을 가지고 지정된 통로로 출입하여야 한다. 열차는 당국 사이에 합의한 시간표에 따라 출입하여야 한다.

제12조(검사, 검역)

인원, 수송수단은 공업지구출입통로에서 출입검사, 세관검사와 위생검역, 동식물검역을 받아야 한다. 검사, 검역기관은 공업지구의 안전과 출입자의 사업에 지장이 없도록 검사, 검역을 과학 기술적 방법으로 신속히 하여야 한다.

제13조(체류분류 및 체류기간)

인원은 공업지구에 단기 또는 장기로 체류할 수 있다. 단기체류는 공업지구에 도착한 날부터 90일까지, 장기체류는 91일 이상으로 한다. 체류는 해당 증명서의 유효기간 안에 하여야 한다.

제14조(체류기일연장)

공업지구에 들어 온 자는 체류기일을 연장할 수 있다. 이 경우 체류기일이 끝나기 3일 전에 공업지구출입사업기관에 신청하여 체류기일 연장승인을 받아야 한다.

제15조(체류등록)

공업지구에 도착한 자는 48시간 안으로 공업지구출입사업기관에 체류등록을 하고 해당 증명서에 체류등록확인을 받아야 한다. 이 경우 신청자의 이름, 성별, 생년월일, 국적, 직업, 거주지, 체류목적, 기간 같은 것을 밝힌 체류등록신청서를 내야 한다.

제16조(체류등록제외대상)

체류등록을 하지 않는 자는 다음과 같다.
1. 공업지구에 도착한 날부터 7일 안으로 돌아가는 자
2. 남측에 주재하는 국제기구, 다른 나라 대표기관의 성원
3. 관광객

4. 체류등록을 하지 않기로 합의한 인원

제17조(거주등록)

공업지구에 1년 이상 체류하려는 자는 공업지구출입사업기관에 거주등록을 하여야 한다.

제18조(체류등록증, 거주등록증의 발급신청)

장기체류, 거주하려는 자는 체류등록을 한 날부터 30일 안으로 공업지구출입사업기관에 체류등록증, 거주등록증의 발급신청서를 내야 한다. 체류등록증, 거주등록증의 발급신청서에는 이름, 성별, 생년월일, 국적, 직업, 체류 또는 거주하려는 곳과 기간, 이유 같은 것을 밝히고 최근 6개월 안에 찍은 천연색 상반신사진(3×4cm) 4매를 첨부하여야 한다.

제19조(체류등록증, 거주등록증의 발급)

체류등록증, 거주등록증은 17살 이상의 성인에게 발급한다. 미성인은 부모 또는 후견인의 체류등록증, 거주등록증에 동반자로 기재한다. 공업지구출입사업기관은 체류등록증, 거주등록증을 해당 신청문건을 접수한 날부터 7일 안으로 발급하여야 한다.

제20조(체류등록증, 거주등록증의 유효기간)

체류등록증의 유효기간은 1년, 거주등록증의 유효기간은 3년으로 한다. 체류등록증, 거주등록증의 유효기간은 연장할 수 있다.

제21조(체류등록증, 거주등록증의 유효기간 연장)

체류등록증 또는 거주등록증의 유효기간을 연장 받으려는 자는 유효기간이 끝나기 7일 전에 공업지구관리기관의 확인을 받은 유효기간연장신청서를 공업지구출입사업기관에 내야 한다. 공업지구출입사업기관은 유효기간연장신청서를 접수한 날부터 3일 안으로 해당 등록증의 유효기간을 연장하여 주어야 한다.

제22조(거주지변경과 그 등록)

공업지구에 거주한 자는 필요에 따라 거주지를 옮길 수 있다. 이 경우 거주지를 옮긴 날부터 14일안으로 공업지구 출입사업기관에 거주지 변경 등록을 하여야 한다.

제23조(출생, 사망, 결혼등록)

공업지구에서 출생, 사망, 결혼 같은 사유가 생겼을 경우에는 공업지구출입사업기관에 등록신청서와 등록사유를 증명하는 문건을 내고 해당한 등록을 한다. 당사자는 해당 사유가 생긴 날부터 14일 안에 등록을 하여야 한다.

제24조(증명서의 재발급)

거주등록증, 체류등록증, 출입증, 사업자증, 관광증, 자동차통행증 같은 증명서를 오손시켰거나 분실한 자는 제때에 해당 기관에 신고하고 증명서를 다시 발급받아야 한다.

제25조(공업지구 밖의 출입)

공업지구에서 공업지구 밖의 공화국 영역으로 가려는 자는 사증을 발급받아야 한다. 이 경우 사증의 발급신청은 공업지구관리기관을 통하여 공업지구출입사업기관에 하여야 한다.

제26조(수수료)

체류등록증, 거주등록증의 발급과 재발급, 유효기간연장, 거주지변경등록 수속 같은 것을 하는 자는 수수료를 내야 한다. 수수료는 공업지구출입사업기관이 공업지구관리기관과 협의하여 정한다.

제27조(증명서의 소지)

공업지구에서 체류, 거주하는 자는 신분을 확인할 수 있는 증명서를 늘 가지고 있어야 한다.

제28조(인신과 주택의 불가침권, 서신의 비밀보장)

공업지구에 체류, 거주하는 자는 인신과 주택의 불가침권, 서신의 비밀을 보장받는다. 법에 근거하지 않고서는 체류자, 거주자를 구속, 체포할 수 없으며 몸이나 살림집을 수색할 수 없다.

제29조(체류등록증, 거주등록증의 반환)

장기체류, 거주하던 자는 사업을 끝마치고 돌아가려 할 경우 체류등록증, 거주등록증을 공업지구출입사업기관에 바쳐야 한다.

제30조(규정하지 않은 사항의 협의처리)

출입, 체류, 거주와 관련하여 이 규정에서 정하지 않은 사항은 공업지구출입사업기관과 공업지구관리기관이 협의하여 처리한다.

조선민주주의인민공화국
금강산 관광지구를 내옴에 대하여

금강산은 조선의 명산, 세계의 명산이다. 우리 당과 공화국 정부의 인민적인 시책에 의하여 천하절승 금강산은 우리 인민의 문화 휴양지로 세계적인 탐승 관광지로 훌륭하게 꾸려졌다. 오늘 금강산 관광은 온 민족의 크나큰 기대와 관심 속에서 진행되고 있다. 조선민주주의인민공화국 최고인민위원회 상임위원회는 국토건설총계획에 맞게 금강산 관광을 활성화하기 위하여 다음과 같이 결정한다.

1. 강원도 고성군 금강산지구와 통천군의 일부 지역에 명승지 생태관광을 기본으로 하는 조선민주주의인민공화국 금강산 관광지구를 내온다.

2. 금강산 관광지구는 강원도 고성군의 고성읍, 온정리, 성북리들의 일부 지역과 삼일포, 해금강지역, 통천군의 일부 지역을 포함한다.

3. 금강산 관광지구에는 조선민주주의인민공화국 주권이 행사된다.

4. 조선민주주의인민공화국은 금강산 관광지구 개발을 위한 법인, 개인과 기타 경제조직들의 자유로운 투자를 허용하며 그 재산을 법적으로 보호한다.

5. 중앙관광지구지도기관은 금강산 관광지구 개발이 진척되는 데 따라 새로운 관광대상자들을 더 늘릴 수 있는 해당한 대책을 세울 것이다.

6. 조선민주주의인민공화국 내각과 해당 기관들은 이 정령을 집행하기 위한 실무적 대책을 세울 것이다.

조선민주주의인민공화국 최고인민회의 상임위원회 정령
주체 91(2002)년 10월 23일 평양

조선민주주의인민공화국 금강산 관광지구법

2002년 11월 13일 최고인민회의 상임위원회 정령 제3413호로
채택
2003년 4월 24일 최고인민회의 상임위원회 정령 제3715호로
수정보충

제1조 금강산 관광지구는 공화국의 법에 따라 관리 운용하는 국
　　　제적인 관광지역이다.
　　　조선민주주의인민공화국 금강산 관광지구법은 관광지구의
　　　개발과 관리 운영에서 제도와 질서를 엄격히 세워 금강산
　　　의 자연생태 관광을 발전시키는 데 이바지한다.

제2조 금강산 관광지구에서의 관광은 남측 및 해외동포들이 한
　　　다. 외국인도 금강산 관광을 할 수 있다.

제3조 관광은 민족의 유구한 력사, 찬란한 문화를 인식하고 등산
　　　과 해수욕, 휴양으로 건강을 증진하며 금강산을 유람하는
　　　방법으로 한다.

제4조 관광지구에서 관광과 관광업 그 밖의 경제활동은 이 법과
　　　그 시행을 위한 규정에 따라 한다.
　　　법규로 정하지 않은 사항은 중앙관광지도기관과 관광지구
　　　관리기관이 협의하여 처리한다.

제5조 관광지구의 사업에 대한 통일적 지도는 중앙관광지구 지
　　　도기관이 관광지구 관리기관을 통하여 한다.
　　　기관, 기업소, 단체는 관광지구사업에 관여하려 할 경우
　　　중앙관광지구지도기관과 합의하여야 한다.

제6조 중앙관광지구지도기관의 임무는 다음과 같다.
　　　1. 관광지구관리기관 사업에 대한 지도
　　　2. 관광지구법규의 시행세칙작성
　　　3. 대상건설설계문건의 접수보관
　　　4. 관광지구관리기관이 요구하는 물자와 기념상품의 보장
　　　5. 관광지구의 세무관리
　　　6. 이 밖에 국가로부터 위임받은 사업

제7조 관광지구의 개발은 개발업자가 한다.
　　　개발업자는 중앙관광지구지도기관으로부터 해당 기관의
　　　토지리용증을 발급받아야 한다.

제8조 개발업자는 중앙관광지구지도기관이 정한 기간까지 관광
　　　지구 개발과 관광사업권한을 행사할 수 있으며 그 권한의
　　　일부를 다른 투자가에게 양도하거나 임대할 수 있다.

개발업자가 하는 관광지구개발과 영업활동에는 세금을 부과하지 않는다.

제9조 개발업자는 관광지구개발총계획을 작성하여 중앙관광지구 지도기관에 내야 한다.

중앙관광지구 지도기관은 관광지구 개발총계획을 접수한 날부터 30일 안으로 심의 결과를 개발업자에게 알려 주어야 한다.

제10조 개발업자는 승인된 관광지구 개발총계획을 변경시키려 할 경우 중앙관광지구 지도기관에 신청서를 내여 승인을 받아야 한다.

제11조 개발업자는 관광지의 풍치림을 베거나 명승지 바다기슭의 솔밭, 해수욕장, 기암절벽, 우아하고 기묘한 산세, 풍치 좋은 섬을 비롯한 자연풍치와 동굴, 폭포, 옛성터 같은 천연기념물과 명승고적을 파손시키거나 환경보호에 지장을 주는 건물, 시설물을 건설하지 말며 정해진 오염물질의 배출기준, 소음, 진동기준 같은 환경보호기준을 보장하여야 한다.

제12조 관광지구의 관리는 중앙관광지구 지도기관의 지도밑에 관광지구 관리기관이 한다.

관광지구관리기관은 개발업자가 추천하는 성원으로 구성한다.

관광지구 관리기관의 요구에 따라 중앙관광지구 지도기

관이 파견하는 일군도 관광지구 관리기관의 성원으로 될
수 있다.

제13조 관광지구 관리기관의 임무는 다음과 같다.

1. 관광계획의 작성
2. 관광자원의 조사와 개발, 관리
3. 관광선전과 관광객 모집, 관광조직
4. 투자유치와 기업의 창설 승인, 등록, 영업허가
5. 토지리용권, 건물, 륜전기재의 등록
6. 관광지구하부구조 시설물의 관리
7. 관광지구의 환경보호, 소방대책
8. 남측 지역에서 관광지구로 출입하는 인원과 수송수단의
   출입증명서 발급
9. 관광지구 관리기관의 사업준칙 작성
10. 관광지구 관리운영 사업정형과 관련한 보고서 제출
11. 이 밖에 중앙관광지구 지도기관이 위임하는 사업

제14조 관광지구 관리기관은 관광지구에 현대적인 정화장, 침전
지, 오물처리장 같은 환경보호시설과 위생시설을 갖추고
여러 가지 버림물을 관광과 환경보호에 지장이 없도록
정화하거나 처리하여야 한다.

제15조 관광지구 관리기관은 관광을 높은 수준에서 진행할 수
있도록 관광환경과 조건을 보장하여야 한다.
중앙관광지구 지도기관은 관광환경과 조건보장에서 제기
되는 문제를 제때에 관광지구 관리기관과 협의하여 처리

하여야 한다.

제16조 관광지구 관리기관의 운영자금은 수수료 같은 수입금으로 충당한다.

관광지구 관리기관은 관광객으로부터 관광지 입장료를 받을 수 있다.

제17조 관광객이 휴대할 수 없는 물건은 다음과 같다.
1. 무기, 총탄, 폭발물, 흉기
2. 정해진 확대 배수 또는 규격을 초과하는 렌즈가 달린 쌍안경, 망원경, 사진기, 록화촬영기.
3. 무전기와 그 부속품
4. 독약, 마약, 방사성물질 같은 유해물질
5. 전염병이 발생한 지역의 물건
6. 사회질서유지에 지장을 줄 수 있는 각종 인쇄물, 그림, 글자판, 록음녹화물
7. 애완용이 아닌 짐승
8. 이 밖에 관광과 관련이 없는 물건

제18조 관광객은 단독으로 또는 집체적으로 자동차 같은 륜전기재를 리용하거나 걸어서 자유롭게 관광할 수 있다.

필요에 따라 행사, 문예활동, 사진촬영, 록화촬영이나 투자상담, 무역계약 체결 같은 것을 할 수 있다.

제19조 관광객이 지켜야 할 사항은 다음과 같다.

1. 관광지구 관리기관이 정한 노정을 따라 관광하여야 한다.
2. 사회제도와 주민들의 생활풍습을 존중하여야 한다.
3. 민족의 단합과 미풍량속에 맞지 않는 인쇄물, 그림, 록음록화물 같은 것을 류포시키지 말아야 한다.
4. 관광과 관련 없는 대상을 촬영하지 말아야 한다.
5. 관광지구 관리기관이 정한 출입금지 또는 출입제한 구역에 들어가지 말아야 한다.
6. 통신기재를 관광과 관련 없는 목적에 리용하지 말아야 한다.
7. 혁명사적지와 력사유적유물, 천연기념물, 동식물, 온천 같은 관광자원에 손상을 주는 행위를 하지 말아야 한다.

제20조 관광객은 금강산 관광지구 밖의 다른 관광지를 관광할 수 있다.
이 경우 관광지구 관리기관을 통하여 관광증명서 발급신청을 하여야 한다.

제21조 관광지구에는 남측 및 해외동포, 다른 나라의 법인, 개인, 경제조직이 투자하여 관광업을 할 수 있다.
관광업에는 려행업, 숙박업, 오락 및 편의시설업 같은 것이 속한다.
쏘프트웨어 산업같이 공해가 없는 첨단 과학기술부문의 투자도 관광지구에 할 수 있다.

제22조 관광지구에는 관광업과 그와 련관된 하부구조 건설부문의 투자를 장려한다.

금강산의 자연생태환경을 파괴하거나 변화시킬 수 있는 부문의 투자는 할 수 없다.

제23조 관광지구에 투자하려는 자는 관광지구 관리기관의 기업창설 승인과 업종허가를 받아야 한다.

기업창설 승인을 받은 경우에는 정해진 출자를 하고 관광지구 관리기관에 기업등록을 하며 해당 기관의 세관등록, 세무등록을 하여야 한다.

제24조 관광지구에서는 정해진 전환성외화를 쓸 수 있다.

전환성외화의 종류와 기준화폐는 관광지구 관리기관이 중앙관광지구 지도기관과 합의하여 정한다.

관광지구에서 외화는 자유롭게 반출입할 수 있다.

제25조 남측 지역에서 관광지구로 출입하는 남측 및 해외동포, 외국인과 수송수단은 관광지구 관리기관이 발급한 출입증명서를 가지고 지정된 통로로 사증 없이 출입할 수 있다.

관광지구에서 공화국의 다른 지역으로 출입하거나 다른 관광지로 출입하는 질서, 공화국의 다른 지역을 통하여 관광지구로 출입하는 질서는 따로 정한다.

제26조 관광지구의 출입은 중앙관광지구 지도기관과 관광지구 관리기관 사이에 합의한 통로와 수송수단으로 한다.

관광객의 수송수단에는 군사분계선을 넘은 때부터 관광을 마치고 군사분계선을 넘어갈 때까지 정해진 관광표식기만을 계양한다.

제27조 관광지구에 출입하는 관광객과 기타 인원, 동식물과 수송
　　　수단은 출입검사와 세관검사, 위생 및 동식물검역을 받아
　　　야 한다.
　　　검사, 검역기관은 출입검사와 세관검사, 위생 및 동식물
　　　검역사업을 관광지구의 안전과 출입에 지장이 없도록 과
　　　학기술적 방법으로 신속히 하여야 한다.

제28조 이 법을 어겨 관광지구의 관리운영과 관광사업에 지장을
　　　준 자에게는 정상에 따라 손해보상 같은 제재를 줄 수
　　　있다.
　　　정상이 엄중한 경우에는 추방할 수 있다.

제29조 관광지구의 개발과 관리운영, 기업활동과 관련하여 발생
　　　한 의견 상이는 당사자들 사이에 협의의 방법으로 해결
　　　한다.
　　　협의의 방법으로 해결할 수 없을 경우에는 북남 사이에 합
　　　의한 상사분쟁해결절차 또는 중재, 재판 절차로 해결한다.

부 칙

제1조 이 법은 채택한 날부터 실시한다.
제2조 금강산 관광지구와 관련하여 북남 사이에 맺은 합의서의
　　　내용은 이 법과 같은 효력을 가진다.
제3조 이 법의 해석은 최고인민회의 상임위원회가 한다.

금강산 관광객 신변안전에 관한 합의서

쌍방은 6개월간의 금강산시범관광경험을 기초로 하고 신변안전을 중시하여 앞으로 문제가 제기되었을 때 즉시 각기 3~4명으로 구성하는 <금강산 관광 사업조정위원회>에서 협의하고 처리하기로 하였다.

당면하여 문제 되는 발언을 한 관광객에 대해서는 즉시 관광을 중지시키고 추방하는 것을 원칙으로 하며, 강력한 형사사건 등 엄중한 사건인 경우에는 <금강산 관광 사업조정위원회>에서 협의하여 처리하되 원만히 처리되지 않을 때에는 <금강산 관광 사업조정위원회>와 해당 기관이 협의하여 처리하기로 한다.

1999년 7월 30일

조선아세아태평양평화위원회를   주식회사 현대아산을
대표하여   대표하여
서기장 강종훈   김보식

금강산 관광 시 준수사항에 관한 합의서

금강산 관광총회사(이하 '금강산측'이라 함)와 주식회사 현대아산 (이하 '현대 측'이라 함)은 <금강산 관광에서 남조선 관광객들이 지켜야할 행동준칙>과 관련하여 그동안의 관광 경험에 기초하여 남측 관광객이 지켜야 할 준수사항에 대하여 아래와 같이 합의한다.

1. 현대 측은 금강산 관광객들이 출입검사(동행검사) 또는 세관 검사 시 <부록 1>에 정한 물건을 지참하지 않도록 한다.

2. 현대 측은 금강산 관광객과 선원, 작업인원들(이하 <관광객 등>이라 함)로 하여금 자연환경보호를 위하여 <부록 2>에 정한 사항을 준수하도록 한다.

3. 관광객 등이 <부록 3>에 해당하는 행위를 한 경우, 현대 측은 금강산 측과 협의하여 <부록 3>에 정한 범위 안에서 환경보전비 또는 위반금을 현장에서 직접 또는 종합하여 지불한다. 그러나 경한 사항인 경우 경고로 처분할 수 있다.

4. 관광객 등이 <부록 3>에 해당하는 행위를 한 경우 금강산 측은 <부록 4>의 확인서 3부를 작성하여 환경보호순찰원이나 통행검사소 직원의 수표를 받아 현대 측에 전달하고, 현대

측은 현대 측 관계자와 관광객 등의 수표를 받아 1부를 보관하고, 금강산 측과 관광객 등에게 각각 1부를 교부한다.

5. 환경감시를 위한 환경보호순찰원은 관광객과 구별되는 의복이나 별도의 표식을 착용한다.

6. 이 합의서와 관련하여 생긴 외견상이나 이 합의서에 정하지 않은 사항은 량측이 서로 리해하는 기초 우에서 협의하여 처리한다.

1999년 7월 30일

금강산 관광총회사를	주식회사 현대아산을
대표하여	대표하여
방종삼	김윤규

위 합의서의 〈부록 1〉

지참금지 물품

1. 무기, 총탄, 폭발물, 군용품, 흉기, 방사성 물질, 인화물질
2. 10배 이상 되는 쌍안경 및 망원경, 150미리 이상의 렌즈가 달린 사진기, 24배 이상(옾티칼(Optical) 기준)의 줌렌즈가 달린 록화촬영기
3. 무전기와 그 부속품
4. 의료목적을 위한 것을 제외한 독약, 마약, 그 밖의 유독성 화학물질
5. 개인의 치료목적을 위한 것을 제외한 상표와 설명서가 없어 그 성분과 용도를 알 수 없는 상품
6. 전염병이 발생한 지역의 물건
7. 관광객의 문화생활 편의목적으로 인정되는 종류와 수량을 제외한 인쇄물, 그림, 글자판, 록화테이프
8. 가화폐 또는 남측화폐
9. 애완용이 아닌 개 및 짐승
10. 기타 물품의 성질 또는 수량으로 보아 관광목적에 적합하지 않은 물건

위 합의서의 〈부록 2〉

관광 시 준수사항

1. 북측 령해안에 배가 오고 갈 때와 정박하고 있을 때 기름, 오수, 오물 같은 것을 마음대로 버리지 말고, 쌍방이 합의한데 따라 처리하여야 한다.
2. 자연풍치와 관광대상물을 손상, 파괴하지 말아야 한다.
3. 관광시설과 관광봉사시설을 못쓰게 만들지 말아야 한다.
4. 자연환경을 어지럽히거나 오염시키지 말아야 한다.
5. 산불을 놓지 말아야 한다.
6. 바위나 나무에 글을 새기거나 그림을 그리지 말아야 한다.
7. 담배는 정해진 장소에서만 피우고 꽁초를 정해진 장소에 버려야 한다.
8. 식물을 채취하거나 돌, 흙을 가져가지 말며 유용한 동물을 잡지 말아야 한다.
9. 용변을 정해진 위생실에서만 보아야 한다.
10. 자연환경보호를 위한 배낭을 가지고 다니며 거기에 여러 가지 쓰레기를 모아 정한 장소에 버려야 한다.

위 합의서의 〈부록 3〉

위반 시 제재내용

1. 배, 집, 동식물과 사람을 검사 및 검역하는 데 고의로 지장을 주었을 경우에는 정도에 따라 10미딸라까지의 환경보전비를 물린다.
2. 식물을 채취하거나 유용한 동물을 잡거나 돌 또는 흙을 가져가는 경우에는 정도에 따라 25미딸라까지의 환경보전비를 물린다.
3. 지정된 장소 밖에서 담배를 피울 경우에는 정도에 따라 15미딸라까지의 환경보전비를 물린다.
4. 담배꽁초, 휴지, 빈병, 빈통, 음식물찌꺼기, 비닐포장지 같은 것을 정한 장소에 버리지 않았을 경우와 관광지에서 침을 뱉었을 경우에는 정도에 따라 15미딸라까지의 환경보전비를 물린다.
5. 용변을 정한 장소에 보지 않았을 경우에는 정도에 따라 10미딸라까지의 환경보전비를 물린다.
6. 자연풍경, 돌에 새긴글, 표식주, 력사유적유물, 천연기념물, 부두시설 도로시설, 관광시설, 관광봉사시설 같은 것을 더럽히거나 손상한 경우에는 건당 50미딸라까지의 환경보전비를 물린다.

7. 관광객의 관광증에 기재된 사항과 이미 통보된 명단상에 기재된 사항이 부주의로 다를 경우, 해당 관광객 1인당 10미딸라의 위반금을 현대 측에 물릴 수 있다. 이 경우 해당 관광객은 관광을 할 수 있다.

8. 상기 6항을 위반하여 막대한 피해가 발생한 경우에는 량측이 협의·결정한데 따라 피해대상을 원상 복구하는 데 드는 비용을 지불한다.

개성공업지구와 금강산 관광지구 출입 및 체류에 관한 합의서

남과 북은 역사적인 6·15공동선언의 기본정신에 따라 민족경제의 균형적 발전을 위한 경제협력사업을 발전시키고, 개성공업지구와 금강산 관광지구(이 아래부터는 '지구'라 한다)의 출입 및 체류를 원활하게 보장하기 위하여 다음과 같이 합의하였다.

제1조 정의

1. '인원'이란 남측 지역에서 지구에 출입 및 체류하는 남측의 주민과 해외동포, 외국인을 의미한다.
2. '통행차량 등'이란 남측 지역에서 지구에 출입하는 자동차, 열차, 선박 등 각종 교통수단을 의미한다.
3. '출입'이란 인원 또는 통행차량 등이 남측 지역에서 지구에 드나드는 것을 의미한다.
4. '체류'란 인원이 지구에서 일정한 기간 머무르는 것을 의미한다.
5. '출입통로'란 인원 또는 통행차량 등이 남측 지역에서 지구에

출입할 수 있도록 남과 북이 합의하여 정한 통로를 의미한다.

제2조 기본원칙

1. 남과 북은 인원과 통행차량 등의 신속하고 안전한 출입과 체류를 보장하기 위하여 적극 협력한다.
2. 북측은 인원의 신변안전과 출입 및 체류목적수행에 필요한 편의를 보장한다.
3. 인원은 지구에 적용되는 법질서를 존중하고 준수한다.

제3조 출입통로

남과 북은 남측 지역에서 지구에 출입할 수 있는 철도, 도로, 해상로의 출입통로를 합의하여 정한다. 이미 남측 지역과 지구 사이에 개설되어 있는 출입통로는 이 합의서에 의하여 정한 것으로 한다.

제4조 인원의 출입절차

1. 인원은 남측의 권한 있는 당국이 발급한 해당 증명서와 지구 관리기관이 발급한 해당 증명서를 소지하고 통행차량 등을 이용하여 출입하며, 북측은 해당 증명서를 소지한 인원에 대하여 특별한 이유가 없는 한 출입을 보장한다.
2. 지구에 체류 또는 거주하는 인원은 체류 또는 거주를 확인하

는 해당 증명서의 유효기간 안에서 여러 번 출입할 수 있다.

3. 14세에 이르지 못한 인원은 부모 또는 보호자의 해당 증명서에 동반자로 기재하고 출입할 수 있다.

4. 다른 나라 국적을 가진 인원은 해당 나라의 여권과 함께 지구관리기관이 발급한 해당 증명서를 소지하여야 한다.

제5조 통행차량 등의 출입절차

1. 자동차는 자동차 통행과 관련된 해당 증명서를 소지하고 정해진 출입통로로 출입한다.

2. 선박은 선원과 승객명단을 비롯한 선박자료와 입출항시간을 북측의 해당 기관에 통보하고 승인을 받은 다음 출입한다.

3. 열차는 남과 북 사이에 합의한 시간표에 따라 출입한다.

제6조 출입심사

1. 북측은 인원과 통행차량 등에 대하여 출입장소에서 정해진 질서에 따라 필요한 출입심사, 세관검사와 검역을 한다.

2. 북측은 지구의 안전과 인원, 통행차량 등의 출입상 편의를 보장하며, 남과 북은 지구의 안전과 간편하고 신속·정확한 심사와 검역을 위하여 적극 협력한다.

3. 북측은 통행차량 등에 승차 또는 승선하여 심사와 검역을 할 수 있다.

제7조 체류

1. 인원은 해당 증명서의 유효기간 안에서 체류하여야 하며, 출입 및 체류를 확인하는 증명서를 항상 소지하여야 한다.
2. 인원은 지구에 도착한 날부터 48시간 내에 지구출입사업기관에 체류등록을 하고, 해당 증명서에 체류등록확인을 받아야 한다.
3. 인원이 해당 증명서의 체류기간을 초과하여 지구에 체류하려고 하는 경우에는 체류기간이 끝나기 3일 전에 남측 당국 및 지구관리기관에 신청하여 체류기간연장승인을 받아야 한다.
4. 인원이 해당 증명서의 체류기간 내에서 이미 등록한 체류기일을 변경하려고 하는 경우에는 지구출입사업기관에 신고하여야 한다.
5. 다음에 해당하는 인원은 체류등록을 하지 않는다.
   가. 지구에 도착한 날부터 7일까지 체류하는 인원
   나. 지구에 장기체류하거나 거주하는 인원
   다. 남과 북이 체류등록을 하지 않기로 합의한 인원
6. 인원은 90일을 초과하여 체류하거나 1년 이상 거주하려는 경우 제정된 질서에 따라 장기체류 또는 거주등록을 하여야 한다.

제8조 제한대상

북측은 다음에 해당하는 인원에 대하여 출입 및 체류를 금지할 수 있다.

1. 국제테러범
2. 마약중독자, 정신병자
3. 전염병환자, 전염병에 감염되었다고 의심되는 자
4. 위조하였거나 심히 훼손되어 확인할 수 없게 된 해당 증명서 또는 유효기간이 지난 해당 증명서를 소지한 자
5. 남과 북이 출입 및 체류를 금지하기로 합의한 자

제9조 긴급구조조치

북측은 자연재해, 불의의 사고와 같은 긴급한 상황이 발생하였을 경우 인원과 통행차량 등에 대한 구조조치를 취하며 남측은 이에 협력한다.

제10조 신변안전보장

1. 북측은 인원의 신체, 주거, 개인재산의 불가침권을 보장한다.
2. 북측은 인원이 지구에 적용되는 법질서를 위반하였을 경우 이를 중지시킨 후 조사하고 대상자의 위반내용을 남측에 통보하며 위반정도에 따라 경고 또는 범칙금을 부과하거나 남측 지역으로 추방한다. 다만 남과 북이 합의하는 엄중한 위반행위에 대하여는 쌍방이 별도로 합의하여 처리한다.
3. 북측은 인원이 조사를 받는 동안 그의 기본적인 권리를 보장한다.
4. 남측은 법질서를 위반하고 남측 지역으로 추방된 인원에 대하

여 북측의 의견을 고려하여 조사, 처리하고 그 결과에 대하여
북측에 통보하며, 법질서위반행위의 재발방지에 필요한 대책
을 세운다.

5. 남과 북은 인원의 불법행위로 인하여 발생한 인적 및 물질적
피해의 보상문제에 대하여 적극 협력하여 해결한다.

6. 외국인이 법질서를 위반하였을 경우에는 북측과 해당 국가 사
이에 맺은 조약이 있을 경우 그에 따른다.

제11조 지구와 지구 밖 북측 지역 사이의 출입

인원과 통행차량 등이 지구에서 지구 밖의 북측 지역을 출입하
거나 지구 밖의 북측 지역에서 지구에 출입하는 경우에는 북측이
별도로 정한 절차에 따른다.

제12조 정보교환과 협력

1. 남과 북은 이 합의서의 이행과 관련하여 필요한 정보를 상호
통보하며, 상대측의 정보제공요청에 대하여 특별한 사정이 없
는 한 적극 협력한다.

2. 남과 북은 출입 및 체류와 관련하여 발생하는 전반적인 문제
들을 협의·해결하기 위하여 공동위원회를 구성·운영하며,
그 구성·운영에 필요한 사항은 남과 북이 별도로 합의하여
정한다.

제13조 해석 및 적용상의 문제해결

이 합의서의 해석 및 적용과 관련하여 발생하는 문제는 남북경제협력추진위원회 또는 그가 위임하는 기관에서 협의하여 해결한다.

제14조 합의서의 적용범위

인원과 통행차량 등의 출입 및 체류와 관련한 문제는 이 합의서가 우선적으로 적용된다.

제15조 수정 및 보충

이 합의서는 남과 북의 합의에 따라 수정·보충할 수 있으며, 수정·보충되는 내용은 이 합의서 제16조 제1항과 같은 절차를 거쳐 효력을 가진다.

제16조 효력발생 및 폐기

1. 이 합의서는 남과 북이 서명하고 각기 효력발생에 필요한 절차를 거쳐 그 문본을 교환한 날부터 효력을 가진다.
2. 이 합의서는 일방이 상대측에 폐기의사를 서면으로 통지하지 않는 한 계속 효력을 가지며, 폐기통지는 통지한 날부터 6개

월 후에 효력을 가진다.

이 합의서는 2004년 1월 29일에 2부씩 작성되었으며, 두 원본은 같은 효력을 가진다.

2004년 1월 29일

남 북 장 관 급 회 담	북 남 상 급 회 담
남측대표단 수석대표	북측대표단 　단 장
대　한　민　국	조선민주주의인민공화국
통일부장관　**정 세 현**	내각 책임참사　**김 령 성**

※ 쌍방의 합의서에서 다음의 용어는 같은 의미를 가진다.

〈남측〉	〈북측〉
통행차량 등	수송수단
교통수단	운수수단
출입심사	출입검사
출입장소	출입지점
훼손	오손
상황	정황
주거	주택
범칙금	벌금
부과하거나	물리거나
상호	호상
구성	조직
발생하는	제기되는
문본	문건

채병용

▌약 력

동국대학교 법학과
국립창원대학교 대학원 법학박사

▌주요 논문

「국가보안법의 존폐론에 관한 연구」(석사논문)
「남북한 교류협력 확대에 따른 형사사법공조에 관한 연구」(박사논문)

개성공단 거류민의
신변안전
방안

초판인쇄 | 2009년 12월 24일
초판발행 | 2009년 12월 24일

지은이 | 채병용
펴낸이 | 채종준
펴낸곳 | 한국학술정보㈜
주 소 | 경기도 파주시 교하읍 문발리 파주출판문화정보산업단지 513-5
전 화 | 031) 908-3181(대표)
팩 스 | 031) 908-3189
홈페이지 | http://www.kstudy.com
E-mail | 출판사업부 publish@kstudy.com
등 록 | 제일산-115호(2000. 6. 19)

ISBN   978-89-268-0668-5 93360 (Paper Book)
        978-89-268-0669-2 98360 (e-Book)